文化伟人代表作图释书系

An Illustrated Series of Masterpieces of the Great Minds

非凡的阅读

从影响每一代学人的知识名著开始

　　知识分子阅读，不仅是指其特有的阅读姿态和思考方式，更重要的还包括读物的选择。在众多当代出版物中，哪些读物的知识价值最具引领性，许多人都很难确切判定。

　　"文化伟人代表作图释书系"所选择的，正是对人类知识体系的构建有着重大影响的伟大人物的代表著作，这些著述不仅从各自不同的角度深刻影响着人类文明的发展进程，而且自面世之日起，便不断改变着我们对世界和自然的认知，不仅给了我们思考的勇气和力量，更让我们实现了对自身的一次次突破。

　　这些著述大都篇幅宏大，难以适应当代阅读的特有习惯。为此，对其中的一部分著述，我们在凝练编译的基础上，以插图的方式对书中的知识精要进行了必要补述，既突出了原著的伟大之处，又消除了更多人可能存在的阅读障碍。

　　我们相信，一切尖端的知识都能轻松理解，一切深奥的思想都可以真切领悟。

文化伟人代表作图释书系

Aesthetics:
Lectures on
Fine Art

寇鹏程 / 编译

美学

〔德〕弗里德里希·黑格尔 著

重庆出版集团 重庆出版社

图书在版编目（CIP）数据

美学/（德）黑格尔著；寇鹏程编译. —重庆：重庆出版社，2016.8（2024.1重印）

ISBN 978-7-229-10987-5

Ⅰ.①美… Ⅱ.①黑… ②寇… Ⅲ.①美学 Ⅳ.①B83

中国版本图书馆CIP数据核字（2016）第029326号

美 学
MEIXUE

〔德〕弗里德里希·黑格尔 著　寇鹏程 编译

策 划 人：刘太亨
责任编辑：吴向阳　陈　婷
责任校对：朱彦谚
特约编辑：王　尧
版式设计：曲　丹
封面设计：日日新

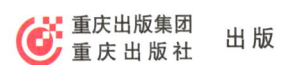

重庆出版集团　出版
重庆出版社

重庆市南岸区南滨路162号1幢　邮编：400016　http://www.cqph.com
重庆三达广告印务装璜有限公司印刷
重庆出版集团图书发行有限公司发行
全国新华书店经销

开本：720mm×1000mm　1/16　印张：29　字数：450千
2005年1月第1版　2016年8月第3版　2024年1月第14次印刷
ISBN 978-7-229-10987-5

定价：68.00元

如有印装质量问题，请向本集团图书发行有限公司调换：023-61520678

版权所有，侵权必究

导 读
INTRODUCTION

"一个真正的艺术家应是兴趣广泛的多面手，而不仅仅是一名画家。"

——黑格尔

美国当代著名哲学家M.怀特曾说："20世纪的任一重要哲学运动，几乎都以攻击那位才高八斗而又声名显赫的19世纪德国教授为开端，这位教授便是世人熟悉且尊崇的黑格尔。"

作为西方古典哲学的集大成者与终结者，黑格尔对西方思想"大全"式的辉煌成就，使得整个现代思想界试图超越他的思想家们的梦想化为泡影。在今天看来，这位在整个思想史上承上启下的最重要人物既是"终点"也是"起点"。他是一座难以绕开的思想高峰，同时也为西方思想的发展奠定了思辨的哲学基础。从某种程度上说，不理解黑格尔，就不能理解整个西方思想，而要理解黑格尔，就必须理解整个西方思想——这是理解黑格尔的困难之处，也是理解黑格尔的伟大之处。因此，我们必须先了解黑格尔的生平和西方思想的古今演变，这是理解黑格尔的唯一途径。

1770年8月27日，黑格尔出生于今天德国西南部符腾堡州首府斯图加特一个税务局书记官家庭。他是家中老大，还有一个弟弟和一个妹妹。就在黑格尔出生的这一年，天才贝多芬与荷尔德林也相继在德国出生。这一年，与黑格尔同时代的重要人物费希特8岁，席勒11岁，歌德21岁，莱辛41岁，康德46岁，狄德罗57岁，卢梭58岁。1770年也是普鲁士国王弗里德里希二世登基第30周年，这位从1740年登基直到1786年（黑格尔时年16岁）死亡的国王，带给普鲁士德国一个凋敝的破败景象。恩格斯在《德国状况》［恩格斯《德国状况》，第7页，商务印书馆，1981年］中说，那时的德国"是一堆正在腐朽和解体的令人讨厌的东西。国内的手工业、商业、工业和农业极端凋敝，一切都烂透了，眼看要坍塌，简直没有一线好转的希望，因为这个民族连清除已死亡制度的腐烂尸骸的力量都没有了"。

1775年，哲学家谢林诞生，他后来成为黑格尔的同学。同年，英国发动了对北美殖民地的战争。1776年，美利坚合众国诞生，此时的黑格尔年仅6岁。1777年，黑格尔进入本城的拉丁学校学习古典语文。1780年，10岁的黑格尔进入本城文科中学，在校期间，他逐渐熟悉希腊悲剧，喜欢植物学、物理学等课程。1783年，母亲的去世使年仅13岁的黑格尔遭受人生第一次重大打击。1786年，普鲁士老国王弗里德里希去世，新国王弗里德里希·威廉二世登基。1788年，18岁的黑格尔中学毕业，进入图宾根神学院学习，而就在这一年，黑格尔的思想"对了"叔本华诞生了。在大学学习和生活期间，黑格尔开始研究政治和宗教，并对现实进行批判，他把批判的锋芒同时指向宗教和专制制度。此时的黑格尔尚未形成自己的哲学思想体系，他仍然认为宗教高于哲学，认为哲学只是一种反思的思维，它无法把握生命和精神的无限性。

1789年，法国爆发了震撼世界的大革命。这对于黑格尔，对于法国，对于德国乃至整个世界，都影响深远。恩格斯曾经在《德国状况》中说："法国革命像霹雳一样击中了这个叫作德国的混乱世界，它的影响力之大，使得整个资产阶级和贵族中的优秀人物都为法国国民议会和法国人民齐声欢呼。"黑格尔和同伴谢林、荷尔德林模仿法国群众植树纪念大革命的方式，在一个春日到郊外种树，以此庆祝法国大革命的胜利。

1790年，20岁的黑格尔已经取得了哲学硕士学位，但他仍然继续攻读神学科目。1792年，22岁的黑格尔迷上卢梭思想，拜读了卢梭的《爱弥尔》《社会契约论》等著作。1793年，法国人民绞死国王路易十六，此时，整个德国对法国大革命开始由崇敬转为憎恨和恐惧。1794年，黑格尔开始在书信中指责法国的资产阶级革命，批评罗伯斯庇尔镇压革命，赞成热月政变并大加赞赏。1797年，黑格尔来到法兰克福，经荷尔德林介绍，到一个商人家庭做家教。同年11月，普鲁士国王威廉二世去世，年仅27岁的威廉三世登基。

1799年，父亲的离世使29岁的黑格尔再次遭受人生重大打击。1801年，他离开法兰克福，来到耶拿，为耶拿的一个贵族做家庭教师。此时，黑格尔的同班同学谢林在耶拿大学当上了教授。这年7月，黑格尔撰写了人生第一篇哲学论文《论费希特和谢林哲学体系的差异》，参与当时的哲学争论。同年10月，经谢林推荐，黑格尔以作品《关于行星轨道的哲学论文》在耶拿大学取得编外讲师资格，开始讲授逻辑学和形而上学，听课学生有11人。在此期间，黑格尔还发表了一些批评康德、费希特和F.H.雅各比等人的著作。这些人的哲学被黑格尔看作主观的反思哲学、需要克服的片面性哲学，并认为必须把它们同以总体为基础的"真正的哲学"区别开来。1804年1月，34岁的黑格尔应耶拿矿物学会之聘，任鉴定员。在这一年，他开始讲授思辨哲学，听课学生有二三十人。同时，黑格尔还讲授数学，他的数学知识极其丰富，以至于他的任何一个学生都没有足够的能力把他遗留下来的大量数学手稿整理出版。同年12月，拿破仑在巴黎由罗马教皇加冕，成为法兰西第一帝国的皇帝。

1805年2月，35岁的黑格尔升任副教授，他开始急于寻求建立属于自己的哲学体系的方法。他对朋友说，马丁·路德将拉丁文版本的《圣经》翻译成德语，福斯使荷马说德语，他要试一试，让哲学说德语。他表示，要撰写与思辨哲学、自然哲学、精神哲学、自然法和美学有关的哲学著作。这一年，黑格尔还着手撰写《精神现象学》——这部被后世誉为"黑格尔哲学的秘密"的著作，于1807年3月正式出版。这部划时代的巨著是一部人类意识的发展史，它从内容上将人类意识发展分为五个阶段：意识、自我意识、理性、客观精神和绝对精神，其中前三个阶段属于主观精神。黑格尔的整体观和伟大的历史感，均体现在这部意识发展史中。《精神现象学》使由康德开始的德国哲学革命进入新阶段，同时也标志着黑格尔已经成为一位成熟且独树一帜的哲学家。作为人的意识在诸发展阶段的缩影，《精神现象学》深刻揭示了人的个体发展及人类社会发展两个方面的历史辩证法。

1805年，普鲁士与欧洲封建君主各国政府组织反法同盟，对法国进行武装干涉，整个欧洲处于动荡之中。拿破仑指挥法国军队进入德国境内，与普鲁士、奥地利、俄国军队激战。战争延续到1806年，普法两军在耶拿激战，普鲁士军队大败，法军占领了柏林。黑格尔把拿破仑称为"骑在马上的世界灵魂"。

1807年1月，37岁的黑格尔担任了海德堡物理学会名誉会员。3月，黑格尔得到同乡尼特哈默尔的介绍，前往巴伐利亚的班堡担任《班堡日报》编辑。这一年，黑格尔的非婚生子路德维希出生。1808年，38岁的黑格尔开始担任纽伦堡文科中学校长，兼任哲学、古典文学和高等数学教师。同年，费希特提出在柏林建立大学的建议。1809年，柏林大学开始筹办。1811年，黑格尔41岁，这一年，他和比他小21岁的纽伦堡元老院议员图赫尔的女儿玛丽·图赫尔结婚。在纽伦堡期间，黑格尔完成了另一部巨著《逻辑学》。《逻辑学》分别于1812年、1813年、1816年分3卷出版。这部著作的重要意义和它出版后遭到的冷遇形成鲜明对比，但在黑格尔体系中，《逻辑学》始终占据核心地位。除了《精神现象学》之外，他把自己的其他著作都看作是《逻辑学》的展开和应用。《逻辑学》集中体现了黑格尔把宇宙看作一个运动、变化、发展的有机整体的合理思想，在逻辑史上具有革命性意义。就在这一时期，黑格尔的两个儿子卡尔和依曼努尔也于1813年和1814年相继出生。

1816年，黑格尔先后接到海德堡、爱尔兰根、柏林三所大学的聘书。他辞去了纽伦堡中学校长一职，决定到柏林大学任教。但由于柏林大学教席迟迟没有正式任命，这年秋天，黑格尔开始在海德堡担任哲学教授，讲授哲学史。第二年，听课学生从最初4人增加到10人。黑格尔将讲课提纲编辑成《哲学全书》，并分别于1817年、1827年、1830年出版，每次重版都做了重要修改。他还发表了政论《评1815年和1816年符腾堡王国等级议会的讨论》，坚持君主立宪制观点，对邦议员们要求恢复法国革命前的旧法制做了深刻的批评。在海德堡大学就职演讲中，黑格尔称普鲁士是建立在理性基础上的国家，并为当时的政府辩护。在1817年的冬季学期，黑格尔开始讲授美学，并于同年收到普鲁士文化教育卫生大臣邀请，前往柏林大学担任哲学教授。

1818年10月，黑格尔就任柏林大学哲学教授，于冬季学期开始讲授自然法和法哲学两门课程。1819年，49岁的黑格尔开始讲授宗教哲学、历史哲学、哲学史、逻辑学和形而上学。（也就在这一年，31岁的叔本华来到柏林大学任编外讲师，他故意把上课时间定在黑格尔讲课的同一时间，不料自取其辱，他的听课者寥寥无几。一气之下，叔本华扔下未讲授完毕的课程离开了学校。）在讲授历史哲学时，黑格尔通过理性主宰世界这一客观唯心主义原则，把历史看作是一个有规律的、不以人的意志转移的过程，从而结束了把历史看作非理性、一团紊乱的观念。

恩格斯曾经评价黑格尔把历史从形而上学中解放了出来，使它成为一个辩证的、发展的进程。1825年，55岁的黑格尔在写给76岁的歌德的信中表达了自己的崇敬之情："回顾自己的精神发展历程，处处可见你的影子，我简直能自称是你的一个儿子。"

1826年，因为自己的哲学体系适应了普鲁士国家需要，黑格尔在柏林大学的讲座吸引了很多人，听课学生常常有一两百人，黑格尔主义风行一时。为了表达对黑格尔的敬意，他的学生们为他和歌德举办联合生日庆祝会。（同年，叔本华再次来到柏林大学讲课，并仍然把时间定在黑格尔上课的时间，结果因为无人听课而黯然收场。）但也不乏对黑格尔哲学表示"转向"的人，如费尔巴哈就曾说，自己听了黑格尔两年课，两年来完全献身于黑格尔哲学研究，但现在是时候转向与"思辨哲学"对立的自然科学一方了。

1829年，59岁的黑格尔就任柏林大学校长，其哲学思想也被定为普鲁士国家的钦定学说。1831年，黑格尔被普鲁士国王威廉三世授予三级红鹰勋章，同年11月14日，不幸染上霍乱的黑格尔在柏林逝世，结束了他思辨的一生，享年61岁。黑格尔的一生并无起伏跌宕，也没有任何传奇经历，是一个典型的思想者的一生，他的人生经历就是他的思想经历。若真要说什么传奇，大概只有他年轻时蔑视普鲁士而敬仰拿破仑，甚至为法军在耶拿的胜利而欢呼，晚年时却成为了普鲁士国家的忠实臣民，在崇高的哲学声望和公众的崇拜中平静度日。

目录 CONTENTS

导读 / 1

第一卷　艺术美的概念

第一章　美的概念 / 2

　　无用的自然之美 ·· 3
　　美是理念的感性显现 ··· 5
　　滑稽说 ·· 6
　　内容决定形式 ·· 7

第二章　艺术美 / 23

　　艺术是人生的奢侈 ··· 24
　　艺术美的时代底蕴 ··· 26
　　理性艺术的"终结" ·· 29
　　心灵的最高旨趣 ·· 31
　　绝对心灵 ··· 32
　　艺术的"医生"及柏拉图的空洞 ···················· 34
　　静穆的艺术 ··· 47

第三章　艺术家 / 50

　　天才与才能 ··· 51
　　复现自我 ··· 52
　　康德、席勒的艺术原本 ··································· 53

第四章 艺术美的理念和理想 / 62

- 艺术的目的 ········· 63
- 性格是理想艺术表现的中心 ········· 66
- 艺术美的各种特殊类型 ········· 68
- 各门艺术的划分 ········· 84
- 当艺术面向观众 ········· 89
- 论感觉与起源 ········· 91

第二卷 各个特殊类型的艺术美

第一章 象征型艺术 / 94

- 象征型艺术概况 ········· 95
- 不自觉的象征 ········· 97
- 意义和形象的直接统一 ········· 106
- 象征艺术中的崇高 ········· 110
- 象征的主要因素 ········· 114
- 论比喻 ········· 128
- 象征型艺术的消逝 ········· 134

第二章 古典型艺术 / 137

- 论古典型艺术 ········· 138
- 古典型艺术的形成过程 ········· 140
- 古典型艺术的理想 ········· 145
- 古典型艺术的解体 ········· 162

第三章 浪漫型艺术 / 165

- 精神与内在的深刻和解 ········· 166
- 宗教里的艺术 ········· 167
- 宗教艺术中的神与人 ········· 168
- 基督教的爱与其他本质 ········· 169
- 论浪漫型艺术的特质 ········· 188

论骑士文化 · 190
　　浪漫艺术的解体 · 202

第三卷　各门艺术的体系

第一章　建筑篇 / 214
　　论建筑的起源及特性 · 215
　　象征型建筑 · 216
　　独立的建筑到古典型建筑的过渡 · · · · · · · · · · · · · · 223
　　古典型建筑 · 249
　　浪漫型建筑 · 260
　　特殊的建筑形体结构方式 · 262

第二章　雕刻篇 / 267
　　雕刻与建筑及其他艺术的精神差异 · · · · · · · · · · · · 268
　　雕刻、诗与绘画 · 269
　　雕刻的精神和理想境界 · 278
　　论希腊的雕刻 · 281
　　论雕像的生命 · 283
　　雕刻的面部五官与头发 · 284
　　身体的姿势和运动 · 291
　　雕像的服装 · 292
　　雕刻的表现方式 · 299
　　雕刻的材料 · 302
　　雕刻的历史发展 · 305

第三章　绘画篇 / 320
　　浪漫型艺术的主体性 · 321
　　绘画的概念 · 324
　　绘画的一般本质 · 325
　　绘画空间的压缩 · 326

浪漫型绘画与绝对精神理想 …… 327
光与色 …… 342
着色 …… 343
绘画与诗和音乐 …… 344
布局 …… 345
拜占庭绘画 …… 346
意大利绘画 …… 347
荷兰和德意志绘画 …… 350
世俗生活的绘画 …… 352

第四章 音乐篇 / 353

音乐的哲学分界 …… 354
音乐与诗 …… 357
时间之于音乐 …… 359
音乐的效果 …… 364
旋律 …… 365
节拍 …… 366
和声 …… 368
振动数 …… 370
音阶 …… 371
伴奏的音乐 …… 372
艺术的演奏 …… 386

第五章 诗歌篇 / 388

诗是语言的艺术 …… 389
诗的艺术本质 …… 390
诗的艺术特征 …… 392
诗人的角色转换 …… 402
音律 …… 404
史诗 …… 405
史诗的发展 …… 408
抒情诗 …… 412
抒情诗人 …… 414

抒情诗的种类 ·· 430
诗与歌 ·· 431
抒情诗的发展 ··· 432
戏剧体诗 ·· 436
戏剧体诗的发展 ····································· 440

附录1：对黑格尔美学的评价 / 443

第一卷　艺术美的概念

在本卷中，黑格尔系统阐释了其美学体系中两个关联的重要观点，即"美是理念的感性显现"和"艺术美高于自然美"。在黑格尔看来，美源自"绝对理念"或"绝对精神"，所以，美在本体论上具有客观实在性；也就是说，美并非人的主观判断，而是由"绝对理念"支配的，凌驾于所有主观判断之上的绝对精神。艺术美正是在这一"绝对精神"或"理念"指引下，由人类创造并认知的，承载着人类情感和认识活动的载体，所以艺术美高于自然美。

AESTHETICS

第一章　美的概念

黑格尔继承了柏拉图关于"理念"的部分观点，认为美也是理念，美是理念的感性显现。在他看来，现实世界是从理念世界诞生出来的，只有理念是真实的。

美作为一种理念，首先，它必须是真的，其次，单纯是真的理念还不是美。理念必须直接显现于客观现实的外在现象中，而且呈现为感性的形象，只有这样，理念不仅会是真的，而且会放出光辉，显示出外在形象，变成美。

无用的自然之美

作为一门学科，我认为美学起源于德国的莱布尼茨—沃尔夫学派［又称莱布尼茨—沃尔夫体系。18世纪德国哲学家沃尔夫在继承和改造莱布尼茨（德意志哲学家、数学家。在哲学方面，莱布尼茨在预见了现代逻辑学和分析哲学诞生的同时，也显然深受经院哲学传统的影响，更多地应用第一性原理或先验定义，而不是实验证据来推导以得出结论）哲学基础上形成的学派或体系。沃尔夫哲学继承了莱布尼茨的单子论和前定和谐说，并把它改造成为一种神学目的论，认为世界的一切都是上帝有目的的安排，整个世界被创造出来是为了证明造物主上帝的智慧。他力图排除莱布尼茨哲学中的矛盾，使莱布尼茨哲学系统化，但却抛弃了莱布尼茨哲学中的辩证法思想，把它变成僵化独断唯心主义哲学体系，体现了形而上学思维方式的基本特征。沃尔夫的这种哲学由他的学生比尔弗格第一次称为"莱布尼茨—沃尔夫哲学"，并长期占领德国各大学乃至欧洲的大学讲坛，影响极为深远。——编者注］。起初是哲学的一个分支。艺术作品就如一粒打破平静水面的石子，在人类内心深处引起阵阵波澜——愉快、惊讶、哀伤、恐惧……这些由艺术带来的情感波动让我们的心灵为之震颤。为描述这种状态，我借用了希腊文中的"卡力斯特惕克"一词，在希腊语里，这个词语正是"美"的意思。

世界的各个角落都能发现"美"的影子：山川、河流、花卉、破晓时的天色、动物皮毛上的斑纹……但我把它们都排除在美学之外，我认为，美学不包括自然之美。因为我相信，艺术之美必定高于自然之美。因此，我也将这门学科称为"艺术哲学"。

尽管人们时常谈到"自然之美"，却从未有人把这种美单独提出来，列为一门独立的学科来进行研究。在古代，人们对"自然之美"的谈论，明显比现代更多。但这种谈论相当空泛，因为"自然之美"不是一个确切的概念，更无统一标准。因此，我认为研究自然现象之美没有太大意义。

关于自然风景，世间常见的看法是，它的美至高无上，人类的艺术美感则居于其次。在大自然鬼斧神工的杰作面前，人类的艺术显得如此卑微——因为艺术本身是没有生命的，也不能自由活动，而自然界中的一切活物却共同组成了一个完美的有机组织。艺术作品的生气仅仅表现在外表，其内部不过是些颜料、石头、木料、画布、文字等死材料罢了。所以准确地说，艺术作品都虚有其表。可我并不这么认为。艺术表现的是人的精神价值，它将原本的现实世界改造得更富有人性气息并突显出来。在艺术中，世界变得更加纯粹、鲜明。从这个角度来看，艺术作品比未经心灵渗透的自然作品立意更高。当我们欣赏一幅风景画时，画家的情感已毫无保留地内置于画中，这样一幅出自心灵的作品，显然高于原初的自然风景。由此可见，一切出自心灵的东西都高于自然。除此之外，艺术可以表现出神圣的理想，这是任何自然事物都无法做到的。

关于自然风景之美，还有一种看法，自然界是神的作品，是按照神明的美德和智慧创造出来的，而艺术不过是人类以自己浅薄的见识所造。我认为这种将自然界与艺术对立起来的看法，也是一种误解。难道神明的活动范围只限于自然而不包含人类？难道因为人并非神所造，所以不体现在人的身上？然而，正是以人为载体，神才得以显现出自己的威力。

如果由心灵所创的艺术与天然形成的自然景物都闪烁着神的荣光，那么神从前者身上得到的光荣就比从后者身上得到的更高。因为人不仅有神性，而且神性在人身上比在自然中的活动形式更高，更符合神的本质。只有在人身上，神性才是自由和灵动的。而在自然这一媒介中，神性只存在于无意识的外在事物中，这在价值上已经远逊于人的意识。在艺术作品中，神的活动方式与他在自然景象中的活动方式是一致的。甚至可以说，人类的艺术，就是人类模仿神明所造的自然。它经由心灵产生，于是它的存在便获得了一种符合自身本性的显现，而自然界则是毫无意识的感性的客观存在，并非一种符合神性的显现形式。

美学的研究对象是艺术，所以我们也称美学为"艺术哲学"。艺术美是由心灵产生和再生的美，心灵的感受比自然的现象高出多少，那么艺术美也就比自然美高出多少。从形式上看，任何一个想法，哪怕它是无聊的幻想，只要是经由人的大脑产生，就高于任一自然产品，因为这种幻想出于自由的心灵。从内容上说，自然界的景物本身毫无意义，只有人为地将它与其他事物相关联，才会产生所谓的"美"感；而心灵的产物本身就意味着自由和意义。同时，我们必须意识到，心灵和它的艺术美是高于自然的，这里的"高于"是一种质的区别——唯有心灵能涵盖一切，只有经由这样一种崇高且独一的境界产生出来的美，才是真正的美。自然之美是心灵美的反映，它已包含在心灵美中，所以只是一种较低的形态。我认为，把美学的范围局限在艺术领域是再正常不过的。人们常常以效用为基础，对自然事物加以研究，如药物学、矿物学、地质学、植物学、动物学等，这些自然学科都有公式或者统一的判定标准，而自然美的概念何其模糊，更遑论固定标准，因而也就无法被系统研究。

美学大体有三种研究方法：第一，经验研究；第二，理论研究；第三，经验研究和理论研究相统一。经验研究即围绕艺术品的外表进行活动，用现有的经验为艺术研究提供相应的观点。理论研究是指单就美进行思考，涉及一般原则但不涉及艺术作品的特质，并由此生出一种抽象的美的哲学。经验研究和理论研究相统一是指：要弄清美学的真正概念，就必须将前两种研究方法看作对立的统一，即形而上学［本意是指事物的本质、道理、规律。形是表象、外在的意思，形而上学就是超越外在表象，揭示内在真理］的普遍性和现实事物的特殊性的统一。只有这样，我们才能透彻理解美学。

美是理念的感性显现

美本身是无限的、自由的。美的内容固然可以是特殊的，但这种内容在它的客观存在中却必须呈现为自由的、无限的整体。因为美通常是一个概念，这一概念并不处于片面的、抽象的、有限的境况中，而是与其客观存在融为一体。这种本身固有的统一和完整使美变得无限。同时，作为一个概念，美将生气注入客观存在中，它将客观存在与自身相协调，这种一致性就是美的本质。

美是一种自由的关系。这表现在它与人的关系上：美与人的关系不是一种认识关系，也并非一种实践关系。主体在认识关系上是有限的、局促的，因为它事先已经假定了事物的独立自主性。在实践关系上，主体也是有限的、不自由的，此时人被欲望牵制，以消灭客观对象服务自己为目的，对象也依存于人，因此对象也是不自由的。而在审美关系中，人既不是客观对象的奴仆，也不是自身欲望的奴仆，自由成了美的实质。因此，审美带有令人解放的特质，它使对象保持自由和无限，不把它作为满足欲望的工具。如此看来，美的对象既不受人类的压制和逼迫，又不受其他外在事物的侵袭和征服。按照美的本质，在美的对象中，无论是其概念、目的、灵魂，还是外在性、复杂性以及实在性都似乎是从它本身发出来的。

美是理念在自然对象中的感性显现（即是说，美是理念与客观对象的融合）。这样的显现或明或暗，或多或少，通常有三种情况：

第一，理念沉没于客观存在中，以至无法见到主体的观念性。它们毫无灵魂地完全转化为感性的物质的东西，看不出是各有特性的对立面的统一。例如一种金属物，本身固然具有许多复杂的机械物理的属性，但它其中的每一部分也同样含有这些属性。

第二，理念成为统摄各独立个体的力量。在这一阶段，理念化为实体，所以其中个别物体虽各有独立的客观性，却都同时受制于同一系统。以太阳系为例，一方面，太阳、彗星、月球和行星是互相独立存在的有差异的天体，另一方面，只有互相作用，它们才能成为一个完整的天体系统。

第三，理念在自然物中显现的最高形态是生命，有灵气有活力的自然才是理念现实化的表现。因为生命有三种特色：一是在生命中，理念所含的差异面外显为实在的差异面；二是这些实在的差异面遭到否定，因为理念的观念性的主体性把"实在"统辖住了；三是这里也出现了生气，作为无限的形式，这种形式有力量维持它在内容中作为形式的地位。因此，没有生命的自然是不符合理念的。

滑稽说

所谓"滑稽说"［在德文中一般译为"讽刺"，是指艺术家对现实世界形象自由玩弄的心情，因此译"滑稽"较为妥当。黑格尔在本书中所说的"幽默"亦指"浪漫式的滑稽"，为避免与一般意义的"幽默"混淆，所以用"滑稽"］的各种形式，就是从乖戾的倾向，特别是从弗里德里希·许莱格尔的知见和学说发展而来的。就它的诸多方面的其中之一而言，"滑稽说"更深的根源是费希特哲学，即费希特哲学中关于艺术的部分原则。

费希特把"自我"（这里的"自我"是指完全抽象的形式的"自我"）看作一切知识、理性和认识的绝对原则。由于这一点，这种"自我"究其本身是很简单的。从一方面看，每个特性、属性、内容在这种"自我"里都被否定了，因为一切积极内容都淹没到这种抽象的自由和统一里面了；从另一方面看，每个于"自我"有意义的内容都只有通过"自我"才能得到彰显。凡存在物都只有通过

"自我"才存在；凡通过"自我"而存在的对象，"自我"也可以将其抹灭掉。如果我们滞留在这种由抽象"自我"的绝对性所产生的空洞形式上，世间就无物是独具价值且自在自为的了，一切都只能看作"自我"的主观性产品了。

依据这一学说，艺术家就是自由建立一切又自由摧毁一切的"我"，对于这个"我"没有什么意识内容是绝对自为自在的，而只显现为由"我"自己创造并且可由"我"自己摧毁，一切事物都没有意义。

知见窄狭的可怜虫没有才能去了解"我"的观点，达到"我"的高度。这使"我"意识到：不是人人都能像"我"这般自由，能把人所尊奉的圣物看成只是他自己的随意创造；他可以随意赋予或剥夺它们的意义。一个滑稽艺术家在生活中所表现的这种巧智，被理解成一种神通，对于这种神通而言，一切事物都只是无实体的创造！而自知不受拘束的创造者既能创造它，也能摧毁它。谁有这种神通，谁就能俯瞰芸芸众生，把他们看作狭隘呆板者；因为他们把法律、道德等看成固定不移的、有约束性且实在的东西。过着艺术家生活的人固然必须和旁人发生关系（例如和朋友、姘妇之类在一起过活），但是作为天才，他却把与周围现实的关系，与他自己的行动的关系，以及与自在自为的普遍事物的关系，都看成梦幻泡影，以滑稽的态度待之。

滑稽态度的一般意义就是这样，它就是把滑稽集中于自我本身。对于自我，一切约束都破除了，他只愿在自我欣赏中幸福地生活着。这就是弗里德里希·许莱格尔先生所发明的"滑稽说"，许多人跟着他吹嘘他的这一发明，最近还有人在跟着他吹嘘呢。

内容决定形式

艺术的任务在于用感性形象来表现理念，以供直接观照，而不是用思维和纯粹心灵性的形式来表现，因为艺术表现的价值和意义在于理念和形象的协调统一，所以艺术在符合艺术概念的实际作品中所达到的高度和优点，取决于理念与形象能互相融合而成为统一体的程度。艺术科学各部分的划分原则就在于——作为心灵性的需求得到了符合心灵概念的形象。我们将艺术科学分为三个部分：

周期中圣堂壁画（局部）　湿壁画　意大利佛罗伦萨圣十字教堂藏

乔托·迪·邦多纳（Giotto di Bondone，1266—1337年）

　　意大利画家、雕塑家和建筑设计师，被后世誉为文艺复兴时期的艺术开创者，更被誉为"欧洲绘画之父"。乔托的绘画，构图单纯、简洁，他的全部作品，都具有一种单纯而严肃的美，一种和谐的美。美术家贝朗逊曾这样评价他："绘画有热情的流露，生命的自白与神明的皈依，自乔托始。这也是此后文艺复兴时期绘画所共有的精神。

第一卷 艺术美的概念·第一章 美的概念 | 9

哀悼基督　湿壁画　1305年　意大利帕多瓦阿雷那礼拜堂藏

逃亡埃及　湿壁画　1305年　意大利佛罗伦萨乌菲兹美术馆藏

纳税银　湿壁画　1420年代　意大利佛罗伦萨卡尔米内圣母堂布兰卡契礼拜堂藏

马萨乔（Masaccio，1401—1428年）

意大利文艺复兴绘画的奠基人，被称为"现实主义的开荒者"。马萨乔对文艺复兴时期的绘画有着极其深远的影响，他第一个将哥特式艺术的理想化倾向扭转到反映现实的方向上来，而且他开始生动地运用透视法，力争真实地反应实际场景，表现自然和人类的真实世界。

圣彼得分配救济金与亚拿尼亚之死
湿壁画 1426—1427年 意大利佛罗伦萨卡米内圣母堂布兰卡契礼拜堂藏

12 | 美学　Aesthetics: Lectures on Fine Art

春　木板蛋彩画　1476—1478年　意大利佛罗伦萨乌菲兹美术馆藏

桑德罗·波提切利（Sandro Botticelli，1445—1510年）

　　佛罗伦萨画家，文艺复兴早期佛罗伦萨画派的最后一位画家。波提切利人文主义思想明显，充满世俗精神，后期的绘画更增加了许多以古典神话为题材的作品，相当一部分采用的是希腊与罗马神话。波提切利的画，风格秀逸，线条轻灵，充满细腻、典雅的抒情情怀，特别是他大量运用教会反对的题材，大胆描绘全裸的人体，对他之后的绘画影响很大。

文化伟人代表作图释书系

第一卷 艺术美的概念・第一章 美的概念 | 13

老实人纳斯塔吉奥的故事（第一篇）　木板蛋彩画　1483年　西班牙马德里普拉多美术馆藏

老实人纳斯塔吉奥的故事（第二篇）　木板蛋彩画　1483年　西班牙马德里普拉多美术馆藏

维纳斯的诞生　布面蛋彩画　公元1485年　意大利佛伦萨乌菲兹美术馆藏

影响人类文明进程的文化与科学巨著

14 | 美 学　Aesthetics: Lectures on Fine Art

文化伟人代表作图释书系

第一卷 艺术美的概念·第一章 美的概念 | 15

抱水果的少女　木板油画　美国纽约大都会艺术博物馆藏　　比安卡玛丽亚·斯福尔扎　木板油画　1493年　美国华盛顿国家美术馆藏

蒙娜丽莎　木板油画　1503—1506年　法国巴黎卢浮宫博物馆藏

列奥纳多·迪·皮耶罗·达·芬奇（Leonardo Di Serpiero Da Vinci，1452—1519年）

　　文艺复兴时期的天才画家、科学家、发明家。现代学者称他为"文艺复兴时期最完美的代表"，是人类历史上绝无仅有的全才。达·芬奇他最大的成就是绘画，他以其特有的技艺，解决了他那个时代之前所有绘画的构图问题、明暗问题和透视问题，同时对传统题材也进行了彻底改造。他使用色调幽暗的画法，使人物形象从阴暗中突出，突破了他之前的绘画明晰透露的特点，预示着文艺复兴顶峰的到来。

抱银鼠的女子　木板油画　1485—1490年　波兰卡米恩卡市克拉科札托里斯基博物馆藏

第 一 卷 艺术美的概念 · 第 一 章 美的概念 | 17

美丽的菲罗妮儿 木板油画 1490—1496年 法国巴黎卢浮宫博物馆藏

影响人类文明进程的文化与科学巨著

文化伟人代表作图释书系

巴尔达萨雷伯爵像
布面油画　1516年　法国巴黎卢浮宫博物馆藏

抱着独角兽的年轻女子肖像画
布面油画　1505—1506年　意大利罗马波各赛美术馆藏

草地上的圣母　木板油画　1507年　奥地利维也纳艺术史博物馆藏

拉斐尔·桑西（Raffaello Sanzio，1483—1520年）

意大利画家，也是"文艺复兴艺术三杰"中最年轻的一位，代表了文艺复兴时期艺术家理想美的事业所能达到的巅峰。拉斐尔的一生创作了众多圣母与圣婴形象，他塑造的女性，仿佛是艺术家天性的流露，其纯真优雅、自然庄重、明快清晰、和谐简洁的形象，被后人推崇为理想美的范式。虽是圣母，却聚集了意大利民间女性的迷人魅力，有着人世间最能打动人心的母爱与情调。

椅中圣母
木板油画　1514—1515年　意大利佛罗伦萨庇蒂美术馆藏

圣彼得被钉上十字架　壁画　梵蒂冈圣保罗小教堂藏

创世纪——原罪与逐出乐园　壁画　1510年　梵蒂冈国家博物馆藏

创世纪——大洪水　壁画　1508-1512年　梵蒂冈国家博物馆藏

米开朗基罗·博那罗蒂（Michelangelo di Lodovico Buonarroti Simoni，1475—1564年）

　　意大利画家、雕塑家和建筑师，文艺复兴时期雕塑艺术高峰的代表，与拉斐尔和达·芬奇并称"文艺复兴艺术三杰"。他一生追求艺术的完美，坚持自己的艺术思路，早期作品大都是其内心的直白，具有神人兼备，明察人类情怀的力度；后期作品更多体现了艺术家本人的心灵归宿，表现出其创作时悬而未决的封闭的深度，美学重心不再是艺术的创造物，而是艺术家与作品间纠缠不清的复杂关系。

第一，一般部分，其内容和对象就是艺术美的普遍理念以及艺术美对自然和对主体艺术创造这两方面的更密切的关系。第二，从艺术美的概念发展出的一个特殊的部分，即在这个概念本身所包含的本质上分别演化成为一系列的特殊表现形式。第三，最后的部分，它所要讨论的是艺术美的个别化，即艺术进展到感性形象的表现，形成各门艺术的系统以及其中的种类。

艺术作品的缺陷并不总是因为技巧欠圆熟，形式的缺陷总是源于内容的缺陷。譬如中国、印度、埃及各民族的艺术形象，就是内容的欠缺。比如诸多的神像和偶像，都是无形式的，或是形式虽明确却丑陋不真实，这就不能达到真正美的境地。由于神话观念的不明确，也就是说其内容空泛，所创造的艺术作品的内容和思想也就不能明确，或是虽明确但不真实。就这点而言，艺术作品的表现愈优美，它的内容和思想也就具有愈深刻的内在真实。那些纯粹模仿自然形状的，无论其技巧达到怎样高度，如何圆熟，都不是真正的艺术品。同理，在某些艺术作品中，对自然形状的改造，并非是艺术家在技巧上的生疏和不熟，而是艺术家有意为之，是艺术家意识里的内容和要求所决定的。

艺术的真正职责在于帮助人认识到心灵的最高旨趣。由此可知，就内容方面说，美的艺术不能在想象的无拘无束境界里飘摇不定。因为这些心灵的旨趣决定了艺术内容的基础，尽管形式和形状可以千变万化。形式本身也是如此，它们也并非完全听命于偶然现象。不是每一个艺术形状都可以表现和体现这些旨趣，可以把这些旨趣先吸收进来而后再现出去。根据上述理由，在不可驾驭的艺术作品和形式中，我们仍然可以按照思考的需要找到正确方向。

一件技巧纯熟的艺术品算不得真正完美的艺术品，它依旧是不完善的，有缺陷的。完美的艺术，是理念和形象的结合，不仅有理念，而且表现理念的形象也是真实、完美的，包含了这两者才是最高的艺术品。

艺术家为一个理念，必须寻找到具体的形象。形象是显现理念的桥梁。如果一个理念还不能找到一个对应的特殊事物，那么这个理念本身也是抽象的，就不能由它本身得到它的定性，此时用从本身以外得到的一个原则去决定某种显现方式才是唯一适合的。因此，如果理念还是抽象的，它的形象也就不是由它决定的，而是外来的。具体的理念却不如此，它本身就已包含它采取什么显现方式所依据的原则，因此它本身就是使自己显现为自由形象的过程。由此可知，只有真正具体的理念才能产生真正的形象，这两方面的吻合就是理想艺术。

第二章　艺术美

黑格尔认为，艺术美是历史在高级发展阶段上的美，是美的高级形式；他主张艺术美高于自然美，说艺术美是真正的美，它是"由心灵美产生的美，心灵和它的产品比自然和它的现象高多少，艺术美就比自然美高多少。"

虽然如此，黑格尔也并非完全忽视自然美。在黑格尔看来，只有在有机物阶段，自然才表现出灌注生气于全体各部分的"观念性统一"，因此才有美。就艺术是"寓杂多于统一"的观点看，正是由于自然美有这一缺陷，所以艺术美才显得尤为必要。

艺术是人生的奢侈

人生诸事，大多需要严肃面对，这使人精神紧张。然而艺术却恰恰相反，不管是创造艺术或是享受艺术，这一过程都如一场愉快的游戏，给人带来精神上的松弛和心灵上的软化。但若是以科学研究般严谨刻板的方式来研究艺术，就未免亵渎了艺术之美。

艺术严肃派认为艺术可以调和人的理性与感性、愿望与职责的冲突，即使它的确达到了这一功能，也是有害的，因为艺术采取的手段多是幻象，且与现实相背离，因此不宜作为科学研究。

艺术不是人生的必需，而是一种多余的奢侈。这种奢侈可以从以下方面体现：艺术品是诉诸感觉、感情、知觉和想象的，无论是创作还是欣赏，人们都是在纯感觉的世界里自由翱翔。我们在阅读、观看、倾听一切艺术作品时，便是暂时逃脱法则、规律和约束之时。想象是艺术作品的源泉，换言之，想象是极端自由的，艺术正是想象的自由活动。尽管自然界包罗万象，但与想象天马行空的自由相比，却处于较低的层次。在无边想象力创造的艺术产品面前，思考显得如此渺小，如此力不从心。这也就是为什么没有一个科学家敢把这样丰富的东西摆在自己面前，展开一套公式来研究它的缘故。

"自然"这个名词能让我们立刻联想起与必然性、规律性或者科学研究有关的东西。比起自然界来，心灵，尤其是想象的领域显得毫无规律可循。在飘忽无常的艺术面前，自然科学只能望洋兴叹。

我们为什么应当给予艺术崇高的地位？因为艺术不仅可供娱乐消遣，美化我们的生活环境，而且也给生活粗制滥造的外表披上了一层精致的外衣，把生活修饰得更辉煌。它企图接近生命的彼岸并描绘出彼岸的物象和幸福，与宗教不同，艺术使用感性〔此处在德文原著中是Sinnlich，这个单词有"用感官察觉"的意思，为简便起见，译为"感性"。它与精神是对立的，即物质的〕形式去表现那些崇高彼岸的东西，在形式上更接近人的感觉和情感。日常世界好比一个坚硬的外壳，我们的心灵被包裹其中，受到奴役，极乐彼岸似乎就悬浮在难以突破的硬壳之上，而只有艺术才是突破这一层外壳的方法和物质。

上述对于将艺术美作为科学研究对象表示怀疑，这无疑是杞人忧天。无论是就目的还是手段而言，我们所要讨论的艺术都是自由的艺术，而不是一般的娱乐艺术。拥有自由性的美的艺术才是真正的艺术。只有当艺术与宗教、哲学处于同一境界，成为认识和表现神圣性、人类的最深刻的旨趣以及真理的一种方式和手段时，艺术才算尽了它的最高职责。各民族在艺术作品中留下了他们最丰富的见解和思想，而美的艺术往往是了解哲理和宗教的一把钥匙，这对于许多民族而言，也是唯一的钥匙。这一特性是艺术、宗教与哲学所共有的。艺术之所以异于宗教与哲学，在于它以感性的形式表现了最崇高的东西，因此使这最崇高的东西更接近自然现象，也更接近我们的感觉和情感。同时，艺术并不是幻象。因为它超越了感觉和外在事物的直接性，所以它才是真正的实在的东西。只有自在自为的东西才是真正的存在，而艺术所表现的就是对这些普遍力量的统治。

此外，艺术给予我们的美感有多种层次。

首先，艺术取材于日常生活，带给我们美感。如果事物没有经过艺术表现出来，它们在日常生活中就只能引起瞬间兴趣，也就显得不重要了。例如荷兰画就能将自然界飘忽的现象表现为五花八门的境界，好像是由人再造出来的。天鹅绒、金属物的光彩、光、马、仆人、老太婆、农民吸着破旧的烟斗吞吐着烟雾、酒在透明的杯子中闪着耀眼的光芒、乡下人披着肮脏的袄子玩着破旧的牌……生活中充满无数类似题材，可我们对它们甚少留意。尽管我们自己也玩牌，喝酒，谈天论地，可是却从未留意这些寻常场景，而艺术却将它们以画的形式展现在我们眼前。艺术既然把这种内容呈现给我们，这种好像是由心灵创造的自然事物的外形和现象就马上引起了我们的兴趣，心灵把全部材料的外在感性因素化成了最内在的东西。此时我们看到的不是实际存在的毛绒、丝绸，不是真正的头发、玻璃杯、肉和金属物，而只是一些颜色，不是自然物原本的立体形象，而只是一个平面，但我们得到的印象仍然犹如实物，甚至比实物更深刻。

其次，艺术观念拔高了感性材料的立意，带给我们美感。艺术提升了本来没有价值的事物的立意，它不在乎感性材料的内容有没有意义，艺术的目的只为使我们对原本过而不问的东西产生兴趣，因此才将这些事物以各种手法表现出来。嘴角浮现的一抹微笑、狡黠的表情、坚毅的眼神，甚至脑海中转瞬即逝的想法……艺术使这些原本易逝的东西得以永恒。就此而言，艺术征服了自然。

最后，艺术将感性材料渗透至心灵更深处，带给我们美感。还唤起了我们另一种更深广的兴趣作为浸透心灵的东西，它并不只是按照感性材料的原本形式加以表现，而是将感性材料转换为另一种更利于推广的形态。凡是自然地存在着的东西都只是一种个别体，无论从哪一点或哪一方面来看，都是个别分立的，而观念则具有普遍性。艺术作品固然不只是一般性观念，但是作为来自心灵及其观念成分的东西，不管它如何活像实物，仍然必须贯彻这种普遍性。艺术作品的任务就在于抓住事物的普遍性，再将这普遍性表现于外在现象之中，而内容的表现则是完全无关紧要的东西，应一起抛开。在绘画中，即便画家倾向于将人物筋肉和脉络一并画出，也没必要明确详细地还原其在自然中的形象，因为这些东西和心灵或是关系不大，或是毫无关系，只有心灵才是人物的本质和最该表现出来的东西。因此，我并不认为裸体雕刻在近代比在古代制作得少就是近代雕刻的短处。倒是我们近代服装的式样比起古代较富于观念性的服装，确实很不艺术，也很平庸乏味。

艺术美的时代底蕴

独立自足性的英雄时代

艺术的理想时代是具有独立自足性的古希腊英雄时代［经典著作和世界古代史领域中一个常见术语，该词原出自古希腊史。其概念正式形成于公元前8至公元前7世纪之间。这一时代属于野蛮时代的高级阶段，是铁剑、铁犁和铁斧的时代，也是军事民主制时代。当时，存在着氏族、胞族和部落等制度，但氏族制度已出现裂缝，父权制被确定，人民大会、氏族首长议会和军事首长等管理机构已经建立起来］。在英雄时代，理想意味着统一，这不仅是形式的外在的统一，也是内容本身固有的统一，而且这是从形象上直接可见的，具有独立自足性的统一。古代英雄们只服从于自己的专断意志，从而承担和完成自己的一切事物。哪怕他们实现了正义和道德，也只是出于个人意志罢了。古希腊道德只有一个特点：个人欲望与意志相统一。因此，古代英雄们无需受制于另外一种独立的法律、裁判或法庭，对他们而言，个人意志就是唯一的法律。古希腊英雄们都出现在法律尚未出现的时代，他们就是国家的创造者，正义和秩序、法律和道德，也是由他们制定出来的。在古希腊时代，赫拉克勒斯就是作为这样的英雄而受到人们的赞扬，成为他们心目中原始英雄道德的理想形象。他本着个人意志去维护正义，与人类和自然中的妖怪作斗争，这种自由且独立自足的道德并不是当时的普遍情况，而只是他所特有的。在现代，法律道德和个人意志的对立、冲突和分裂已成为普遍现象，但这在英雄时代是不存在的。

在英雄时代，个人在本质上是个整体，客观行动既是由他做出来的，就始终属于他，主体也愿意把自己的所作所为完全看成是由自己做的，并对后果负完全责任。希腊神话故事中，俄狄浦斯王在去求神降预言的途中打死了一个与自己争执的人。在那个好勇斗狠的时代，这种行为不算什么罪行，但那人正是他的父亲。后来俄狄浦斯与一位王后结了婚，他不知道自己的妻子就是自己的母亲，他在不知不觉中犯下了乱伦的罪过。尽管这种行为是出于他的无知，非他的意志所主宰，但在知道真相之后，俄狄浦斯王完全承认了这宗罪行，并把自己当作一个弑父娶母者来惩罚。独立自足的、坚强而完整的英雄性格使俄狄浦斯王不肯推卸自己的责任，也认识不到主观意图与客观行动及其后果之间的矛盾。而在近代，每一个人的行动都和旁人有着千丝万缕的纠葛，近代人更乐于尽可能地把罪过从自己身上推开。

英雄时代的个人也很少和他所隶属的那个伦理的社会整体分割开来，他意识到自己与那整体处于实体性的统一。现在的我们会把个人与家庭区别看待，而在远古的英雄时代，人们却没意识到这种分别。祖先的罪过连累子孙，整族的人都要因第一个犯罪的祖先而遭殃。在古代富有弹性的整体中，个人不是孤立的，而是其家族和种族中的一员。因此，家族的性格、行动和命运是每一个成员的分内事。没有人会推诿自己祖先的行为和命运，而是心甘情愿地把这一切看成是自己的行为和命运，这对现在的我们来说是不可思议的。

充满散文气息的现代

当前时代，是一个充满了散文气息的枯燥时代，理想形象的范围极为狭窄。因为无论在数量上还是在广度上，近代个人的独立自足性得以自由发挥效用的领域非常局促。在这种情形下，他们的意志和行为都只能局限在极为狭窄的范围中。也只有在狭窄的范围内，人作为个别主体才可以自由行动，才可以按照个人意愿成为自己心目中的理想形象，遵循内心意志做自己想做的事。但这种理想毕竟没有深刻的内容，所以只有主体方面的心情才成为真正重要的因素。比较客观的内容是由当前各种既定关系决定的，这种内容的主要兴趣只在于它显现于个人生活和他的内在主体性。

在现代世界中，主体取此舍彼，固然可以自作抉择，但作为一个独立的人，不管向哪一方转动，都受限于一种固定的社会秩序，而无法像古希腊英雄那样，独立于社会秩序之外。所以他只能困在这个社会圈子里行动，这样一种形象以及它的目的与活动的意义所能引起的兴趣都是非常个别的。归根结底，这种兴趣只限于要知道个人的遭遇如何，以及他是否侥幸地达到了自己的目的。

作为主体，近代的人格在情绪和性格方面是无限的，它虽然显现于自身的动作和经历，以及法律和道德等方面，但正如主体本身是受局限的一样，在这个人身上，法律的客观存在是受限的，它不像在真正的英雄时代那样，有普遍性的法律道德和一定的规则。现代个人已不再像在英雄时代那样可以被看作是这些普遍力量的体现者和唯一现实了。

个别的具体情境

艺术有别于散文气息的现实，它的使命在于表现理想世界的景象。在一般世界中，艺术还没有显示出个别人物在现实生活中的活动。就个别人物来看，他们面前原已存在的场所或背景就是这一般世界里的普遍情况，但是这种场所必须经过具体化，才能显现出情况的特殊性。就这点来看，艺术所要描绘的就不仅是一种一般的世界情况，而是要从这种无定性的普泛观念过渡到描绘有定性的人物性格和动作。个别的具体情境就是指：一种和个别人物更为贴近的具体机缘，是有定性的环境和情况，即情境。情境是艺术更特殊的前提，使本来在普遍世界情况中还未发展的东西得到真正的自我外现。这种情境使总的世界情况经过特殊化而具有定性，这种定性就如一种推动力，使艺术所要表现的那种内容得到有定性的外观。所以艺术除了表现一般世界的理想情况外，更要寻找可以显现心灵方面深刻而重要的旨趣和真正意蕴的具体情境。

几个特殊的情境

第一，个人仅凭自身心灵方面的优点就已经可以超越自然障碍。如果一个教养和才能低下的仆人爱上了一名公主或贵妇人，或是公主或贵妇人爱上了他，不管这种情欲在艺术表现中显得多么深厚而热烈，这样的爱情只能是荒谬且低级的。这里真正的分界因素并不是所谓出身地位的差别，而是一整套较高的旨趣，良好的教养。生活的目的和情感方式都使得一位在社会地位、财产和交友各方面都很完美的贵妇人有别于一个仆人。如果这种跨越阶级的爱情是双方结合的唯一桥梁，如果其中一方不能妥协于对方的精神教养和社会地位关系所应有的生活方式，那这种爱情就是空洞的、抽象的、只关乎性欲的。完满的爱情必须链接起双方的全部意识，全部见解和高贵的旨趣，它们应当是和谐的。

第二，出身的阶级地位注定会成为起妨碍作用的枷锁，套在本身自由的心灵以及它正当的目标上。以生于印度最底层家庭的人或饱经风霜的犹太人为例，一方面，他们完全有理由凭借个人自由意志去冲破阶级地位带给自己的障碍和约束，他们有绝对的权利与这种障碍作斗争。但由于我前面说的这第二种特殊情境，这个枷锁不可超越，凝定为一种不可克服的必然状态。因此，有理性的人会安安静静地忍受这种不可避免的局面，放弃这枷锁所不容许的旨趣和要求，默默承受这种无可奈何的情境。当斗争无法发生效用时，放弃是仅剩的合理办法，这样至少可以恢复主体自由的形式上的独立自足性。反之，他越抵抗，就越完全受制于枷锁。但无论是抽象的纯然形式的独立自足，还是毫无结果的斗争，都不能算真正的美。

理性艺术的"终结"

希腊艺术的辉煌时代和中世纪晚期的黄金时代已经远去，现代的艺术远远比不上那个时代。过去各个民族都在艺术中寻找自己的精神满足，而如今，那种繁盛的景象已去而不返。

将艺术作品奉为神圣崇拜的时代已然过去，宗教与理性文化走得更远，思想与反思飞得更高。艺术在我们心灵激发起的感情需要一种更高的检测标准，需要从另一方面来证实。

现代世界是一个由理智文化统治的世界，人们在生活中偏重于理智，紧紧依附于一些普泛的观点、规定、职责、权利、戒律、准则，因为这些因素影响和决定着他们的生活。但这与艺术相左，是扼杀艺术的桎梏。致使生气蓬勃的艺术土壤，逐渐从理智世界流失。

艺术意味着自由的灵魂，同时，艺术是一场解放运动，无论创作还是欣赏，都是对法则和规律束缚的挣脱。自由是艺术的源泉，艺术在想象世界自由翱翔，现实世界望尘莫及。理性的思考和科学的方法在丰富无比的想象面前丧失了勇气，更不敢去研究这样丰富的东西。

喜欢怨天尤人的人把这一现象看成衰败，把它归咎于现代社会。由于情欲高涨、自私自利，追逐因生活所迫的蝇头小利，使人受到它们的奴役，无法释放，自是没有时间和精力去追求艺术的崇高。理智屈从于科学之下，成了科学的看门狗，成了追求蝇头利益的手段，成了流放者，被流放到了干枯空洞之地。

在这个偏重理智的世界里，现代艺术家已经感染了理性思考的病毒，他们的创作和对艺术的评判都加入了思考的成分，总想将抽象思想加入作品中，却误入歧途。因为艺术是为人们提供一种脱离日常生活的情景，提供一种可以弥补损失的孤独。所以，艺术于现在的我们而言，已经过时。

我们所要表达的是艺术为心灵的最高旨趣。但我们也不得不承认，无论是就内容还是就形式而言，艺术都还不是呈现心灵最高旨趣的绝对方式。特别是现代宗教和理性文化已经达到了一个更高的阶段，艺术已经不复是认识绝对理念的最高方式。艺术创作以及作品所特有的方式已经不再能满足我们的最高要求，我们已经超越了奉艺术作品为神灵而对之顶礼膜拜的阶段。思想和反思已经比美的艺术飞得更高了，艺术在我们心里所激发的感情需要从另一个方面来证实，需要一种更高的检验标准。在遥远的过去，各民族只能在与宗教联系得最密切的艺术中满足精神的需要，但时至今日，艺术已经不再具备那样的功效了。希腊艺术的辉煌时代以及中世纪晚期的黄金时代也都一去不返了。

所以，这是个不利于艺术的时代。

心灵的最高旨趣

科学、哲学和艺术，都在向心灵的最高旨趣进发，接近它，摘取它。我们必须承认，人是可以意识到自己心灵的存在的，那么也就能意识到由心灵生产出的东西。艺术与艺术作品是心灵的投射，它们的外表是感性事物，内在则是心灵。在这一点上，艺术作品比自然更接近心灵。人从感性事物的外观中认识自己，也是从另一面认识自己，从自己的异体中认识自己，从自己的对立面中认识自己。外化的东西仍还原为心灵。所以，艺术是帮助人认识心灵的最高旨趣的东西。

当然，艺术并非心灵的最高形式，只有科学〔黑格尔这里所指的"科学"即是哲学〕才能证实它。

我们必须认识到，宗教也高于艺术。艺术具有局限性，它总带着一些神秘色彩和一些隐秘的预感和怅惘，因为艺术还没有把它的内容完满地表现出来以供观照。我们的心灵总是眺望着更遥远的地方，当完满的内容外显于艺术形象时，心灵就想摆脱并超越客体，继而转到更高一级的阶段。

其实人类很早就有了反对艺术的思想，犹太人和伊斯兰教徒都认为艺术只是对神圣的东西作图解式的表现。希腊人也这么看，柏拉图就很反对荷马〔（约公元前9世纪—前8世纪）相传为古希腊的游吟诗人，生于小亚细亚，双目失明，创作了史诗《伊利亚特》和《奥德赛》，两者统称为《荷马史诗》。目前没有确切证据证明荷马的存在，所以也有人认为他是被虚构出来的人物〕和**赫西俄德**〔一位古希腊诗人，原籍小亚细亚，出生于希腊比奥西亚境内的阿斯克拉村。从小靠自耕为生，据记载，可能生活在公元前8世纪〕所描写的神。每个民族文化的进展一般都要达到艺术指向它本身以外的一个时期。

艺术之美体现为一种"特征"。要对"美"下一个定义，就要将注意力集中到组成这个"特征"的因素上。"特征"意味着，艺术之美是有别于乏味日常的个别事物。可以这样说，个别事物之所以是个别，正是因为它由不同性质的部分组成。我们依靠形式、体态、运动、姿势、仪容、表现、地方、色彩、光与影、浓淡对比来分辨事物，"特性"这个艺术原则要求一切个别因素既要有所突显，又要为整体内容服务，成为内容中的一个组成部分，否则就是冗余。

在偏重理智的现代文化里，普遍的形式、规律、职责、权利和规箴，成了生活的决定因素和重要准则，因此无论在意志方面还是在判断方面，我们都被迫唯普泛观点马首是瞻。但艺术兴趣和艺术创作所需要的却是一种生气，因此，我们的现代文化一般是不利于艺术的。就最高职能来说，艺术对于我们现代人已是过去时了。它已丧失了真实和生命，不在实现师生的必需也无法再维持它从前在现实中的崇高地位。此时，艺术品在我们心里所激发起来的，除了直接享受以外，还有我们的判断，我们开始对艺术作品的内容和表现手段加以思考。所以艺术的科学在今日比往日更加需要，往日单是艺术本身就完全可以使人满足，今日艺术却邀请我们对它进行思考，目的不是将它再现出来，而在用科学的方式去认识它究竟是什么。

绝对心灵

绝对心灵根据它本身去确定真实之所以为真实。如果我们审查我们的日常意识，心里就会浮出这样一种观念，心灵和自然好像是对立的，从而把它们看成有同等价值，但是这样把自然和心灵都看作是本质的两个领域，彼此对立而互相关联，就是从心灵的有限性与局限性去了解心灵，而并非从心灵的无限性和真实性去了解心灵。自然没有任何资格与心灵分疆对立。自然所处的地位是由心灵决定的，因此它是一种产品，不能为心灵设置界限。同时，绝对心灵应该作为绝对活动来理解，因此也作为它的绝对的自我分化来理解的。由有限心灵所得到的满足总不免是狭隘的、混乱的、相对的和分立的，因此意识、意志和思考就不得不努力克服这种情况。心灵认识到它的有限性，这本身就是对它自己的否定，从而获得它自己的无限。有限心灵的这种真实就是无限心灵。所以如何面对有限现实就成为心灵首先要解决的问题。

自由是心灵的最高定性。它纯粹的形式决定它并非是一种界限或局限，而是就在那对立的东西里发现他自己。就是按照这种形式的定义，有了自由，一切欠缺和不幸就消除了，主体也就和世界和解了，在世界里得到了满足，一切对立和矛盾随之解决。但是因为自由本身属于主体，还没有实现的就还不自由，就还有作为自然必需的纯然客体的东西跟主体对立，这就产生一种要求，要使这种对立归于和解。最美的自由意味着天地神人对立的消逝。

除了人和自然的对立外，人自身内部也有种种对立有待和解。人一方面追求普遍的、精神性的东西，另一方面又有情感、欲望等个别性的东西。这种对立导致斗争、矛盾、焦虑、痛苦、烦恼和失望等。动物之间与周围事物都和平相处，而人的心灵性却酿成两面性和分裂，他就陷于这种矛盾中。因为人从单纯的内在生活，从纯粹的思考，从规律与普遍性的世界，还不能得到安身之所，他还需要有感性的存在，要有情感情绪等。但人类在这种吃、喝、睡眠等自然需要的范围里所获得的满足又总是有限和狭窄的。这种满足还不是绝对的，因此它无止境地引起新的需要，今天吃饱睡足，明天饥饿困倦依旧来临。所以再进一步走到心灵的领域，人就努力从知识和意志、学问和品行里去寻找一种满足和自由。

无知者是个自由的，因为和他对立的是一个陌生的世界，是他所要依靠的在上在外的东西，他还没有把这个陌生的世界变成为他自己使用的，他住在这世界里面不是像居住在自己家里那样。好奇心的推动，知识的吸引，从最低级的一直到最高级的哲学见识都只是发源于一种希求，就是要把上述不自由的情形消除掉，使世界成为人可以用观念和思考来掌握的东西。人们往往把任性也叫作自由，但是任性只是非理性的自由，任性的选择和自决都不是出于意志的理性，而是出于偶然的动机以及这种动机对感性外在世界的依赖。

人从各方面遭到有限事物的纠缠，哪里还有有限性，哪里就会不断地重新发生对立和矛盾，满足就还不能超出有限的范围。所以他所希求的正是一种更高的更有实体性的真实境界。在这境界里，有限事物的一切对立和矛盾都能找到它们的最后的解决，自由能找到它的完全的满足。这就是绝对真实而不是相对真实的境界。最高的真实，本然的真实，就是最高的对立与矛盾的解决。在最高的真实里，自由与必然、心灵与自然、知识与对象、规律与动机等对立都不存在了。总之，一切对立与矛盾，不管它们采取什么形式，都失其为对立与矛盾了。

绝对心灵的领域有三个对象，一是艺术，二是宗教，三是哲学。艺术地位最低，宗教其次，哲学最高。因为心灵就其为真正的心灵而言，是自在自为的，因此它不是一种和客观世界对立的抽象的东西，而是就在这客观世界之内，在有限心灵中提醒一切事物的本质。它是认识到自己的本质的有限事物。

而艺术是一种直接的感性认识，借助形象来认识，所以它离心灵更远，它还不是体现真实的最高方式。我们尽管可以希望艺术还会蒸蒸日上，日趋于完善，但是艺术的形式已不复是心灵的最高需要了。最接近艺术而比艺术高一级的领域就是宗教。宗教的意识形式是观念，因为绝对离开艺术的客体性而转到主体的内心生活，以主体方式呈现于观念，因此心胸和情绪就成为基本要素。虔诚态度是宗教崇拜的最纯粹最内在最主体的形式，在这种崇拜里客体性好像被吞食消化了，所以更接近于主体心灵。而哲学是心灵的最高形式。因为哲学的核心是自由思考，它一方面有艺术的客体性，另一方面又有宗教的主体性，离绝对心灵最近，是最高的心灵形式。意识的感性形式对于人类是最早的，所以较早阶段的宗教是一种艺术及其感性表现的宗教。只有在心灵的宗教里，神才以比较高的适合思考的方式被理解为心灵。从此可知，用感性形式来表现真理，还不是真正适合心灵的表现方式。

艺术的"医生"及柏拉图的空洞

柏拉图是第一个对哲学提出更深刻要求的人，他这样要求：对于对象事物，哲学应该认识普遍性，而不是特殊性；也就是说要认识事物的类性，即自在自为的本体。他认为真实的东西并不是具有真、善或者美的个别事物，而是真、善、美本身。了解它的唯一途径是：通过思考，从本质和概念上去认识和把握美。只有这样，美才能进入思考者的意识。问题是，柏拉图的这种理念演变下去，很容易导致抽象的形而上学。理念毕竟空洞无物，不能满足我们现代心灵的更丰富的哲学要求。诚然，艺术哲学应该把美本身作为起点，但是固执于柏拉图式关于美的抽象理念，也就只是停留在对美进行哲学研究的初级阶段。

在美学研究方法上，有一种机械科学主义的潮流，他们围绕具体艺术作品造目录，然后将其摆放到艺术史。对现存作品提出一些见解或理论，为艺术批评和艺术创作提供一些泛泛的概念。而这些观点来自个人的经验。另一种是只谈一般原则而不涉及艺术作品的特质，这样就产生出一种只研究抽象美的哲学。

前一种研究方式是把经验作为出发点。每个想成为艺术学者的人都必须走这条路。在这种研究中，会出现不同的观点。在研究艺术作品时，为了下判断，就不能忽视这些观点。像从经验出发的科学一样，这些观点经过挑选和汇集之后，就形成一些一般性的标准和法则，经过进一步的更侧重形式的概括，就形成了各门艺术的理论。对此，我无须赘述，只用稍加举例，例如亚里士多德的《诗学》［原名《论诗》，据说是亚里士多德的讲义。有遗失，现存二十六章，主要讨论悲剧和史诗。此书从哲学高度提炼魅力永恒的希腊艺术精神，铸成了西方美学的开山杰作］中关于悲剧的理论在现在仍然可以引起人们的兴趣。在与他同时代的所有人中，贺拉斯（古罗马诗人、批评家）的《诗艺》和朗吉努斯［古希腊作家。比贺拉斯晚大约一个世纪。他唯一保存下来的作品是论文"Peri Hupsous"，现通译为《论崇高》。在这篇论文中，朗吉努斯主要对高尚和宏大的语言进行了探讨，以期对"ekstasis"（激昂慷慨）这种特殊审美感知的原因作出解释］的《论崇高》更可以概括性地说明这种理论工作是如何进行的。这些著作中所列出的一些一般性公式，是作为门径和规则来指导艺术创作的。特别是在诗和艺术衰退的时代，它们更被人们奉为准绳。但这些艺术医生的外方，对于艺术的治疗功效还不如一般医生所开的处方。

只有把上述两个对立的方面统一起来，才能找到艺术美的根，才能理解它的真实。即是说，把形而上学的普遍性和现实事物的特殊性统一起来考察。从这个角度看，美的哲学概念与空洞的片面抽象的思考相反，它本身是丰富的。在它的概念之下，有着定性的整体的丰富世界。理念只是具体客观存在背后的制高点。

对于当前艺术的概念，主要有三种比较流行的说法：一是艺术作品不是自然的产品，而是由人的活动所造成的；二是艺术是为人而作的，而且是诉诸人的感官的，多少是从感官世界吸取源泉的；三是艺术本身有一个目的。

艺术作品是人的活动的产品

在这一观点之下，又产生了这样几种看法：

第一，这种活动既然是产生一种外在对象的有意识的创作，它就可以认识和说明，就可以由旁人学习和仿效。

第二，艺术品是一种人的活动，但不是尽人皆有的活动，艺术品完完全全是禀赋特异的心灵的创作。这种心灵只听任于他的天赋力量的特质，不但无须服从普遍规律，无须让有意识的思考渗入他的本能的创作过程，而且还应该防备这些，因为这种意识只会歪曲他的创作。根据这个看法，人们把艺术作品看作才能或天才的产品，特别强调才能和天才的自然方面。

沉睡的维纳斯　布面油画　1510年　德国德累斯顿历代大师美术馆藏

乔尔乔内（Giorgione，1477—1510年）

　　威尼斯画派著名画家，架上绘画的先行者。乔尔乔内不仅善于描绘风景，人物造型也很有新创。他吸取了达·芬奇特别重视的烟雾状笔法和表情含蓄的表达方式，使自己创作的人物既有恬静优雅的神态，又有微妙丰富的诗意。乔尔乔内最著名的人物画是《沉睡的维纳斯》，它开创了西方绘画中历久不衰的题材：裸体的躺卧着的女神像。以维纳斯入画是人文主义精神的体现，自15世纪后期以来，已成为美术史上最受欢迎的题材。乔尔乔内此画把女神置于一片优美的田园风景之中，维纳斯的体态极其完美，沉睡的神情与田园风光的宁静相融合，一切仿佛都恰到好处。它是文艺复兴时期表现女性人体美最具艺术魅力的作品。

第一卷 艺术美的概念 · 第二章 艺术美 | 37

牧羊人的崇拜 木板油画 1505—1510年 美国华盛顿国家美术馆藏

三位博士 布面油画 约1506—1510年 奥地利维也纳艺术史博物馆藏

影响人类文明进程的文化与科学巨著

圣容显现　木板油画　1480—1485年　意大利那不勒斯市国立博物馆藏

莱昂纳多·洛勒丹总督
木板油画　1501—1504年　英国伦敦国家美术馆藏

乔凡尼·贝里尼（Giovanni Bellini，1430—1516年）

威尼斯画派创始人，使威尼斯成为文艺复兴后期的中心。贝里尼很早就发现，在颜色、光、空气、物质之间的相互作用上，技术的使用有更多空间，因此，他的画作总在将形体与空间之间的区别加以模糊，而空气正是两者间的中介；表现轮廓的线条也因此在他的画中逐渐消失了，取而代之的是光和阴影的交互。在风景画方面，贝里尼将一种源于法兰德斯的细部描绘和意大利式画风结合，这是以前从来没有画家敢于尝试的。他还创作了一系列描绘圣徒环绕圣母的祭坛饰画，这些重要的历史文物同样具有开创先河的深远意义。在这些作品中，无论是人物、空间、光、结构，贝里尼似乎都能轻而易举地将复杂与和谐、安详与庄严的宗教特质完美地融为一体。

乌尔比诺的维纳斯　布面油画　1538年　意大利佛罗伦萨乌菲兹博物馆藏

提香·韦切利奥（Tiziano Vecelli或Tiziano Vecellio，约 1488—1576年）

威尼斯画派的代表画家。提香绘画风格的发展过程，代表了西方油画的发展历程，起初的风格比较细腻，通过色彩和轮廓表现对象，进而发展到主要依靠光色来表现形体；他风格变化的中期影响了巴洛克的绘画，而后期则影响了更后来的浪漫主义和印象主义绘画。

第 一 卷 艺术美的概念 · 第 二 章 艺术美 | 41

阿克泰翁之死 布面油画 1565年 英国伦敦国家美术馆藏

自画像 布面油画 1566年 西班牙马德里普拉多博物馆藏

影响人类文明进程的文化与科学巨著

保罗·委罗内塞（Paolo Veronese，1528－1588年）

  与提香、丁托列托被誉为威尼斯画派三杰。在绘画上，尤其是装饰性绘画上，委罗内塞取得的成就是巨大的。他的画有着灿烂的色彩和独具匠心的透视，对17世纪巴洛克绘画的影响明显。但是，他的画对人物内心的刻画略显浮浅，有的甚至仅仅是表面的、外形的描绘，缺乏内在的力量。

第 一 卷 艺术美的概念 · 第 二 章 艺术美 | 43

发现摩西 布面油画 1570—1575年 西班牙马德里普拉多博物馆藏

迦纳的婚礼
布面油画 约1563 年 法国巴黎卢浮宫博物馆藏

美神和战神
布面油画 1570年 美国纽约大都会艺术博物馆藏

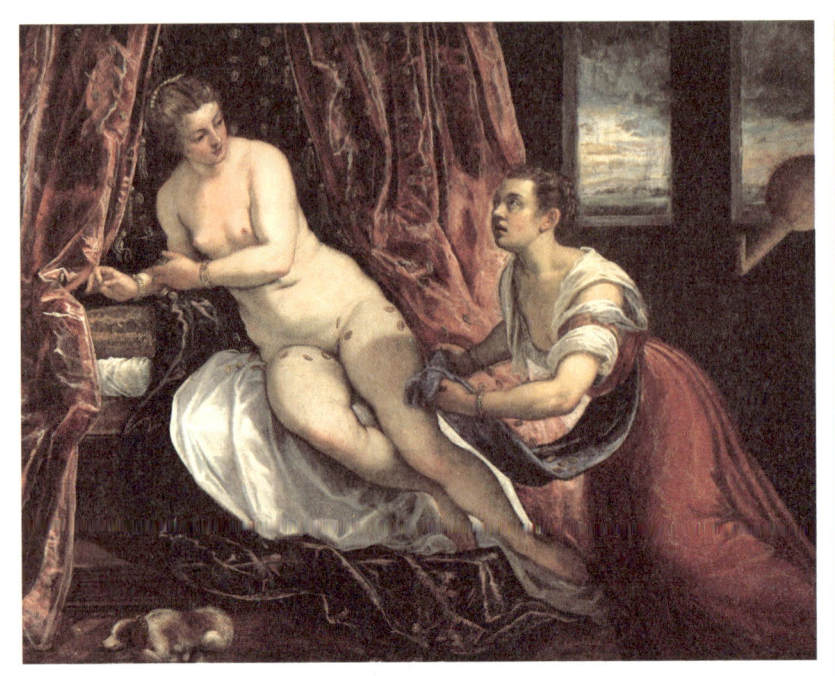

达娜厄　布面油画　1570年　法国里昂博物馆藏

施洗者约翰的诞生　布面油画　1560年　俄罗斯圣彼得堡艾尔米塔什博物馆藏

苏珊娜和长老　布面油画　1560—1565年　奥地利维也纳艺术史博物馆藏

丁托列托（Tintoretto，1518-1594年）

　　威尼斯画派的代表人物，一位富有独创性的艺术家。丁托列托曾立志"要像提香一样绘画，像米开朗基罗一样设计"。但他的素描却丝毫没有米开朗基罗的印记，他的色彩也没有提香的影子。他善于通过多视点强化透视效果，营造戏剧化构图，画面色彩充满幻想，光线闪烁不定，人物动态夸张，往往呈现出超乎寻常的短缩形体。

第三，看重艺术作品和自然中外在现象的关系，认为艺术作品要低于自然产品。因为艺术作品不是通体灌注着生命力的东西，是死物。自然界的东西是有生命的，能运动的，而艺术作品只是普通的石头、木料或画布，或是语言文字表现的观念，所以是一种比自然产品低级的产品。

艺术作品是诉诸人的感官，从感性世界汲取源泉的作品

艺术作品是人所制造的一种产品，但又不是一般的人类的产品，它是诉诸人的感官创造出来的产品，是从感性世界汲取源泉的产品。这种感官产品的观点又分支出如下一些具体看法：

一是"情感说"。这种观点认为美的艺术用意在于情感，更确切地说是引起适合我们的那种情感，即快感。人们把关于美的艺术的研究变为关于情感的研究，并且追问哪些情感才是艺术应该引起的，这些情感又怎样能成为快感等。但是这种研究是走不远的，因为情感是心灵中不确定的模糊隐约的部分，就情感本身而言，纯粹是主观感动的一种空洞的形式。因此艺术的情感研究就不能深入所应研究的对象——艺术品。这种研究由于它的不明确和空洞而使人厌倦，由于它注意琐屑的主观方面的特点而令人嫌恶。

二是"审美情感"和"审美感官说"。这种观点认为既然美学不是研究一般感情的，那么它就应该将注意力放在寻找一种特别的审美感官上。但这种感官并非天生的本能，单靠它是无法辨别出美的。因此人们又说这种审美的感官需要文化修养，这种有修养的美感就叫作趣味或者鉴赏力，美学继而开始研究趣味或者鉴赏力。问题是这种鉴赏力的修养仍然停留在不明确的状态，只忙于通过思考去把情感作为审美的感官来培养，以为无论何时何地，只要美存在，人们就能通过感官发现它。事实上事物的深刻方面仍不是单凭这种鉴赏力就能察觉的，要察觉这种深刻方面所需要的不仅是感觉和抽象思考，而是完整的理性和坚毅活泼的心灵，当时的鉴赏力只涉及外在的浮面，各种感情也只在这外在的浮面上活动。因此，所谓的鉴赏力一碰到比较深刻的艺术效果就惊慌失措，一旦真正重要的东西成为问题的关键，而外表的东西消失之时，就哑口无言了。

这种把艺术作为感性对象的观点也有失偏颇。因为艺术作品不仅仅是诉诸感性外现的，更多的是诉诸心灵。艺术作品诉诸心灵这个道理，可以说明它绝不是一种自然产品。艺术作品中的感性因素之所以有权存在，是因为它是为人类心灵而存在

的，并不是因为它是感性的东西就有独立存在的权利。对心灵而言，最低级而且最不适合心灵特色的掌握方式就是单纯的感性掌握。这种掌握只是单纯的看、单纯的听、单纯的接触，就如人在精神紧张时只会走来走去，心里什么也不想，在这里听一听，那里看一看，诸如此类的活动对于许多人而言通常只是一种娱乐。但是心灵并不停留于只凭视听从外在事物中得到单纯的感性掌握，它更注重使这些事物成为心灵内在本性的对象。单纯的感性关系是一种欲望关系，这种关系以消费、消灭对象为目的，主体自身也被欲望的狭窄庸俗的兴趣所束缚。而人对艺术作品的关系却不是欲望关系，他让艺术作品作为对象自由独立存在，因此人对艺术品不起欲望，只是满足心灵的其他愿望罢了。

除了这种单纯的感性掌握之外，感性对象对于人的心灵的关系还有一种纯粹认识性的关系。对事物的认识性的观照并无意要消灭事物的个体或是从事物中得到感官的满足，或是利用它们来维持自己的生命，而是要学会认识事物的普遍性，找出它们的本质和规律，理解它们的概念。这种认识性的兴趣是靠科学的工作来满足的，就它的这种科学形式来说，它与艺术很少有共通之处。科学把个别事物丢在后面，把一个感性具体的东西转化为一种抽象思考的东西，而艺术的兴趣则离不开它直接接触的对象。艺术作品决定于感性事物，但这种感性事物只应以它们的外表或外形显现出来。在艺术中，感性形状和声音之所以呈现出来，是为用具体的模样去满足更高的心灵旨趣；在艺术中，感性的东西是经过心灵化的，而心灵的东西也借感性化显现出来。因此真正的艺术作品必须是通过心灵而且由心灵的创造活动产生出来的产品，而非一种单纯的感性活动的产物。

静穆的艺术

艺术要把自足的理念、灵魂外现在感性对象上，同时也要将被外在具体物象的偶然性和外在形状玷污的事物还原到与它的真正概念和谐，它还要把凡是不符合这一概念的东西一并抛开，只有通过这种清洗，艺术才能将理想表现出来。艺术始终要求外在形式与灵魂的契合。现在一些画家有意模仿名画，他们很努力地抄袭一些如衣褶之类次要的东西，但无法在这种形象里找到精神的表现，所以画面上只会呈现出一些平庸的面孔。拉斐尔　［原名拉斐尔·圣齐奥（1483年—1520年），意大利画家、建筑师。与达·芬奇和米开朗基罗合称"文艺复兴三杰"。拉斐尔的画以"秀美"著称，画作中的人物清秀，场景祥和。代表作有《西斯廷圣母》《雅典学院》等］所画的一些圣母像就不然，它们所展示的面孔、腮颊、眼睛、鼻子和唇，从形式上看，就已与幸福快乐、虔诚而且谦卑的母爱完全契合。我们确实可以说，凡是妇女都可以有这样的情感，但不是每一个妇女的面貌都可以完全表现出这样深刻的灵魂。

艺术理想的本质就在于这样使外在的事物还原到具有心灵性的事物，因而使外在的现象符合心灵，成为心灵的表现。但是这种到内在生活的还原却不是回到抽象形式的普遍性，不是回到抽象思考的极端，而是停留在中途一个点上，在这个点上纯然外在的因素与纯然内在的因素能互相调和。因此理想就是从一大堆个别偶然的东西之中所捡回来的现实，因为内在因素在这种与抽象普遍性相对立的外在形象里显现为活的个性。在艺术里，外在的东西可以显出心灵的自由。由于这个缘故，理想才托身于与它自己融会在一起的那种外在现象里，享着感性方式的福气，自由自在，自足自乐。因此无论外在形象多么广阔，理想在它里面都不会丧失它的灵魂。只有这个缘故，理想才真正是美的，因为美只能是完整的统一。

静穆的艺术理想

按照理念与感性对象之间的契合关系，我们可以说静穆是艺术的最高理想。我们可以将和悦的静穆与对自我的欣赏，作为理想的基本特征。理想的艺术形象就像一个有福气的神站在我们面前。对于这个神，有限领域与有限意图中的一切困苦、愤怒和旨趣都不是什么严肃的事，从而否定一切个别事物来肯定地还原到自己，就使这位神具有和悦的静穆气象。我们在古代艺术形象中所看到的和悦的静穆便是这种个性的力量——集中于自身具体自由的胜利。这种情形不仅在无斗争的满足里可以看见，在主体本身也有深刻的分裂，似乎它的整个存在遭受挫折时也是如此。例如悲剧中的主角都遭受着命运的折磨，但他们却露出一种简单的自在心情，似乎在说"事情就是这样"。这时主体仍然忠实于他自己，他放弃了被夺去的东西，却没有放弃所追求的目的，而且还和它因为自己的失败而同归于尽。束缚在命运的枷锁上的人可以丧失他的生命，但是不能丧失他的自由。这种守住自我的镇定使人在苦痛本身里也能保持且显现出静穆的和悦。

静穆在浪漫艺术里的分裂

在浪漫艺术里,静穆已经分裂。在浪漫艺术里,内在生活的分裂和失调更加激烈,它所表现的冲突更加深刻,这种冲突所形成的分裂也更突出。早期荷兰画派 [17世纪前期荷兰经济繁荣、文化昌盛,在那里有比较广泛的言论自由与信仰自由,其他国家被迫害的异教徒纷纷逃到荷兰避难,许多学者到荷兰著书立说。新的文化气氛培养了杰出的思想家、科学家、艺术家。在这样的社会条件下产生了荷兰画派,荷兰画派的画家们勇敢地挣脱了千余年以来神话和宗教题材的束缚,把现实生活作为艺术创作的源泉,绝大多数画家都以现实生活为题材,新兴的资产阶级和中下层平民开始成为绘画中的重要角色,绘画艺术反映现实生活的深度和广度也大幅提升,这是他们对现实主义艺术的一大贡献] 在它的坦率与真实,以及在它所表现的坚定的信心里,都不由自主地表现出一种心境的和谐,但这种坚实却未达到艺术理想所特有的明朗和愉悦。浪漫型艺术把烦恼和痛苦表现得比在古代艺术里更能深刻地激发情绪和主体内心生活,还表现出一种心灵的温柔亲密,一种安静怡情的喜悦,一种在烦恼痛苦中的泰然自若,甚至是一种在苦刑下的狂欢。这种表现在一般浪漫型艺术里可以说是通过带泪的微笑来表现的。眼泪来自苦痛,而微笑则来自和悦,所以这种涕泣中的微笑表现出在烦恼痛苦中的怡然自得。例如音乐,把痛苦和欢乐叫喊出来并不是音乐,纵然是表现痛苦,音乐也是用一种甜蜜的声调渗透到怨诉里,使它明朗化,使人觉得只要能听到这种甜蜜的怨诉,即使忍受痛苦也是值得的。

这就是在一切艺术里都听得到的甜蜜和谐的歌调。

第三章 艺术家

黑格尔认为，艺术美是真正的美，是由艺术家创造的，艺术家在创造艺术美的活动中成为艺术家。

他同时认为，艺术家的艺术创作，就是使理念外化为作品，可以从中认识自己的心灵。它既可"作为物而存在"，又可"为自己而存在"，它"观照自己，认识自己，思考自己"，以使自己达到"自由的无限性"。他认为，诗是艺术的最高阶段，戏剧又是诗的最高阶段，在诗中，精神已完全从感性物质中解放出来。诗既是一切艺术的解体，也是通向另一更高的领域即宗教的过程。

天才与才能

艺术只听凭心灵的召唤，因此艺术作品并不是人人可以创造的。有一种看法认为，艺术是某种资禀特异的心灵的创造物，这种心灵听任人的天赋特质的召唤，无须服从普遍规律，无须让有意识的思考介入，那仿佛是一种本能。思考只会伤害艺术，使它被歪曲和污染。这一看法使人们普遍认为艺术作品是由天才创造的。诚然，这一看法并不完全错误。天才和才能就如一种状态，通常是一种灵感状态。据说，想要达到天才的状态，有时要靠客观对象的刺激，有时则要凭借意志。

艺术家的才能的确包含天生因素，但这种才能的培养需要依靠思考，需要对对象进行反复琢磨，需要与实际的创作相联系，还需要熟练掌握技巧。因为除天才和才能外，艺术还有一个重要的方面，即艺术的外表工作。在外表上，它是一个纯技巧的工艺，与手工艺很接近。在雕刻艺术和建筑艺术中，这一点尤其明显；绘画和音乐居其次；诗歌又居其次。要掌握并熟悉这些技巧，只能靠勤勉练习，从而掌握材料，使它不至于不听使唤。

艺术家的成就越高，他的灵魂就越有深度。在音乐中，艺术家要做的只是用不掺杂思想的音调来抓住他感受到的那个世界，表现游离恍惚的内心。所以音乐才能往往发动于很年幼的时候，许多音乐艺术家的艺术天赋在早年就表现出来了，在心灵还未经验生活的时候，就已达到了很高的高度。数量甚多的音乐大师在生活方面的平庸贫乏，从另一个方面反衬了这一现象。

在诗歌方面，情形就不同了。诗歌要洞悉人，洞悉生命的现实；诗人的理智和情绪都要经过生活经验的磨洗和锻炼，才能丰富深湛。天才和经验才可能创造出成熟、丰厚、完善的作品。歌德［德国著名的思想家、小说家、剧作家、诗人、自然科学家和博物学家。其作品充满了狂飙突进运动的反叛精神，在诗歌、戏剧、散文、自然科学、博物学等方面都有较高成就，代表作有《少年维特之烦恼》《浮士德》等］和席勒早年的作品，不但幼稚平凡而且粗野生硬，读起来令人生厌。这一事实证明，诗歌灵感不是少年热情伴生的产物。歌德和席勒两位天才，只有达到成熟的年龄时，才替德国创造出了第一流的诗歌，向德国奉献出最纯正完美的礼物。荷马也是到了老年才写出了不朽的诗篇。

自古以来，天才都没把完成作品所需要的技巧当一回事，他们有本领迫使最枯燥和表面看来最不易驯服的材料就范，使它不得不按想象中的内在形象去表现事物。后天养成的艺术家对于这种天生的本领，需要充分练习才能高度熟练；但轻巧完成作品的潜能，在他却仍然是天生的禀赋；否则只靠学来的熟练绝不能产生有生命的艺术作品。因此，从艺术的概念来看，这两方面——心里的构思与作品的完成往往是携手并进的。

复现自我

如果把艺术作品看作是人的心灵产品，那么是什么需求，或者说是什么动力，使得人要创造艺术作品呢？

从艺术创造来看，它是偶然事件的幻想游戏，看上去是可有可无的。艺术所要达到的目的，还有其他更好的手段可以达到，而且人也还有比艺术所能满足的、更高更重要的旨趣。艺术总是和整个时代与整个民族的一般世界观和宗教旨趣联系在一起的，从这一点看，艺术又好像出于一种较高尚的推动力。它所要满足的是一种较高的需要，有时甚至是最高的、绝对的需要。

关于艺术的需要不是偶然的而是绝对的这一问题，在这里还不能详解，因为它比我们在现阶段所能回答的更为具体，所以目前我们只能提出以下几点。

就它的形式方面来说，艺术的普遍且绝对的需要是由于人是一种能思考的动物而产生的，这就是说，人需要观察自己是什么，外在的客观世界又是什么。自然界事物只是直接的、单向的，而人的心灵却需要复现他自己。人类首先作为自然物而存在，其次还为自己而存在。观照自己，认识自己，思考自己，只有通过这种自为的存在，人才有心灵。

人以两种方式获得这种对自己的意识：第一是以认知的方式。他必须在心里意识到自己，意识到自己心中有什么在活动，有什么在动荡和起作用，观照自己，形成对于自己的观念、思考所发现的关于本质的东西沉淀下来。在从他本身召唤出来的东西和从外在世界接受过来的东西之中，人必须只认出他自己。同时，人还通过实践活动来达到自己，认识自己。人有一种冲动，要在外在世界中实现他自己，在这实践过程中认识他自己，他要回看自己进行得怎么样了。

改变外在事物，在这些外在事物上面刻下他自己的内心印迹，发现属于他自己的性格——人这样做，目的在于要以自由人的身份，去消除外在世界的顽强的疏远性，在事物的形状中他欣赏的只是他自己的外化现实。儿童的最早的冲动就有要以这种实践活动去改变外在事物的意味。譬如一个小男孩把石头抛在河水里，以惊奇的神色凝视水中所现的圆圈，觉得这是一个作品，在这作品中他看到的是自己活动的结果。

人不仅在外在事物中观察自己的行为，也观察自己的自然形态，并对其改变和变化充满兴趣，人类装扮自己的动机就出于此。尽管它可能是野蛮的、丑陋的，甚至毁坏身体的（如中国妇女缠足、各民族的穿耳、穿唇、穿舌之类便是如此）。

康德、席勒的艺术原本

我们要理解真正的艺术概念，就必须按照艺术的内在必然性来理解，而从历史看，对艺术的真正欣赏与了解也正是从这个观点开始的。康德是实现艺术观念真正转变的关键人物。康德〔全名德伊曼努尔·康德，德国哲学家、天文学家、星云说的创立者之一、德国古典哲学的创始人、唯心主义、不可知论者、德国古典美学的奠定者。他被认为是对现代欧洲最具影响力的思想家之一，也是启蒙运动最后一位主要哲学家〕对于美有这样几个规定：

第一，审美判断既不是单纯地出自知解力，也不是单纯地出自感觉和感觉到的丰富多彩的东西，而是出自知解力与想象力的自由活动。

第二，美是一种非关功利且令人愉悦的东西，与欲念功能无关，审美判断允许外在事物自由独立存在，它是由对象本身就可以引起的快感出发的，即这快感允许对象本身自有目的。

第三，美不借助概念而被看作一种引起普遍快感的对象，也就是说，在审美时，我们并没有意识到"美"这个概念或是把美的东西附属在"美"这一概念之下，而且也并非其他形式的判断那样把个别对象和普遍概念分开。

54 | 美学 Aesthetics: Lectures on Fine Art

耶稣在学者中间　木板油画　1506年　西班牙马德里提森·波涅米萨博物馆藏

阿尔布雷特·丢勒（Albrecht Dürer，1471－1528年）

　　欧洲文艺复兴时期，德国著名画家。作为文艺复兴时期的艺术家，丢勒相信，艺术家必须要深入观察自然和竭力发现宇宙的秘密，以揭示和表现美。但与此同时，他又坚守其半中世纪的信念，认为艺术家连同其艺术都应该是上帝的工具。当米开朗基罗以其雕塑作品《大卫》展示人的完美和新生时，丢勒却以同样高超的技法创作了蚀版画《圣尤斯塔斯》，将这位殉教者与神迹相遇的景象表现得如人间乐园。恩格斯在评价欧洲文艺复兴时代的论述中，把丢勒看作是与达·芬奇一样的杰出人物之一。他说："丢勒是德意志民族的代表画家，他把意大利文艺复兴思想带进德意志，并开创了德意志民族艺术的新纪元。"

文化伟人代表作图释书系

第一卷 艺术美的概念·第三章 艺术家 | 55

22岁的自画像 布面油画 1493年 法国巴黎卢浮宫博物馆藏

26岁的自画像 木板油画 约1498年 西班牙马德里普拉多博物馆藏

祈祷的手 素描 1508年 奥地利维也纳阿尔贝蒂娜博物馆藏

美 学　Aesthetics: Lectures on Fine Art

安娜·梅耶的画像　粉笔画　1526年　　　英王亨利肖像　木板油画　1541年　意大利罗马国立美术馆藏

达姆斯塔特圣母像　木板油画　1528—1529年　德国达姆施塔特市宫殿博物馆藏

（小）汉斯·荷尔拜因（Hans Holbein the Younger，约1497—1543年）

　　德国画家，欧洲文艺复兴时代的北方艺术家，他最著名的作品是许多肖像画和系列木版画。荷尔拜因的肖像画，其人物表现精致、结实，而画家自己的想象和爱憎却完全收敛。荷尔拜因经常用铅笔描绘衣物、饰品等，有时也用钢笔或粉笔描绘，再在纸上沿轮廓扎上小孔，然后铺在画布上，用炭粉将其转移至画布。这使他的绘画对细节的描绘可以非常详细、真实，甚至仪器上的刻度、信笺上的文字、桌布上的花纹都一丝不苟。他虽然如此用力于细节描绘，但整体效果仍然非常统一，人文主义风格突出。俄罗斯作家陀斯妥耶夫斯基在评价他的作品《墓中的基督》时说，它的感染力"可以把许多人的信仰夺去"。

拉奥孔　布面油画　1610—1614年　美国华盛顿国家美术馆藏

埃尔·格列柯（El Greco，1541—1614年）

　　西班牙文艺复兴时期的著名画家。格列柯擅长宗教画，为托莱多及其他地方的教堂创作了众多的祭坛画。他的作品构图奇特，用色大胆、新奇，呈现出梦幻般的效果。格列柯的作品如一块多棱镜，曲折地表现了西班牙16世纪下半叶动荡的社会和没落旧贵族的精神危机。他去世后，其名声随之衰落，作品也被认为"荒唐无聊不值一提"而遭到冷落。进入到20世纪后，他的艺术价值才被重新评价。

文化伟人代表作图释书系

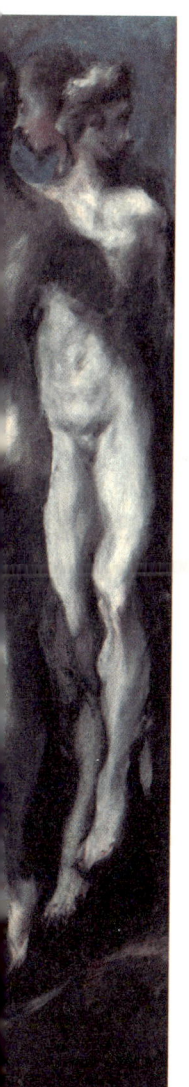

托列多风景
布面油画　1596年　美国纽约大都会艺术博物馆藏

受尊崇的基督
布面油画　1580年　法国巴黎卢浮宫博物馆藏

奥尔加斯伯爵的葬礼　布面油画
86—1588年　西班牙托莱多圣托梅教堂藏

第四，我们虽然感觉到对象的目的性，心里却没有一个明确的观念。在有限的目的性里，目的与手段是彼此外在的，因为目的与实现目的所用的物质手段并没有内在的本质关系。美却不然，它作为本身具有目的性的东西而存在着，目的和手段不能分裂成为彼此有别的两方面。美的目的性并不是一种附加到美身上的外在形式，而呈现出目的性的内外相应一致才是美的对象的内在本质。

第五，美是一种引起必然快感的对象，它应该不需概念而被识别出来。我们在康德的论述中发现，通常被认为在意识中是彼此分明独立的东西其实有一种不可分裂性。美消除了这种分裂，因为对于美的东西，其普遍性与特殊性、目的与手段、概念和对象，都是完全互相融贯的。所以康德把艺术美也看成是特殊事物按照概念而存在〔一般判断都是建立个别事例与普遍概念之间的关系。这里所谓的"按照概念而存在"不是一般意义，它是只符合引起心理机能的和谐活动那个普遍的"目的"〕的协调一致。特殊的物质，就其特殊而言，是偶然的。无论是就它们对其他特殊物质的关系来看还是就其对普遍物质的关系来看，都是如此；而正是这偶然的物质，例如感觉、情感、情绪等，在艺术美里并非只是附属于知解力所用的普遍范围之下，被抽象的普遍概念所支配着的，而是与普遍物质融为一体，它们这些特殊的物质是内在于普遍物质的，对这普遍的物质是绝对适合。因此，艺术美成为一种思想的体现，所用的材料也不是由这思想之外的任何事物来决定，而是本身自由地存在着。对于艺术美的真实概念，康德的学说的确是一个出发点。虽然他看到了这些对立面的统一，但他认为这种统一只是在思想中完成的，所以依然是纯粹主观的。只有克服这种缺点，我们才能凭借这种概念去理解必然与自由、特殊与普遍、感性与理性等对立面的真正统一。

席勒所做工作的功劳就在于克服了康德思想的主观性与抽象性，敢于设法超越这些局限，在思想上把统一与和解作为真实来了解，并且在艺术里实现这种统一与和解。席勒写过一系列的著作，发挥了他对于艺术本质的真知灼见，特别是他的《审美教育书简》〔又译《美育书简》，德国古典美学家席勒的代表作。包括作者写给丹麦王子克里斯谦公爵的27封信，1793年夏天开始写作，1795年经整理出版，并发表于《季节女神》上。这些书简成为了现代性的审美批判的第一部纲领性文献〕。在这部书里，席勒的基本出发点是：每一个人都有本领去实现理想的人性。理性要求统一，要求种族共同性；自然要求杂多，要求个性，人必须同时服从这两种法令权威。在这些对立面的冲突之中，审美教育所要做的正是实现调停与和解。按照席勒的看法，审美教育的目的就是要把欲念、感觉、冲动和情绪修养成为理性本身，因此理性、自由和灵性也就解除了它们的抽象性和它的对立面，变成本身经过理性化的自然，自然的理性化，也就实现了感性理性的统一。所以，美就是理性与感性的统一，这种统一就是真正的真实。

席勒把这种普遍性与特殊性、自由与必然、心灵与自然的统一科学地理解为艺术的原则与本质，并且孜孜不倦地通过艺术和审美教育把这种统一体现于现实生活。他又进一步把这种统一看作理念本身，认为它不仅是认识的原则，也是存在的原则，并且承认这个意义的理念是唯一的真实。到了谢林〔全名弗里德里希·威廉·约瑟夫·冯·谢林，（1775年—1854年），德国哲学家。在哲学史上，是德国唯心主义发展中期的主要人物，处于费希特和黑格尔之间〕，哲学才达到它的绝对观点。艺术虽然早已在人类最高旨趣中显出它的特殊性质和价值，可是只有到了现在，艺术的真正概念和科学地位才被发现出来，人们才开始了解艺术的真正的更高的任务。所以，真正的艺术概念是感性与理性统一基础上自然与心灵的和解，艺术就是绝对理念本身生发出来的存在，艺术的内容是理念，艺术的形式就是诉诸感官形象。

第四章　艺术美的理念和理想

艺术美的理想，就是绝对理念的尽可能显现。

在黑格尔看来，艺术的使命在于用感性的艺术形象的形式去显现真实。简单来说，就是"美的理念的感性显现"。其真实含义是："理念内容的感性化，感性形式的心灵化；理念出自自我认识的需要，它把自己显现为感性的形象。"

对此，黑格尔还进行了补充说明，艺术作品所提供的观照内容不应该只以其普遍性出现，这一普遍性必须经过明确的个性化，化为个别的感性的东西。不然，艺术想象的和感性的方面就变成了一种外在的多余的修饰，其形式与内容就不相融了，感性的个别事物与心灵的普遍性就变成彼此不能相应了。

艺术的目的

　　艺术内容在某种意义上是从感性事物和自然得来的，或者说，纵使内容是心灵性的，这种心灵性的物质也必须借用外在现实中的形象才能掌握和表现出来。然而，这里又出现这样一个问题——人们在创造这种内容并将它纳入艺术形式时，是抱着怎样的旨趣与目的呢？

　　普遍的见解有四个："模仿自然说""激发情绪说""缓和粗野情欲说"以及"道德教训说"。

　　第一种是模仿自然说，按照这个说法，艺术的基本目的在于模仿，而所谓模仿就是完全按照物品本来的自然形状来复写，这种酷肖自然的表象若成功，据说就能完全令人满意。这一定义只提到一个纯形式的目的，就是由人把原已在外在世界里存在的事物，按其本来面目，就他所用媒介可能达到的程度，再复制一遍。这种复制是多余的，因为图画、戏剧等等所模仿表现出来的东西在我们的院子里、房子里或是远近熟悉的地方都早已存在着。而且这种多余的费力也是一种冒昧的游戏，哪怕再逼真，它也永远落在自然原物的后面。艺术在媒介方面是有局限的，它只能产生片面的幻想，例如，只能将现实的外形提供给某一种感官。并且若是艺术的形式方面的目的只是单纯的模仿，它实际给人的就不是真实的生活情况而是生活的冒牌货。

　　这种模仿本既然比不上自然的蓝本，艺术要造出逼真自然的东西来，就只可供娱乐了。但是一般说来，模仿的熟练所生出的乐趣是有限的，对于人来说，从自己所创造的东西得到乐趣，更适合于人。从这个意义上说，每一件细微的技术品的发明在价值上也要比模仿高。既然模仿的原则纯粹是形式的，那么如果把它看作目的，问题就不在于所应模仿的事物性质如何，而在于它模仿得是否正确，美的对象和内容也就会毫不重要了。当技术变成第一位，艺术也就成了形式主义，选择模仿对象也就失去了标准而变成完全主观趣味的玩意儿。所以，艺术的目的一定不在于对现实单纯的形式上的模仿，这种模仿在一切情况下只能产生技巧方面的巧戏法，而不能产生艺术作品。艺术品当然也要靠自然形状做基本要素，也要用外在形状来表现，但是它所要求的惟妙自然，就其本身而言，并不是艺术基础中首要的，我们不能把对外在现象的单纯模仿当作艺术的目的。

土耳其人是穆罕默德［伊斯兰教的先知，约570年出生于麦加，632年逝世于麦地那］的信徒，在他们的国土上不准有图画和人物画像之类的东西。哲姆士·布鲁斯［1730年—1794年，英国探险家，著有《尼罗河穷源记》］到阿比西尼亚［埃塞俄比亚的旧称］游历的时候，拿一幅画着鱼的图画给一个土耳其人看，那人大为惊讶，问："到了最后审判的日子，如果这条鱼站起来控诉你，说'你替我造了尸体，却没有给我一个活的灵魂'，那时你准备怎样替自己辩护呢？"

这样只会把庸俗的效果捧为艺术的最高成就，认为这样就可以抬高艺术身价的人都理应受到谴责。总之，我们应该说：靠单纯的模仿，艺术永远无法和自然竞争。

第二种是激发情绪说。"激发情绪说"强调艺术的作用在于唤醒，将原本沉睡在灵魂中的情绪、愿望和情欲唤醒，使它们再度活跃起来，把心填充起来，使一切人，无论是有教养的还是没教养的，都能体会到这一"找到"的快乐。凡是可以让人内心感动或震撼的东西，凡是可以满足人的情感需要的思想和观念，如尊严、永恒等高贵品质，总是能够激发出人心中最深处的潜在力量，并且使人能够深刻地认识到邪恶、罪过以及快乐幸福的内在本质，这就是艺术的激发功能要达到的目标。人能够把本来不实在的东西想象成为实在的。因此，使我们认识到一种情境、一种关系或任何一种生活内容的东西是外在现实本身。对于我们的情绪来说，这两种途径都是一样的，都可以按照内容的性质使我们忧，使我们喜，使我们感动或震惊；使我们亲历身受愤怒、痛恨、哀怜、焦急、恐惧、爱、敬、惊赞、荣誉之类的情绪和热情。按照上述见解，一切情感的激发，心灵对每种生活内容的体验，通过一种只是幻象的外在对象来引起这一切内在的激动，就是艺术所特有的巨大威力。另一面，这也可能把人引到最淫荡最自私的情欲上，因此，在人心中高尚与低下并存。

第三种是缓和粗野情欲说。人的情欲之所以是粗野之物，起因于它的自私性质——为了满足自己的欲望而不顾一切。愈专注、狭隘，情欲的强度就愈高，人也就愈粗野横蛮，情欲占领着心灵，他因此认识不到人是有普遍人性的。艺术可以稀释和缓解这种粗野，驯服这种暴力。它描述他的某些特定情形下的行为和心理活动，摆在他的面前，使他自己可以看到。尽管那图景是奉承他的，其中也存在着一股缓和的力量。当事人对于这种图景是依赖的,因为若没有这一艺术家的图景摆放在他面前,他就不能意识到自己的直接存在。借助艺术图景,人就能意识到自己,反省自己,观看自己。自己的冲动、意向,本在无形的黑暗中驱使自己,现在艺术家将他放在光亮之处,作为外在对象,独立于自己以外。幽暗中的精神也因之得到解放与自由。

从艺术家的方面来考察,这一功能同样起作用。常常有这样的情形:当一位艺术家感到内心痛苦时,他就开始艺术行为,用图像或意象去涂鸦表达,把自己的痛苦化为艺术的形象。在创作的过程中,他高强度的紧张、焦虑、忧伤、悲愤、激动等等难平的情绪得以舒缓减弱。这是一种眼泪中的安慰。藉着艺术,沉没在痛苦中的人,被痛苦占领与控制的人,在心的封闭中找到了出口,换言之,是艺术打开了这个缺口。文字、图画、声音和形象对自己内在痛苦的勾画,仿佛是将内心那个痛苦的存在物转移,转移成为了一个客观的外在物,从自己内心分离出来。诸多民族都有哭丧的风俗,甚至有职业的哭丧妇女,她们在葬礼上放声大哭,声泪俱下,痛苦就转化为外在的身体的悲哭形象,以博得旁人同情、反省与思索;对于哭者和所有在场者来说,都是一种缓解。所以自古以来,放声大哭和说出来是两种解除沉重愁苦负担的良方,是宽慰痛苦心灵的有效途径。缓和情欲的力量,如同用慈祥之手替人解除自然的沉重束缚。

第四是道德教训说。这种理论认为艺术的目的在于教训,艺术是有教训意义的寓言,在艺术作品对人发生的效益里才能找到它的更高的标准。贺拉斯的"寓教于乐"可以说是这方面的典型代表。但是,如果艺术的目的被狭窄化为教益,那么快感、娱乐、消遣等就会被看作本身无关重要的东西而附庸于教益,在教益里才能找到它们存在的理由。这就等于说艺术没有自己的定性,没有自己的目的,只作为手段而服务于另一种东西,在这种情形之下,艺术就变成用来达到教训目的的一个手段。如此一来,我们就走到了这样一种极端——把艺术看成没有自己的目的,使它降为一种仅供娱乐的单纯游戏,或是一种单纯的教训手段。这样艺术作品的意义就仅在于它是一个有用的工具了。然而,我们要肯定的是,艺术的使命在于用感性的艺术形象的形式去显现真实,去表现那种更高的矛盾。人就是一种矛盾的两栖动物。一方面我们看到人囚禁在寻常现实和尘世的有时间性的生活里,受到需要和穷困性的压迫,受到自然的约束,受到自然冲动和情欲的支配和驱遣,纠缠在物质中,纠缠在感官欲望和它们的满足里。另一方面,人却把自己提升到永恒的理念，提升到思想和自由的领域，把普遍的法则和约束定为自己的意志，把世界的生动的现实剥离下来，分解成一些抽象的观念。艺术的目的只是就这种矛盾的本质加以思考和洞察，指出真实只在于矛盾的解决。所谓解决并非说矛盾和它的对立面就不存在了，而是说它们在和解里存在。艺术就在于显现这种和解了的矛盾。艺术有其自身的目的，这目的就是显现和表现。至于教训、净化、改善、谋利、其他追求之类的目的，对于艺术作品来说是毫不相干的，是不能决定艺术作品概念的。

性格是理想艺术表现的中心

理念作为理想在它得到定性的状态中，表现的就是自己与自己发生关系的主体的个性。但是真正自由的个性，如理想所要求的，不仅要显现为普遍性，而且要显现为具体的特殊性，显现为普遍性与具体特殊性的完整调解和互相渗透，这就形成完整的性格。这种性格的理想在于融贯于一生的主体性所含的丰富的力量。人物的性格必须具有丰富性。古人曾说过这样一句话："人啊，你根据自己的情欲，把神创造了出来！"譬如，随着文化的进步，希腊人的神也就愈来愈多，而他们在较早期塑造的神都呆滞死板，没有表现为具有个性和定性的神。

一个性格之所以能引起兴趣，在显示其整体性的同时又保留其本身的特征，是因为这是一种本身完备的主体。如果人物性格没有显露出这种完满性和主体性，而只是抽象的，任某一种情欲去支配的，它就会显得没有性格，或是乖戾反常、软弱无力。个别人物的软弱无力，正在于上文所说的那种永恒的力量没有显现为他本身固有的个性，即没有显现为主体固有的属性。

例如在荷马的作品中，每一个英雄都是充满生气的众多性格特征的总和。阿喀琉斯是个最年轻的英雄，他一方面有年轻人的力量，另一方面也有人的一些其他品质，荷马借各种不同的情境将他这些多方面的性格都揭示了出来。阿喀琉斯爱他的母亲特提斯，阿喀琉斯的女俘房布里赛斯被人夺去，他为她痛哭，他的荣誉受到损害，他就和阿伽门农［希腊神话中的迈锡尼王。阿特柔斯之子，斯巴达王墨涅拉俄斯的哥哥，武艺高强，擅使长矛和标枪，足智多谋］争吵，这就成为《伊里亚特》故事中以后一切事变的出发点。此外，他也是帕屈罗克鲁斯和安特洛库斯最忠实的朋友。一方面，他是个最漂亮最暴躁的少年，既会跑又勇敢；另一方面他尊敬老人也信赖朋友，他所信任的仆人，忠实的菲尼克斯躺在他的脚旁。但是对于敌人，他却脾气暴躁，爱报复，非常凶恶。例如他把赫克托尔［普里阿摩斯的儿子，特洛伊王子，帕里斯的哥哥。他是特洛伊第一勇士，被称为"特洛伊的城墙"。最后和阿喀琉斯决斗，死在对方手里］的尸体绑在他的车后，绕着特洛伊拖了三圈，但当赫克托尔的父亲来到他的营帐，他的心便软了下来，他想到了自己的老父亲，他让这位哭泣的老国王握住自己的手，尽管自己曾手刃了这位老国王的儿子。

关于阿喀琉斯，我们可以说，这是一个人！人格的高贵与富饶在这个人身上显出了它全部的丰富性。荷马所写的其他人物性格也是如此，每个人都是一个整体，本身就是一个世界，每个人都是一个完满的有生气的人，而不是某种孤立的性格特征的寓言式的抽象物品。

只有这样的多方面性才能使性格具有生动的兴趣。同时这种丰满性必须显得凝聚于一个主体，不能只是杂乱肤浅的东西，或是偶然心血来潮的激动，就像小孩子为把一切可拿到的东西都拿到手，就临时做出一些动作，但无法显出性格。性格不能如此，它必须渗透到最复杂的人类心情里去，守在那里，在里面汲取营养来充实自己，同时不停滞在那里，而是要在这些旨趣、目的和性格特征的整体里保持住本身凝聚的稳固主体性。

但是艺术还不能停留在这样单纯的整体上面，因为我们所说的是具有定性的理想，因此就有一个更迫切的要求，就是要性格有特殊性和个性。因为人的特点在于他不仅担负多方面的矛盾，而且还忍受多方面的矛盾，在这种矛盾里仍然保持自己的本色，忠实于自己，所以艺术要表现众多关系中的独特性格。例如朱丽叶就是在众多关系的整体中显出她的性格（对父母、保姆、巴里斯伯爵以及对神父劳伦斯的关系等等）。尽管有这些复杂的关系，她仍在每一种情境里一心一意地沉浸在自己的情感里。热烈的爱是她身上唯一的情感，渗透并支持起她整个性格。她的爱像无边的大海一样深广，所以她说得很对："我付出的越多，保留的也就越多，这两方面都是无限的。"因此，性格的特殊性中又应该有一个作为统治的方面。

因此，人物性格必须把它的特殊性和它的主体性融汇在一起，它必须是一个得到定性的形象，在这种具有定性的状况里必须具有一种一贯忠实于它自己的情致所显现的力量和坚定性。如果一个人不是本身整一的，他的复杂性格的种种方面就如一盘散沙，毫无意义。艺术个性的无限和神圣就在于此。从这方面看，对于性格的理想表现，性格之所以有这种坚定性与决断性，是由于所代表的力量的普遍性与个别人物的特殊性融合在一起，在这种统一中变成自己与自己融贯一致的主体性和整一性。性格必须要有坚定性，有些人物的性格使一点微不足道的事情就让这种人的心情陷于极端绝望的境界，并产生了永无止境的忧伤抑郁、愤愤不平、悲观失望，从此又产生了种种对人对己的辛酸默想，引起了一种痉挛症，导致心变得坚硬狠毒起来，这就是心灵痛苦软弱的表现。没有人能同情这种乖戾心情，因为真正的人物性格必须具有勇气和力量，有面对现实和掌握现实的意志。这种永远只把眼睛朝自己看的主体性所引起的兴趣只是一种空洞的兴趣，尽管这种人自以为是高人一等的，自以为有些神圣的东西藏在他的心灵最深处。其实，所谓神圣的东西一经揭露，只是穿便衣戴便帽，是最平凡不过的东西罢了。

艺术美的各种特殊类型

艺术是用来表达理念的。为实现各种理念，人类已发展出各种艺术类型。我将其分为：象征型艺术、古典型艺术与浪漫型艺术三种。象征型、古典型是初级阶段，是完美的；浪漫型超脱了前两者的局限，是最高形式的艺术。

既然理念是这样具体的统一体，这个统一体就只有通过理念的各个特殊方面的伸展与和解，才能进入艺术的意识。由于这种发展，艺术美才有了特殊的阶段和类型。既然我们已将艺术作为自在自为的东西研究过了，此处便不再赘述我这里说的艺术类型与艺术流派有别。象征型艺术是艺术的原始阶段，主要代表是东方艺术〔艺术有两个来源：一是理想，理想产生欧洲艺术；一是幻想，幻想产生东方艺术。东方艺术不同于西方艺术，具有自己鲜明的特色。圆明园、埃及金字塔、兵马俑在东方艺术中有着重要地位，都是世界文明的奇迹，是伟大灿烂的东方艺术文化的体现。东方艺术包括古代建筑、古代遗址、戏剧、雕塑、诗歌、绘画、哲学等方面的内容。它涵盖面很广，集中体现了东方人的伟大智慧和东方文明的悠久历史〕（与法国19世纪的象征主义和象征派有别）；古典型艺术代表艺术发展成熟的阶段，主要代表是希腊艺术〔通常指公元前12世纪—前1世纪希腊及其附近岛屿和小亚细亚西部沿海地区的美术，广义上包括爱琴艺术。公元前5世纪—前4世纪，是希腊艺术的全盛时期，产生了米隆、菲迪亚斯、波利克里托斯、斯科帕斯、普拉克西特列斯等艺术家和帕特农神庙、宙斯祭坛等建筑艺术。其人物雕刻具有强健的体魄、昂扬的精神和典雅优美的造型，被尊崇为造型艺术的典范〕（与17、18、19世纪欧洲特别是法国的古典主义或新古典主义有别）；浪漫型艺术代表艺术开始解体的阶段，主要代表是中世纪西方基督教艺术〔是以基督教思想、《圣经》记载、历史或传说中人物为题材所衍生的相关艺术创作。基督教艺术几乎出现在所有基督教团体中，企图说明、补充和塑造不同的基督教原则〕（与18、19世纪的欧洲浪漫主义运动有别）。

这些类型之所以产生，是由于把理念作为艺术内容来掌握的方式不同，所以理念借以显现的形象也就有分别。因此，艺术类型不过是内容和形象之间的各种不同的关系，这些关系其实就是从理念本身生发出来的，所以为艺术类型的区分提供了真正的基础。因为这种区分的原则总是包含在有待分化和区分的那个理念本身之中。

浪漫型艺术使得古典型艺术归于瓦解，要求艺术转到更高的第三种类型，即浪漫型艺术。

艺术的这三种类型，也是内容与形象之间的不同关系，以及理念与实现理念的不同方式。理念在开始阶段，自身还不确定，不明确。抽象理念所取的形象是外在于理念本身的自然形态的感性材料，也就是说感性材料占绝对上风。理念还没有在它本身找到所需要的形式，所以还只是对形式的挣扎和希求，并被材料所束缚；自然材料还保留着它的原始风貌，改变不大。理念只是强行被粘附到材料上去，十分勉强。因此这个对象就有表现理念的任务，而且要被理解为本身就已包含这种理念，所以常常外表离奇而不完美，表现力差，与其说是艺术，还不如说是图解。我们可以把这种类型称为象征艺术的类型。

古典型艺术在理念和它选取的材料上达到高度统一。理念找到了最适合它的材料，并自由、妥当地融入材料，是自由完满的协调。浪漫型艺术把理念与现实的完美统一再次破坏，取消了古典型艺术中理念与材料不可分裂的统一性。为了更自由的心灵表达，理念从它和外在因素的协调统一中退场。

象征型艺术

象征型艺术产生自人类对混沌世界的感悟。理念并非一开始就是清晰明了的，相反，最初的它是模糊不清的、含混的，从混沌中来。当模糊的理念被用作艺术的内容时，由于其本身就没有理想所要求的那种个别性，它的抽象性和片面性使得形象在外表上离奇而不完美。在这种类型中，理念并没能真正和感性材料吻合，反而被感性材料所束缚。自然对象更多的是保留其原本的模样，理念只是勉强粘附到这一对象之上，将对象勉强包装出意义来；对象似乎很不情愿地要担负起表现理念的责任，犹如尽义务。而这一艺术形式的存在，还取决于作为补充的另一方面——自然事物本身的理念和对象在这种情形下形成一种抽象的属性关系，例如用狮子象征强壮。

不确定的理念在自然事物的形状中徘徊不定，难以找到自己的寄生之所。它在骚动和紊乱中寻找自己，企图放置自己，交付自己。但是，理念发现它们都不太适合，于是它就把自然形状和实在现象夸张成为不确定不匀称的东西；在它们里面晕头转向，发酵沸腾，勉强它们，歪曲它们，把它们割裂成为不自然的形状；它企图用形象的散漫、庞大和堂皇富丽来把现象提高到理念的地位。

两者的互不符合，使得理念对客观事物形成一种消极的关系。理念在本质上属于内在的，形状是外在的，理念游离于外在形状上；在靠近和离开它之间徘徊不定，为了前面说的那种交付，它假装已经吻合，将自己提升到高于这些不适合它的形状之上。这一提升使得自然现象以及人的形状和事迹就依照它们原本的模样接受过来，原封不动；但同时它们又并非真的适合所要表现的意义，而这种意义原本是被提升到远远高于人世一切内容之上的。

大体来说，上述情形在东方原始艺术里的泛神主义就是明显的实证。这类艺术，会把绝对意义强加在那些即使是最平凡的对象之上，勉强对象成为他自己世界观的表达与表现。所以这些艺术品看上去离奇古怪，荒诞不羁。不管怎样克服，理念与形象的矛盾总是无法和解。这就是我说的象征艺术类型，或称象征型艺术，以及它的希求，它的骚动不宁，它的神秘色彩和崇高风格。

综上所述，象征型艺术以不完善为终结。一方面它的理念只是以抽象的确定或不确定的形式进入意识；另一方面这种情形就使得意义与形象的符合永远是有缺陷的，成了理念永不可解决的遗憾。其艺术品，成了理念永远没能找到的居所之外的流浪者。

古典型艺术

古典型艺术是人类早期第一次完美的艺术。在这种艺术里，心灵生活退隐到材料之下，艺术家第一次完全掌握了材料。它所取材的形象，在本质上就特别适合于该理念，它找到了理念应该寄予的居所。理念与形象的矛盾消除了，构成了协调一致。因此，古典型艺术是人类第一次完美的艺术，是理念找到了现实的表达通道。

对古典型艺术概念的理解，还不能仅限于内容与形式的统一协调。否则，那些模仿自然的作品，对一个面容、风景、花卉、场面之类主题进行描述，只要内容与形式一致就能算是古典型艺术了。

对于古典型艺术概念的划分，重要的是，就理念而言，它本身是具体的、丰富的。心灵的东西只有到了清晰的程度时，才能到这一阶段。首先，理念要在自然中择优寻找最适合自己的东西。理念在找到它的居所时，才把自己交付给它，才算找到了自己的自由。有人谴责人格化和拟人化的艺术手段，认为这是对心灵的屈辱。但我认为艺术既然要借助外在媒介，把心灵性的东西表现出来，以此自观，就必须走到这种拟人的阶段，只有经过心灵的事物才能圆满地显现于感官。从这个观点看，"灵魂轮回说"是一个错误的抽象的观念。生理学应该建立这样一条基本原则：生命在它的演进中必然要达到人的形象。因为人的形象才是唯一符合心灵的感性现象。

在古典型艺术中，人体形状的出现，不能仅仅看成材料，而应该看成心灵的外在存在形式，同时兼备自然形态的存在。

浪漫型艺术

浪漫型艺术把理念与现实完满的统一再度破坏。它在较高的阶段上，再回到理念与现实的差异与对立中（但已不是象征型艺术那样的差异和对立了）。古典型艺术达到了最高度的优美，尽了艺术感性表现所应尽之事。如果它还有什么缺陷的话，那也只在艺术本身，即艺术本性上具有局限性。

浪漫型艺术取消了古典型艺术那种不可分裂的统一，在内容和表现方式的范围上都超越了古典型艺术。从心灵的一致性原则上讲，浪漫型艺术表现的内容意义，与基督所宣称的神有着共同之处。

浪漫型艺术保留艺术的形式，但艺术超越了艺术本身；它是一种人性和内心生活的解放。在艺术达到的这个第三阶段，艺术对象和心灵完全有机地结合在一起，达成一种和解。浪漫型艺术是内在世界庆祝它对外在世界的胜利，是把内心世界完美地置入外在世界之中。由于这种胜利，感性现象就沦为没有价值的东西了。

72 | 美学　Aesthetics: Lectures on Fine Art

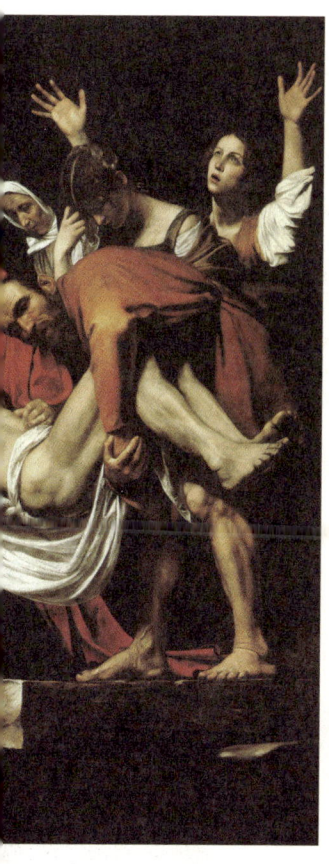

第 一 卷　艺术美的概念　·　第 四 章　艺术美的理念和理想　　73

基督下葬　布面油画
1602—1603年　意大利罗马梵蒂冈美术馆藏

酒神　布面油画　1596年　意大利佛罗伦萨乌菲兹美术馆藏

圣母升天　布面油画　1605-1606年　法国巴黎卢浮宫博物馆藏

梅里西·德·卡拉瓦乔　（Michelangelo Merisi da Caravaggio，1571—1610年）

　　意大利著名画家。卡拉瓦乔的艺术生涯是在意大利文艺复兴盛期的诸大师相继逝世后开始的。卡拉瓦乔有一种引人注目的才能，他能把重要事件的经过以非常活泼的场景表现出来，他同时"把阴暗法带进了明暗对比画法中"。其实很久以前，画家们就已开始运用明暗对比画法，但是卡拉瓦乔真正确立了这种技法。这种画法加深了阴暗部分，用一束眩目的光直射对象，由此对物理真实和心理真实的有效掌控，成为他获得巨大声望的原因，同时也是他经常不能符合宗教委托要求的原因。卡拉瓦乔作画神速，看着模特，直接用画笔柄在画布上划隐痕打底稿。在他那个时代，专业画家对这种方法深恶痛绝，他们谴责他拒绝先打底稿，不对笔下的人物进行艺术化处理，而是完全依赖于模特。现在可以确认的是卡拉瓦乔的一些模特，包括马里奥·明尼蒂和弗兰西斯科·伯内利，都是追随他的重要画家。

三美神　木板油画　1639—1640年　西班牙马德里普拉多博物馆藏

第 一 卷 艺术美的概念 · 第 四 章 艺术美的理念和理想　　75

爱之园　布面油画　1632—1634年　马德里普拉多博物馆藏

彼得·保罗·鲁本斯（Peter Paul Rubens，1577—1640年）

巴洛克美术的代表人物。鲁本斯是一位伟大的人文主义画家，即使宗教神话题材，他仍会以世俗的目光去加以描绘。正如美学家丹纳所说，他的作品表面上涂着一层天主教的圣油，而骨子里的风俗、习惯、思想与感情，一切都是异教的。鲁本斯的作品体现出艺术家对生活的热爱，以及对生活的无穷想象，他善于运用丰满结实、生机勃勃的形象，画面永远洋溢着乐观与激情，这也是他自己特有的审美理想与趣味。由于身处上流社会，为迎合上层贵族的审美需要，他笔下的人物，尤其是妇女，都体态肥硕，皮肤细嫩，骚首弄姿，扭捏作态，在一定程度上反映了佛兰德斯贵族资产者追求享乐和骄奢淫逸的生活状态。

化妆的维纳斯　木板油画
1615年　奥地利维也纳列支敦士登博物馆藏

影响人类文明进程的文化与科学巨著

查理一世的五个孩子　布面油画　1599年

凡·戴克 （Anthony van Dyck，1599—1641年）

　　法兰德斯巴洛克艺术家。凡·戴克与委拉斯凯兹是当时仅有的两位重要的宫廷画像画家。他在画室采用流水作业法，即先在纸上画出草稿，由其助手在画布上加以放大，再自己动笔画头部，衣饰等则送到外面交由其他画家完成。凡·戴克特别爱惜油，他主张亚麻油应该是白色的、稀释的，不要太浓、太厚。他在白底的画布上作画时，不用朱砂，怕画面变黑；画第二层底稿时，他会先用胶粉色画一遍，再用颜料深入细节；当油画第一遍画完，第二遍开始前，他会用蒜汁先涂一下，以破坏颜料表面的薄膜，以便上下两层的颜色能很好地衔接。他晚期大都沿用意大利画法，风格也较甜美。

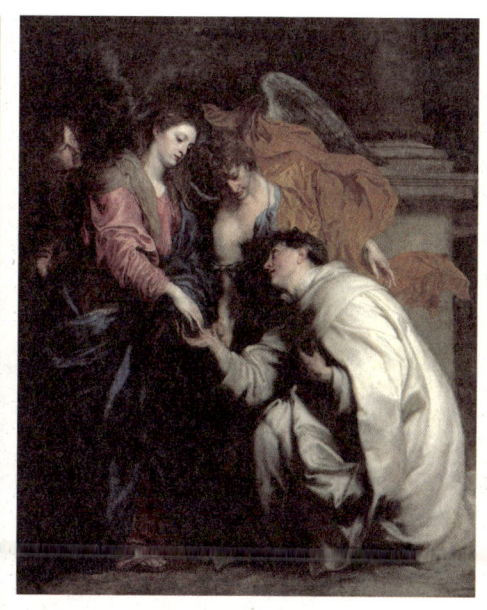

第一卷 艺术美的概念 · 第四章 艺术美的理念和理想

受祝福的约瑟 布面油画 1630年 奥地利维也纳艺术博物馆藏　　**哀歌** 布面油画 1629年 英国伦敦国家美术馆藏

黄铜蛇 布面油画 1618—1620年 西班牙马德里普拉多博物馆藏

塞维利亚的卖水人　布面油画　1619—1620年　英国伦敦威灵顿博物馆藏

煎鸡蛋的老妇人和少年　布面油画　1617—1619年　英国苏格兰国立美术馆藏

委拉斯凯兹（Velazquez，1599—1660年）

  巴洛克时期西班牙画家。从某种角度讲，委拉斯凯兹是一个与古典主义理想美无缘的画家，是一个伟大的写实主义者，他笔下的历史神话、宗教及风俗题材作品几乎都没有文艺复兴或者巴洛克时代的"神气"，却代之以常人自然的情态，这大概源于他从年轻时就养成的不带主观色彩的创作习惯和长期学习卡拉瓦乔作品的影响。委拉斯开兹的绘画在反映社会生活时既不颂扬也不谴责。在许多描绘社会底层人物的绘画作品中，他既不赞美贫穷的圣洁，也不对贫穷鄙视，他的画对社会不作明确的评价。他是只限于再现现实的艺术家，他所理解的现实主义是：只把自己看到的如实地描绘在画布上。

扮作花神的沙斯姬亚　布面油画　1634年　俄罗斯圣彼得堡艾尔米塔什博物馆藏

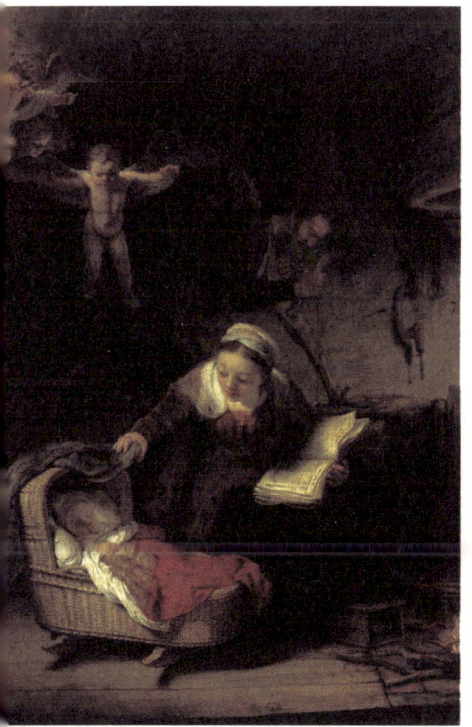

圣家族　布面油画　1645年
俄罗斯圣彼得堡艾尔米塔什博物馆藏

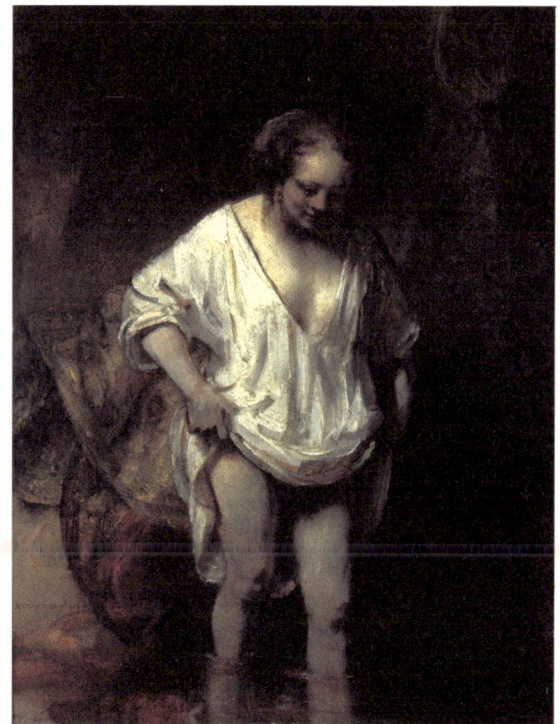

浴女　木板油画　1654年　英国伦敦国家美术馆藏

伦勃朗·哈尔曼松·凡·莱因（1471－1528年）

荷兰历史上最伟大的画家。伦勃朗的油画一贯采用"光暗"处理法，即采用黑褐色或浅橄榄色为背景，将光线分解为一束束电筒光似的散射柱，投置在画面的主要部分。这种视觉效果，使画中人物仿佛站在黑色舞台上。同时，伦勃朗用这种精确的三角立体化，勾勒出人物的轮廓线，让其余部分隐藏于光暗之中，给人以稳定庄重的感觉。他独到地处理明暗关系，灵活地处理复杂画面中的光线，用光线强化绘画主体，让暗部去弱化和消融次要部分。他这种魔术般的明暗处理法，构成了他的画风中强烈的戏剧性色彩，也形成了伦勃朗绘画的重要风格。

月亮女神阿尔忒弥斯　布面油画　1634年　西班牙马德里普拉多博物馆藏

窗前读信的少女　布面油画　1657年　德国德累斯顿国立美术馆藏

倒牛奶的女佣　布面油画　1658年　荷兰阿姆斯特丹国家博物馆藏

读信的蓝衣女人　布面油画　1662—1664年　荷兰阿姆斯特丹国家博物馆藏

约翰内斯·维米尔（1632—1675年）

　　荷兰最伟大的画家之一，却在长达两个世纪的时光里被世人忽视。维米尔绘画的艺术特点之一，是他无意于情节上的引人入胜，而是着力从平凡、普通的生活场面中发掘诗意。这位在德尔夫特土生土长、很可能从未出过国门的画家，永远只画他身边的生活和女性。维米尔在表现物体的质地、色彩、形状和重量感方面，达到了煞费苦心的精确程度，而画面却没有任何费力或刺目之处。他像摄影师一样有意缓和画面的强烈对比，却不使形状模糊。维米尔画作的轮廓线是柔和的，却无损其坚实、稳定的效果。正是柔和与精确的奇特结合使他的作品令人难以忘怀。

戴珍珠耳环的少女　布面油画　1665—1667年　荷兰海牙莫瑞修斯博物馆藏

心灵和意志，包括个别人物、性格、行动等等退隐到媒介之下。客观存在被看成偶然，艺术家凭自己的幻想将它任意改变、驱遣，眼前的世界既可以是照实描述的，也可以是经过任意篡改、歪曲、颠倒、打乱、拆散、重新组合的世界，错乱与荒诞离奇的世界。艺术家的幻想可能是一时的心血来潮。外在世界在这里已经不重要，古典型艺术里的概念和意义在此失去市场，概念和意义已经寄于内心生活之中。内心生活的内在形态，不侧重从外在事物及其现实形式里将其显现出来。在诸多的偶然故事里，在一切灾难和苦恼里，甚至从犯罪的行为那里，维持或恢复它与自身的和解。

综上所述，就是三种艺术类型作为艺术中理念和形象的三种关系的特征。它们对于理想，即真正的美的概念，始而追求，继而达到，终于超越。

各门艺术的划分

艺术发展的各个类型通过感性的材料，也就是特殊的材料，所得到的外在客观存在，使得这些类型分化为一些独立的特殊的表现方式，即各门艺术，每种类型之所以有它的确定性格，是因为它所用的是某一种确定的外在的材料，这种特殊材料决定使它得到充分实现的表现方式。所以我们研究的是艺术美如何在各门艺术及其作品中展开为一个实现了的美的世界。

这个世界的内容就是美的东西，而真正美的东西，就是具有具体形象的心灵性的东西，就是理想，说得更确切一些，就是绝对心灵，也就是真实本身。这种为着观照和感受而用艺术方式表现出来的神圣真实的境界就是整个艺术世界的中心，就是独立的自由的神圣的形象。

我的看法是，艺术的理想就是追求理念与形象的统一。古典型艺术已经达到这种高度的是希腊雕刻。象征型艺术更多体现在古代东方建筑里。理念尚飘浮不定，形象也不确定，于是两者只能构成象征型关系。近代的浪漫型艺术——以绘画、诗歌、音乐为代表——由于侧重内心生活，再度突破理念与形象的和谐统一，引起了理念与形象的不一致，形象不足以表现理念，理念溢出了形象。由此发展下去，宗教和哲学就高于艺术。

在类型上，每门艺术都属于不同的类型，但它们之间的交叉也时时出现。例如建筑基本属于象征型艺术，但也可以找到古典型艺术和浪漫型艺术的一些特征，虽然它只是次要的。这一情形分为两个极端，一极是无心灵的客观相，那是神所创造的单纯的自然环境。在这一端上，只有单纯的形象，没有心灵性。另一极就是内在认识到的神圣性，即神所转化的各种特殊的主体存在：个别主体的感觉、情绪和心灵的真实。这种真实并不凝结在它的外在形状里，而是退到主体的个别的内心世界里。在这种状态中，神圣性不同于它的单纯的显现，即有神格的神，它转化为属于一切个别主体的知识、感觉、知觉和情感范围之内的那些复杂的特殊事物。

艺术到了最高的阶段是与宗教直接相联系的。宗教把尘世的自然的生命看作是有限的、单独站在一边的。神成为对象，在这个对象里，客体性与主体性的分别被消除了。首先把尘世的自然生命看作是有限的，单独站在一边的；其次，意识把神变成它的对象；最后我们从神本身进到信士群众的虔诚膜拜。这三个阶段类似建筑、雕刻与诗歌这样不同的艺术门类。

建筑

按照各门艺术的基本原则，我们须首先研究美的建筑。建筑的任务在于外界的无机自然加工，使它与心灵结成血肉因缘，成为符合艺术的外在世界。它的素材就是直接外在的物质，即受机械规律约制的笨重的物质堆；它的形式还没有脱离无机自然的形式，是按照对称关系来布置的。建筑艺术的基本类型就是象征型艺术，用这种素材和形式并不能实现作为具体意蕴的理想，因此在这种素材和形式里所表现的现实尚与理念对立，外在于理念而未为理念所渗透。

建筑为神的实现铺平了道路。建筑在客观自然上辛苦加工，使客观自然摆脱有限性的纠缠和偶然机会的歪曲。建筑借此替神铺平一片场所，安排好外在环境，建立起庙宇，成就神的居所。并替它的信众找到一个聚会所，建立一堵围墙，可以避风雨，防寒保暖，抵御野兽。

集体的意志也得以表达，虽然其显示方式还泛于表面，却是符合艺术要求的。这些内容和"意蕴"的原文是"das Bedeutende"，意思是"有所指"或"含有意蕴"的东西，近似于汉语中"言之有物"的"物"，因此译为"意蕴"。黑格尔在讲授时也把"意蕴"称之为"内容"。可以很有效地灌注到建筑的素材和形式里，其多寡程度取决于它在上面加工的确定的内容有无意义，是抽象的还是具体的，是深刻的还是肤浅的。在这方面，建筑可以达到很高的成就，甚至可以铸造成完美的艺术品。但是，如果建筑达到了这一步，就已经越出了它自己的领地范围，而接近比它高一层的艺术即雕刻了。因为建筑的特征正在于内在的意蕴，这还是与它的外在形式相对立的，因此建筑只能把充满灵性的东西当作一种外来形式表现出来。

雕刻

当地面上有了建筑，无机世界就得到了净化，得到了对称的秩序，更为重要的是，它结合了人的灵性。神的庙宇，同时也是他的信众的房屋。下一步，就是神自己走进这座庙宇，它以个性的闪电般的光芒，渗透到那些毫无生气的物质堆里，并照耀它们。

物质不再是机械的对称的形式，而是被赋予了灵魂的人类作品。无限的心灵把那些相应的身体集中起来，表现他们，表达他们。这就是雕刻的任务。

如果说建筑只是从外面指点出内心生活的话，那么在雕刻里，内心生活就安居在那些材料里，并且两者契合无间。它们是完美的，并没有一方吞食另一方的情况。所以雕刻表现的基本原则是古典型艺术。任何内心的内容，都可以在雕刻里通过身体的姿态呈现出来，使心灵与身体的形状统一起来，它安静地、幸福地站在那里，艺术家个人的个性，也必然倾注和浸润到作品中，赋予作品生气。所以雕刻处理的不再是受机械性约制的物质堆。我们有必要记住：人的永恒静穆和独立自足本质，只有在雕刻里，才第一次显现出来。能符合这种永恒静穆和独立自足本质的、外在形象最好的也就是抽象的空间形象。雕刻所表现的心灵本身就是坚实的，不会受偶然机会和情欲的影响而分崩离析，所以它的外在形状也不会显现为各种各样，它的全部立体中都只显现出抽象的空间性。

建筑师修好了庙宇，该轮到雕刻家了。雕刻家用手雕刻出神像，再把他们摆到庙里去。宽广的大厅已为庄严肃穆的神留好了位置，他的信众们正望眼欲穿地等待他的来临。

雕刻里神的那种坚实静穆，也分裂成为许多个人的内心生活。心灵的东西同时也显现为个别的心灵生活，即个别的心情：无忧无虑的泰然自足的神，亦是个人的显现；存在，亦即自我显现。于是，如情欲、动作、事变等主体内心的丰富的代表着人类情感意志的广大领域,就成为艺术表现对象的领域。

绘画

绘画是纯粹用肉眼来欣赏的。所用材料和作品都仅仅停留在肉眼,它依靠颜色得到它的定性。建筑和雕刻虽然也与色彩有关,但它们不仅仅依靠可见性和颜色;而绘画却依靠单纯的光与黑暗的对立来显示。绘画的可见性,是经过主观化或观念化的产物。它既不依靠建筑里笨重抽象的机械的体积属性,也不依靠雕刻里的立体空间属性。绘画从物质完全占领的感性空间中解脱出来,在平面上展开主观世界。凡是可以在人心中占据地位的东西,例如情感、观念、目的等,凡是可以引起行动的,这一切繁复的材料都可以组成绘画的丰富多彩的内容。整个特殊世界,从心灵的最高品质到最孤立的自然事物,在绘画里都可以找到地位。也可以说是神把自己丰富的地方显现出来给人看。

音乐

浪漫型艺术的第二种是音乐。音乐也使用感性材料,但它是所有艺术中主观性最强的。在主观方面,它可以达到比其他艺术更深入和更特殊的地方。绘画是对空间的绵延加以模仿,音乐则恰好相反,它取消空间的绵延,否定空间〔音乐的一种属性,音阶上各部分是和一个判断的各部分一样不占空间的。黑格尔将这个事实说成音乐对空间加以观念化,把空间集中到一个点〕的存在,并将其观念化为一个孤立的点。在这种否定空间内,这个点本身就是物质属性内的一个具体的积极的否定过程,它表现了物体关系的运动和震荡,同时以这种声音反过来把握物质。时间上的连续本来是抽象的,但声音的流动赋予了它感性的性质,似乎将观念内容从物质囚笼中释放了出来。

因此,音乐成了浪漫型艺术的中心,正如雕刻成为建筑与几种主体性的浪漫型艺术之间的桥梁一样。人心灵中那些尚未确定的情感或情欲,也可以通过声音得到表现。音乐有助于我们利用物质运动时的声音,找到人与物的本质联系。

诗歌

建筑已经把庙宇建立起来了,雕刻家的手把神像摆到庙宇去,于是第三步就是让这个显现于感官的神在庙宇宽敞的大厅里面对他的信众。到了这个阶段,原来在雕刻里所具有的那种坚实的统一就分裂成为许多个人的内在生活，而这许多个人的内在生活的统一却不是感性的而是观念性的。只有到了这个阶段，只有在神开始这样往复转化，这样由他本身以内的统一转化到既在个人主观认识中实现他自己，也在具有共同性而团结在一起的人群的主观认识中实现他自己的阶段，神才成为真正的心灵。用材料来表现这些内容意蕴的方式有图画、音乐和诗。这几门艺术的形式与内容提高到了观念性，抛弃了建筑的象征性和雕刻的古典理想，所以它们就以浪漫型艺术为基本的类型。

从各门艺术分类的整体来看，建筑是外在的艺术，雕刻是客观的艺术，绘画、音乐和诗歌是主体的艺术。象征型艺术在建筑里达到它的最适合的现实和最完善的应用，能完全按照它的概念发挥作用，还没有降为其他艺术所处理的无机自然。古典型艺术在雕刻里得到完满的实现。最后，浪漫型艺术抓住绘画和音乐作为它的独立的、绝对的形式，诗的表现也包括在内。诗歌适合并能贯穿到一切美的类型里去，因为诗所特有的因素是创造的想象，而不管人们想要创造哪一种类型的美，创造的想象都是十分必要的。

诗歌是浪漫艺术类型的最高形式，是心灵最彻底的表现。诗是一种解放性的艺术，音乐与绘画尚不能摆脱感性材料，但诗能够，它是心灵艺术的最高形式。因为诗所保留的最后的外在物质是声音，而声音在诗里不再是声音本身所引起的情感，而是一种本身无意义的符号；而且该符号所代表的意义，是本身已变成具体的，而不是不明确的情感。

声音与字结合在一起，分成音节，这些符号把观念和概念标示出来。音乐最开始的那一点是抽象的，甚至是任意的，但一旦它形成了连续，就展开为完全具体的点，这个点就是心灵，也就是有自由意识的个人。一个人从观念的起点出发，向无限空间迸发，把有限空间和声音的时间性结合起来。这种感性因素在音乐里是直接与内心生活合二为一的。

但在诗里，心灵为自己把这一内容确定成观念。诗的艺术是心灵的普遍艺术，是心灵最自由的艺术。在这种艺术里，心灵不受外在材料的束缚，它自由地翱翔在思想和情感的天空里，在空间与内在时间里逍遥游荡。

诗是艺术的高级阶段，是艺术中的艺术；在另一个意义上，它作为艺术又超越了艺术。在这一艺术里，纯粹的心灵放弃了一切感性因素，它不需要依靠感性与心灵因素达成和谐，这一原则在诗里失去效力。

艺术的分类

综上所述，建筑——外在的艺术；雕刻——客观的艺术；绘画、音乐和诗——主体的艺术。

过去，人们也尝试过许多其他分类。比如以感性材料为中心进行分类，依这种分类法，建筑被看成是结晶，雕刻被看成是材料的感性和空间性的整体，它把材料刻画为有机体的形状；绘画则被看成是着色的平面和线条；而在音乐里，空间就转变为时间的点，本身自有其内容；最后在诗里，外在素材被完全降到没有价值的地位。

另一种分法是按照时间和空间的抽象性去考察的。这一分法，我是不同意的，艺术作品在抽象性的差别上，正如感性材料一样，是不应该看作最后的基本规律的，它需要更高的统治原则。我所发现的这种最高原则就是象征的、古典的和浪漫的艺术类型。它不是艺术美的普遍因素。

所有的艺术，都集合于以上三种艺术类型。象征型艺术以建筑为代表，在建筑里达到了完美。古典型艺术在雕刻里得到完满的实现，它把建筑只看作围墙。浪漫型艺术在绘画和音乐里得到完善，是这一类型的绝对形式。诗有些例外，它既是浪漫型，但又高于浪漫型，它更是适合美的一切类型，贯穿到一切类型中去，因为诗所特有的因素是创造的想象，而创造的想象对于每一种美的创造都是必要的，不管那种美属于哪一种类型。

所以各门艺术在个别艺术作品中所实现的，只是自身发出的美的理念所显现的那些普遍的类型。广大的艺术之宫就是作为这种美的理念的外在实现而建立起来的。它的建筑师和匠人就是日渐自觉的美的心灵。但要完成这个艺术之宫，世界史还需要经过成千上万年的演进。

当艺术面向观众

当艺术面向观众时，就出现了这样一种情况：艺术作品不再独立自足，它的静穆和爽朗受到破坏；它不再是绝对向内的，而是转身向外，仿佛在和观众打招呼，迎接他们。它要凭自己的表现来与观众建立联系，和他们达成一致并取悦他们。

静穆自持和面向观众，这一矛盾是所有艺术作品都有的。如果具有庄严风格的艺术作品保持固有的独立性，不同观众交流，就会显得枯燥。反之，如果过分面向观众，结果固然使人愉快，但也会丧失纯真，也就不单是凭纯真的内容、构思方式和表现方式本身来使人愉快了。这种投合观众的倾向会使作品夹杂一些偶然性的东西，我们从它里面看到的不再是内容主旨、它本身决定的必然的形式，而是诗人或艺术家以及他们的主观意图，他们的矫揉造作以及显示他们的创作技巧的本领。

从观众的角度来看，也有这种情况：感觉到自己完全脱离了内容，他们发现自己竟然是在通过作品和艺术家打交道。艺术家在创造这个作品时的真正意愿和意图，他在构思作品时表现出多大程度的手艺本领等等，艺术家和观众在见解上、在判断上打成了一片，这种矛盾可能导致艺术家媚俗。作品愈是被观众所喜欢，观众的主观艺术鉴赏力愈得到发挥，愈使他们懂得艺术家的意图和观点，他们也就愈容易赞赏诗人。艺术家的虚荣得到了满足。

法国人特别爱在创作中追求这种阿谀奉承之风。这种魔力和动人的效果吸引着法国艺术家，他们在这方面也发挥得淋漓尽致。他们甚至把那种面向观众的轻松愉快的风格当作艺术要务加以发展。

他们认为作品的真正价值就在于满足他人，于是就力求引起他人的兴趣，这种倾向在法国戏剧体诗里特别显著。例如玛蒙特尔谈起过一段关于他的《暴君德尼》剧本上演的小故事，剧中一个起决定作用的时刻是向暴君提出的一个问题。克勒雍扮演提这个问题的角色，等到时刻到了，她正在和达奥尼苏斯交谈，就在这一发千钧之际，她却向台前走一步，面向观众去提出那个问题，她这一招使作品博了个满堂彩。德国人就要好些，他们对于内容的严谨性要求得高些。没有内容而只取悦于观众的艺术，在德国引不起人的共鸣。德国的艺术家更满足于内容的深刻，他们并不为观众操心，在他们看来，观众应按照他们自己的意愿和能力去用心体会艺术。

论感觉与起源

感觉

感觉可以细分为触觉、嗅觉、味觉、听觉和视觉。这主要是自然哲学的领域，我也就不多谈。但是大家也有必要了解一些基本的知识。并不是所有的感觉都拥有艺术感觉能力，比如触觉、嗅觉和味觉就没有。一个人的触觉，只能感觉到感性个体的重量、硬度、软度和物质性质；而一件艺术作品，当然不只是一种感性材料。

艺术品是精神在感性事物里的显现，所以也就不可以凭味觉来感受它们。味觉是这样一种性质的东西：它不让它的对象保持独立自由，而是要对它采取实际行动，要消灭它，吃掉它。味觉的培养和精锐化只有对食品及其烹调或是对对象的化学属性的鉴定，才可能是有用的。

至于艺术的对象，它作为客观形象供人观照，它虽然是为人而存在的，但它的存在方式是认识性的或理智性的，而不是实践性的。至于嗅觉，更不是艺术欣赏的器官，因为事物只有本身在变化过程中，在受空气的影响而发散中，才能成为嗅觉的对象。

视觉的性质有所不同，它和对象的关系，是借光作媒介而产生的一种纯粹认识性的关系。而光仿佛是一种非物质的物质，让对象保持它的独立自由。光照耀着事物，使事物显现出来，不像空气和火那样和对象有实践的关系，明显地或不知不觉地把对象燃烧掉。视觉是没有欲念的一种器官，我想说，它是人身上最纯洁的器官。一切在空间中外在的或并列的物质性的东西都可以成为对象。由于对象没有遭到破坏，保持着它的完整面貌，所以它凭形状和颜色而显现出来。

听觉也是认识性的，听觉所涉及的是物体的震动。它不像嗅觉那样需要经过分解的对象，它只需要对象的震动，对象在震动中也不受损伤。人耳掌握声音运动的方式和人眼掌握形状或颜色的方式一样，也是认识性的。

起源

　　人们通常有一种欲望，想了解事物的起源。因为事物在原初状态显得最纯粹。这种对事物起源的求索心理，大概因为人们以为这种单纯的形状可以显示出该事物的本质来。找到了事物的起源，就找到了研究事物的原点。于是，人们又认为，据此就很容易了解事物的发展过程，了解它是如何一步一步地把艺术推到上述要研究的那个阶段。但就其本身来看，这种简单的起源在内容意义上是很不重要的，因而对于哲学思考显得是完全偶然的。尽管是偶然，这种简单的起源却是常识所认为较易理解的。例如，关于绘画的起源流传着一个故事，从前有一个姑娘趁她的爱人睡着的时候，把他的影子的轮廓画下来，这样就产生了绘画。关于建筑的起源也有种种说法，有的说是起源于岩洞，有的说是起源于树巢。这类起源本身就明白易懂，用不着进一步说明。特别是希腊人不仅就美的艺术的起源，而且还就伦理制度以及其他生活情况的起源，创造了许多美妙的故事，来满足在想象中认识最初起源的需要。这类以起源为主题的故事并没有历史根据，其目的不在于根据概念来理解起源的方式，而是在于想用历史的方式来说明艺术是怎样起源的。

　　建筑的最初形成比雕刻、绘画和音乐都要早。早先人类居住的茅棚以及容纳神及其信徒的庙宇都可以看作最接近于最初起源的建筑。

　　住房、庙宇、陵墓都有一个特点，就是必须有目的。住房和神庙须有人或者神住，所以建筑首先要适应一种需要，而且是一种与艺术无关的需要。美的艺术不是为满足这种需要而存在的，所以单为满足这种需要，还不必产生艺术作品。人爱踊跃歌唱，也需要语言作为传达工具，但是说话、踊跃、叫喊和歌唱还不是诗、舞蹈和音乐。等到日常生活、宗教仪式或政治生活方面的某种具体需要的建筑目的已获得满足了，就出现另一种要求艺术形象和美的动机，此时这种建筑就会出现分化，建筑作为艺术的历程便开始了。

　　综上所述，雕刻用立体，绘画用平面，音乐则把面化成点。艺术愈不受物质的束缚，愈现出心灵的活动，也就愈自由、愈高级。从建筑到雕刻、绘画到音乐和诗，物质的束缚愈减少，观念性愈增强，也就愈符合艺术的概念。

第二卷　各个特殊类型的艺术美

在黑格尔看来，美不是静止的、永恒的，而是发展变化的，在思维中是如此，在历史中也是如此。从历史中看，美的发展过程形成了不同的艺术类型，即原始的象征型艺术，古代的古典型艺术和近代的浪漫型艺术。他认为，"这三种类型于理想，即真正美的概念，始而追求，继而到达，终于超越。"黑格尔认为，美的概念的历史形态发展的动力，不在外部，而在内部，即美的理念自身分化和发展为理性与感性的不同方面，并形成不同的艺术类型。在他看来，象征性艺术是物质趋向于精神，古典型艺术是物质与精神的平衡吻合，浪漫型艺术是精神超过物质。为此，他进一步认为，上述艺术类型之所以产生，是由于把理念作为艺术内容来掌握的方式不同，因而理念所借以显现的形象也应有区别。因此，艺术类型不过是内容与形象之间的各种不同的关系，而这些关系其实也正是从理念本身生发而来。

AESTHETICS

第一章 象征型艺术

象征型艺术是最初的艺术类型,在这里,理念只能借用客观事物"隐约暗示出它自己的抽象概念,或是把普通意义勉强纳入一个具体事物"。所谓象征,黑格尔解释说:"是一种在外表形状上就可以暗示出要表达的思想内容的符号。"它无法使人意识到事物的本身,而只能隐约意识到事物所暗示的普遍意义。象征就是一种暗示,而且是以具体事物暗示其普遍意义,所以,"象征在本质上是双关的,模棱两可的"。

总之,在黑格尔看来,象征型艺术反应了人类审美意识的萌芽状态,是早期人类对美的探求,所以,作为美的体现物,象征型艺术较少人类创造的痕迹,呈现出巨大、粗糙的原始状态,给人模糊的神秘之感。

象征型艺术概况

象征，也可以称作艺术之前的艺术，它起源于东方。通常在象征型艺术中，理念是漫无边际，未得以确定且处于抽象或蒙昧状态的，因此无法找到具体的外在表现。如果要勉强表现，就越出了外在形象，不能完全和形象融成一体。这种理念越出有限事物的形象，便是象征艺术。

象征直接呈现外在事物，它是一种暗示，它表达的意义或者观念，只能从较广泛、较普遍的形态来看。

象征作为符号

象征表现出来的首先是一种符号。符号和意义之间具有高度的任意性，两者就像是被随意拼凑在一起的。最能证实这个概念的就是语言，考察语言便不难发现，某些声音代表某些思想情感，语言符号所代表的观念和意义，大多数纯粹就是任意结合在一起的。徽章或旗帜可以标示出人或船的国籍，但这些颜色与形象符号本身是没有什么性质可言的。

形象与意义的协调

狮子象征刚毅与强壮，狐狸象征狡猾，圆形象征永恒，三角形象征神的三位一体。其中狮子与狐狸都有作为符号时所要表达的性质。外在的感性事物，本身在某种程度上也具有意义，这一意义与要表达的观念有某些接近或吻合之处。比如，圆由一条无始无终的线构成，三角形有同样数目的边和角。从这些暗示看，现成的感性事物本身就已具有它们所要表达的那种意义，而这些意义在相应意念与事物之间是有共性的，至少它们在某一点上是一种协调。

形象和意义的不协调

如前所述，狮子与狐狸除了刚强和狡猾之外，都还有其他性质；神除三位一体之外也还有诸多其他特性，这就不是用一个数字，一个几何图形或是一种动物形象所能表述出来的了。一个抽象意义的内容，可以用无穷无尽的事物和形象来表达。同理，一个具体的事物也具有许多用作象征的性质。例如用狮子来象征刚强固然很好，但是用牛或牛角来象征也未尝不可，而牛这种动物还可以象征刚强以外的许多其他意义。至于用来标志神的形象更是无穷无尽的。由此可以看出，象征在本质上是双关的或模棱两可的。

象征的暧昧性

象征通常以一个形象或一幅画出现在人们的视野之中，然而，其本身则是唤起一个直接存在的东西的观念。与比喻不同，象征的表现方式是暗示，这几乎涉及全部东方艺术。所以，当我们初次踏入古代波斯、印度、埃及的图形世界时，往往会像闯进一个迷宫般不知所措。如要猜出这些图形隐含的意义，就更加不易。

在单纯的象征中，暧昧性似乎极为显著，因为一个具有意义的形象之所以成为象征，主要是因为这个意义不似在比喻中那般显而易见。真正的象征其实也可以变得不那么暧昧，因为有了暧昧，感性形象和它所表达的意义之间就建立了习惯的或约定俗成的联系；而比喻则不同，它是临时相处的适用于这一次的联系，本身就已明显，因为其本身就已含有意义。

象征型艺术概念的界定

有一种观点认为：一切神话和艺术都是象征，任意一个艺术品里面都包含一个寓意，每一个神话形象后面都有一个普遍性的思想作为基础，艺术批评的任务是把这种抽象的思想指出来。这种用象征来解释一切艺术的观点，明显偏颇。

艺术必然要达到更高的层次，使抽象任意的内心找到更完美的形象，而不是寄托在任意的外在事物上。从这个意义上来看，如希腊的神像般自由、独立和自足的个体，就不能看作象征性的，而是本身就已完满，无待外求。天神宙斯，日神阿波罗和智慧女神雅典娜就是完整的神，他们有着自己的威力和情欲，再也不象征什么，不再分化其他意义。如果再从这些自由主体的身上抽出一些普遍概念来，难免画蛇添足。

在一些文明中，鹰代表宙斯，牡牛常跟着圣加，埃及人则用阿庇斯［圣牛，两角夹着太阳，是埃及孟斐斯城所崇拜的主神普塔的使者］来代表神。希腊神像与上述那些符号是有区别的，前者属于象征艺术范围。象征型艺术表现的只是一些基本上还未经个性化或具体化的抽象意义的主体，是主体处于蒙昧，对象也处于任意性的一种状态。人格化［童话语言等文艺作品中常用的一种创作手段，对动物植物以及非生物赋予人的特征，使他们具有人的思想感情和行为。文中指将抽象概念加以人格化，例如用一个人物代表抽象的英勇或正直］个性化的主体以及它的对象化，已超越了象征艺术，达到古典型艺术。这是一个分界点。所以，我认为象征型艺术还不是真正的艺术，它只是在向真正的艺术过渡。我也将它称为艺术前的艺术。

不自觉的象征

象征有自己的发展过程。主体意识寻找外在表现，从任意的外在物上寻找自己，赋予外在事物以人的崇高，但其实只能得到歪曲的精神或意识形象。因此，在这个阶段，我们所见到的世界充满着纯粹的虚构和难以置信的使人惊奇的东西，还无法见到真正美的艺术作品。

在意义与感性材料的长期斗争中，我们才达到真正的象征，才见到具备艺术特性的象征的艺术作品。只凭幻想对个别自然事物加以夸张放大，来补救它们与之表现的普遍意义之间的差异或互不适应，是属于不自觉的象征；在高一级的阶段，凡是作为象征的形象都有了自己的特性，在某一方面显出个别事物的差异。

崇高的象征方式

在历经长期的斗争后，在主体上，自己那些含混不清的内容终于得以明确，也就是得到了自由，终于能独立明显地呈现于意识之中。到这一点上，其实意味着精神与象征的关系已经解体。

绝对意义的出现，意味着遍布于全部现象世界中的普遍的实体存在、普遍的灵魂存在。这种普遍的实体存在便是一种崇高。此时，表现崇高的象征就出现了，它代替了初级单纯象征的幻想性的暗示、歪曲和谜语。

舟发西苔岛　布面油画　1717年　法国巴黎卢浮宫博物馆藏

让·安东尼·华托（Jean—Antoine Watteau，1684—1721年）

  洛可可时期最重要的画家。他的画，其构图往往是一个充满诱惑的幻境，而大自然更是充满造作的诗意；他画了大量带有喜剧色彩的作品，还发明了一种浓郁的富有哲理的爱，而且都以背景衬托，至少其画中的人物在画面中显得较小。他还画了许多以戏剧演员和纨绔子弟们风花雪月的生活为题材的作品。他的画画面色调轻柔，人物形象妩媚，被称为艺术的"香艳体"。

第 二 卷　各个特殊类型的艺术美 · 第 一 章　象征型艺术 | 99

威尼斯人的盛宴　布面油画　1718—1719年　英国苏格兰国立美术馆藏

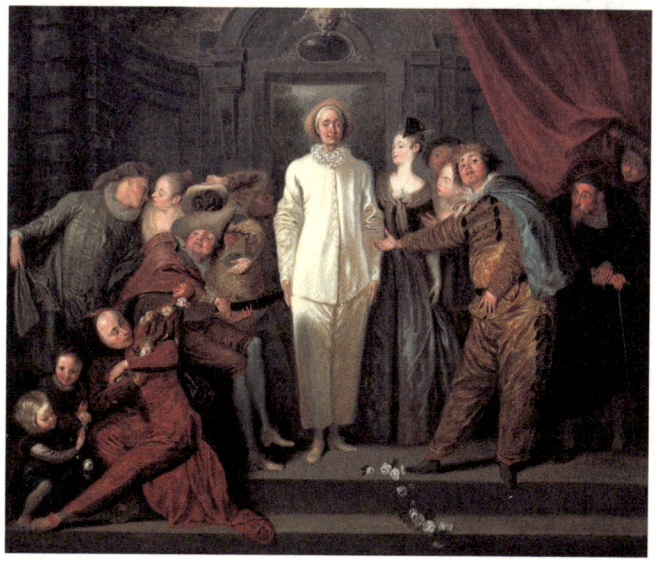

意大利喜剧演员
布面油画　1720年　美国华盛顿国家美术馆藏

影响人类文明进程的文化与科学巨著

浴后的狄安娜　布面油画　1742年　法国巴黎卢浮宫博物馆藏

弗朗索瓦·布歇（Francois Boucher，1703—1770年）

　　法国画家、版画家和设计师，是一位将洛可可风格发挥到极致的画家。普列汉诺夫曾说："优雅的性感就是他的缪斯，它渗透了布歇的一切作品。"狄德罗说得更直白："布歇所表现的优美雅致、风流倜傥、诱人的媚态和高雅的趣味，它的才华，它的丰姿，它照人的光彩、浓妆艳抹的肉体，还有荒淫放荡的行为，俘虏了那些纨绔子弟、风流女人、上层社会人士以及那些对真正高雅的趣味、真实感、正确的思想和艺术的严肃性一窍不通的人。"狄德罗的过激评论是基于对当时封建贵族的腐朽生活的深恶痛绝，但世人似乎应该有更公正的艺术标准评价布歇的艺术。

躺在沙发上的奥达丽斯克　布面油画　1752年　德国慕尼黑老绘画陈列馆藏

蓬巴杜夫人　布面油画
英国苏格兰国立美术馆藏

午餐前的祈祷　布面油画　1740年　法国巴黎卢浮宫博物馆藏

饮水铜器　木板油画　1734年　法国巴黎卢浮宫博物馆藏

静物与猫和鱼　布面油画　1728年　西班牙马德里提森·波涅米萨博物馆藏

让·巴蒂斯特·西梅翁·夏尔丹
（Chardin, Jean-Baptiste-Siméon, 1699—1779年）

  法国画家。在启蒙思想的影响下，一些日常生活中的普通事物和纯然的个人经验，逐渐取代了一直主导着艺术创作的超验的神话题材而成为艺术家关注的重心。夏尔丹便是启蒙运动大潮中出现的这样一个典范式的艺术家。他痴情于描绘身边的静物和市民日常的生活场面，而成为18世纪最受欢迎的艺术家之一。夏尔丹在他整个艺术活动中，一直忠实于这种历史题材和神话题材以外的，被称作"第二类"的民俗题材绘画的创作，他的艺术语言正像他所表现的题材那样是属于平民阶层的。

小孩和陀螺　布面油画　1738年　法国巴黎卢浮宫博物馆藏

偷吻　布面油画　1787—1789年　俄罗斯圣彼得堡艾尔米塔什博物馆藏

让·奥诺雷·弗拉戈纳尔（Jean Honore Fragonard，1732—1806年）

一位为洛可可全盛期揭开序幕的画家。弗拉戈纳尔的作品风格多变，色彩华丽，充满色情意味。他的代表作品《秋千》，巧妙运用明暗变化，以纤细的笔调描绘庭院和树木的美，用笔非常精致。它纤细的线条，有着病态的魅惑。从其表现的主体而言，弗拉戈纳尔虽然天资高妙，色调也够淡雅，但主题却不够严肃，这都是他一味迎合贵族的轻佻作风所至。如果说华托是主题严肃的洛可可画家，那么弗拉戈纳尔却是洛可可浮恶之气的典范，由此而言，弗拉戈纳尔又是最洛可可的。

第二卷 各个特殊类型的艺术美 · 第一章 象征型艺术 | 105

秋千 布面油画 1766年 英国伦敦华莱士收藏馆藏

读书的少女
布面油画 1776年
美国华盛顿国家美术馆藏

影响人类文明进程的文化与科学巨著

意义和形象的直接统一

在早期的统一里，灵魂和肉体没有分别，概念和实在没有分别。现象本身还未归纳总结，个别的物体也是绝对的实际存在。譬如在喇嘛教的崇拜仪式里，现实世界个别的人就直接被看作神。在诸多民族早期的宗教里，太阳、山、河、月甚至牛、猪、猴之类都被视为神而受崇拜。在天主教的教义里，圣餐［基督徒的重要礼仪，他们认为，圣餐的直接根据来自《新约圣经》，圣经中记载耶稣在被钉死的前一晚，与十二门徒共进逾越节（又称无酵节 巴斯扑节，是犹太教的主要节日之一）晚餐。圣餐是照耶稣所设立的仪式来分领饼（无酵饼）和酒（葡萄酒），以表明主耶稣的死，是按理领受的］上所用的面包就是上帝的身体，酒就是上帝的血。在这种神秘的统一里，纯粹的象征还没有出现。这种完全直接的统一，在古波斯民族的生活和宗教中得到了最彻底最广泛的发展。

古波斯教的非象征性

古波斯教将自然界的一切（光、太阳、星辰、火以及动物、植物）都看成神。古波斯教信徒的想象方式很具有诗性，在他们看来，世界没有个别事物，无论是自然事物，还是人类个别的思想、行为、事迹和情况，都是绝对的，在光中显现。他们对于归类没有兴趣。在这种观念里，象征就完全没有土壤。

古波斯教的非象征性

光是一种自然存在物，有善、福泽和支持的寓意，所以人们可以说：光的实际存在只是一种看出联系的形象，用来表达周流于自然界和人类世界的普遍意义。在其他一些观念里当然也有一些象征的萌芽，但并不会使整个观照方式的本质变为象征型，而只是一些运用象征的个别事例。例如奥茂斯德［奥茂斯德：波斯教的光神］有一次称赞他的宠儿德沁锡德说："维文噶姆的儿子德沁锡德在我面前显出高度的热忱。他的手从我这里接受了一把剑，刃和柄都是黄金的。他用这把剑在大地上划出三百个区来。他用这把金剑把大地劈开时说，'愿地神欢庆！'他说出这句神圣的话向家畜和野兽祷祝，也向人们祷祝。他这一劈就给这一地区带来了幸福，于是家畜野兽和人都成群结队地在一起奔跑。"这里的"剑"和"劈地"是一种象征，这话也可以应用到其他近似的观念，特别是出现在建立较晚的密特拉斯祭典里，其中密特拉斯被表现为一个青年，在一个阴暗的岩洞里高举一把剑对着一条牡牛的头，向牛颈戳去，一条蛇吸饮流下来的血，而一条蝎子则在咬牛的生殖器。这里可以看出一种更普遍更深刻的意义，那条牡牛就代表一般大自然的原则，人作为精神的存在，战胜了它（尽管可能还附带地具有天文学的意义）。

古波斯教经典所规定的祭典里很少有象征性。我们在这里看不出庆祝或模仿星辰错综运行的象征性的舞蹈，也看不出用一个形象来表示某种普遍观念的动作；波斯教规定信徒在宗教仪式中采取的一切动作都旨在宣扬维持内心与外表的纯洁，都要实现一个目的，那就是实现奥茂斯德对一切人和自然事物的统治。

古波斯教的非艺术性

这整套观照方式都不是象征型的，也就没有真正的艺术性。泛泛而谈，我们当然也可以把波斯教信徒的想象方式称为诗，因为其中无论是个别自然事物还是人类的个别的思想、情况、事迹和行动，都不是就它们的直接的因，而是从偶然的、散文气的无意义的状态来看，把光作为绝对来看的。比起粗劣妄诞的偶像，光作为纯洁而普遍的东西，确实配得上善和真。不过诗在这里还完全停留在感性材料表面，没有把材料造成艺术和艺术作品。现存事物本身，例如太阳，星辰，实际的植物、动物和人，以及火之类，在直接状态中就已被理解为符合绝对的形象。因此，与之有关的感情表现就不是由心灵创造和发明的，而只是把直接存在的事物原形作为符合绝对的表现方式。例如伯朗圣火被看作火的本质，在一切种类的水之上也还有一种水中之水。在一切树之中，霍姆是最原始最茁壮的树，是树的始祖，它流出不朽的生命之液。在一切山之中，阿尔包希圣山代表整个大地最初形成时的根，它立在那里，支撑着日月星辰，凡是认识光而为人类造福的人们都是从这座圣山里生出来的。

波斯教把现存事物理解为符合绝对的形象。从以上一切方面来看，精神方面的普遍性和感性方面的现实存在之间的初步统一只是艺术中象征作用的始基，还不具有真正的象征性，还没有能力产生出艺术作品。要达到这个目标，就要由上述初步的统一转到意义与形象之间的差异和斗争上来。

幻想的象征

意识一旦脱离了绝对及其与外在存在之间的直接统一，我们所遇见的下一阶段基本就是过去已统一的两方面的分裂，即意义和形象之间的斗争。这种斗争又立即迫使人努力去用幻想的方式把已分裂的两方面交织在一起，以挽救这种破裂。人们对人物和事件的认识，处于一种混乱的混沌状态。幻想、歪曲、酣醉状态、恍惚癫狂成为人的精神主态。这时的艺术是幻想的象征。

印度人对梵天 ［印度教的创造之神，与毗湿奴、湿婆并称三主神。他的坐骑为孔雀（或天鹅），配偶为智慧女神（辩才天女），故也常被认为是智慧之神］ 的理解，就是幻想的。梵天这位最高的神存在于完全不可感觉、不可认识，甚至是永远的不可思议之中，没有任何内容，也没有任何形式。这种绝对无知无觉的空灵境界才是最高的境界。到了这种境界，人就变成最高的神，即变成婆罗门。这是一个奇幻的诡秘的世界，没有什么能维持固定的形状，等你想把它抓住，它就立刻变成相反的东西，或是膨胀成为庞大离奇的怪物。

在印度人的幻想里，猴子、牡牛、个别婆罗门教徒等形象并不是一种象征着神的符号，而是神本身，是作为一种适合阐述神性的存在来看待和表现的。

感性。为了使普遍性体现于感性形象，印度教徒扩大和夸张形象，使想象漫无边际。将空间形状和时间做无限夸大，按倍数去扩大一定因素。例如一尊神像可以有许多身体或许多手，印度教徒借此表达意义的广度和普遍性。再如卵是孕育着鸟的，这个特殊对象就被夸大成为世界卵这一漫无边际的观念；这个世界卵据说包含世间一切生命，作为生殖神的梵天在卵里岿然不动地度过了一年孕育期，然后单凭他的思想活动，卵就分裂成为两半。

净化与忏悔的观念。印度幻想忙于把感性材料提升为神，而这些材料总是漫无边际。印度艺术总是不厌其烦地表现对感性世界的否定，主体凝神默想、收心内视，并夸大其力量。对于长期忏悔和深刻内省的描述，在《罗摩衍那》和《摩诃婆罗多》 ［被文学界称为印度两大史诗，两大史诗均以经典民间传说为主要内容，堪称"印度文化的灵魂"］ 里成为目的。

真正的象征

数字的象征。用数目来表达的象征是最抽象的象征。例如七和十二这两个数目经常出现在埃及建筑里。七是行星的数目，十二则是月份的数目和尼罗河水为造成丰产所要达到的水位度数。像这样的数目被看作是神圣的，在那些被尊为统治全部自然生活的有威力的基本关系中，这些数目都会出现，所以七级台阶和七座石柱都是有象征意义的。就连处在较高发展阶段的神话里也可以看到这种象征数目。例如赫拉克里斯的十二项伟绩似乎也象征一年十二月。赫拉克里斯一方面是完全按照人而个性化的一位英雄，另一方面也具有一种象征化的自然界的意义，他是太阳行程的一种人格化。

空间图形的象征。例如，迷径建筑象征着行星的运行轨道，一些舞蹈的动作是模仿巨大的自然物体的运动。由此再前进一步，象征就运用动物形象，其中最圆满的是人体形状。

埃及人对待死的观念。埃及是一个象征流行的国家，为解决自己的精神迷惘，埃及人孜孜不倦地在外在事物里遍寻答案。但他们的作品是晦涩的，明亮而清晰的精神语言还未出现。埃及人的冲动和欲望还没得到满足，只得以无声的方式挣扎着要通过艺术将自己表现出来。

埃及与印度相反，印度人把一切具体事物空洞化。在埃及，具体事物都有完美意义，例如死从生本身获得内容，死是生的延续，肉体之死不过是暂时的一个过程。埃及人把猫、犬、鹰、熊、狼都制成木乃伊，以便从死的那一刻开始超生。埃及人把内在看成是永恒不死的，是直接的客观存在，他们是世界上第一个宣扬人的灵魂不朽的民族。埃及人相信亡灵世界的存在，他们还制定了一套死人的法律，审判长是俄西理斯〔又叫欧西理斯，是埃及最重要的九大神明之一。他生前是一个开明的国王，死后是地界主宰和死亡判官。他还是复活、降雨和植物之神，被称为"丰饶之神"。他是文明的赐予者，也是冥界之王，执行人死后是否可得到永生的审判〕。

在埃及的建筑艺术里，地下迷径要走半小时才能走完，埃及人用象形文字雕饰房屋，还在地上修建金字塔。关于金字塔的意义，数个世纪以来人们有过各种假说，现在已用不着怀疑，金字塔就是国王或神牛、神猫、神鹭之类神物的坟墓，准确地说是坟墓的外围。其中隐含这样一种实质：外在形象把这种内在的东西包围起来，使之独立，并标志内在的东西已摆脱单纯自然性质即物质性。这里是亡魂的国度，是不可见事物的国度，是自由的有生命的精神。金字塔就是这样一种对内在精神的典型象征。

动物崇拜和动物面具。内在的精神存在于外在形式，这一观念使埃及人崇拜动物，他们认为动物也是有灵魂的。牛、猫、猴子之类的动物被崇拜正反映出人们对象征的应用，动物形象是用来表达某种普遍意义的。最直观的事例就是动物面具。动物面具在描写制造木乃伊过程的作品里十分常见。在制造木乃伊这种职业里，解剖尸体取出内脏的人们都戴着这种动物面具。这里，动物的头显然不是代表它本身，而是暗示着一种与它有所区别的普遍意义。

狮身人面像及其他。狮身人面像不仅是埃及精神特质的象征，它简直就是象征方式本身的象征。在埃及，这些狮身人面像往往千百成行地排在一起，它们都使用最坚硬的石头雕成，其上刻着象形文字。在开罗附近，这种石像大到狮爪就有一人长，兽身的部分躺在地上，人首部分却昂首立起，石像的头偶尔也有母羊头，但绝大多数是女人头。人的精神仿佛在努力从动物的身体中冲出来。

这种精神还没有达到绝对的自由自在，埃及人把不同性质的东西牵连在一起表示精神性，使象征变成谜语。所以希腊神话中的狮身人面像是充满谜语的象征。最有名的谜语是："什么东西早晨用四条腿走路，中午用两条腿走路，傍晚用三条腿走路？"这个谜语的答案是"人"。这个象征谜语所表达的意义，显然在于一种呼吁："人，认识你自己吧！"意识的光辉就是这样一种明亮的光，它使自己的具体内容，通过属于自己且适合于自己的形象，透明地显现出来，而且在它的这种客观存在里所显示出来的就只是它自己。

象征艺术中的崇高

崇高是一种凌驾于一切直接存在事物之上的东西，因而是精神的解放。崇高是一种表达无限的企图，而在现实领域里又找不到一个恰好能表达无限的对象。

在这个意义上，真正的象征性质就消失了。要将这个太一 ［即绝对，绝对又是纯思想的对象，所以只有纯思想才能认识绝对，感官就不能从感性事物上认识绝对，也就是说绝对不能用感性事物来体现］ 的东西变成可观照的，就只有暂借有限事物，寄壳在它们中间。但这意味着这样一种关系：虽然表达出来了，实体却仍超出个别现象乃至个别现象的总和之上，这就是崇高的特征。至于康德对崇高的观点，我是持否定态度的，因为他认为崇高源于情感和理性观念 ［黑格尔对于康德的崇高感有积极的和消极的对立因素这一看法是赞同的，但对于他所持的崇高与客观事物的内容意义完全无关这一看法则是持否定态度的。因为黑格尔认为崇高的来源在于要表现的内容就是绝对实体,而用来表现的有限事物的形象对这种内容极不适合〕。

艺术中的泛神主义

泛神主义〔万物即神,神无处不在,人类先民认为万物都有灵、都有神的存在〕这个词在今天难免会引起误解,因为这个词以我们近代的意义来看,是指一切事物和每个事物。目前有许多神学家指责哲学说,认为哲学将一切事物都变为了神,这里所强加于哲学的事实以及根据这事实所提出的罪状都是荒谬的。对于泛神主义的这样一种看法只能存在于疯子的头脑中,从来没有出现在任何宗教中,就连易洛魁部落与爱斯基摩部落〔是指由爱斯基摩人因共同的生活习性和共同的语言组成的一个爱斯基摩群体。是从白令海峡到阿拉斯加、加拿大北部,经格陵兰岛一带,生活在北极圈的蒙古人种的一个集团〕的族人都没有这种看法,又何况在哲学中。所以泛神主义并不是指或这或那的个别事物,而是指"大全",即唯一实体,这实体固然存在于个别事物中,但却并非是从个别事物与它们的经验性的实体中提炼而出的抽象品,因此,重点谈论的不是单纯的个别事物,而是在这些个别事物中存在的普遍灵魂,或是用流行的话来说,是真实与优美共存的东西。泛神主义的艺术就属于崇高象征。这样的艺术在印度波斯那些神秘的作品里,在信仰基督教的西方,都大量存在。

印度诗

印度诗是泛神主义最早的例子,印度人把最抽象的普遍性和太一奉为最高的神,以此又派生出各种各样的神。低级的神回原到高级的神,高级的神回原到梵。这个普遍的神形成了一切事物不变的基础。

印度诗歌有两种倾向:一是夸大个别存在,使它们符合普遍意义;二是一切定性与抽象只要和太一对立,便否定它们。

《薄伽梵歌》〔字面意思是"主之歌"或"神之歌",这里的主或者神就是黑天,薄伽梵相当于上帝,梵相当于圣灵。薄伽梵歌是印度教的重要经典与古印度瑜伽典籍,为古代印度的哲学教训诗;是唯一一本记录神而不是神的代言人或者先知言论的经典,共有700节诗句;成书于公元前5世纪到公元前2世纪,也有人译为"博伽梵歌"〕第七章写道:"地、水、风、气、火、精神、理智、我性,这是我的生命力量的八个因素,但是你还应在我身上看到另一件东西,一种更高的东西,它灌注生气于众生,支撑这个世界,它是众生的本原。你须知道,我是全世界的本原,也是世界的毁灭之主,没有东西比我更高。这一切都联结到我身上,就像一串珍珠都串在一根绳子上那样,我是一切异香扑鼻的美味,我在日光里也在月光里,我是圣经中的奥义字、人的人性、土地的纯香、火焰中的闪光、一切众生的本质、忏悔者的默想、一切众生的生命力、智者的智慧、光中之光。诸凡对自然是真实的、明显的和幽暗的事物,都从我这里出来。不是我在它们里面,而是它们在我里面。众生迷于三性的幻觉,都认不清我,我是不可变的。但是神性的幻觉,摩耶(梵文'幻')也就是我的幻觉,这是难以克服的。凡是追随我的人都要越过这种幻觉。"

从这段话中我们可以很明显地看出,它既说明了神内在于一切事物,又说明了神超越了个别事物。

伊斯兰教诗

东方式的泛神主义在伊斯兰教里特别由波斯人用一种较高的、较自由的方式表现出来了。诗人把自己从特殊存在中解放出来,让自己沉浸在永恒绝对里,在一切事物中认识到而且感觉到神的存在和神的形象。这种渗透神性于自我以及在神里陶醉的幸福生活已经带有神秘色彩。最著名的例子是德薛拉列·丁·鲁米〔13世纪波斯伊斯兰教诗人〕。

在真正的崇高里,最好的事物和最庄严的形象只是用作神的装饰,为宣扬太一的伟大和光荣而服务,因为把它们摆在我们眼前,只是为着向他这位万物主宰庆祝。在泛神主义里却不然,神内在于万物这个信仰就把尘世的自然和人类存在本身提高到独立且伟大庄严的地位。自然现象和人类关系中的精神本身的生活灌注生气和精神于这些现象和关系,而且在诗人主体方面的情感和灵魂与他所歌颂的事物之间造成一种特殊关系。他们尽情地向神,向一切值得赞赏的对象,抛舍自己,但在这种自我抛舍中却仍保持住自己的自由实体性,去对付周围的世界。在哈菲斯〔14世纪波斯最伟大的抒情诗人,代表作是《胡床集》〕的诗歌里我们固然时常听到他对情妇和侍酒女郎之类人物所发的哀怨声,但无论哀乐,他总是那样自由自在,例如在这样的诗句里:"感谢吧,你现在沉浸在友谊的光辉里,蜡烛燃烧着,纵然像流泪,且尽情欢乐吧。蜡烛会笑,也会哭;它凭火焰笑出灿烂的光辉,同时溶解成为热泪;燃烧中,它广布着灿烂的光辉!"

举一些个别的形象来说,波斯人所歌咏的常是花卉和宝石,尤其是玫瑰和夜莺。最常见的是把夜莺描绘为玫瑰的新娘。这种把玫瑰表现为具有灵魂,把夜莺表现为能发生爱情的例子在哈菲斯的诗里就很多,例如他说,"感谢你,玫瑰啊!你是美人中的皇后,但愿你不要那样高傲,瞧不起夜莺的爱啊!"诗人在这里所说的是他自己情感的夜莺。我们西方人如果在诗里说到玫瑰、夜莺和醇酒,就不免像散文一样枯燥。玫瑰对于我们只是装饰品,例如"戴着玫瑰冠"之类的词藻;我们听到夜莺,心里就产生类似夜莺歌声的情调;我们喝酒,暗示酒是忘忧解愁的东西。但是对于波斯人来说,玫瑰并不只是一种形象,单纯的装饰品或是象征,而是它本身就是有灵魂的,就是多情的新娘,波斯诗人把自己的心灵沉浸在玫瑰的灵魂里。

歌德晚年也走到和他早年的情绪抑郁的感伤诗相反的风格,感染到这种无忧无虑、自由自在的爽朗精神,虽是白发老人,还渗透了这种东方气息,在热情的诗篇里流露出无限幸福,显出这种心情的自由,就连在辩论的诗篇里也没有丧失掉最美的无拘无碍的精神。他的《西东胡床集》里的诗歌并不只是一些戏弄风骚的玩意,而是从这颗自由自在、抛舍自我的心迸发出来的。他自己在《给苏莱卡》一歌里就这样描绘过这些诗歌:"这些诗艺的珍珠,由你那热情的狂澜抛掷到我的生涯中,这寂寞荒凉的海滩。请你用纤纤玉指,仔细将它们拾起,把它们穿成一串,饰以金丝和翡翠。"

基督教诗

希伯来诗中最普遍的内容是神。神是宇宙的创造者。这就是崇高本身的最纯粹的表现。"上帝说要有光,于是就有了光",这里的神并不在现实世界里。世界只是他的作品而已。这个抽去了神的有限世界便摆在了次要地位,有限地获得了独立的地位。自然和人的形象被抽去了神,这是对万物虚无的承认。世间没有任何东西有权要求独立,因为一切事物之所以存在,都是凭借神的威力,都是为着颂扬这种威力,同时也为着承认它自己的无实体性和空虚。《旧约》〔全书名《旧约全书》,本是犹太教圣经,是希伯来民族文学遗产的总汇,其原文为希伯来文。它的内容主线是讲上帝与其子民希伯来人之间的相互关系及其故事。全书被翻译成世界各国文字,对世界政治、经济、历史和文化产生极其深远的影响〕里的《诗篇》为崇高象征提供了经典性的例子。在诗篇里,光、天空、云、风的翅膀都不是本身具有意义的东西,而是为神服务的外衣。

在基督教的诗篇里,神总是有高不可攀的感觉。在神面前,人毫无价值,他只有在对神的恐惧以及在神的愤怒之下的颤抖中才得到提高。这种人生空虚的苦痛在一些哀歌怨词里，在一些发泄深心苦楚的向神呼吁的诗篇里，都被描绘得淋漓尽致，非常动人。

象征的主要因素

神作为创世主

希伯来诗的最普遍的内容是神。神作为服务于他的世界的主宰，不能体现于外在事物，而是从客观世界里退回〔此处的"退回"是指从物质世界返回精神世界〕到他的孤寂的统一〔统一在此处就是"太一"的意思〕里。所以原来在真正的象征艺术里结合为一体的东西现在已一分为二，一是神的抽象的自为存在，一是世界的具体存在。

神并不把这被创造的世界作为他的现实存在而进入到它里面，而是仍然退回到他本身，但不因此就和他的对立面构成二元。因为被创造的事物就是他的作品，离开他就没有独立性，它之所以存在，只是为着显示神的智慧、慈善和正直。太一是一切的主宰，自然事物并不是他的现实存在而是他的无能力的偶然附属品，只能使他的本质显现出外表而不能真正得到表现。这就形成涉及神方面的崇高。

抽去神的有限世界

从一方面看，太一神既然按上述方式和具体的世界现象分裂开来，而本身却被独立地固定下来。但从另一方面看，客观外在世界又被规定成为有限世界，摆在次要地位，所以无论是自然的存在还是人的存在现在都获得了一种新的地位，只有通过显出它们自己的有限性才能成为神性的一种表现。所以自然和人的形象现在都第一次成为被抽去了神的东西摆在我们面前，因而也就成为枯燥的东西。希腊人说过一个故事，当阿高斯远征队的英雄们航行穿过赫勒斯彭海峡时，原来像两股剪刀忽开忽闭的两岸岩石忽然停住不动，像树根扎在土里一样固定下来了。崇高宗教诗的情况与此颇为类似，有限世界在它的凭知解力的定性里固定化，和无限的本质相对立了，而在象征的观照里一切事物都没有固定模式，有限事物随时可以转化为神性的东西，而神性的东西也随时可以转化为有限存在。所以如果要有真正的崇高，我们就必须把全体被创造的世界看作有局限的，不是独立自足的，只是为显示神的光荣而存在的。

人的个体

在崇高这个阶段里，人的个体正是从这种对万物虚无的承认以及对神的崇敬和赞扬里，去寻求他自己的光荣、安慰和满足。

就这方面看，《旧约》中的《诗篇》替真正的崇高提供了经典例子，它对一切时代都是一个典范，显示出人对神的宗教观念中所见到的东西怎样被表达出来，闪耀着灵魂的最强烈的光辉。世间没有任何东西有权要求独立，因为一切事物之所以存在，都是凭借神的威力，都是为着颂扬这种威力，同时也为着承认它自己的无实体性和空虚。《诗篇》中第一百零四篇是一个特别生动的例子："你披着光就像披着一件衣裳，你把天空展开，像一幅帷幕……"在这篇诗里，光、天空、云、风的翅膀都不是本身自有意义的东西，而是为神服务的外衣、车辆或信使。接着歌颂道神凭智慧安排了一切事物：从地下流出的泉水，流灌山峰之间的河流，山峰上在树枝间栖息和歌唱的空中飞鸟，使人心欢乐的酒和神自己栽种的黎巴嫩的香柏，大海和在其中游息的无数生物以及巨鲸——这一切都是神所创造的。凡是由神创造的也由神维持其存在。"你藏起你的面孔，它们就恐惧；你收回它们的气，它们就消逝了，又变成尘土。"人的空虚也由神的仆人摩西在第九十篇里所作的祷告中明确地说出，例如说，"你把他们冲掉，就像一次洪水，他们就像一场梦，也像草，早上长得很茂盛，晚上就被砍掉，干枯了。你一怒，我们就要毁灭；你一发雷霆，我们就要死亡"。所以涉及人的方面的崇高是和人自身有限以及神高不可攀的感觉联系在一起的。

惩罚忘恩负义的子女　布面油画　1778年　法国巴黎卢浮宫博物馆藏

让·巴蒂斯特·格勒兹（Jean-Baptiste Greuze，1725-1805年）

　　法国新古典主义画家，擅长风俗画和肖像画。代表作有《乡村新嫁娘》《父亲的诅咒》《被惩罚的儿子》《破壶》等。这些作品尽管仿佛舞台造形，但狄德罗却对其民主倾向、社会教育作用、面向时代以及在形象和心理刻画等方面给予了高度评价。格勒兹是一个内心关注于冲突与说教的画家。

第二卷 各个特殊类型的艺术美 · 第一章 象征型艺术 | 117

父亲的诅咒　布面油画　1765年　法国巴黎卢浮宫博物馆藏

乡村里的订婚　布面油画　1761年　法国巴黎卢浮宫博物馆藏

影响人类文明进程的文化与科学巨著

萨宾妇女的调停　布面油画　1799年　法国巴黎卢浮宫博物馆藏

雅克·路易·大卫（Jacques-Louis David，1748—1825年）

  法国著名画家，新古典主义画派的奠基人。大卫最初的创作都是从古希腊罗马的传说中寻求美的依据，把古代英雄的品德和艺术式样视为审美的最高标准。他曾说，古代是当代画家的学校，是当代画家艺术创造取之不尽的源泉。后来由于接触到反封建的革命党人，如雅各宾党的领导人罗伯斯庇尔等，他在政治思想和艺术观念上产生重大变化，创作了许多富有时代精神的作品。正是从那时起，大卫勇敢地站在了时代的高度，用自己的艺术为反封建斗争呐喊，并逐渐走进现实主义潮流。他说："艺术必须帮助全体民众的幸福与教化，艺术必须向广大民众揭示市民的美德和勇气"。

马拉之死　布面油画　1793年　比利时布鲁塞尔皇家美术馆藏

雷卡米耶夫人像　布面油画　1800年　法国巴黎卢浮宫博物馆藏

　　从大卫的艺术生涯中可以明显地看到，一个艺术家只有投身于时代的变革，才能创造出震撼人心的优秀作品，　且脱离时代和民众，艺术生命必定枯萎。大卫给后辈的艺术家留下了宝贵的经验和教训。他的一些鼓励人心的话言，至今能给人极大启发。他说："绘画不是技巧，技巧不能构成画家。"他还说："拿调色板的不一定是画家，但拿调色板的手必须服从头脑。"

文化伟人代表作图释书系

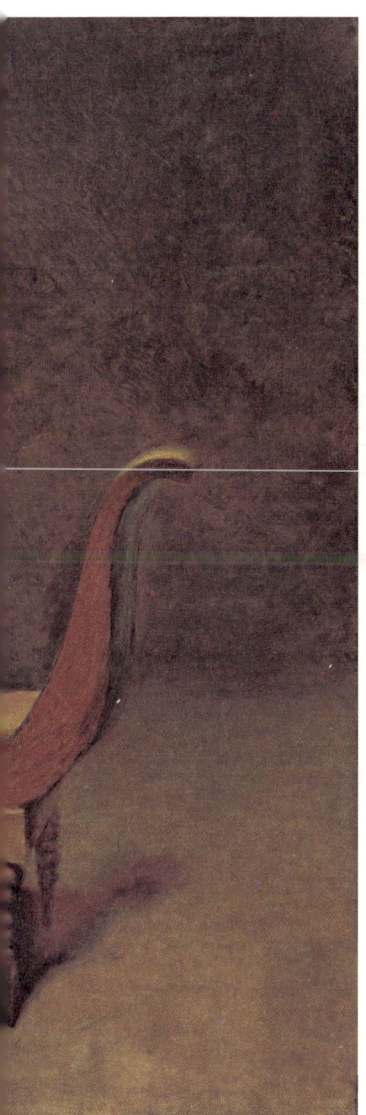

泽纳德和夏洛特·波拿巴像 布面油画 1821年 美国加州保罗盖兹美术馆藏

忒勒马科斯和欧夏丽斯的告别
布面油画 1818年 美国加州保罗盖兹美术馆藏

大宫女　布面油画　1814年　法国巴黎卢浮宫博物馆藏

让·奥古斯特·多米尼克·安格尔（Jean Auguste Dominique Ingres，1780—1867年）

  作为新古典主义的代表画家，安格尔代表着保守的学院派与新兴的浪漫主义画派的对立。但他并不生硬地照搬古代大师的样式，而是善于把握古典艺术的造型美，并能把这种美融化在自然中。他从古典美中得到一种简炼而单纯的风格，始终以温克尔曼的"静穆的伟大，崇高的单纯"作为自己的原则。在具体技巧上，"务求线条干净、造型平整"，因而差不多每一幅画都构图严谨、色调单纯、形象典雅，尤其突出地体现在他表现人体美的作品中。

第 二 卷 各个特殊类型的艺术美 · 第 一 章 象征型艺术 | 123

布罗格利公主 布面油画 1853年 美国纽约大都会艺术博物馆藏

土耳其浴室
布面油画 1862年 法国巴黎卢浮宫博物馆藏

影响人类文明进程的文化与科学巨著

夏洛特姑娘　布面油画　1888年　英国伦敦泰特美术馆藏

约翰·威廉姆·沃特豪斯（John William Waterhouse，1849—1917年）

　　英国新古典主义与拉斐尔前派画家。沃特豪斯一生都以鲜明而神秘的画风描绘古典神话与传说中的女性。沃特豪斯的作品极具诗性，其主题与文学紧密相联，而且从丁尼生和荷马那里汲取了众多灵感。1891年，沃特豪斯发现了一个美若天仙的模特，他视为珍宝。虽然至今无人知道她的名字，但以她为模特的水仙、塞壬、古代公主和诗歌里的女性人物，却成为众所周知的形象流传至今。后来，他的水仙形象通过世界博览会而国际化，成为无数廉价画片复制的对象。

第二卷 各个特殊类型的艺术美 · 第一章 象征型艺术 | 125

许拉斯和水泽女仙　布面油画　1896年　英国曼彻斯特美术馆藏

十日谈　布面油画　1916年　英国利物浦利弗夫人美术馆藏

埃蔻与那喀索斯　布面油画
1903年　英国利物浦沃克美术馆藏

影响人类文明进程的文化与科学巨著

瑟西下毒　布面油画　1892年　澳大利亚南澳大利亚美术馆藏

潘多拉　布面油画　1896年　私人收藏

第二卷 各个特殊类型的艺术美 · 第一章 象征型艺术　127

达那伊得斯姐妹　布面油画　1904年　私人收藏

　　沃特豪斯被认为是拉斐尔前派画家，但事实并非如此。沃特豪斯早期受阿尔玛—达德玛和弗拉德里克·列顿影响，因此偏向于新古典主义，后来受伯恩—琼斯和罗塞蒂等人的影响，所以也倾向于拉斐尔前派艺术。沃特豪斯的作品多以神话、历史故事、文学作品为题材，画风清新自然，带有神秘色彩。

论比喻

若是我们将比喻的艺术形式所应分成的一些不同的诗创作方式分为明确的主要种类，就会出现困难，并且有些费力。它们都是处于附属地位的混种，根本看不出艺术的必要因素。因为它们在美学中的地位通常如一些动物的变种或其他自然界的偶然现象，困难在于要经过划分而显出不差异的正是自然和艺术这两个概念本身。若我们用作分类标准的并非事物概念的发展阶段，而是上述的附属种类，原本不符合概念的发展方式就被视作符合了。正确的分类必须根据正确概念，混种体裁只能看作正常的固定的种类在分化和过渡到新种的过程中所产生的变种。

上述那些变种属于象征型艺术的前艺术阶段，因为它们通常是不完备的，因而只是追求真正艺术的一种企图，尽管具备造成真正形象的因素，但只就有限、分裂和单纯的联系方面去把握这些形象，因而仍然处在附属地位。因此我们在探讨寓言、隐射语、宣教故事等体裁时，并非将它们视作真正属于既有别于造型艺术又有别于音乐艺术的诗，而是着眼于从某种观点看它们，毕竟和一般艺术形式有一种关系，也就是从这种关系，而不是从诗艺术的真正种类，即史诗、抒情诗和戏剧诗这些种类的概念，才能说明这些附属种类特性。

下面我们按照顺序来探讨我们所做的种类划分：

寓言

寓言是道德格言、告诫、教训或箴规，因为其中含有这些感想的缘故，就把它表达出来，供感性观照。

《伊索寓言》是对自然界事物之间特别是动物之间的一种自然的关系或事物的认识。这些动物的本能起源于生存的需要，人类作为自然界中的一份子，也受这些需要驱遣。因此，这种关系和事件，按照它的一般定性来理解，是在人类生活范围里也必然会发生的。只是凭这种关联，它对人才有意义。

世界各民族都有自己的寓言，寓言能起到道德教化的作用。

在寓言里，事件本身只是一件外衣，寓言的目的在于阐明某个教训。那些动物的特性，狐狸的狡猾、狮子的宽宏大量和豺狼的残暴，其实都只是借此比喻人。寓言把狡猾、宽宏等抽象概念用具体的形象加以表达。

寓言巧妙地从各种自然现象中找出一些事例，表达人的普遍感想。

在中世纪那个无秩序、无法纪的黑暗时代里，充满邪恶、软弱、卑鄙、残暴和鲁莽。宗教对于尘世生活只维持一种表面的统治，尘世里充满狡猾、奸诈和自私自利。各个封建王侯阳奉阴违，表面上对国王恭顺，背地里却为所欲为，抢劫，谋杀，压迫弱者，背叛君主。动物的寓言就在这里发挥它的作用了。

在寓言里，动物界即人界。寓言是对人界的戏谑与返照。

影射语

影射语和寓言有一个类似点：它们都是采用日常生活中的事件，但影射语赋予这种事件的目的是以一种较高较普遍的意义，用意在于通过这种意义来更加深刻地理解日常事件。但同时二者也存在区别：首先影射语所采用的日常事件并非源于自然界和动物界，而是取自人的行动与希求；其次它所选取的个别事例似乎微不足道，但却能暗示出一种较高的意义，因而具有较普遍的兴趣。因此，就内容而言，其意义扩大了范围，且变得更丰富含蓄了；就形式而言，影射语有意识的比喻和对普遍教训的演绎所显出的主体作用而今就更突出了。

影射语使用个别的微不足道的事例，暗示出一种较高的意义。在《新约》里的播种人就暗指天国的教义，薄伽丘［薄伽丘：意大利文艺复兴运动的杰出代表，他的代表作是小说《十日谈》，与但丁和彼特拉克并称"文学三杰"。］的故事和福音书里的隐语也颇类似，莱辛在《智者纳旦》里把它改成三个戒指的故事，暗示犹太教、伊斯兰教和基督教三种宗教的差别。歌德的《猫肉饼》讲的是一个俏皮的厨师同时也是一名猎人，但他打到的不是一只兔子而是一只猫，他用他最好的手艺把猫烹调好，以此款待客人。歌德用这个故事影射牛顿，厨师用猫肉饼充当兔肉饼的故事影射数学家牛顿在物理学方面的不成功的试探。

变形记

《变形记》［源自古罗马诗人奥维德的作品《变形记》，多以人和神变成草木鸟兽为主题］这类作品当然具有象征的神话的性质，但这类作品把精神界事物和自然界事物明确地对立起来，使一种现存的自然界事物，例如岩石、动物、花或泉水之类，具有一种特殊的意义，即精神界事物的堕落和所受的惩罚，例如斐罗米尔、庇耶里德九姊妹、纳西西斯和阿越杜莎［希腊传说中的雅典公主，被姐夫所害，变成了一只夜莺；庇耶里德九姊妹，在希腊传说中，庇耶里德九姊妹与女诗神们比赛歌唱，输了以后都变成了啄木鸟；纳西西斯，希腊神话里爱上自己在湖中的倒影，从而溺水而死，变成了水仙花的男子；阿越杜莎，希腊传说中的女水神，和男水神阿尔夫斯结合，化作地下泉］之类都由于某一种错误、情欲或罪过，堕落到无穷的罪孽灾痛里，因而被剥夺精神生活的自由，转变成为一种自然界事物。所以从一方面看，自然界事物不只被看作一种外在的散文式的东西，例如山、泉、树木之类，人们另外还给它一种与出自精神的行动或事迹相联系的内容。岩石并不只是一块顽石，而是尼奥伯本人在为她的儿女哀泣。从另一方面看，这里的人的行动代表着一种罪过，变形为一种自然现象则代表着精神界事物的堕落。

古希腊少年纳西西斯爱上了自己，每日临水自照，最后变成了水仙花。

奥维德的《变形记》除了采用完全近代的神话处理方式之外，还把在性质上最不同的东西拼凑在一起。其中有些变形一般只能看作神话表现方式的一种。除此之外，这种题材的特殊性质在这些故事里显得特别突出，其中这种一般看作象征的乃至完全看作神话的形象表象转化为变形记，使本来意义与形象的统一变成对立，或是由其中一项转变到另一项（意义或形式）。例如佛里基亚或埃及的狼，这个象征把它固有的意义割裂开来，变成不是太阳就是一个国王的前生，狼的生存就被看成人类生存的一种行动的后果。再如在庇耶里德九姊妹所唱的歌里，埃及的羊神、猫神之类都是按动物形状描绘出来的，但是这些形状的背后都隐藏着希腊神话中的天神、女爱神等等，这些神好像由于恐惧才这样藏起来。庇耶里德九姊妹却由于敢和女诗神们比赛歌唱而受到变形为啄木鸟的惩罚。

谜语

真正的象征，本身带有谜语性质。谜语属于有意识的象征，它与真正的象征之间有区别：编谜语者会清楚意识到谜语的意义，因而选出一个形象将这个意义隐藏起来，让人猜测。真正的象征始终都是一个未解的课题，而谜语则是自在自为地解决了的。所以桑柯·潘莎［小说《堂吉诃德》里的一个滑稽角色，他是堂吉诃德的仆人，是一个朴实中带有一丝奸诈的西班牙农民］说得很对：他宁愿先听谜底，然后才听谜面。谜语更主要地是属于语言的艺术，它是利用幽暗的象征方法生产出的机智。

此外还有无限广阔的奇思妙想领域也可以附在谜语范围中，例如文字游戏或就某一情况、事件或事物所作的隽语。这里，一方面是一个无关紧要的对象，另一方面是一种主观幻想，意外地以卓越的敏感在这一对象中看到经常不为人见的一面或一种关系，使它在一种新角度之下现出一种新意义。

寓意

寓意 [在汉语中也译为"寓言"，在西方，寓言专指以动植物影射人事，寓意则指抽象概念的人格化。新古典主义文艺喜用寓意，后遭到启蒙运动和浪漫运动中多数批评家的反对] 与谜语相对立。寓意的任务就在于把自然界某些普遍的抽象情况或性质，例如宗教、爱、正义、纷争、名誉、战争、和平、春、夏、秋、冬、死、谣言之类，加以人格化，并作为一个主体来理解。但为了符合寓意的抽象意义，这个主体的性格会变成空洞的形式。在寓意里，一切明确的个性都消失了。所以人们对寓意批评得很正确，说寓意是冷冰冰的东西，就连它的意义也不过是知解力的抽象品。从创造角度看，它只是知解力的运用而不是想象力的具体观照和深刻体会。像维吉尔之类诗人特别爱写寓意性的人物，因为他们不会写有个性的神，像荷马所写的那样。

例如人们用武器、刀矛、枪炮、战鼓、战旗之类来表现战争，用天平来表现法律，用特定的花草来表现春夏秋冬。这类对象还可以只有象征的意义。就雕像而言，人们一般都喜欢在像座周围配上一些变化多端的寓意性的人物，比如古代人爱在石棺雕像上用睡神或死神之类的形象。寓意在中世纪十分流行，但丁在《神曲》里就用了很多的寓意。但丁在9岁时初次见到贝雅特丽齐，在他看来，她不是凡人的女儿而是上帝的女儿。意大利人的热烈性格使他对贝雅特丽齐一见钟情，矢志不渝。由于她的早死，他失去了自己最亲爱的人，但她唤醒了他的诗的天才，于是但丁在他生平最伟大的杰作《神曲》中，为主体内心最亲切的宗教基督教建立了一座神奇的纪念坊。

隐喻

隐喻的范围和形式是无穷的，定性却是简单的。隐喻是一种完全缩写的显喻，它只托出意象，未使意象和意义互相对立，而意象自身的意义却被消除了，而实际所指代的意义却通过意象所出现的上下文使人直接明确地意识出，尽管它并没有明确表达出来。但这样用意象比譬的意义既然只能从上下文中见出，隐喻所表达的意义就不能说有独立的艺术价值，而只有次要的或附带的艺术价值，所以隐喻更多地是作为独立艺术品的外在雕饰而出现。

隐喻将一个本身不明显的意义，表现于一个与它相类似的具体现实现象中。它不明说事物实际所指的意义，而是通过意象传达出来，或隐藏在上下文的关联里。历史家和大演说家，就连荷马和索福克勒斯［约前496年—前406年，雅典人，雅典三大悲剧作家之一，年轻时就表现出了杰出的音乐才能］之类大诗人，尽管也偶用譬喻，但大体上，其作品总是坚持使用本义词。东方人，尤其在晚期伊斯兰教诗里也是如此，欧洲近代诗也有此病，例如莎士比亚的语言就极富隐喻。西班牙人也很爱用华丽词藻，却往往流于低级趣味的浮夸和堆砌。

意象比譬

它介乎隐喻与显喻之间。意象比譬可以用一系列的情况、活动、生产和生活情况之类作为意义，从另一个独立却相关的领域中取来一系列类似现象来暗示这个意义。例如歌德的《穆罕默德之歌》就是如此。这首诗写的是从悬崖流出一道清泉，它从崖顶流向深潭，和汇流的溪水一起冲向平原，沿途随时接纳其他河流，许多地方得名于这些河流，许多城市都依附于它，然后把这一切庄严景象，它们的弟兄儿女们和许多珍宝都献给等着它们的造物主。只在诗题里才指出这大河的广阔的光辉形象所要表达的就是穆罕默德的降生，他的教义迅速传播以及他要使一切民族接受唯一信仰的意图。歌德和席勒的许多讽刺体短诗与此也很类似，时而尖酸，时而饶有风趣，对象是听众或诗人们，例如："我们在沉默中捣碎硝、炭和硫磺，钻通导管，但愿这烟火博得你们喜欢！有些像火球飞腾，有些爆炸开花，有些只是开玩笑地抛出的，聊供开颜。"

以上例证可以看出意象比譬的第二方面：内容是一个制造事物和经历情境的行动主体，但在意象比譬里得到表现的并不是这主体本身，而只是他的行动、制造和遭遇。东方人在运用意象比譬方面特别大胆，他们常把彼此各自独立的事物结合成为错综复杂的意象。例如波斯诗人哈菲斯的诗句："世界的行程是一把血染的刀，滴下的每点血都是皇冠。"在另一首里他又说，"太阳的锋刃把深夜的血溅到晨曦的红光里，它战胜了夜。"再如，"自从人们把语言新娘的头发卷得蓬松以来，只有我才扯开思想女神腮旁的面纱。"

显喻

显喻是指感性材料可以凭借其抽象状态作为意义而获得的一种独立的表现方式。显喻在同一个对象上流连眷恋，从而提高旁观者对中心内容的兴趣。例如"你像荒野里的雪，你的头发像克罗姆拉山上的雾，当它从崖石上卷舒升腾，在西方落霞中闪光；你的胳膊像雄武的芬格尔的厅堂里的两支箭"。奥维德让里菲姆写过这样一段："嘉拉提亚，你比雪白的草原上的白叶还更白，比花园里的花还更花枝招展，比榆树还更苗条，比琉璃还更光亮，比小鹿还更顽皮，比海水洗涤过的贝壳还更光滑，比冬天的阳光和夏天的树阴还更可亲，比果树还更高洁，比高梧还更好看。"

显喻的适用场合，多是感情过于丰沛时，必须找到多层的延续才能停止火焰的蔓延。

在显喻里，意象和意义是完全划分开的，两方都被独立地摆出来，处于分裂状态，其联系是根据内容上的类似。从这个角度看，显喻里就存在一部分无用的重复，因为同一内容是用双重、三重乃至四重形式表现出来的。显喻强化意义，多数情况下使意义更加生动和鲜明。

不过，显喻的问题很多。我们必须把显喻的真正目的看成这样：诗人在表达出了明确的意义后，内心的惯性还不能抑制，还需要强化，需要替这个意义找个形象，在感性上得以清晰化，以便驱遣内心的冲动。想象力是比喻的法门，是它把外表上相隔很远的东西结合在一起，摄取最丰富多彩的东西来为自己独一无二的内容服务。这样，通过心灵的工作，就可以把一个五光十色的现象世界联系到既定的题材上去。

东方人在想象上表现出尽情恣肆的特点。他们在南方的平静懒散的生活中，尽情享受他们所创造的形象的富丽和光辉，把读者引到一种对懒散生活的陶醉里，这样的举动显现出的与其说是单纯的巧智，不如说是聪慧。

我们的心情常会沉浸于某个特定内容里，对这种内容所引起的经久情趣依依不舍。东方人在沉浸到一个对象里去时，是泛神主义的，他们只关注对象，不再那么关注自己，沉浸在比喻的那些对象所产生的一种客观的喜悦里。他怀着自由自在的心情去环顾四周，要在他所认识和喜爱的事物中，去为占领他全副心神的那个对象找一个足以比譬的意象。这种想象既然解除了自我中心，消除了一切病态，也就满足于对象本身的起比譬作用的形象，特别是在这种对象通过和最美丽最光辉的东西进行比拟而得到提高的时候。西方人却比较主观，在哀伤和苦痛中也更多地感到憧憬和怅惘。

象征型艺术的消逝

我们一般把象征型艺术看作意义和表现形式还没有完全互相渗透、互相契合的一种艺术形式。在不自觉的象征里，内容与形式之间的不相适合性并不明显；在崇高里，这种不相适合性却明显地表现出来了，因为一方面是绝对意义或神，另一方面是它的外在现实或世界，这二者是着意要在这种消极关系里表现出来的。在所有这些形式里，象征的另一因素占据着主导地位，这就是意义与表达意义的外在形象之间的关联。这种关联在原始象征里是独一无二的因素，其中意义还没有和它的具体存在互相对立起来。在崇高里，这种关联非常重要，崇高意味着只用不适合的方式去表现神，这需要借助于自然现象以及上帝的人民的事迹和行动；在比喻的艺术形式里，这种关联就成了由主体任意撮合成的，而意义与形象之间的缺乏关联的情况也正足以说明象征型艺术的自我毁灭。

既然艺术的概念所要求的不是意义与形象的分离而是它们的统一，所以上述两方面在现阶段里不只是分离，同时也互相联系。不过在已超过了象征型阶段之后，这种联系也就不再是象征性的联系，因此就导致否定象征型艺术特性的试探，这种特性就是内容与形式的不相适合和各自独立，这个毛病是之前提过的那些艺术形式都无法克服的。为了更好地过渡到古典型艺术，我们在这里简略地谈一下上述那些附属的形式。

教科诗

教科诗不能摆在真正的艺术形式之列。因为在教科诗里，一方面内容本身是既已完全形成的意义，因此它的形式必然是散文的，另一方面艺术形式是完全从表面追溯到意义上的，在这之前，意义已经以散文的方式完全印到意识上去了，而这个散文就是抽象的普遍意义，是为着教学的目的而表达出来，以便提供给人们理解和思考的。因此，在教科诗里，处在这种外在关系的艺术也只能涉及一些外在因素，例如韵律，提高了的语言、穿插的故事、意象、比喻、附加上去的感情吐露，较快或较慢的进展和转变之类，这些因素和内容并没有互相渗透，而只是一种附加品，创作者的用意在于借它们的相对生动性来减轻教科书的严峻和枯燥，把生活弄得愉快一些。例如园亭艺术大部分都只是安排自然界现成的但本身并不美的地方景色；如建筑艺术是用外在雕饰去使以散文性用途为目的的场所显得更加赏心悦目。

希腊哲学在初期就是采取了教科诗的形式，连赫西俄德［古希腊著名诗人］也可以引为教科诗的例子。在德国，教科诗现在已不时髦了。在法国，德里尔［18世纪活跃的法国诗人］除了他的早期诗《花园，或美化山水风景的艺术》和《乡下人》之外，在本世纪还写出一部教科诗，陆续讨论了磁学和电学之类的学术话题，仿佛是一部物理学全书。

描绘诗

教科诗的内容在本质上具有无形象的普遍性，而描绘诗则相反，外在的材料独立地存在那里，现出没有由精神意义渗透的个别面貌和外在现象，这些材料就按照它们呈现于日常意识的样子被表现和描绘出来。这样一种感性内容只形成真正艺术的一个方面，即外在方面。描绘诗只有作为精神的现实，个性的现实，而不是作为与精神割裂开来的独立的外在事物，才有资格在艺术领域拥有一席之地。

古代的箴铭

如果要探讨这两方面在原已假定的割裂之中是否还有一种较深刻的联系，我们便不难在古代箴铭里找到这种联系。"箴铭"这个名词就已说明了它的原始本质：它是一种铭语。它当然也有两方面含义，一方面是一个对象，另一方面是关于这个对象所说的话，在最古老的箴铭里，二者被统一压缩在箴铭的形式里，显出最尖锐最突出的特征。不过箴铭的这种原始性格在晚期希腊箴铭里早已丧失，箴铭逐渐变成一种表达形式，就某些个别事件、艺术作品和人物之类提出一些巧妙的、俏皮的、使人喜悦或感动的幻想，其作用与其说在阐明对象本身，还不如说在显示出这对象所引起的主体的感情态度。

对象本身在这种表达方式里愈不突出，这种表达方式也就愈不完美。提到这个话题，我有必要先大概介绍一些近现代艺术作品。例如小说家梯克〔（1773—1853年），德国浪漫派小说家，代表作《佛朗茨·斯坦巴尔德》〕在他的小说里描述了某些个别的艺术作品或艺术家，乃至某一画廊的陈列品或音乐，往往加上一些小故事。但是这些画是读者不曾见过的，这些乐调是读者不曾听过的，诗人就无法使他们看见或听见。如果处理的是这类题材，这种形式就显得有缺陷。还有人在篇幅较长的小说里用整部艺术及其完美的作品作为特定的题材，例如汉因斯〔（1746—1893年），德国狂飙突进时代的著名小说家〕在他的《贺亨塔尔的希尔德加德》就专谈音乐，情况也是如此。如果整部艺术作品不能把它的主题妥帖地表达出来，那么，按照它的基本性质来看，它所用的形式就是不恰当的。为了使更完美的形式得以实现，我们就得向象征型艺术形式告别。因为象征型艺术的特征在于意义的灵魂和它的躯体形象达不成完全统一。

第二章　古典型艺术

在黑格尔看来，古代希腊罗马时期的古典艺术是理想艺术的典范，因为它克服了象征型艺术形象的不完善性，及其与意义的抽象联系的双重缺陷，而把理念自由妥当地体现于特别适合这一理念的形象。因此，理念与形象形成了自由而完满的协调，只有古典型艺术才首次提供出完美理想的艺术创作与观照，才使完美理想成了实现了的事实。

总之，古典型艺术是一种较高的艺术类型，其内容与形式达到了完美的契合。艺术所表现的内容不再是抽象而模糊的，而是具体、明确的，它不仅具有内容的明确性，形式的稳定性，而且具有技巧的完善性，是一种特殊形式的"古典美"。

论古典型艺术

内容与完全适合内容的形式达到统一，因而形成一种自由的整体，这便是古典型艺术。精神性的因素把自己变成自己的对象，在使自己对象化之后，精神性的因素就有了外在的形式，这就是古典型艺术。从此，形式本身也获得了意义。

象征型艺术里，精神与外在表现的形式是直接的统一，意义与形式的关系处于暗示的关系，也就是说，双方本来是互不相关甚至互相对抗的，只是被勉强杂糅在一起。精神意念在和它的表现之间摇摆反侧，不可以圆满地找到外在表现。同时，精神意念自己也在模糊中挣扎，尚未达到清晰。到了古典型艺术，精神意念清晰了，从模糊不清中解放了出来，并且找到了最适合它的表现形式。

所以，也可以这样定义：古典就是完美。

相互的渗透

古典型艺术，已达到自由和独立自足的状态，意识、思想、感情都找到了最合适的外在形式，其作品与精神统一在一起，它表达的就是精神要表达的，不再节外生枝。艺术家所利用的外在事物，也不再是自然事物，而是表现精神的艺术品，是独立的文化物质。它虽然来源于自然，但它再也回不到自然。艺术家利用的自然物质，就不再像在象征艺术里那样，只是包含某种人类精神的暗示。此时，自然物质已经成为精神产品，人类精神在艺术作品里，达到了与自然物质的和谐统一。

这种统一圆满，不可能再分裂出来，艺术品虽然还是客观物质，却挣脱了有限事物的缺陷。尽管某些象征要素还在起作用，但已不是主流，只是起附加作用的残余。最典型的古典型艺术是希腊神话。

拟人主义

如果我们这样追问：什么样的形象才能达到和精神统一，而不只是对它的内容的一种暗示呢？由于二者相互渗透，每一方都要求自己本身是完整独立和清晰的。这是一种相互的寻求，双方都只有对方才能满足与饱和。最典型的就是人体艺术。作为表现人精神的形式，人的形象通过面孔、眼神和仪态表现人的精神。比如通过眼睛，我们可以看到一个人的灵魂深处。在古典型艺术里，外在形式是精神唯一的居所。精神也只有在肉体里才能被旁人认识到。但这种看法遭到强烈的指责。一些学者认为这种拟人主义并不适合表达神。希腊人克塞诺芬就抨击说，用肉体来表现神，是致命的错误，如果"狮子们是雕刻家，它们就会让它们的神具有狮子的形象"。法国人有一句与此类似的俏皮话：上帝按照他自己的形象创造了人，但是人也回敬了上帝，按照人的形象创造了上帝。

基督教推广了这种拟人主义，因为在基督教义里，上帝就是个有血有肉的人。上帝就是神，他就应显现为人，显现为个别的人，而不能显现为观念性的人。这在外形上就肯定了自然生命的价值。不过在古典型艺术里，对神的理解还是抽象的，精神还是抽象的。古典型艺术赞扬的神还不是有苦难历程而后和解的神，而是处于一种未受干扰的和谐的神。他平静、幸福、自满和具有伟大感，有着一种永恒肃穆的福泽，一种镇定自持的态度。古典型艺术并不解决矛盾与对立，它不表现人格，以致忽视罪孽和罪恶，不表现主体的内在生活本身的破坏、瓦解、不稳定，忽视在精神和感性两方面所产生的丑陋和卑鄙的领域。所以古典型艺术尚在一个纯洁的土壤里。

希腊艺术

希腊人生活在主体自由和伦理的中间地带。这就不像东方人那样固执于一种不自由的统一，结果产生了宗教和政治的专制，使主体淹没在一种普遍实体或其中某一方面之下，因而丧失掉自我，因为他们作为个人没有任何权利，所以也就没有可靠的依据。

希腊人的分寸极好，他们陶醉于自己的内心生活，但他们不像东方人那样使得主体被淹没。在个人感到自由自足以外，希腊的伦理生活、政治生活也很丰富。这种生活原则，使得普遍的伦理原则和个人内在处于和谐之中。也使得希腊艺术能认识到自己的本质。希腊宗教实际上就是艺术本身的宗教。

古典型艺术家

在古典型艺术的自由王国里，内容和形式的解放，使艺术家也获得了一种不同于前一阶段的地位。他的作品显得是清醒理智的人的自由创作。他既知道自己所想做的事，也能做自己想做的事，所以他既不会对他们想要表现于感性观照的意义和实体性的内容毫不清楚，也不会由于技巧能力的缺乏而在完成作品中受到阻碍。在这一阶段，他无须像象征型艺术家那样，在灵魂的动荡不安中去搜索内容。古典型艺术家可以自由处理材料，他们只需在民族信仰、传说以及其他实际材料里找到现成的内容。

古典型艺术家知道约束与节制，不至于漫天幻想。他们只就意义去塑造形象，换句话说，就是消磨掉现成材料中不适合精神内容的附赘，使之顺从艺术家的意图。这需要一种娴熟的技巧，使感性材料听从艺术家随意指挥。

古典美的解体

我们可以把古典型艺术理解为象征型艺术的发展和它的结果。当内容具体化和形象具体化时，古典型艺术就诞生了。

古典型艺术的解体，导致另一类艺术，即浪漫型艺术的诞生。古典美的消失，也意味着神的消失。当艺术家转身过来看人，个性的、个别的人时，古典美随之在这个鄙陋凡庸的世界里解体了，浪漫型艺术随之诞生。

古典型艺术的形成过程

我们将古典型艺术的形成过程划分如下：

第一，贬低动物性因素，把它们排斥在美的范围之外。

第二，理清原来被看成神的自然要素，使真正的神独立出来，获得不容争辩的统治地位，这就涉及旧神和新神之间的斗争。

第三，在精神获得了自由权之后，自然再一次获得了自由。不过，这一次，神的精神渗透其中。这些神可以把动物性因素摆在自己的周围，尽管只是作为外在的符号或标志。

贬低动物性因素

在印度和埃及，某些动物是被当作神而受到崇拜的。动物不再受到崇敬是在人被作为唯一的真实来呈现之后的事。摩西就禁止人吃动物的血，因为他认为生命就在血里。把动物的崇高地位和价值降低，是进入古典艺术的门槛。

动物祭典。希腊人把牺牲这件事情本身看得很神圣，通过牺牲把自己奉献给神。他们的祭祀是盛大的。动物的骨肉总是一部分奉献给神，一部分自己留下吃。我们可以用《奥德赛》里普罗米修斯〔希腊神话中泰坦神族的神明之一，名字的意思是"先见之明"。他是克吕墨涅与伊阿佩托斯的儿子，因盗取火种而被宙斯锁在高加索山的悬崖上，每天被一只老鹰啄食肝脏〕的故事来解释希腊文化的过程：普罗米修斯宰了两头牛，把两副肝全烧作祭供，把两条牛的骨头包在一张牛皮里，把肉包在另一张牛皮里，让天神选择。因为包了骨头的牛皮体积显得比较大些，所以天神受了骗，选择了骨头，这样肉就留给人了。普罗米修斯打算把牛肉吃完之后，把供神的那一份放在同一堆火里烧掉，但是意识到自己上当了的天神把火从人那里夺去，没有火，肉的部分也就煮不熟了。这办法却没有生效，因为普罗米修斯又把火偷走了。他满心欢喜，健步如飞地跑回去，因此，如传说所说，送喜信的人们到现在跑起来还飞快。希腊人就是用这种方式去解释人类文化的每一次进展，并且把它表现在神话里，在意识里保存起来。

狩猎。猎杀动物被当成英雄事迹，赫拉克勒斯猎杀狮子和九头蛇，麦勒阿格猎杀野猪，这些都是丰功伟绩，他们的名字甚至位列仙班。而在印度，人们却将毁灭某些动物视为罪行，应该将犯者处以死刑。如《伊索寓言》中的甲壳虫，它是一个古埃及的象征，在埃及人的宗教观念里，甲壳虫下的球形的粪团被看作世界球。在寓言中就有一则"鹰与甲壳虫"的故事〔故事叙述了鹰追兔，兔子向甲壳虫求助，甲壳虫便向鹰求情，鹰对甲壳虫不屑一顾，依然将兔子吃掉。甲壳虫于是觅鹰巢毁鹰卵，鹰便逃到自己的守护神——宙斯的膝上下卵，甲壳虫于是衔着一个粪团扔到宙斯膝上，宙斯立刻起身抖掉粪团，导致鹰卵最终还是落地打碎〕。

变形。贬低动物性因素在许多变形记里也有明显的表现，变形即是对自然状态的否定态度。从精神的伦理方面来看，变形是将动物和其他无机物看成是由人沦落而成的形象。埃及人把一些自然元素的神提高到动物层面，使它们获得生命，变形的情况恰恰相反，自然事物被看作人因为犯下了某种或轻或重的过错或罪行所遭受的变形，带有被惩罚的意味。这种变形被看作一种剥夺神性的灾难的痛苦生存，在这种生存中人就不能再保持人形。

就整体来说，变形记并不是一个完整而严谨的神话系统，即使由精神流放到里面去的自然事物也是多种多样的。所以这种变形不能指埃及人说的灵魂轮回，因为这种灵魂轮回是一种不涉及罪孽的变形，人变为兽，反而被看作一种提升。

变形还是一种惩罚，在多数事例中，是表示对神不敬的惩罚。如索尔色〔日神的女儿，住在啊呀岛上，俄底修斯在特洛伊战争后乘船回希腊，路过啊呀岛，他的旅伴们饮了索尔色的药酒，都变成了猪〕能使人变成兽。

旧神和新神的斗争

第二个阶段比上述贬低动物的阶段较高一级。按照基督教的观念，神是自然界和精神界的创造主，因而被视为不能在自然中有直接的存在，只有当神从自然存在退回到他本身，作为精神的绝对存在，才是真正的神。自然是一种对立，一种界限和范围。

神谕。按照古典型艺术的要求，自然力量也被贬低。个人的个性并不是神的，他只是部分地包含着神的因素，古典艺术不是人格化而是主体性格化。神谕就是通过自然事物把神的形象突显出来。

自然力量以及法权之类的抽象概念，是真正具有神性的个体的发祥地和基础，也是神族出生和活动所必要的前提——他们是些旧神，不同于新神，把肤浅的人格化因素作为次要的消极的因素加以否定，独立自足的人的精神个性以及人的形状和行动才能够获得稳固的地位，这种变革形成了古典神起源史中的关键，这便出现了新神与旧神的斗争，在希腊神话中已经明显地表现出来，具体就是巨灵族的崩溃和以宙斯为首的神族的胜利。

不像古波斯人那样向石油矿和火祈祷，也不像埃及人那样把神看作不可思议的、神秘的、无声的谜语，在古典型艺术中，单纯的自然现象不再受到崇拜。古典型艺术把神看作有知识、意志的主体，能凭自然现象向人类启示他们自己的智慧。古希腊人就是本着这个看法去向多多拿〔古希腊最古老的祈求神谕的地方，位于今天的希腊西北部〕神坛祈求神谕，问他们是否可以采用来自蛮族的那些神的名字，神回答说："用它们。"

神们宣谕所用的符号大部分是很简单的。在多多纳，这些符号就是圣橡的响声、流泉的细语以及起风时铜器的震动声。在德罗斯〔爱情海的一个小岛，阿波罗神坛所在地。桂树是代表阿波罗的圣树〕这些符号是桂树的响声。在德尔斐〔希腊最著名的祈求神谕的地方〕，风吹铜鼎的声响也是决定性的预兆。除了这些自然声响外，人本身也是神谕的喉舌。当人失去理智，进入灵感状态，神魂颠倒（例如德尔斐的女巫受地下迸发的蒸汽麻醉而神志不清，就能说出神谕），祈求神谕的人在特罗浮尼乌斯崖洞里看到一些幻象，并对这些幻象进行解释，得到的答案也是神谕。

最著名的神谕来自预言之神阿波罗，不过他宣示意旨时所采取的完全是暧昧的自然形式，隐晦而含混，模棱两可。作为无知者，人和有知的神对立，所以人是在无知无觉中接受神谕的。

在古典型艺术里用神谕形成内容，使神谕占重要地位的不是雕刻而是诗，特别是戏剧体诗。

旧神与新神的差别。初期人们信奉巨灵神，他们以体积的庞大著称。巨灵神都是些面貌丑陋、庞大、尚无形式的神。像印度人或埃及人幻想出来的那样，他们是些怪物，吞吃自己的子女。这样的崇拜来自天体和地球的威力，并没有精神伦理的内容，我想这样的崇拜是因为人们对自然世界的恐惧而产生的。

普罗米修斯在由旧神到新神的转变过程中占着重要位置。他是巨灵族中的一个特别的神，以人类救星的身份出现。普罗米修斯关照人，把火带给人类，让人们从事各种技艺的发展，这一指向过去在巨灵神中是没有出现过的。

旧神的挫败。人从自然的压制中解脱出来，逐渐成为胜利者，开始明朗舒畅地对待自然。从历史的实际情况来看，这个转变表现为由自然人将自身改造为具有法治的情操，即具有所有制、法律、宪章制度和政治生活的社会人的前进过程。从神的永恒的观点来看，这就表现为具有精神个性的神战胜了自然力量。

在天神的战争里，随着巨灵族旧神的挫败和新神们的胜利，从此新神们获得了稳固的统治，各方面都得以发展。巨灵族旧神们遭到放逐，被迫住在大地里层，或是像海神那样，在这明朗欢乐的世界的黑暗边缘上徘徊游荡着。旧神们还遭到各种惩罚，例如普罗米修斯被钉在什提亚〔黑海北岸古国名〕的山崖上，一只无餍的老鹰每天啄食他那副被吃了又长的肝；汤塔路斯〔由于泄露了宙斯的秘密，被打入阴间的一个湖里。患有狂渴病，但每当用手去掬水，水就会退下，永远无法够着〕在阴间被一种永不可解的渴病所折磨；西西弗斯〔神话中的科林斯国王，以狡猾机智闻名。被流放到冥界，天神罚他把一块大石推上山顶，但每当石头刚到山顶就会滚下来〕被迫永远把石头推上山顶，而那石头却永远往下滚（这象征着代表自然力量的旧神世界被瓦解）。那些混乱的、离奇古怪的、不明晰的东西被瓦解，怪力乱神遭到了惩罚。像我们近代人那样，希腊人具有神明的正确的感知力，他们并不把对空阔渺茫的追求看作人类的最高理想。

凡是还没有足够精神性的、漫无节制的、观念性的东西都没有地位，本身还没有显出明晰意义的东西就须退回到黑夜里去。明确的精神和形式便是美，是永恒。

另一个现象是，被否定的旧神，却在古典艺术里得到部分保存。只有狭隘的犹太民族神才不许自己身边有其他神，犹太民族的神苛刻严厉又狂热善妒，由于心怀妒忌，他下令叫人把其他的神都看作伪神。在佛教里也存在这种状况。而希腊人的伟大在于，他们从一切民族中发现了他们的神。

秘密教仪。旧神也保存在秘密教仪里。希腊人用秘密教仪的方式保存旧神。在依洛西斯的教仪［希腊最著名的秘密教仪，崇拜谷神德墨忒尔和她的女儿珀尔塞福涅（冥界皇后，传说她们都是农业生产的守护神）］里，任何参加的人不准把在传授典礼中所学习到的东西说出来。事实上，保密不说出的原因，只是因为本来就是初造的模糊的象征意义，并没有什么深刻实质和智慧。

新神的自然基础。希腊人从来不把单纯的自然的东西看作神性的东西。他们有一种明确的看法：是自然的就不是神的。这一看法隐含在他们对于神的概念里。特别是在追溯新神们的起源史之中，我们能轻松认出古典理想中的神们所保存的自然因素。例如在朱庇特（希腊神话中的宙斯）身上就有些特征涉及太阳，月神狄安娜（希腊神话中的阿尔忒弥斯）含有大自然的公共的母亲的意义，爱斐苏斯的主要内容是自然、生殖和营养，这也表现在她的外形方面，特别是胸膛和乳房部分。但是这种特点在希腊月神阿尔忒弥斯［女猎神，主生育的女神，后来又变成月女神。根据希腊神话的记载，她是天神宙斯和勒托（希腊神话中的暗夜女神，三位夜之女神之一）的女儿，阿波罗（古希腊神话中最著名的神祇之一，希腊神话中十二主神之一）的妹妹］身上完全不突出了，她是一个射杀动物的猎女，显出一副青年女子的美丽形象，只有半月形的弓和箭能使人回想到旧女月神色里尼。女爱神阿弗洛狄特也是如此，愈追溯到她在亚洲的根源，她就愈接近自然力量。等她来到希腊，她就显出魔力、秀美和爱情之类的精神个性。女谷神色列斯也是以自然繁殖为出发点。文艺女神缪斯则是以泉水的流声为自然基础的。

古典型艺术的理想

古典型艺术家同时也是诗人，他们把感性材料和内容塑造为代表自由本身的完满的形象。他们不同于女巫，女巫不加选择，把外来因素统统投进熔炉，造出来的多是糟粕，而古典型艺术家则是用高深精神的纯洁火焰把一切混乱的、自然的、不纯的、外来的和无尺度的东西都烧光，使它们熔成一片，显出一种净化过的形式来，原先用来塑造的材料只留下一点微弱的痕迹。他们的任务是消除传统材料中无形式的、象征性的、不美的、奇形怪状的东西。这是艺术家的自由精神的创造，而不只是主观任意的拼凑。

既然神不仅是为他们自己而活着，也要在自然的人类事件中发挥作用，诗人和艺术家的任务便是认识神在这些人间事物的关系里的现身。翻阅《荷马史诗》［相传由古希腊盲诗人荷马创作的两部长篇史诗《伊利亚特》和《奥德赛》的统称。两部史诗都分成24卷，这两部史诗最初可能只是基于古代传说的口头文学，靠着乐师的背诵流传。西方学者将其作为史料去研究公元前11世纪到公元前9世纪的社会情况和迈锡尼文明。《荷马史诗》具有文学艺术上的重要价值，它在历史、地理、考古学和民俗学方面也提供给后世很多值得研究的东西］，重大的事件都是神的旨意或得到了神的帮助。

理想起源于自由的艺术创造

古典型艺术的理想是从精神产生出来的，因此它的根源在于诗人和艺术家的最内在、最亲切的东西，诗人和艺术家用既明晰又自由的、沉静的思索把这种理想带到意识里来，而又抱着艺术创造的目的把它表达出来。有一个事实好像和这种创作方式不相容，那就是希腊神话源自古老的传统，含有外来的东方的因素。例如希罗多德在之前已引过的一段话里说过，荷马与赫西俄德替希腊人创造了神，可是在其他段落里他又把这些希腊神和埃及等国的神紧密联系在一起。在改造传统形象的过程中，这两位诗人实际上也转化为我们在希腊艺术中所惊叹的那种神话的创造者。不过荷马所写的神也不因此就纯粹是主观的虚构或臆造，他们的根源在于希腊人民的精神和信仰以及民族宗教的基础。这些神是绝对的力量和权威，是希腊想象的最高成就，是一般美的中心，仿佛是由女诗神自己传给诗人的。

在这种自由创造之中，希腊艺术家采取了一种和东方艺术家完全不同的立场。印度的诗人和哲人们也用现成的材料作为出发点，例如天空、动物、河流之类自然元素，或者一种抽象概念，即无形象无内容的梵，但是他们的灵感导致主体内在因素的破灭。他们就像一位没有地基的建筑师，一些断瓦颓垣、丘陵和悬崖成了他们的障碍。他们对自己要建筑的房子心中没有蓝图，所以他们所建成的只能是一堆粗野的不调和的离奇古怪的建筑物，而不是一种由想象并根据精神来自由创造出的作品。在古典型艺术里情况却与此相反，诗人和艺术家充当先知者和宣教者，使人们认识到绝对的和神性的东西。古典型诗人和艺术家与东方的诗人和艺术家有下列区别。

首先，他们的神的内容不是外在于人类精神的自然，也不是唯一尊神的抽象概念，而是取自人的精神和生活，因此是人类心胸所特有的东西。人对这种内容感到自由而亲切的契合，他所创造的就是表现他自己的最美的产品。

其次，古典型艺术家们同时也是诗人，把这种材料和内容塑造成为自由本身的完满形象。从这方面看，他们把自己显示为真正的具有创造性的诗人。他们用高深精神的纯洁火焰把一切混乱的、自然的、不纯的、外来的和无尺度的东西都烧光，使它们熔成一片，显出一种净化过的形式来。

第三，既然这些神不仅是为自己而存在，而且也要在自然的具体现实和人类事件里发挥作用，诗人的任务也就要涉及认识神们在这些人间事物的关系里的现身和活动，以及阐明显出神力干预的那些具体的自然事件和人的行动和命运，因此诗人就分担了祭司和先知的任务。例如，打开《荷马史诗》，我们很难找到一件重要的事不是用神旨或借助实际的神来解释清楚的。这种阐明就代表诗人的见识、自造的信仰和观点，例如荷马就常常现身说法，说出自己的观点，或是借所写的人物、祭司或英雄之口来说出自己的观点。在《奥德赛》的最后一章诗里，当交通神伴送求婚者们的亡魂到日光兰花园里，他们碰见了阿喀琉斯和其他参加特洛伊战争的英雄们，当阿伽门农也来到这里时，荷马以同样的方式描述了阿喀琉斯的死："希腊人打了一整天的仗，等到天神宙斯把交战的两军隔开来之后，他们才把这具高贵的尸体运上船，把它洗干净，哭了一阵又一阵，然后把它涂上油。突然间海上传来一阵神的号哭声，惊惶的希腊人正想跳下空船舱里，一位见闻广博的老人，名叫涅斯忒，把他们拦住了，这位老人的智谋一向是顶高明的。"

特别使我百读不厌的是《奥德赛》里另一次神的显现。俄底修斯在他的浪游航程中，因为在优里阿洛斯运动会中拒绝参加掷石饼的比赛，受到斐阿克人的侮辱，他满面怒容地用粗鲁的话回答了他们。接着他就站起身来，挑选了一个最大最重的石饼，把它抛出去，远远超过了目标。有一个斐阿克人在石饼落下的地方画了一个记号，大声嚷道："就连一个瞎子也可以看到这块石头，它比那些石头远多了。你在这次比赛中是最强大的，没有哪一个斐阿克人掷石饼能赶上或是超过你。"神明的俄底修斯因此在比赛场中看见一位对他心怀善意的朋友，心里十分喜悦。在这里，荷马把那位斐阿克人的话语和鼓励解释为代表善意的雅典娜的显现。

古典理想中的新神们

每个神既有自己的个性，又有普遍性。新神们有明确的性格和标志性的外貌，而不是抽象的，模糊的描述。所以古典理想具有无限的安稳和宁静以及和自由自在的特质。

希腊的神们总是给人气质高贵的印象，其宁静的精神超越了他们的躯体，使人觉得不管他们的外形和肢体有多么完美也只是一件附属品。尽管如此，他们的整个形象仍然气韵生动，这是因为肉体和精神处在不可分割的同一体内，双方形成一个完美的整体，所以希腊的神们总是流露出镇静自持、雍容肃穆的气质。他们在纯然专注自我的状态中独立，表现出对可消逝的事物的冷漠，对外界的否定，对尘世间无常事物的抛弃。他们深刻而超然地蔑视死亡、坟墓和世间无常，这正是古典艺术中严肃气象的本质。

在艺术的种种门类中，最适合表现古典理想的是雕塑与雕刻，两者身上显现出纯静的自持，使重点不在特殊性格而在普遍的神性上。

神的体系

对于古典艺术来说，多神教 [作为凭感官观照的，直接用自然事物表现出来的形象，神是具有定性的特殊个体。因此，神性就必须分化为众多形象] 是重要的原则。希腊的神是一个系统，每个神虽都有自己的特殊性，但也有统一的神性。如果想把崇高、泛神主义或绝对宗教（这种宗教表现为把神理解为一种纯然内在的精神性的人格）那种一神教表现于造型艺术的美，或者是认为犹太教徒、伊斯兰教徒、基督徒也可以像希腊人那样从原始世界观中获得古典型艺术形式去表现他们的宗教信仰内容，那就是极其荒谬的。

下面，容我详细举例说说这个论点。在希腊众神体系里，宙斯是万神之王，手握统治神和人的大权，但这一权力也有局限之处：他不能损害到其他神们的自由独立性。这位最高的神，掌管天空、雷电、繁殖，代表国家的权力、事物的法律秩序、契约、信誓和主宾情谊之类的约束力量，还代表包括知识和理智在内的所有与人类生活有关的约束力量。他的兄弟们则统治着海洋和冥界。阿波罗是预言之神，是精神趣味的代言人，总之，他司掌一切美好事物，他同时也是艺术女神〔艺术女神（Muses）来自西方神话传说：是宙斯和谟涅摩叙涅的女儿们，共有九人；因她们生于庇厄利亚，亦称为缪斯或庇厄利亚的女神们，分别是卡拉培（雄辩和叙事诗）、克利欧（历史）、乌拉妮娅（天文）、梅耳珀弥妮（悲剧）、塔利亚（喜剧）、特普斯歌利（舞蹈）、依蕾托（爱情诗）、波利海妮娅（颂歌）、优忒毗（抒情诗）〕的导师。交通神赫尔墨斯专司交通，他的任务是引导死人到冥界；战争神是阿瑞斯；火神赫淮斯陀斯擅长手艺技术；酒神是狄俄尼索斯，同时他也管理游戏和戏剧表演。在女神中，天后赫拉职掌婚姻；谷神德墨忒尔管理农业，也管理财产、婚姻、法律之类精神性的事务，这是文化和道德秩序的开始。雅典娜代表节制、谨慎和守法精神，她是智慧、勇敢和技巧熟练的女神，她既善思索又勇于战斗的少女性格体现了民族的精神，即雅典城邦的自由的实体性的精神，这种精神被客观地表现为应受崇拜的神的统治力量。狄安娜神是贞洁的少女的神，性格坚强、独立，她爱打猎，有点野蛮；爱神阿弗洛狄忒代表人类的性欲和同性爱之类的感情。

诸神个别的个性

衣服的颜色就是一个例子。人们在酒神祭典中穿的服装大多是葡萄的颜色，神自己穿的衣服和所用的符号也是象征性的，如阿波罗用的鞭、杖以及其他随身物品。赫克里斯头发很短，宙斯头发浓密，甚至在空中飘荡着。女月神和女爱神的卷发样式不同，雅典娜戴铜盔，上面雕着蛇发人面的魔女像。此外武器、腰带、发髻、手环之类的外在事物也可以起类似的个性化作用。这类东西逐渐变成了一种单纯的习俗,当它们成为习俗时,起源时的象征意义就消失了。我们可以从学术的观点指出它们的含义,可其实对于当时的人来说,它们都不过是一种单纯的外在细节。他们遵守这种细节仅仅是出于兴趣,例如游戏、消遣、逢场作戏、对神的虔诚,因为它是固定的习俗,人人都那样办,自己也就那样办。例如在我们德国,年轻人在夏天的烧约翰节里,向人家窗户里掷东西,这一习俗的含义已没有人注意了。希腊青年男女在节日所跳的那种回旋舞,其实是模仿曲折往复的迷径,这些迷径本来是象征行星运动的,但这个意义后来也没有人过问了,这都是同一道理。人不是为了要从此获得一些思想而跳舞,而是舞蹈本身极富乐趣,比如它有优美的动态、能营造赏心悦目的气氛等等。所以艺术的兴趣只能在于从这种已变成有实证的材料之中抓住某一方面,使具体的有生命的个别的神们有了活气,看起来如在眼前,而且还能帮助我们依稀隐约地窥见某种较深刻的意义。

伦理与希腊艺术。在古典型艺术中,无论是神还是人,都必须正面肯定伦理。许多罪行,如弑母、弑父以及其他损伤家庭之爱的行为,都经常出现在希腊艺术的题材中,但它不是被作为单纯的、绝对的恶行,也不是被作为所谓命运的无理性产生的必然结果,而是被运用到艺术里。在希腊艺术里,犯下这种罪行的人,往往是秉承神的意旨,或是得到神的保护。所以从某一方面看,这类罪恶往往都有理由可辩护。

秀美之神。从发展过程来看,古典艺术日渐从静穆的状态走向外在多样化的状态,事件和动作的细节开始得到重视。因此,古典型艺术终于在内容上走到向偶然的个性差异方面的分化,在形式方面走到悦人和吸引人。外表的喜悦秀美得以更多呈现,神也由过去的震撼人演变成与人的接近与亲和,虔敬的严肃性渐渐消失。这种使神们的形象在外在的特殊方面显得鲜明的情况要联系并过渡到另一艺术类型的发展。因为外在方面所含的有限事物的多样性如果获得自由发挥作用的机会,最后就要与观念及其普遍性和真实性处于对立地位,就要开始使思想对不再符合它的现实感到满足。

梅杜萨之筏　布面油画　1819年　法国巴黎卢浮宫博物馆藏

泰奥多尔·席里柯　（Théodore Géricault，1791—1824年）

  法国浪漫主义画家。席里柯的《梅杜莎之筏》画幅巨大、结构宏伟、气势磅礴，情节扣人心弦，构思大胆而富有戏剧性，构图严谨充满律动；人体塑造坚实有力度，光影对比强烈，整个色调阴森沉郁，显示出震撼人心的悲剧力量。正是这幅杰作的问世，开辟了浪漫主义的艺术道路。

第二卷 各个特殊类型的艺术美 · 第二章 古典型艺术　151

轻骑兵军官的冲锋　布面油画　1814年　法国巴黎卢浮宫博物馆藏

疯女人
布面油画　1822—1823年　法国里昂艺术博物馆藏

查理四世一家　布面油画　1800年　西班牙马德里普拉多博物馆藏

弗朗西斯科·何塞·德·戈雅（Francisco José de Goyay Lucientes，1746－1828年）

  西班牙浪漫主义画家。戈雅的画风奇异多变，从早期巴洛克式风格到后期近似表现主义的作品，虽然他从没有建立自己的流派，但对后世的现实主义画派、浪漫主义画派和印象主义画派都有很大的影响。46岁时，戈雅成了聋子，不是贝多芬那样伴有严重耳鸣，也不是英国画家雷纳尔多的半聋，而是死一般寂静的全聋。也许因为耳聋，戈雅对嘴特别敏感，他画里人物的嘴绝不相似。他作品中的嘴如神秘的无声洞穴，微哝、讥讽、呻吟、质问、嚎叫，含义很难揣摩，这反而给人物表情以更多解读的可能。意大利美术史家文杜尼评价说："他是一位在理想和技法方面全面打破18世纪绘画传统的开创性画家，是新传统的创造者。如同古代希腊罗马诗歌是从荷马开始的一样，近代绘画是从戈雅开始的。"

着衣的玛哈（右上）　布面油画　1800—1803年　西班牙马德里普拉多博物馆藏
裸体的玛哈（右上）　布面油画　1797—1800年　西班牙马德里普拉多博物馆藏

第二卷 各个特殊类型的艺术美 · 第二章 古典型艺术 | 153

1808年5月3日的枪杀　布面油画　1814年　西班牙马德里普拉多博物馆藏

  对比《5月3日》与《5月2日》两幅作品，能看出戈雅在后一张画里抛弃了故事，而只呈现事件的瞬间，人物的服饰和种族特征已被简化，一切只以构图的需求而安排。黑暗隐去了事件发生的环境，所有的元素只为展示两个对峙的阵营；光从地上的灯笼里直射被害者的衣衫，形成强烈的视觉中心。死者和将死者居于画面的左侧，或倒地死亡，或不忍直视这血腥的恐惧。左右两端，统治者的严整与起义者的零乱，在极端的比较中形成明显的强弱对比，这样的对比在埃及和巴比伦浮雕中不乏先例。

第 二 卷　各个特殊类型的艺术美 · 第 二 章　古典型艺术 | 155

1808年5月2日的起义　布面油画　1814年　西班牙马德里普拉多博物馆藏

阳台上的少女
布面油画　1800—1810年
美国纽约大都会艺术博物馆藏

| 美学　Aesthetics: Lectures on Fine Art

加来码头　布面油画　1803年　英国伦敦国家美术馆藏

约瑟夫·马洛德·威廉·透纳（Joseph Mallord William Turner，1775—1851年）

　　英国技艺最为精湛的艺术家之一，19世纪上半叶英国学院派绘画的代表。透纳对光线及色调的兴趣超过形体，他善于处理光与空气的微妙关系，尤其对水气弥漫的各种状态有独到的表现技巧。他在艺术史上的特殊贡献是让风景画与历史画和肖像画具有了同等的地位。

黄昏的星星　布面油画　1830年　英国伦敦国家美术馆藏

雨水、蒸汽和速度　布面油画　1844年　英国伦敦国家美术馆藏

萨达那帕拉之死　布面油画　1827年　法国巴黎卢浮宫博物馆藏

欧仁·德拉克罗瓦（Eugène Delacroix，1798—1863年）

　　法国浪漫主义画家。在表达感情的深度与力量方面，除了伦勃朗，没有人能与德拉克罗瓦相比；在表达运动的激烈和气势方面，除了鲁本斯，同样很少人达到他那样动人心弦的程度；在把抽象的冥想和事件的寓意转化成艺术形象方面，除了米开朗基罗，没有人具有他那样突出的才能。

文化伟人代表作图释书系

但丁之舟　布面油画　1822年　法国巴黎卢浮宫博物馆藏

在马厩中打斗的阿拉伯马　布面油画　1860年

干草车　1821年　布面油画　英国伦敦国家美术馆藏

约翰·康斯太勃尔（John Constable，1776—1837年）

　　英国风景画家。康斯太勃尔的作品格调清新活泼，感情真挚，色调明快，充满自然生气和乡土气息。他从小酷爱绘画，16岁时因为学校教师太严酷而转学，新校长很欣赏他的才华，有时在法语课时发现他画画，就会停在他身边，然后说："继续吧，我看你现在是在自己的画室里呢！"，他并不惩罚他。康斯太勃尔的父亲并不同意他做专业的画家，希望他能做一位牧师，但最终他选择去磨房工作。这给了他经常画画的机会，画周围的田野、风车、磨房。1795年获得父亲的同意，由一位来访的画家将他领到伦敦，进入皇家美术学院学习。他性格内向，在学习期间，他很少参与社交活动，而是专心学画。他并不喜欢城市生活，仍留恋于田园的景致，所以他一生的作品永远只描绘乡村景象。

第 二 卷　各个特殊类型的艺术美 · 第 二 章　古典型艺术 | 161

水闸　布面油画　1823—1825年　私人收藏

哈里奇，海与灯塔
　布面油画　1820年

影响人类文明进程的文化与科学巨著

古典型艺术的解体

神的解体意味着古典艺术的解体。精神个性是古典理想的基本原则,这种精神个性在客观世界里找到了它的大致适合的表现,即直接的肉体。但是这种精神个性分化为一整个体系中个别的神,这些神并不拥有绝对必然的定性。换言之,他们一开始就受到偶然性的支配,这就奠定了古典艺术瓦解的根源。

神的命运

雕刻塑造的神,泰然自若,神就安息在这种形象之美里,外在的偶然因素被压缩到最小限度。偶然性造就了众神之间的差异,思想却试图将这种分裂还原到一个神性里,于是众神就开始倾轧与斗争,互相贬低。由于神本身要帮助人类,于是他们被牵涉进这样或那样的领域,出于不同目的,帮人阻碍或破坏对立事物的发展,这使得神永远静穆的姿态受到损害,不再完美,也就是说神的实体性受到损害。由于神的有限性,众神与自己的高贵、尊严和优美发生了冲突。所以在雕塑或雕刻里,众神总是那么孤独,没有生气,不懂情感,显出哀伤之色。这就是神的命运,命运还不是一种绝对的自觉的目的,因而还不是一种有主体性的有人格的神的意旨,而只是一种超然于个别的神们的特殊性之上的唯一的普遍的力量,因此它本身就不能再表现为一个个体,否则他就成为许多个体之一,而不是统摄一切个体而超然于这些个体之上了。

神在拟人中解体

神由于拟人而落到有限事物中,这就走向了神之所以为神的相反道路。人的意识再也不能从神中得到安息,于是人干脆从神中退出,回到自己意识里去寻找。希腊的拟人主义瓦解了神的性质和方式。

缺乏内在的主体性 [指主体的有意识的或自觉的内心生活,唯其是自觉的,所以是无限的]。无法将自己表现为认识自己为无限的内在主体性,这正是造型艺术的理想所缺乏的。造型美的形象均用石头和青铜雕刻而成，在内容与表现上都缺乏无限主体性。不论人们从美和艺术方面受到多么大的精神鼓舞，这种精神鼓舞都始终只是限于主体的，在神身上是无法找到的。但真正的整体却也要求主体自觉的统一和无限，因为只有这种主体自觉的统一和无限才能形成有生命能自觉的神和人。

走向基督教的艺术。这种转变和斗争在近代只能提供一种偶然的零星的艺术题材，这种题材没有能形成一个艺术时代，在这种形式中没有能在艺术发展的整个过程中形成一个首尾贯串的阶段。近代常有人哀悼希腊艺术的衰亡，对希腊的神与英雄们的内心向往常出现在诗人们的诗里。诗人们之所以表现出这种哀伤，主要是出于对基督教世界所持的对抗态度。

古典型艺术的瓦解

在古典艺术时代，精神被看成与自然和人类生活和谐一致的产物，艺术就是要找到和表现这种一致。但后来人们不这样认为了，精神再返内心。希腊的神是以现实中人的社会生活为内容的，以国家生活、公民社会、伦理观念为较高的旨趣。

但是，主体很快发现他与国家存在冲突：自由不等同于遵循道德和法律，真正的自由是主体的内心生活无拘无束，并使这种无拘无束和它的产物得到承认。也就是说主体要求意识本身成为具有实体性的主体。苏格拉底与国家的典型矛盾〔苏格拉底因为坚持真理而入狱，但他认为，人既应当服从国家法律，又应当坚持自己的信仰，矛盾之下他只得自杀〕就出现了。世间出现了民主制度和极权制度，也出现了下流行径、虚荣、自私自利等目无法纪的情况，使现成的国家受到动摇。克塞诺芬和柏拉图，都对他们自己城邦的情况感到无比伤心。公众事务都被一帮自私自利的轻浮放荡的人所把持，人们觉得在现实中再也找不到精神，必须再回到自己的心里去找。

新的艺术形式的出现及与对立面的斗争，把现实中腐朽愚蠢的实况描述出来，并使之毁灭。通过这种自我毁灭来反映出正确、牢固的东西和他们的力量，这就是喜剧诞生的目的。

喜剧以对抗的形式出现。它不主张和解，而是试图在对立双方之间建立一种散文性的关系，这就显然要使古典型艺术遭到灭亡。这样一来，造型艺术的神们和优美的人类世界都消失掉了。

讽刺

古典型艺术一开始就显出统一，这种统一是意义与形象，主体内在精神与外在躯体的融合统一，一旦这一完整体内部分裂，这些元素就再也不能共处下去。和谐成了敌对，精神世界变成独立自由的世界，与感性世界对立。真正的精神性已经离开，主体变成了一种无神性的现实，一种无生命的东西。就是在这种情况之下，艺术带来了一种从事思维的精神，一种单凭主体自身，在善与道德的认识与意志的抽象智慧中，对当前现实的腐朽持敌对的态度。那些高尚的精神和道德情操无法在这个罪恶混沌的世界里得以实现，主体只能通过把这个腐化堕落的世界之丑放大给人看的方式来警醒众人——这就是讽刺。

罗马是讽刺的沃土

讽刺是罗马人所特有的。罗马世界精神的突出特点是抽象。在这个世界里，人们满足于抽象概念和死板法律的统治，自然的家庭被轻视，人的个性彻底地牺牲在国家的铁蹄之下。罗马的法律，繁文缛节，多如牛毛。这种政治道德的原则是和艺术水火不相容的，所以我们在罗马看不见美的、自由的、伟大的艺术。雕刻、绘画、史诗、抒情诗和戏剧体诗，都是罗马人从希腊人那里继承下来学习的。大概这样的土壤才适合喜剧。

现实世界的腐朽形象被摆到人的面前，使他们陷入空虚和崩溃。贺拉斯的作品就是生动的罗马风俗画，他描述愚蠢荒唐的人物，把他们变成笑柄。其他罗马诗人，用正义与德行的抽象观念和普世的罪恶形成尖锐的对照，带着高贵心灵的义愤向当时的腐朽和奴颜婢膝进行攻击，或是拿当时的罪恶和古代的习俗、自由以及过去的世界情况中的道德进行对比。

但是，艺术不可能停留在讽刺诗这种抽象的内在思想与外在客观世界的分裂上，因为只有和解［黑格尔在此处所论述的"和解"，其实是"统一"的意思。他曾经强调过，如果主体和客观世界永远处于对立状态，就不可能产生真正的艺术］才有出路。

第三章　浪漫型艺术

在黑格尔这里，浪漫型艺术指的是，从中世纪基督教艺术到19世纪初期的现实主义、浪漫主义及自然主义等各种艺术流派的总体。黑格尔以为，这种近代艺术有着与古典型艺术迥然不同的面貌，他还说："浪漫型艺术是真正的内心生活，是精神的主体性，亦即主体对自己的独立自由的熟悉。"他还说：浪漫型艺术的美，不再涉及对客观形象的理想化，而只涉及灵魂本身的内在形象，它是一种亲切的情感美。

总之，浪漫型艺术其精神内容已超出物质形式，精神完全抛开外在世界，返回到自己的内心。浪漫型艺术的真正内容就是绝对的内心生活。

精神与内在的深刻和解

内在主体性的原则

在浪漫型艺术阶段,精神的真实不在于把它自己渗透到感性材料的躯体里,而是在离开外在世界而返回到自己的内心世界,把外在现实看作不能充分显现自己的实际存在时,精神才能达到真正的真实。精神若想达到无限,就要将自己由纯然形式的有限的人格提升到绝对的人格。这就是说,精神必须由完全实体性的东西渗透,而且本着这种实体性的东西把自己作为知识和意志的主体表现出来。从另一方面看,实体性的真实物质不应理解为人类的一种单纯的"彼岸"。应当抛开希腊意义的拟人主义,将人性的物质看作实在的主体性,再将这种主体性定为原则,只有这样,拟人主义的物质才能达到完善。

浪漫型艺术的内容和形式

浪漫型艺术的真正内容是绝对的内心生活,相应的形式是精神的主体性,即主体对自己独立自由的认识。这种本身无限和绝对普遍的东西是对一切特殊性的相对否定,是自己与自身单纯的统一,它消融了一切彼此分化,一切自然过程及其出生、消亡和再现的轮回,以及一切精神存在的局限性,它把一切特殊的神分解在真纯的、无限的自己与自己的统一体里。艺术只有在现阶段才获得更高的权利,运用人的形象和一般外在状态去表现绝对,不过艺术的这个新任务仅限于表现内心生活并反省它本身,即在主体中表现神的精神自觉性,而不是将内心生活沉浸在外在躯体里。

如果要用一句话来总结浪漫型艺术中内容与形式之间这种关系的特点,我们可以这样说:浪漫型艺术的原则在于不断扩大的普遍性和经常活动在心灵深处的东西,它的基调是和悦的,而结合到一定的观念内容时,则是抒情的。抒情仿佛是浪漫型艺术的基本特征,这种特征也影响到史诗和戏剧,甚至像一阵由心灵吹来的气息,也围绕造型艺术作品(如雕刻)荡漾着,因为在造型艺术作品里,精神和心灵要通过其中每一个形象向精神和心灵说话。

宗教里的艺术

宗教里的艺术可有可无

作为浪漫型艺术的基本题材，宗教似乎是一种矛盾。历史向宗教范围的浪漫艺术提供了基本题材，但如果把这种题材（宗教里的艺术）纯粹看作艺术，在某种程度上是多余的，不必要的。因为宗教的要旨是信仰，而不是艺术。

宗教的要旨在于使人绝对信服，在于对永恒真理的情感和思想的投入与全面依靠，在于信仰。信仰是一种绝对的存在，不需要再从什么地方寻找信仰的证据，信仰本身就是证据，而且是绝对真理的证据。它是内心世界的观念，是自己证明自己，是直接的信服，是真理本身。宗教摆在人民面前的是对真理的意识，所以艺术表现的美就成为次要的、可有可无的东西了，因为真理不靠艺术就已摆在意识面前了。

艺术对宗教的参与

从另一个角度观察，宗教内容中也包含了用艺术且只能用艺术表现的方面。

在浪漫型艺术的宗教观念里，内容本身把拟人主义推到极致，这吻合了宗教的思想。神性也需要外在的显现，肉体的人是最合适的外显方式，于是他就在肉体的人中显现，尽管肉体的人是有限的，是有缺点的。但把神性从这种有缺陷的个性中描绘出来，依然重要。从这个观点来看，艺术对神的显现是那么必要。除此以外，基督的诞生、生活、受苦难、死亡、复活和升天成神这类事迹的细节，也需要具体的画面式的场景描绘与展现。可以这么说，只有在艺术里，神的随时出现与消失，才能被更好地表现，才能历久弥新。

外在显现中的偶然的特殊因素

神的显现，是在个别人的身上，是在肉体与神的统一里，而不是其他抽象的形态中。它不只是一般的神与人的主体性的统一，而是神与人的主体性在同一个人身上的统一。所以由于内容本身的这种特性，外在的一切偶然的特殊因素都要出现在这一阶段的艺术里。在古典型艺术中，这种美被无情地抹杀掉了，但浪漫型艺术将它找了回来。

在以基督本人为题材的艺术里，如果要按照古典型艺术的理想和形式来塑造基督，那么艺术家们每走一步，就是往错误的方向迈进一步。按照古典型艺术的理想期塑造出来的基督头像或全身像，固然也显出严肃、静穆与尊严，但基督内心的深度和纯然一体的精神性却不能得到复现。这与人的感性形象所表现的沐神福音的神情是不相容的。

古典型艺术家的首要任务是清除人的有限性，在用肉体表现神性时，把肉体的平凡因素加以清洗和改造，但这对于与基督教有关的艺术来说，却不适宜。

神的生活中真正的转折点是他作为一个人的个别存在的消失，他的受难史，十字架上的忍痛，精神的折磨，痛苦的死亡。尘世的躯体和脆弱的人性由于显现了神本身而提高了地位，受到崇敬。但从另一方面看，这种躯体和人性正是被定作否定面，才在痛苦中得以显现，而在古典型理想中，这种肉体和人性、精神性和实体性却处于不受干扰的和谐中。基督受嘲笑，戴荆棘冠，背十字架到刑场，忍受殉道者的苦刑和痛苦持久的死亡，这一切都不能用希腊美的形式去表现。

宗教艺术中的神与人

浪漫型艺术，将绝对主体性表现于真实中，是精神与它本质的统一，或者说是精神找到了它的本质。那是心灵的安稳，是神与世界的和解，因而也是神与他自己的和解。理想，似乎终于在浪漫型艺术里找到了自己的家园，完全自由地安居在那里。它从这些以幸福的独立性、安定、静穆和自由等为基本内容的母题中找到了自己。

在宗教艺术里，所谓朋友，不是别的，而是基督徒；所谓敌人，就是与神对立的人。敌人们判了神的罪，嘲笑他，使他受苦刑，将他钉于十字架上，犯下这诸多恶行的人，表现在外表上也是丑陋、粗鲁、野蛮和凶狠的形象。

艺术世界的基督故事，最典型的就是复活和升天两个场面，其次是基督向门徒宣教。这类题材是宗教艺术的主干，但是造型艺术对此感到困难，因为造型艺术既要表现出这类题材单纯的精神及其内在的深度，又要使绝对精神及其无限性和普遍性以肯定的方式与个别主体性达到统一，超出直接存在之上，同时还要用肉体的外在形状把精神的无限性和内在本质表达出来，供感性观照和感受。

浪漫型艺术的环境

浪漫型艺术是精神的自我反省，这个自足的整体，对于外在的现实来说，不是由它渗透进去的实在的东西，而是和它割裂开来的纯粹外在的东西。它离开精神各自独立地向前推进，卷入纠纷，流转无常，毫无目的四处乱窜。对于自禁于本身范围内的心灵来说，它碰上任何环境都是一样的，任何环境出现在它面前都是偶然的。因为当处于这种境况的心灵采取行动时，其重要的目的不在于要完成一件首尾融贯的、能持久的作品，而在于表现自己，为行动而行动。

基督教的爱与其他本质

一个人把自己所有的力量集中投入到对上帝的虔诚之中，把精神专注到抽象的悔改观念上去，狂热地抵抗一切与他虔诚相对的有限事物，抵抗有限的世界，这就是基督徒。

精神单就它本身来看，并不是艺术的直接对象。精神与它本身的最高的和解只能是一种精神内部的和解与满足，这只是观念性的，因此无法用艺术去表现。在这里面精神就不只是纯粹的能在观念上被意识到的思想，而是要成为情感和观照的对象，因此只有一个单独的形式同时能满足双重要求，即精神性的要求和通过艺术可以掌握和表现的要求，所需要的形式须能表现精神方面的亲切情感或心情。这种唯一符合在自身上获得满足的自由精神概念的亲切情感就是爱。

从内容方面来看，在爱里也有我们曾定为绝对精神的基本概念的那个因素，那就是经过和解，从它的另一体返回到它本身。爱的真正本质在于意识抛舍掉它自己，在它的另一体里忘掉了它自己，而且只有通过这种抛舍和遗忘，才能享有自己，保持自己。

晚钟　布面油画　1859年　法国巴黎奥赛美术馆藏

让·弗朗索瓦·米勒（Jean-Francois Millet，1814—1875年）

法国画家。米勒对大自然和乡村生活有深厚的感情，他起早贪黑，上午在田间劳动，下午在光线晦暗的小屋子里作画。米勒的生活异常困苦，但他笔下的农民，与他自己一样，仍然充满神性的追求和对永恒的深沉爱恋，罗曼·罗兰曾评价："从来没有一位画家像他这样，给予万物所归的大地如此雄厚而伟大的情感与表现。"

拾穗者　布面油画　1857年　法国巴黎奥赛美术馆藏

种植马铃薯者　布面油画　1861—1862年　美国波士顿美术博物馆藏

林中仙女之舞　布面油画　1850年　法国巴黎卢浮宫博物馆藏

让·巴蒂斯特·卡米耶·柯罗（Jean Baptiste Camille Corot，1796—1875年）

　　法国风景画家。从26岁开始从事绘画的柯罗热爱大自然，先后三次去意大利旅行，还去过荷兰、瑞士、美国，至于法国，更是走遍各地，直到去世前一年，77岁高龄的他仍坚持到库布隆、阿拉斯、桑斯等地浏览风光，领略大自然的奥秘，在自然的启示下作画不辍。由于他怀着深厚的感情去观察，因此，他的风景画不事夸张，不施艳丽色彩，描绘的大部分是色调柔和的清晨或傍晚，有时画面还笼罩在轻烟薄雾之中，其静谧、优美之感有如梦境。以风景画见长的柯罗堪称法国19世纪中期描绘风景的大师，是法国从传统的历史风景画过度到现实主义风景画的重要人物。

瓦特的桥　布面油画　1868—1870年　法国巴黎卢浮宫博物馆藏

蒙特枫丹的回忆　布面油画　1864年　法国巴黎卢浮宫博物馆藏

画室——我7年艺术生涯的真实寓言　布面油画　1855年　法国巴黎奥赛美术馆藏

古斯塔夫·库尔贝（Gustave Courbet，1819—1877年）

　　法国画家，现实主义绘画的代表。库尔贝的现实主义，是19世纪中叶法国垄断资本主义进一步发展的产物。严重的两极分化、贫富不均和政治腐败现象的出现，使艺术家更自觉地认识到自己的责任；在思辩方式和认识方式上，他对18世纪百科全书派辩证经验论有进一步深化和发展，他要求艺术家揭示事物的本质方面，而不仅仅停留在一成不变的形式上。因此，库尔贝不无嘲讽地称古典主义为"装腔作势"，浪漫主义为"无病呻吟"。法国评论家甚至这样认为："没有库尔贝，就没有马奈；没有马奈，便没有印象主义。"库尔贝在发现生活中平凡的美和朴实的外光技巧方面给以后的画家以重要影响。

第 二 卷 各个特殊类型的艺术美 · 第 三 章 浪漫型艺术 | 175

筛麦的妇女 布面油画 1854年 法国南特美术馆藏

石工 布面油画 1849年 德国德累斯顿国立美术馆藏

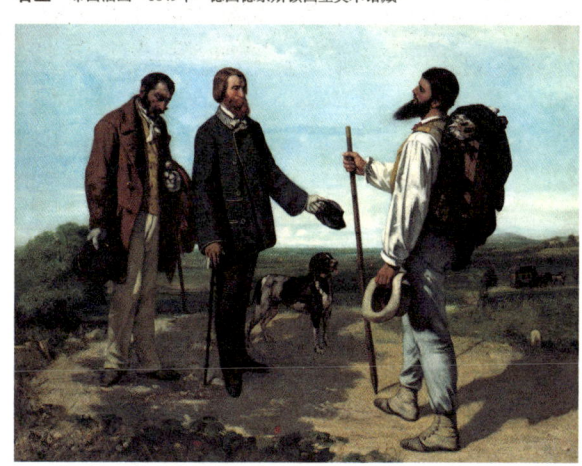

路遇 布面油画
1854年 法国朗基多克法伯荷美术馆藏

梦乡　布面油画　1866年　法国巴黎小皇宫美术馆藏

第二卷 各个特殊类型的艺术美 · 第三章 浪漫型艺术 | 177

海浪中的女人　布面油画　1868年　美国纽约大都会艺术博物馆藏

乡村贵族小姐
布面油画　1851年　美国纽约大都会艺术博物馆藏

影响人类文明进程的文化与科学巨著

瓦兹河风光　布面油画　1873年　英国伦敦国家美术馆藏

查尔斯·弗朗索瓦·杜比尼 （Charles Francois Daubigny，1817—1878年）

　　法国画家，巴比松画派代表人物。杜比尼以描绘法国自然风光和田园生活为主，擅长对自然光影的描绘。他曾专门租了一条小船在瓦兹河上写生。对大自然的直接写生使他作品的色彩明亮起来，也使他打消了走学院派道路而成为专门的风景画家的念头。杜比尼摆脱了带有古典倾向和自然主义色彩的如实描绘，大块面的用笔和厚涂使之成为较早的印象派先行者。他喜欢描绘风景中融入河流的场景，而对水的痴迷研究，使他成为巴比松画派中最善画水的画家。杜比尼也曾一度被看成是"印象画派"的首领。但当时大多数评论家却认为杜比尼的作品太粗制滥造了，没有完整的作品感，认为这是因为杜比尼没有受过严格学院教育的缘故。

第二卷 各个特殊类型的艺术美 · 第三章 浪漫型艺术 | 179

洗衣妇　木板油画　1865年　美国华盛顿国家美术馆藏

池塘景色　布面油画　1853年　德国科隆华拉夫理查兹博物馆藏

收获的季节
布面油画　1851—1852年　法国巴黎奥赛美术馆藏

影响人类文明进程的文化与科学巨著

垛草　布面油画　1878年　法国巴黎奥赛美术馆藏

巴斯蒂安·勒帕热（Bastien·Lepage , Jules , 1848—1884年）

　　法国画家。在印象派绘画达到高潮时，勒帕热仍然坚定地遵循"为生活，为平民而艺术"的原则，他继承了法国绘画的民主主义传统。他唾弃学院派的保守主义，却保留其严格的造型；吸取印象派的长处，却拒绝其"为艺术而艺术"的纯艺术追求，他以朴实无华的作品，以法国乡村生活的真实面貌为背影，细致描绘了生活与劳作的辛劳和甘美。从《垛草》这件作品，我们明显可以看到来自现实主义的主题表现，来自巴比松画派的审美情趣和来自学院派的写实技艺。勒帕热的《垛草》代表了法国19世纪现实主义艺术的最后辉煌。

收获土豆　布面油画　1879年　澳大利亚墨尔本维多利亚国家美术馆藏

美 学 Aesthetics: Lectures on Fine Art

湖　布面油画　1898—1899年　俄罗斯莫斯科特列恰科夫美术博物馆藏

伊萨克·伊里奇·列维坦（Levitan，Isaak Illich 1860—1900年）

　　俄国现实主义风景画大师，巡回展览画派成员之一。列维坦的作品充满诗意，深刻描绘了他眼中俄罗斯大地的自然之美。1886年，列维坦第一次到克里米亚，在这里，他学到的一切知识中，最珍贵的是纯净的颜色。他觉得，在克里米亚度过的所有时光仿佛连续不断的黎明，一夜之间就澄清了的空气，弥漫在山谷间巨大的水库上空，有如清水一般纯净。在很远的地方就能看见从树叶上滴落的露珠，即使在数十里以外也会照见闪着白光的浪花不断涌向多石的海岸。南方土地上那辽阔无垠的明净天空，使颜色显得特别清晰而鲜明。在南方，列维坦极其明显地感觉到，只有太阳才能改变颜色的色调。写生画最大的力量就在于阳光。俄罗斯灰暗的自然景色之所以美，也正是因为有那样的阳光，只不过是在它透过潮湿的空气和薄薄的云幕之后变得微弱了而已。

第二卷 各个特殊类型的艺术美 · 第三章 浪漫型艺术 | 183

三月　布面油画　1895—1897年　俄罗斯莫斯科特列恰科夫美术博物馆藏

傍晚钟声
布面油画　1892年
罗斯莫斯科特列恰科夫
美术博物馆藏

影响人类文明进程的文化与科学巨著

184 | 美学　Aesthetics: Lectures on Fine Art

舞者的报酬　墨汁画　1894年　美国马萨诸塞州福格艺术博物馆藏

肚皮舞　墨汁画　1894年　美国马萨诸塞州福格艺术博物馆藏　　　　**莎乐美的梳洗室**　墨汁画　1894年　英国伦敦国家博物馆藏

奥博利·比亚兹莱（Aubrey Beardsley，1872—1898年）

英国画家与平面设计师。他是一位早逝的天才，只活了26岁。19世纪末英国画家们沉溺于从古老传说的故纸堆里寻觅美丽与温婉的时候，比亚兹莱却用一种更简洁的语言表达他的艺术理念。他的作品通常只用黑白两色构成，强烈的装饰意味，流畅优美的线条，诡异怪诞的形象，使他的作品充满嘲讽、颓废，甚至色情与邪恶。要理解比亚兹莱的艺术，必须首先理解以1894年创办《黄皮书》为标志的"颓废主义"运动。参与这场运动的艺术家们宣称，要"发掘恶中之美"。比如波德莱尔，他要从"悲哀中提炼金子"，比如王尔德，他要把"悲哀当作唯一的真理"。英国人H. 杰克逊对发生于19世纪末，消逝于20世纪初的"颓废主义"运动作过这样的总结：第一，怪癖和耽溺；第二，人为和技巧的；第三，自我中心的；第四，好奇心旺盛的。这四点同时也准确地概括了比亚兹莱的艺术追求。

从形式上看，精神（情感）不是把它的全部内容意蕴都展现出来，按照它的定性和普遍性把内容意蕴带到意识里，而是把它不可测量的广度直接凝聚为心情的深度。所以，如果单就它带有纯粹精神印记这一普遍性来看，艺术无法因此得以表现，但是如果把它作为一种存在于主体的情感来看，却是艺术可以掌握的。精神（情感）由于自身极富内涵与深度而呈现出让人无法一目了然的形态，但同时它也从这种形态里获得了一种符合艺术的因素——心情和情感虽然都是精神性的内在存在，却和感性的肉体的东西有一种永恒的关联，所以精神和情感可以从主体的外表方面，通过肉体、眼神、表情，或是音调和言语，把自己的存在揭露出来。

在浪漫型艺术里，内在的东西和它的实际存在的和解是一般的理想，我们可以把爱称为宗教领域中的浪漫型艺术的理想。爱就是单纯的精神的美，是在它自己的领域里由自己来实现自己。所以爱在这种肯定的满足和平安幸福状态中具有一种理想的美，特别是精神的美，这种美由于是内在的，这意味着亲切的情感，一种心心相印。

神就是爱，因此他的这种本质自然会在基督的身上表现出来。在基督教里圣玛利〔耶稣的母亲圣母玛利亚〕的爱即母爱，最适宜为艺术题材，浪漫型艺术最成功的地方也在于此。那种沐神福音的满足感、亲热情感、喜悦感是那么饱和毕露。个人与神在感情上的统一，在圣母的母爱里，也只有在圣母的母爱里才最原始地、最实在地、最生动地显现。所以圣母的母爱，才被摆在最高最神圣的地位，受到崇拜和艺术表现。

但是在新教里，人们就反圣母崇拜，无论是在艺术中还是信仰本身，新教把圣灵和精神的内部和解看成更高的真实。旧教（天主教）侧重崇拜圣母，崇拜有形体的偶像；新教（基督教）则侧重纯粹精神方面，要求人与神在精神上的完美契合，所以不重仪式外表和偶像崇拜。

基督教的三位一体说〔又译为三一真神、天主圣三、三一神、圣三一、三一神论，基督教神学术语，对于基督宗教的神YHWH（新教常汉译为上帝耶和华，天主教常汉译为天主雅威）的学说，建立于第一次尼西亚公会议的《尼西亚信经》，是天主教会、东正教会和基督新教的基本信条〕，即圣（父）、圣灵和基督（圣子）集三身于一体，圣灵乃是神的精神。这一形态，是对人的肉体存在的否定与消除。这就是说，神是显现为人形的，但神的真实存在并不是这种直接借用了躯壳的存在，而是精神，人体只是个空壳而已。这一存在把主体看成具有无限性质，把人的肉体看成短暂的、脆弱的、易逝的。神性存在于内心世界里，我们一般把它称为精神。它不仅具有永恒性，也具有无形性。

人作为独立的个体，并非直接就是神性的，而是有限的、人性的、人格的。只有把人性的局限之处当作否定面消除掉，人才能达到与神的和解。

当人与神和解之时，将浮现一种团体精神，这种精神是在人的现实世界以内实现的。这就是浪漫型艺术建立的基石。

艺术形态大概有以下几种：尚未与神达到和解的个别的主体，在直观的有限世界里过着罪孽、斗争和穷困的生活。他们永远有这样一个使命：力求自己与神达成和解。在基督赎罪史里，个别主体只有通过否认自然的有限的人格，才可能把自己提升到神的自由之境。

有限性是怎样通过艺术实现否定的呢？一般通过以下三种方式：

第一，重现基督的受难史，把肉体的苦痛作为对象——也就是殉道。

第二，心灵内部的转变，通过自责、内疚、忏悔达到内心的和解。

第三，消除自然的寻常运动过程和事件，通过这种外在形态的否定，显出神的威力和存在：因此奇迹成为表现对象。

殉道者们的心灵向往天国，否定尘世的一切，他们蔑视道德、理性、情感等与人格或人性有关的因素，由此走向极端。

一个人集中自己的力量，投入到对上帝的虔诚之中，把精神专注到抽象的悔改的观念上去，愈是野蛮，他的力量愈大，狂热地抵抗一切与自己的虔诚对立的有限事物。宗教狂热分子反对人的一切情感，道德、职责、伦理、友谊、骨肉、爱情等等都被视为无稽之谈。在他们眼里，国家等诸如此类的关系皆是一种无聊的约束，凡是尘世间的事情，只要没有信仰观念渗入其中，并与信仰观念达到统一，就都是不值一谈的、微不足道的。这是一种抽象的狂热的宗教信仰情绪。

在另一种宗教里也盛行玄妙的苦行，譬如印度。但印度的苦行与基督全然不同，他们本质的区别在于，印度人要把自己引导到空灵和超然的状态，而基督教狂热者，是把苦痛和对于苦痛的意识与感受当作真正的目的，他们认为只有在苦痛中意识到所抛舍的东西的价值，认识到自己对它们的喜爱，从而经久不断地关照自己的抛舍，才能达到他们要去的目的地。

人通过对神的跟从和忏悔，就可以把自己身上的罪恶洗掉，把它们一笔勾销，使它们剥离主体，从此与主体无关。例如，抹大拉的玛利亚〔一直以一个被耶稣拯救的妓女形象出现在基督教的传说里，后有说法她可能是耶稣在世间最亲密的信仰伴侣，或者说她是未被正史记载的最受耶稣教诲最得其神髓的门徒〕的故事就属于这一类。忏悔是宗教范围里最美的题材，意大利绘画是这个方面最优美的典范。在意大利绘画作品里，抹大拉的玛利亚被描绘成一个灵魂和肉体都无比美丽的女人，她的罪恶和她的悔改都同样具有吸引力。她得到了宽宥，因为她曾经付出了很多的爱，她感动人的地方在于她自己为付出过很多的爱而感到忏悔，她所流的泪表现出她心灵的敏感和优美。她付出过很多的爱，这并不是她的过错，但她却相信自己是一个罪人，仿佛就是她的过错使她优美动人，因为她的敏感和优美本身只能给人这样一种印象：她在她的爱里是高尚的，显现出了深刻的心灵。

奇迹和传说

奇迹在宗教艺术中具有重大作用。我们在这里可以将奇迹称为直接自然存在的转变史。它与现实的区别在于，现实是一种摆在我们面前的平常的偶然的存在。平常的东西，由于接触到了具有神性的事物的缘故，产生了变化。神性的东西直接影响到它的特殊的外在的特征或细节，以致这些事物变成完全另样的东西，这就破坏了一般情况下事物的自然过程，一般人的常识遭到了颠覆。在这一情形下，人就不能再凭他有限的观念去解释这种现象，就只能相信在这里可以认出神的出现，描绘这时他所处的心情就是许多传说的主要内容。

但我认为，神性的东西不可能在奇迹中出现，只有按照理性，按照神所制定的不可更改的自然规律，才能影响自然和驾驭自然，同时在这种自然中，才有神的存在。它不会在神新造的世界中显露出来，只有在理性的永恒规律和原则里才能找到神的作用。所以，我认为传说不过是神秘、低级趣味、荒诞和滑稽可笑的，它只是将人的精神和心灵，引向离开自己和神的两个歧途。

论浪漫型艺术的特质

古典型艺术的美，是外在与内心的结合和统一，比如希腊艺术，总是肉体与内心的结合一致，把内心的沐神的和谐与幸福表现在肉体上。但浪漫型艺术却不这样，它们有明确的分界线和一个绝对的条件：那就是灵魂尽管也显现在外在的躯体里，但却总是要挣脱这种肉体的束缚，仿佛要脱离躯体而飞升，到灵魂的居住地去，灵魂的真正家园不在身体里，而在身体外的别处，过着它的独立自在的生活。

躯体在浪漫型艺术中的焦点不是身体，也不是在身体和精神之间的某个交界点上，而是精神本身。浪漫型的美对于客观形象是忽略的，它不关心肉体与精神的统一，艺术从此就不大关心外在的东西。主体与神的和解是一种内心活动，外在的借用只是手段而不是目的。

对外在的轻视与漠不关心就导致肖像式的艺术［肖像艺术：指人物头像或面部，传神靠的是眼神，不是眼睛，要想画好肖像，就得抓住人物与众不同的地方，这样才能表现出这个人的性格、思想、感情和精神面貌］出现，这一艺术形态看重的是外在方面的个别特点，按照个别特征把它描绘出来，显示出特征本来的样子，包含它的缺点。

我们还可以从另一方面来证明，上文对浪漫型艺术所作的彻底界定的必要性。完美的古典型艺术品，是一个本身完满的、独立的、有节制的、无待外求的完整的个体，它排除了一切与自己相异的东西。它的形象是它所特有的，它完全活在这个形象里，而且也只能活在这个形象里。它从来没有或不敢牺牲形象，去和经验性的偶然的东西打交道。这类艺术的欣赏者，很难把形象与自己联系在一起。他们和经验界的有限事物已断绝了关系。

浪漫型艺术把焦点集中在无限的主体本身，沉浸到它本身里面，使用的外在方面的素材是经验界人的平凡形象。经验界的平凡形象，是神以人的形象降落到带有时间性的尘世里，以便调解绝对概念中所固有的绝对矛盾。因此，经验界的人也从此认识到主体性和外在显现之间有一种从属关系和联系点，对于自己的自然躯体，也有了自信。古典型艺术严格地、挑剔地把那些属于个人的偶然的属性统统洗掉清除，但浪漫型艺术不是这样，它保留个人的偶然特性。正是这种对平凡事物的家常式的亲切感，使浪漫型艺术能引起人们对外在形体的喜爱和信任。浪漫型艺术对外在细节的牺牲，是为了保证展现创作主体内心的高尚和神圣。这种牺牲还含有一个普遍性的概念：在浪漫型艺术里，无限主体性并不像希腊的神那样孤独镇静，本身完整，过着独立自足的幸福生活，而是从本身中跳出来和另一体发生了关系。但是这另一体还是属于它自己的，在这另一体里它重新认识自己，保持自身的统一。这种自己在另一体里的统一就是浪漫型艺术所特有的美的形象，即它的理想。

综上所述，在浪漫型艺术中，宗教母题可分为三种情形：第一是基督的赎罪史。这是用神本身来表现绝对精神，神变成了人，在有限世界及其具体的关系之中获得实际存在，而且在这种存在里以绝对的形式显现出来。第二是爱。爱是人与神和解的一种情感，包括神圣家族、圣玛利的母爱、基督的爱和基督信徒们的爱。第三是宗教团体。神的精神出现在人类身上，由于心灵的皈依，对自然性和有限性的藐视和消除，人因此和神建立起联系。这一转变依托的手段是忏悔和殉道，在忏悔和殉道中人与神统一起来，或者说人达到了神的境界。

论骑士文化

说得更确切一点，使主体达到无限性的主要有三种情感：荣誉、爱情和忠贞。但这并不是真正的伦理或道德的特质，而是主体为了满足自己内心关于浪漫的诉求所采取的一些形式。荣誉是主体为了实现个人独立而奋斗的一种主观需要，是主体争取人格完善的目标，而不是指生活中的诚实公正。它只是个别主体为了自己的地位被承认，为了自己的人格不被侵犯而奋斗的产物。

爱情亦是如此，爱情是一个主体对另一个主体感觉到的偶然的情欲，尽管它被想象将之扩大，被亲情加以深化，但它毕竟还不属于婚姻和家庭的伦理关系。忠贞这一情感在很大程度上具有伦理性质的外貌，因为它不只是为了自己，更涉及一种更高层次的与公共利益有关的东西。主体让自己受另一个人的意志支配，服从对方的愿望或命令，否定自己的个人意志。但是这种忠贞的情感与整个社会的客观利益无关，它只针对主体所服从的这个主人，这个主人或是以个人的方式为自己谋利益，或是为某种与他有关联的公众事业服务。

以上三个要素互相融合、影响，构成了骑士风的主要内容（此外，宗教也起了一定作用），骑士风的兴起标志着世俗性精神的活跃代替了宗教的精神，浪漫型艺术也因此在世俗性精神生活领域里找到了自己的立足点。这一阶段的浪漫型艺术，仿佛也得到了自由的美。事实上，这一阶段的浪漫艺术处在本身固定的宗教观念的绝对内容和复杂特殊的、有限的世俗生活这两个阶段之间，是自由的过渡状态。

爱情、荣誉、勇敢和忠贞都能表现出不同程度的英雄主义，程度的高低取决于心灵的卑劣与高尚的程度。古代英雄和中世纪英雄只有一个共同品质，那就是勇敢，勇敢并不是一种天生自然的品质，并不起源于身心的健康和健全的发育或是现实的一些客观旨趣，它来自精神的内部。它从荣誉感中产生出来，基本上属于幻想性的，因为这种勇敢受制于主观任意性的行险侥幸，受制于偶然的外在的纠纷，或是受制于神秘主义的宗教虔诚的鼓动。但在通常情况下，它受制于主体只顾自己的主观关系。

浪漫型艺术在东西方有所区别：在西方，它沉湎于主体自己的内心之中，沉思默想；在东方，它表现于意识的对外扩张，要从有限事物的禁锢中寻找解放。在西方，浪漫型艺术所表现的是回到本身反省的心灵，心灵就成为它自己的中心，而世俗性只是它的一个方面，浪漫型艺术终须服从一个较高的世界，即宗教信仰。在东方，特别是阿拉伯人，他像一个点，起初摆在他面前的只有干燥的沙漠和天空，但他以旺盛的生命力跨进光辉的世俗生活和原始无垠的世界里，更永远保持了内心的自由。在东方开拓道路的首先是伊斯兰教，它废除对有限事物的偶像崇拜和幻想，使心灵具有主体的自由。被这种自由所统摄的世俗生活并没有构成另外一个领域，而是和无限世界打成一片，在这之中心和精神（感情和理智）并没有使神具有客观形象，而是在生动活泼的现实生活里与神达到和解。仿佛一个乞丐，在幻想中夸大自己周围事物的价值，欣赏着，爱着，心满意足，过着幸福的生活。

论荣誉

在浪漫时代，荣誉是很关键的。

对一个人荣誉的损害所触及的不是有实在价值的具体事物，如财产、地位和官职之类，而是单纯的人格和别人对他的评价。

在感到荣誉时，一个人对他自己的无限主体性具有最亲切的肯定的认识，不管这无限主体性的内容是什么。凡是一个人所拥有的对他算是特殊的东西，荣誉感都可以使这东西具有主体性的绝对效力，他自己这样看，旁人也会这样看。所以荣誉的标准不是主体实际是什么样的人，而是他把自己看成什么样的人。

荣誉形成了浪漫世界的一个基本决定因素，它假定了这样一个前提：人不仅跳出了宗教观念和内心生活的局限，而且跨进了生动活泼的现实世界，从此以后就依靠来自现实世界的材料来实现自身纯粹私人方面的独立性和绝对价值。

荣誉可以有多种内容。凡是我所代表的性格，凡是我所做的事和旁人对我所做的事也都属于我的荣誉。所以我可以把我身上一切有实体性的东西，例如对君主、祖国和职业的忠贞，对做父亲的职责的完成，在婚姻方面的忠贞，在商业交易方面的诚实公平以及科学研究方面的严谨都看作我的荣誉。

所以，一个重荣誉的人在一切事情上总是首先想到他自己。他并不问一件事本身是好是坏，而只问以他这样的人来做或不做这件事是否符合他的身份，是否关系到他的荣誉。因此，他可以做出最坏的事而仍然是一个重荣誉的人。他甚至抱着一些主观任意性的目的，把自己想象成某种人物，把一些道义的约束加在自己和别人身上，而实际上这些约束是与他毫不相干的。在这种情况之下，阻碍他的那些困难和纠纷也不在事实本身上，而在他的主观想象里，因为要做到自己臆想成的人物所应做到的事，对他才是荣誉攸关的。

荣誉也可以是毫无内容而完全是形式的，因为它所包含的不过是本身无限的抽象的"我"，或是把很坏的内容误认为有约束力的东西。在这种情况下，荣誉就变成完全冷冰冰的、死的东西。

我们又回到英雄时代理想人物形象的一个基本定性，即个性的独立性。不过在荣誉里，主体不仅要坚持自己的独立，自己单打独斗，而且这种独立性是和外界对自己的看法联系在一起的，正是这种对自己的看法形成了荣誉的真正内容。

论爱情

浪漫型艺术的第二个重要议题是爱情。

什么是爱情？一个主体把自己抛舍给另一个个体，放弃自己的独立意识和存在，感到自己只有在对方的意识里才能获得对自己的认识。从这个观点来看，爱情与荣誉刚好是互相对立的。

我应该把我自己——这个主体所包含的一切，把我的过去、现在和未来，全部渗透到另一个人的意识里去，成为对方所追求和占有的对象。在这一情形下，对方就只在我身上生活着，我也就只在对方身上生活着。只有在这个充实的统一体里，双方才实现各自的自为存在，双方也都把各自的整个灵魂和世界纳入到这个统一体里。恋爱中的主体不是为自己而存在和生活，不是为自己而操心，而是在另一个人身上找到自己存在的根源，同时也只有在这另一个人身上才能完全享受他自己。

爱情在浪漫型艺术里占据着重要的地位。这种把自己的意识倾注在另一个人身上的情况，这种忘我无私的精神，给艺术提供了巨大的空间。爱情远不止于冲动和情感，想象也在爱情里起着重要作用。围绕着爱情，想象创造出整个世界，把其他一切事物，一切属于现实生活的旨趣、环境和目的都提升为这种情感的装饰，把一切都拉入爱情这个领域里，使一切都由于与爱情的关系而获得价值。爱情在女子身上特别显得美，因为女子把全部精神生活和现实生活都集中在爱情或是把它们引申为爱情，女子只有在爱情里才找得到生命的支持力，如果在爱情方面遭遇不幸，她就会像一根被狂风吹灭的蜡烛。

无论从哪个方面来看，爱情中都包含着一种高尚的品质，它远远不止于动物的性欲。爱情显示出一个人与另一个人的优美的和谐，而这一和谐是通过生动活泼的、勇敢的自我牺牲精神去完成的。

但是浪漫型的爱情也有局限性，在内容方面它缺乏自在自为的普遍性。它只是个别主体的私人情感，其中不包含人类生存中的永恒旨趣和客观内容意蕴，例如家庭、政治目的、祖国、职业、社会地位、自由和宗教等方面的责任。爱情的内容只有恋爱者的自我由另一个人（恋爱对象）的自我中反映出来，使恋爱者能从这种反映中找到自我。这种内容还只限于形式上的内心亲热情感，还不真正符合本身具体的个人所应有的整体性。在家庭、婚姻、职责和国家的领域里所应涉及的主要因素并不是主体情感和"只爱这个人，不爱任何其他人"式的排他性的结合。但浪漫型的关键正在于这个男子就只爱这个女子，而且这个女子也就只爱这个男子。为什么爱的正是这个个别的男子或女子呢？唯一的理由在于主体方面的特殊癖性和偶然的心血来潮。每一个男子或女子都觉得他或她所爱的那个对象是世界上最美、最高尚的人，尽管在旁人看来那个人非常平凡。但是既然一切人或是多数人都显出这种排他性，每个人所爱的并不是真正的唯一的女爱神，而是每个人把他所心爱的女子看成女爱神或是比女爱神更强，我们可以因此得出结论：可以看成女爱神的人多得很；事实上每个人也都知道世上有无数漂亮的或是品质高尚的姑娘，她们全体也都找到了她们的情郎、求婚者和丈夫，在他们的眼中，她们都是美丽的、善良的、可爱的，所以偏爱某一个人而且只爱这一个人的现象纯粹是主体心情和个人特殊情况的私事。恋爱者只肯在这一个人身上发现自己的生命和最高意识，这种顽强固执的观念正足以说明爱情既是随意任性的，又是带有必然性的。

论忠贞

每个人都要替自己开辟出一条生活的道路，缔造出一个现实世界，并将它牢牢地保持住。但是当人年轻的时候，还生活在不很明确固定的现实社会关系里，彼此容易紧密契合，联系成为一条心、一个意志、一种活动。一个青年人着手去做一件事，其他青年人也就都跟着做起来。成年人的友谊就不如此，他们的生活情况不同，各走各的道路，彼此不可能有那样紧密的共同生活，不可能那样相依为命。他们时而聚在一起，时而又分散了，他们因为兴趣和事务而碰头，但这些东西有时正是他们分手的缘由。友谊、意气相投、见解和方向的一致，可以很长久地把他们联系在一起。但是这已不是青年人的友谊，在决定做一件事的时候，不是那样一呼百应了。我们的较低沉的生活中有一条基本原则：在大体上人各为己，每人都在对付自己的现实生活。

只有在地位平等的人们之间才可以有友谊和爱情两方面的忠贞，但我们现在所要谈的是对一个地位比自己高的上级或主子的忠贞。这种忠贞在古代可以看到。在荷马史诗《奥德赛》中，俄底修斯在离家20年后，乔装回家，只有牧猪奴认出他，并帮助他消灭了许多谋夺他的王位和向他妻子求婚的人。

在浪漫艺术中，忠贞已不是奴隶对奴隶主的忠贞，尽管这样的忠贞也可以优美动人，但毕竟缺乏个人人格的自由独立性以及真正属于自己的目的和动作，所以是次要的。到了骑士时代，骑士崇尚的封建臣属的忠贞，却是另一种情况。尽管主体也效忠于一个上级、亲王、国王或皇帝，但却把自己的自由独立看成极为高贵的品质。骑士维护自己的独立自由，与效忠于君主处于同样重要的地位。这双重原则的忠贞乃是骑士风中的一个大原则，至少，它在起源时期是维持社会稳定与团结的基础。

在一种尚未开化、尚未驯服、尚无职责与法律统治的外在世界里，这种忠贞就显出它的最大的光彩。在这种没有法律的现实中，最有力量和最有才干的人挤上了固定的中心地位，成为领袖和君主，其余的人就自愿地聚集在他们的周围。这整个制度在起源时所根据的基本原则是自由选择，一个人可以选择一个主子来依靠，也可以自由决定这种关系要维持多久。所以骑士风的忠贞要支持财产、权利、个人的独立性和荣誉。因此人们不认为忠贞就是主体，它是一种虽违反自己意愿也必须要尽的单纯义务。与此相反，每个人都使忠贞的维持以及与之相关的公众秩序的维持，依存于他自己的意愿、欲望和特殊的意见。

忠贞的冲突

双重原则自然会产生冲突，骑士对主子的忠贞和服从，很容易和主体的情欲、荣誉、爱情以及外在的和内在的偶然事故产生冲突。当骑士受到屈辱，忠贞就会变成不可靠的东西。比如，一位骑士十分效忠于他的君主，但不幸的是他的一位好朋友与这位君主发生了争吵。这时骑士就要在两种忠贞之间作出选择，而他首先又要对他自己的荣誉和便利保持忠贞。这种冲突有实际的例子：熙德骑士〔全名罗德里高·迪亚兹·德·维瓦尔（1043—1099年），人称熙德，西班牙斗士。西班牙英雄史诗《熙德定歌》中的不朽人物。曾为卡斯蒂利亚的阿方素六世的陪臣，1079年被国王流放。长期为西班牙和摩尔人与敌方作战，因对国王效忠，召回后受宠，成为护国公和巴伦西亚的统治者〕，他既忠于国王，也忠于自己。国王做得对，他就帮助；国王做得不对，或是侮辱了他，他就收回他强有力的支持。查理大帝的臣僚们也是持这种态度。他们之间的统治与服从的关系颇类似我们已经看到的宙斯和诸神的关系：头目下了命令，咆哮争吵，但是独立的强有力的臣属们可以随心所欲地违抗他。把这种脆弱或松散的君臣关系描写得最真实最美妙的是《列那狐的故事》〔又名《列那狐传奇》，是中世纪市民文学的代表作之一，全书以动物暗示当时社会不同阶层的人士，是一部优秀的讽刺作品〕。正像在这部诗里国家大人物们都为他们自己和他们的独立性服务一样，中世纪日耳曼的君主和骑士们每逢要替集体和皇帝做点事的时候，都推托说不在家。我们可以说，人们对中世纪的评价很高，仿佛正是因为当时每个人都配得上称为一个有荣誉的人，只按照自己的主观意愿行事，做出一个按理性组织起来的国家所不容许的事。

在荣誉、爱情和忠贞这三个阶段，基础都是主体本身的独立性，都不断地展现于日益广阔丰富的旨趣，而在这些旨趣中，主体却始终一致，忠实于自己。这些因素在浪漫型艺术里形成了纯粹宗教范围以外的最优美的部分。

骑士风的基本特色是个人的无限主体性，脱离了对神的和解和依存，而更多地关心世俗生活。

维罗纳的维罗妮卡　　布面油画　　1872年　　美国特拉华州美术馆藏

但丁·加百利·罗塞蒂（Dante Gabriel Rossetti，1828—1882年）

　　英国拉斐尔前派重要画家。罗塞蒂远离社会问题，不趋向写实画风，执着于象征性的诗意表现；其深厚的文学修养、高度的诗的热情，以及近乎悲剧性的一生，赋予了作品醒目的诗情、朦胧的画境和浓郁的孤独情绪。他以女性为题材，作品弥漫着忧郁和伤感；他不着力细节的描绘，却注重表现女性的颈部的修长和柔韧。

第 二 卷　各个特殊类型的艺术美·第 三 章　浪漫型艺术 | 197

皮娅·托洛美　布面油画　1868—1880年

白日梦　布面油画　1880年
英国伦敦维多利亚与艾伯特博物馆藏

莉莉斯夫人　布面油画
1868年　美国纽约大都会艺术博物馆藏

玩牌　布面油画　1872 年　英国伦敦泰特美术馆藏

约翰·埃弗里特·米莱斯　（John Everett Millais，1829—1896 年）

英国画家，拉斐尔前派三个创始人中年龄最小的一位。米莱斯的艺术秉性与罗塞蒂比，缺少后者那种丰富的想象力；与亨特比，没有亨特那种道德说教的狂热性。米莱是一位写实能力很强的画家，他只是尽可能把生活的真实，引向一种忧郁的诗性的境界。他的作品往往会溢出一股浓郁的伤感情绪。

第二卷 各个特殊类型的艺术美 · 第三章 浪漫型艺术 | 199

玛丽安娜 木板油画 1851年 英国伦敦泰特美术馆藏

奥菲莉娅 布面油画
1851—1852年 英国伦敦泰特美术馆藏

影响人类文明进程的文化与科学巨著

我们的英国海岸　布面油画　1852年

威廉·霍尔曼·亨特（William Holman Hunt，1827—1910年）

　　英国画家，拉斐尔前派创始人之一。亨特的艺术立足于写生，他在作品中非常注重细节的表现，这也是德国那撒勒派的特点,因此有人认为拉斐尔前派艺术是欧洲象征主义的前奏。亨特的作品着重探索人类心灵的奥秘和表现国民精神，其宗教色彩也十分浓厚，题材往往源自圣经和文学作品，尤其是莎士比亚的作品。

第 二 卷　各个特殊类型的艺术美 · 第 三 章　浪漫型艺术　|　201

死亡的图像　布面油画　1870年

圣依诺斯的夏娃　布面油画　1848年

影响人类文明进程的文化与科学巨著

浪漫艺术的解体

个别人物性格的独立性

浪漫型艺术的出发点是孤立的,并带有主体的无限性,这是本阶段的浪漫型艺术的基本定性。不过这种本身独立的无限性在本阶段中却加入了一些新的因素:1.内容的特殊性,这种内容形成了主体的世界。2.主体及其特殊性和他的诉求的直接结合。3.人物性格本身所界定的生动具体的个性。这里的个人之所以成为具有个性的人,并不是由于他具有实体性的或是本身有理由可辩护的内容,而只是由于具有人物性格的主体性,因此这不是靠内容和坚定的情致,而是靠它自己所特有的个体独立性。

个别人物性格的形式上的坚定性。现在我们所谈论的是这样一种特殊的人物性格:他生来是什么样的人,他就要做那样的人。莎士比亚笔下的人物性格就主要属于这一种,他们的顽强性、坚定性和片面性特别值得惊赞。他们所追求的特殊目的是只有他们才有的,是完全由他们的个性决定的,他们带着始终不渝的热情去实现这些目的,丝毫不考虑普遍原则,只求达到自己的满足。特别是像《麦克白》《奥赛罗》《理查三世》之类的悲剧,每部作品中都有一个这样的人物性格,他周围的人物都没有他那样突出和鲜明。例如麦克白的性格就注定了他追求名位的野心。起初他还踌躇,但是接着就伸手去抓王冠,为了要抓到手,不惜谋杀国王。为了要保住王冠,他不惜采取一切残暴凶恶的手段。这种不顾一切的坚定性和一心一意地坚决实现由自己抉择的目的,就是麦克白的主要吸引力所在。什么东西都不能使他动摇,无论是对神圣王权的尊敬,妻子的疯狂,部下的叛乱,还是迫在眼前的毁灭,无论是天上或是人间的法律,他都不管不顾,勇往直前,决不后退。麦克白夫人的性格也和他类似。只有审美趣味低劣的近代批评家才在她身上发现所谓的爱。和他们相反的是近代作品中带有可怜相的人物性格,例如考茨布所写的人物看起来高尚、伟大、卓越,而内心却是软弱下贱的。

有些作家写出双重人格的、内部失调的人物性格,就自以为是莎士比亚再世。但他们不知道自己和莎士比亚根本是天壤之别，因为莎士比亚的人物都是首尾融贯一致的，都始终忠实于自己和自己的情欲。其次，人物性格愈特殊，愈坚持只按照自己的性子行事，因而容易走上罪恶的道路，他在具体现实世界也就愈须对付阻碍他实现目的的障碍，而且就连这目的的实现本身也近乎把他推向毁灭。也就是说，人物如果实现了自己的意图，就会碰到植根于他的性格本身的一种自作自受的毁灭。在希腊人那里，起重要作用的不是主体性格而是情致或动作的实体性内容，这种定性明确的人物性格在他的动作情节范围之内也基本上没有发展，他在开场时是什么样的人，在收场时还是那样的人。但是在我们现在所谈的这个阶段里，动作的进展却不只是一种外在的发展，而且也是主体内心世界的发展。例如麦克白的动作情节就表现出他的心灵逐渐转向野蛮的恶化过程。他的妻子一开始就很果敢，她的发展只限于内心的焦虑，一直到身心双方的崩溃，发展到致命的疯狂。

最后，在现阶段的这些人物性格里，由于他们所选择的目的是偶然的，由于他们的个性是独立自主的，就不可能有客观的和解。"事情原来如此"，不管他的遭遇来自命运的必然，还是来自偶然，都是一样，用不着思索来因和去向。

性格作为未发展完成的内在整体。人物性格的形式化表现在单纯的内心生活上，这样一种单纯且不自觉的沉默的本性也可以显出高度的吸引力，不过这种沉默应该是深不可测的，如同寂静的大海。那些沉默的无限内容和深度之所以被人认识到，是凭借着艺术家巨大的天才和表现技能，用零星的、分散的、素朴的、无意的却又生动活泼的语言将之表现。也许艺术家本人并没有意图要使旁人了解那些内容，但那些内容却仍能显示出见闻丰富的心灵掌握的现实情况中的实体性的意义。这种类型的人物性格是浪漫型艺术中最优美动人的形象。

莎士比亚在这方面已达到最完美的境界。《罗密欧与朱丽叶》剧中的朱丽叶就是一个例证。你们都已看过关于朱丽叶的戏剧表演。这是值得看的，它表演出的是一个高度活泼生动的、热情的、有才气的、完美而高尚的形象。不过朱丽叶的形象也可以从另一个方面来挖掘，她开始是一个十四五岁的完全孩子气的小姑娘，她还意识不到自己，也意识不到世界，她没有什么活动、欲念和愿望，她看着周围的世界就像幻灯所投射的影子一样，不从中学习到什么，也不对它进行思索，只是天真地瞪着眼睛看着。可是突然间这个心灵的坚强的力量，机智、审慎的思虑、魄力都展现出来了，她经受了最艰难的考验，使我们感觉到这一切好像一朵玫瑰突然绽放，每一片花瓣和每一条皱纹都显露出来了，又好像潜伏在心灵最深处的一股清泉突然源源不绝地迸射出来了。之前她还是浑然一体，见不出差异，还没有发展成形，现在却在一个刚觉醒的旨趣的直接影响之下，在她自己也没有意识到的时候，以美丽丰满的英姿，从禁锢她的精神中挣脱而出。对于优美高尚的女性，只有爱情才揭开周围世界和她自己的内心世界，只有这样，她才算在精神上脱胎出世。

民间诗歌，特别是日耳曼的民间诗歌，大半也属于这种不能完全表达出来，只能用一种符号来暗示的内心范畴。歌德往往喜欢使用象征手法来写作，特别是在他的诗歌里，只寥寥几笔，却能把心灵中的全部真实和无限都揭示出来。例如《吐勒国王》就是一个最美的例子。这位国王的爱情信物不过是心爱的女子留给自己的一个酒杯。在临死之前，这位老酒徒站在他的王宫大厅里，身旁站着他的骑士们，他把他的王位和珍宝传给他的继承人，却把酒杯投到海里，不让旁人保管它："他看到杯子抛下去，装满水沉到海的深渊里去，他的眼睛昏眩，他自己也沉下去了，从此之后他便不再沾染一滴酒。"

这种深刻而静默的心灵蕴藏着精神的力量，就如燧石蕴藏着火种一样，还未表现出来，没有充分发展出自己的生命和对自己的生命的思索，所以还不能获得解放。例如哈姆雷特〔出自莎士比亚著名四大悲剧之一的《哈姆雷特》，主角哈姆雷特是一名为父复仇的王子，但他在仇恨中兼有怜悯和忠贞等富有人文气息的性格〕就是这种具有优美高尚心灵的人。他并没有内在弱点，只是没有强健的生活感，所以他在阴暗的感伤心情中徘徊。他具有一种精微的嗅觉，本来没有什么值得猜疑的标志或理由，但是他总感到不稳妥，总感到什么不好的事情将要或早已发生。他父亲的阴魂把详情告诉了他，他心里马上就燃起复仇的熊熊烈火，他只相信自己的良心所规定的职责和价值观，但是他不像麦克白那样凭一时感情用事，不杀人，不发火，不进攻，不像拉俄提斯〔也被译作雷欧提斯，在《哈姆雷特》中，他是御前大臣波洛涅斯的儿子，最后与哈姆雷特自相残杀而死〕那样说干就干，而是固守着一个优美的沉浸在内心生活中的灵魂寂然不动的状态，即使这种状态下的灵魂不能使自己成为现实，不能使自己适应当前的情况。他能非常好地克制冲动的情绪，从容不迫地从自己正直的心灵中寻找客观的确凿证据，纵使已经找到了，还是犹疑不决，任自己被外在的情况牵着鼻子走。在这种缺乏现实感的情况下，他连摆在眼前的东西都认知错误，他杀死的是波洛涅斯那老家伙而不是国王。在应该审慎的地方他却匆促鲁莽，而在应该立即行动的地方，他却沉思默想——直到最后，在他的矛盾与挣扎下，导致全局的命运归宿以及自己沉思内省的内心生活的归宿。

人物性格在艺术表现中所引起的实体性兴趣。从哈姆雷特的例子里可见，如果从当事人所追求的目的来看，这种形式的人物性格是完全片面的，局限的。但从他们的意识来看，他们的性格却是充分发展了的，他们不仅能引起形式上的兴趣，而且还能引起实体性的兴趣。我们会从他们身上得到一种印象，仿佛在他们的主体性中，这种局限性本身就是一种命运，换句话说，就是它们的特殊定性与另一种深刻的内在精神之间的矛盾纠纷。莎士比亚笔下的凡俗人物就是最好的例子：斯提芳诺、屈林库罗、庞斯托尔以及这批人物中的绝对英雄福斯塔夫，尽管浑身俗气，却显得如此聪明，有应付一切的才能，过着自由的生活。法国悲剧却与此相反，其中最伟大最卓越的人物，如果摆在阳光下细看，往往都是些自我膨胀的恶劣的畜生，唯一的才能是用诡辩的方式来为自己辩护。在莎士比亚的作品里，我们却从来找不到辩护和谴责，只看到对一般命运的检阅，剧中人物们都用命运必然性的观点来看事物，他们看自己也像看旁人一样，仿佛跳出自身来看自己，既不诉苦，也不追悔。

从以上这些观点来看，这一类的个别人物性格是一个无限丰富的领域，但是写这类人物也有一种危险，即易流于空洞和呆板。所以只有少数大师才具有雄才和卓越的见识，去掌握住这类人物性格的真实面貌。

投机冒险

浪漫型艺术的一个基本定性就在于精神性，或反省本身的心灵，形成一个独立自足的整体，因此外在现实对于它来说，不是由它渗透进去的现实世界，而是和它割裂开来的纯然外在的东西，离开精神而独立向前推进，卷入纠纷，流转无常，全凭偶然毫无目的到处乱窜。对于把自己禁锢于本身范围以内的心灵来说，它碰上哪一种环境都是一样，哪一种环境出现在它面前都是偶然的。因为这种心灵采取行动时的目的只有一个：表现自己，为行动而行动。

目的和冲突的偶然性。一切依存于偶然的情况构成"投机冒险"，就事件和动作的形式来说，投机冒险是浪漫型艺术的一个基本类型。浪漫型艺术尽管所表现的也是本身普遍和具有实体性的目的及其实现过程，这种目的本身却不能决定动作及其内在演变过程的次第，而是听任动作自由地卷入纠纷，听任偶然外在事物的摆布。

首先，浪漫世界只有一个绝对的工作要完成，那就是推广基督教的影响，鼓舞教会团体的精神。我们可以把十字军东征看作中世纪基督徒的集体投机冒险，他们所追求的目标是极端空洞的，外在的。十字军东征另外还带有掠夺和征服这种纯粹世俗性的目的，这种对外在事物的追求也是和宗教的目的毫不相容的。搜寻圣杯的故事也和十字军东征一样带有既神秘又奇幻的色彩，在实现这种目的过程中也是投机冒险的。

其次，每个人要靠自己完成的工作和实现的生活来决定自己永恒的命运。例如但丁在他的《神曲》里就根据天主教的观点去掌握这种题材，引导我们游历地狱、净界和天国。这部诗在整体上有严谨的安排，也不缺乏幻想的观念和投机冒险的事迹，因为它描述奖善惩恶的工作，并非只是绝对显出它的普遍意义，而是提出无数个别具体的事例。此外，诗人僭夺了教会的权利，把天国的钥匙拿到自己手里，宣布赏罚，使自己成为世界的裁判人，把古代和基督教时代的一些最有名的人物，其中包括诗人、公民、战士、大主教、教皇之类，分配到地狱、净界和天国里。

另外，导致动作和事迹的材料在世俗生活的领域里都是观念方面的无限多样化的投机冒险，有关爱情、荣誉和忠贞的外在的和内在的偶然情况。有时是为了自己的名誉而进行殴斗，有时是为受迫害的无辜者打抱不平，为自己所崇拜的贵妇人而做出最奇特的事，或是靠拳头的力量和手腕的灵巧来捍卫受侵犯的权利。在这类题材的绝大多数事例中都没有必然要导致行动、情境和冲突的机缘，只是当事人要显示自己的身手，故意地去寻求投机冒险的事干。

对偶然性作喜剧性的处理。骑士风在荣誉、爱情和忠贞之类理想方面没有真正的伦理的辩护理由，它的情况也是由偶然性支配的。比如，在阿里奥斯陀〔意大利文艺复兴时期的著名诗人〕的作品里特别引人入胜的是命运与目的之间无限的错综曲折、离奇的关系和荒唐情境的童话般的拼凑，诗人用这一切来进行投机冒险式的游戏。他的英雄们郑重其事地干一些十分荒谬和愚蠢的勾当。特别是爱情这个主题，往往从但丁的宗教性的爱和彼特拉克的想象的柔情堕落到淫秽故事和可笑的冲突中，而英雄品质和英勇气概则夸张到极端，使人感到的不是信服和惊赞，而是一种对荒诞不羁的行为的讥笑。但是由于情境发生的方式是偶然的，许多奇妙的纠纷和冲突就被引到故事里来，一会儿开始，一会儿中断，一会儿又交织在一起，最后突然出人意外地达到了解决。

阿里奥斯陀所侧重的是投机冒险的童话性方面，塞万提斯〔全名塞万提斯·萨维德拉，西班牙小说家，戏剧家，诗人。因撰写讽刺人类荒唐之举的《堂吉诃德》而闻名于世。被誉为是西班牙文学世界里最伟大的作家，评论家们称他的小说《堂吉诃德》是文学史上的第一部现代小说，同时也是世界文学的瑰宝之一〕却发挥了它的传奇性方面。他所写的堂吉诃德具有一种高尚的性格，但在他身上，骑士风变成了疯狂。在这里，骑士风的投机冒险是放在一种稳定的、明确的、外在关系描写得很详细的现实情况里的。这就产生了一个凭知解力安排得有秩序的世界和一个与它脱节的孤立的心灵之间的喜剧性的矛盾，这样的心灵妄想单凭自己和骑士风来形成和巩固这种秩序，然而骑士风会把它推翻掉。但是尽管有这种喜剧性的迷失道路，我们仍然能在堂吉诃德身上看到此前我们所称赞的莎士比亚的一切品质。

《堂吉诃德》这部作品一方面是对浪漫骑士风的一种嘲笑，一种百分之百的讽刺，比起它来，阿里奥斯陀的作品只是对投机冒险开了个无伤大雅的玩笑。另一方面，堂吉诃德的事迹仿佛是一条线，非常美妙地把一系列的真正传奇性的小故事贯穿在一起，把书中其他用喜剧笔调描绘的部分的真正价值衬托出来。

拟传奇式的虚构故事。与上述形式的浪漫型艺术的解体相联系的是第三个阶段，即近代意义的拟传奇式的虚构故事，它在时间上后于骑士式的和牧歌式的传奇故事。拟传奇式的虚构故事所表现的是变成具有严肃性和现实内容的骑士风。外在世界的偶然情况现在已转化为公民社会和国家的固定安稳的秩序，所以警察、制度、法律、军队、国家行政机构代替了过去骑士们所追求的虚幻的目的。因此，在近代拟传奇式的虚构故事中活动的英雄们的骑士风也就改变了性质。他们要在阻挠其实现理想的世道里打出一条路来，他们认为不幸家庭、社会、国家、法律、职业之类具有实体性的势力、生活关系及其约束总是在残酷地抗拒他们的理想和心灵的无限权利。所以要做的事就是在这种事物秩序中打开一个缺口，要对世界加以改变和改良，或是不管它怎样，至少要在这尘世间辟出一个天堂：要找一个中意的姑娘，找到了，把她从坏亲属和苦难环境中救出来，把她抢走。值得注意的是，一个人不管和世界进行过多少次争吵，多少次被这个世界弃如敝屣，到头来他仍会拥有姑娘和地位。他会结婚，会变成和你我一样的庸俗市民：太太管家务，生儿养女，原来是世间唯一天使的受崇拜的太太，现在的举止动静也和许多其他太太差不多；职位带来工作烦恼，婚姻也带来家庭纠纷……总之，他也要尝到旁人都尝过的那种酒醒后的滋味。我们在这里所看到的仍旧是投机冒险的人物性格，所不同的是投机冒险在这里具有正当意义，其中幻想性的因素得到必要的纠正。

浪漫型艺术的解体

浪漫型艺术在本身上就已包含瓦解古典理想的原则，现在我们还要更详细确定的最后的一点就是这种瓦解在实际上是如何实现的。在浪漫型艺术里，主体对内在世界静观反省、闭关自守，外在世界的全部内容就获得自走自路的独立自由，并得以按照自己的本性和特殊情况存在下去。浪漫型的内心活动可以表现出一切情境，辗转投合成千上万的机缘、情况、关系、歧途和迷径、冲突和满足，因为所寻求的并且使它生效的并不是一种客观的绝对生效的内容意义，而只是心灵对它本身的主观的反映，即心灵的表现方式和领会方式。所以在浪漫型艺术的表现里，一切东西都有地位，一切生活领域和现象，无论是最伟大的还是最渺小的，最高尚的还是最卑微的，道德的还是不道德的，都有它们的地位。例如莎士比亚就是如此，在他的作品里，动作情节一般都是在最具体的有限的生活关系中进行的，分化为一系列的偶然事件，一切情况都各有它的价值，最高的境界和最重大的旨趣与最不重要的或次要的东西摆在一起。《哈姆雷特》里有王宫也有岗哨，《罗密欧与朱丽叶》里有贵族千金也有仆婢，其他剧本里有小丑、粗人以及日常生活中的平凡事物，例如小酒馆、搬运夫、夜壶、跳蚤之类。正如在浪漫型艺术中以基督的诞生和三贤王礼拜婴儿基督为题材的宗教画里就有牛、驴、牛槽和饲料，这种情况随处可见。可以说，《圣经》里有一句话在艺术里得到了证实："凡是卑微的都要得到提高。"

这阶段所用的偶然性的题材有时固然只是对一种本身重要的内容作陪衬，有时却独立地表现出来，正是这种题材的偶然性造成了我们在上文已提到的浪漫型艺术的解体。

对现成事物的主观的艺术模仿。这个领域可以包括的题材范围是无穷的，因为在这里艺术用作内容的不是范围有限的带有必然性的东西，而是偶然的现实事物。说得更具体一点，在各门艺术之中运用这类题材的主要是诗和绘画。诗所描绘的是平凡的家庭生活，这种生活的实体性的内容是正直、通达人情世故和服从当时的道德习俗。其中情节的纠纷限于日常市民生活，背景、人物取自中下层阶级。在法国作家之中，狄德罗特别提倡这种对自然和现实事物的模仿。如果我们想看到艺术在这方面的最值得赞赏的成就，就该去看近代荷兰人的风俗画。荷兰是一个由渔夫、船夫、市民和农民组成的民族，所以他们从小就懂得用辛勤劳动所创造的最大的乃至最小的必需品和日用品的价值。处在其他情境的其他民族就不可能运用荷兰画中的某些题材，作为艺术作品的最主要的内容。

这类题材也许不能满足要求本身真实的内容意蕴的那种较深刻的鉴赏力。但是纵使情感和思想得不到满足，更细心的观察会使这个缺点得到弥补。浪漫阶段的艺术只凝定和表现出自然变化中流转不息的外在面貌，例如一股流水，一块瀑布，海上的浪花，杯盘上偶然放射出的闪光中的静物状态，一个人在特殊情境中的表情，或是一位妇女在灯光之下穿针，一群强盗遇到动静时突然站住不动等这种瞬间的变化，是奥斯塔德〔荷兰风俗画家（1610—1685年），在作品的取材方面比较接近布鲁韦尔，但其画风不像布鲁韦尔那样深沉和悲怆，而是洋溢着一种农民般粗犷而朴素的幽默感。他的油画分量厚重而单纯，有一种源于P.勃鲁盖尔绘画传统的艺术魅力，善于描绘酒店、烟馆以及农舍中的情景，《在房中酗酒的农民们》是这类作品的代表作〕、特尼耶和斯蒂恩这类画师最擅长的题材。这是艺术对流转消逝情况的胜利，在这种胜利中实体性的东西仿佛受到欺骗，丧失了它驾驭偶然流动的东西的威力。

除对象外，表现手段本身也自成一种独立的目的，艺术家主体方面的技能和艺术媒介的运用也就提升到艺术作品的客观对象的地位。早期的荷兰画家对颜色的物理学就已进行过极深入的研究。梵·艾克、海姆林和斯柯莱尔都会把金银的色泽以及宝石绸缎和羽毛的光彩模仿得惟妙惟肖。例如特尔堡〔17世纪荷兰画家，代表作《阿特拉斯》，阿特拉斯是希腊神话中双肩扛着世界的神，又是撑天的神山〕所画的《阿特拉斯》，每一条颜色孤立地看只是一种深灰色，多少带一点浅白色、浅蓝色或浅黄色；如果我们站远一点去看这些颜色的配合，就会看出那种很适合阿特拉斯实际面貌的优美温润的色泽。绸缎、光的动荡，云的飘动以及一般人物画的事物都有类似的情况。

主体的幽默。在幽默里，艺术家的人格是按照自己的特殊乃至深刻方面来把自己表现出来，所以幽默所涉及的主要是这种人格的精神价值。幽默把客观内容的任何独立性以及由事物产生的由本身融贯一致的形状都破坏了，于是艺术表现就变成一种任意处理事物的游戏，对它加以歪曲和颠倒。这也是作者用来暴露对象也暴露自己的一种主观表现方式。

主体如果放任自己的偶然意念和戏谑，听其在迷离恍惚中恣意横行，故意把不伦不类的东西离奇地结合在一起，幽默也往往变得枯燥无味。例如姜·保罗在我们德国人中间就是一个受欢迎的幽默家，但是没有人像他那样把在客观上离得最远的东西离奇古怪地拼凑在一起，把许多事物杂乱无章地混成一团，其中的联系完全是主观的。故事以及事迹的内容和进程在他的小说里都是最难引起兴趣的，主要的东西是幽默的纵横驰骋，他把一切内容都当作显示主体方面巧智的手段。从另一个观点来看，如果主体本身没有由一种真实的客观旨趣充实起来的心灵作为核心和立足点，那么主体就很容易流于感伤和过度敏感。姜·保罗在这方面也是一个例子。真正的幽默要避免这些怪癖，要有深刻而丰富的精神基础，使它把显示只是主观的东西提升为具有表现实在事物的能力，纵使是主观的偶然的幻想，也显示出实体性的意蕴。诗人在创作过程中纵情幽默，应该像斯坦因〔18世纪英国小说家〕和希帕尔那样，自由自在地信步漫游，于无足轻重的东西之中见出最高度的深刻意义。

到此我们已达到浪漫型艺术的终点，即最近时代艺术的立足点，它的特征在于艺术家的主体性统治着他的材料和创作，而不再受已有内容和形式的统治，这就是说，艺术家对内容和表现方式都完全有任意选择和处理的权力。

浪漫型艺术的终结。一直到现在，我们的研究对象都是艺术，而艺术的基础就是意义与形象的统一，也包括艺术家的主体性和他的内容意义与作品的统一。那么，艺术在今天还有什么作用呢？我们发现在东方艺术起源时，精神还不是独立自由的，而是与自然事物融为一体，自然事物本身具有精神性。古典型艺术把希腊的众神表现为一些个体，他们是自由自在的，由精神灌注的，但是基本上还受人的自然形体的约束，把人的形体当作一个肯定的因素。只有浪漫型艺术才初次把精神沉浸到它所特有的内心生活里去，与内心生活对立的肉体、外在现实以及一般世俗性的东西都被视为虚幻的东西。浪漫型艺术的基本出发点是主体性原则，即精神只凝视它自己的内心生活，这必然导致实体性内容的溃散。主体与客体的分裂和各自独立、内容与形式的分裂、艺术家的创作能力和技巧成为艺术中的主要因素，主体运用的内容和采取的形式，都听命于偶然性和主体的任意幻想。这就成为浪漫型艺术解体的根本原因。

从艺术的使命看，每个人都是他那个时代的儿子，他有一个任务，要把当时的基本内容、意义及其必要的形象制造出来，所以艺术的使命就在于替一个民族的精神找到适合的艺术表现。艺术家所要做的事就是把这种真正本质性的东西客观化,让它自己流露出来,形成生动具体的形象。只有在这种情况下艺术家才完全在精神上受到鼓舞,来应付他的内容和表现方式,而他的创造也才不是主观任意性的产品,而是从本身的实体性中破土而出。

其次,在我们给艺术在它的这段发展过程的定位中,情况已经完全改变了。不应把这种改变看作是由时代的贫困、散文的意识以及重要旨趣的缺乏之类的影响给艺术所带来的一种纯粹偶然的不幸事件。这种改变其实是艺术本身的活动和进步,艺术既然要把它本身所固有的材料化为对象以供感性观照,它在前进道路中的每一步都有助于使它自己从所表现的内容中解放出来。对于一个对象,如果我们把它摆在眼前,通过艺术或思考把它看得十分透彻,让其中一切内容意蕴都一览无余,让一切都显得很清楚,再没有剩下什么隐晦的内在秘密了,我们对这种对象也就不会再感兴趣。对于某些民族和某段时代来说,艺术已经摆脱了这种确定的内容意蕴了。此后只有到了有必要反对此前唯一有效的内容时,才会引起重新回到找内容的需要,例如希腊时代阿里斯托芬反对当时现成的制度,琉善反对整个的希腊历史,而在中世纪末期,阿里奥斯陀在意大利,塞万提斯在西班牙,都反对骑士风。

同时,在大多数艺术门类里,特别是在造型艺术里,题材是由外界提供给艺术家的。艺术家按照雇主的订货条件而工作,碰到宗教的或世俗的故事、场面、人物肖像、教堂建筑之类题材时,他所关心的只是用这种题材可以作出什么样的作品来。尽管他也很用心去体验那种已定的内容,但内容对他来说只是一种材料,而不是他自己意识中具有实体性的东西。只有当艺术家的才能从过去某一既定的艺术形式的局限中解放出来而独立自由了,他才可以使任何形式和材料都听他随心所欲地指使和调度。

最后,如果我们要问从现阶段艺术的一般立场来看,什么内容和形式最符合艺术的特征,回答就大致如下:在象征型艺术里内容是自然的意义,表现形式则来自自然事物和人格化;在古典型艺术里内容是精神的个性,表现为摆在面前的肉体存在,这肉体的存在是受命运的抽象必然性支配的;在浪漫型艺术里内容是精神性及其本身所固有的主体性,对于这种主体性的内在方面,外在的形象始终是偶然的。艺术越出自己的界限,同时又回到自身,深入到自己的心胸,从而摆脱了某一种既定内容和掌握方式的范围的严格局限,使人成为它的新神,所谓

"人"就是人类心灵中深刻高尚的品质，在欢乐和哀伤、希求、行动和命运中所表现出的普遍人性。无论是荷马还是索福克勒斯，这样的诗人都已不可能出现在我们的时代里了，从前唱得多么美妙的和说得多么自由自在的东西都已永远留在昨天，这些材料以及观照和理解这些材料的方式都已过时了。只有现在才是新鲜的，其余的都已陈腐。一切材料，不管是从哪个民族和哪个时代来的，只有在成为鲜活的当下的现实中的组成部分，能深入人心，能使我们感觉和认识到真理时，才有艺术的真实性。正是不朽的人性在它的多方面意义和无限转变中的显现和作用，正是这种人类情境和情感的宝藏，才形成了我们今天艺术的绝对的内容意蕴。

关于艺术理想在它的发展过程中所产生的特殊类型的研究到这里便告一段落了。和人类的一切工作一样，在艺术中起决定作用的总是内容意义。按照它的概念（本质），艺术没有别的使命，它的使命只在于将内容充实的东西恰如其分地表现为感性形象。因此，艺术哲学的主要任务就在于凭思考去探究这种充实的内容和它的美的表现方式究竟是什么。

第三卷　各门艺术的体系

　　黑格尔在本卷中论述了用感性因素创造出作品过程中所形成的各门艺术的体系，内容包括建筑、雕塑、绘画、音乐、诗歌等几个部分，并且分别对各门艺术共同的发展过程、一般性特征等进行了细微研究。在黑格尔看来，艺术不应只利用单纯的符号，而是要使意义具有一种相适应的感性面貌。所以一方面呈现于感观的艺术作品应寓有一种内在意义，另一方面，它应把这一内容意义和它的形象表现成为使人看来不只是直接存在于现实世界中的一件事物，而是人的思想和精神活动的艺术产品。而且，美的理想也只有凭借这最后的形象塑造，艺术作品才成为具体的、实在的、本身独立自足的个体。

AESTHETICS

第一章　建筑篇

黑格尔认为，人居住的茅棚和庙宇是最早的建筑，所以他说："在各门艺术的体系中，首先对建筑加以讨论，这不仅因为建筑按照它的概念（本质）就理应首先讨论，而且也因为就存在或出现的先后而言，建筑也是最早的艺术。"同时，黑格尔在对建筑起源的界定上，否定了那种以材料界定的看法，提出了新的界定和分类法。即依据建筑的物质形式表现美与精神的关系，及二者间关系变化发展的不同阶段，将建筑分为独立的，象征型建筑、古典型建筑和浪漫型建筑。

论建筑的起源及特性

正如所有艺术类型都经历过由象征型到古典型然后达到浪漫型的发展过程，每一门艺术的进化过程都基本一致，因为艺术类型本身正是通过各门艺术而获得实际存在的。这种发展过程，就它的抽象关系来看，对各门艺术都是一样的。正如自然界的植物要经过抽苗、开花、结果和枯谢那样，各门艺术都不可能一步就能达到完美，而是要经过开始、进展和终结。

人们通常有一种成见：艺术在起源时总是简单而自然的。这句话在一定程度上当然是对的，与艺术的真正精神相比，粗糙和野蛮的风格的确更简单自然。但是就艺术作为美的语言而言，它的自然、生动和简单却是另一回事。所谓艺术的开始，即被人们当作粗野之物来了解的简单自然的作品，例如儿童所画的简单形体，用几条不成形的线勾勒成的一个人像或是一匹马，与艺术美并不相干。美作为精神的作品就连在开始阶段也要有已经纯熟的技巧、大量的研究和长久的练习。既简单又美这个理想的优点不只是辛勤的结果，更要经过多方面的转化作用。从这方面来看，最原始最古老的艺术作品在各门艺术里都只表达出一种本身极其抽象的内容，例如诗中的简单故事，在酝酿中的神谱及其抽象的思想和粗疏的加工，以及一些木雕石刻的神像之类在表现方式上总不免笨拙、单调、混乱、僵硬和枯燥，比如两只胳膊粘连到身体上，两腿没有分开，或是在笨重地、角度突出地、疾速地走动着；身体的其他部分也显得不符合物理比例。但是在服装、头发、武器和装饰这些外表方面却费过许多心思，下过许多工夫，不过衣褶总是板滞的，彼此显得不和谐而且也不合身，例如早期的圣母像和其他神像就有这些毛病。

就存在或出现的顺序来说，建筑是一门最早的艺术。人们通常有一种倾向，想看到一件事物在起源时的情况，因为事物在起源时显得最单纯。例如关于绘画的起源流传着一个故事：从前有一个姑娘趁她的爱人睡着的时候，把他的影子的轮廓画下来，这样就产生了绘画。关于建筑的起源也有种种说法，有的说是起源于岩洞，有的说是起源于树巢，如此等等。这类起源本身就明白易懂，仿佛根本不用进一步说明。特别是希腊人不仅就美的艺术的起源，而且还就伦理制度以及其他生活情况的起源，创造了许多美妙的故事，来满足要在想象中认识最初起源的需要。这类起源的故事并没有历史的根据，其目的也不在于根据概念来理解起源的方式，而是想用历史的方式来说明艺术是怎样起源的。如果要找建筑的最初起源，我们可以把人所居住的茅棚以及容纳神及其信徒团体的庙宇看作最接近起源的建筑。住房庙宇和其他建筑物都有一个重要特点，那就是它们都是一种单纯的手段，须假定有一个外在的目的。住房和神庙须假定有人和神像之类的住户，它们原先建造起来，就是为了供他们居住的。所以建筑首先要适应一种需要，而且是一种与艺术无关的需要。美的艺术不是为满足这种需要而生的，所以这种诉求还不足以产生艺术作品。人爱歌唱，也需要语言作为传达工具，但是说话、舞蹈、叫喊和歌唱并不等同于诗、舞蹈和音乐。

象征型建筑

人用语言来表达自己的思想，使他人能够懂得。艺术作品也有这一功能。艺术家通过各种手段和媒介来表达自己的观念和思想，把一只狮子、一棵树或任何其他对象临摹出来，但对艺术而言，这并不是最原始的需要。与此相反，我们已经看到过，艺术，特别是造型艺术〔艺术形态之一，指以一定物质材料（如绘画用颜料、墨、绢、布、纸、木板等，雕塑、工艺用木、石、泥、玻璃、金属等，建筑用多种建筑材料等）和手段创造的可视静态空间形象的艺术〕，在描绘这类对象时正是为着要显示主体的塑造形象的才能。艺术的原始旨要，在于把原始的对客观事物的参照和带有普遍性的重要思想摆到眼前来，让自己看，也让旁人看。

建筑物要向旁人揭示出一种普遍意义，除了要表现这种较高的意义之外别无目的。所以艺术是一种暗示，一种对普遍意义或重要思想的象征，一种独立自足的象征。建筑对于精神来说，是一种无声的语言，单凭它们本身就足以启发人思考和唤起普遍的观念。

为民族统一而建造的建筑作品

歌德曾在一首两行体诗中提出"什么是神圣的"问题,他的回答是:"凡是将许多灵魂团结在一起的就是神圣的。"从这个意义上说,神圣的东西以团结为目的,而这种团结就形成独立建筑的最早内容。其中最早的例子就是关于巴比伦塔的传说:人们在幼发拉底河〔西南亚最大河流,全长约2800千米,是中东名河,与位于其东面的底格里斯河共同界定美索不达米亚〕的广大平原上建造起一座庞大的建筑物。这种建筑是象征性的,因为它暗示着联结起那个区域的所有居民的意义,它在形式和形象上都能单凭外在的方式去表现神圣的东西,即自在自为地把人类团结成为一体的力量。象征型建筑过渡到古典型建筑时,主要的特征是把雕刻排除在自己的范围外,开始造出一种建筑物,来表现原本不能直接由建筑表现的意义。

这座直冲云霄的建筑,也恰恰标志着较早的家长制下的统一体的解体,以及一种新的较广泛的统一体的实现。当时那个地区各民族都在集体为这项工程而劳动,他们聚集在一起来从事这项无法测量的庞大建筑,所创造出来的产品就成为联系他们活动的绳索。它屹立在所选定的地点和基础上,把大量的石头堆砌在一起,仿佛是一种建筑式的土地耕作,这样就把参加劳动的人们紧密团结在一起,它的功用正像我们今天的道德风尚和国家的法律一样。

巴比伦塔的传说也提到,各民族在聚集到这个团结的中心点,想共同完成这项工作,但最后还是分散了。

在麦底亚(波斯境北的一个古国)有些城市也是用象征的方式建筑起来的。例如艾克巴塔拿有七重城墙,希罗多德提到过,克洛伊佐在他的论象征的著作里这样说过:"艾克巴塔拿,麦底亚的都城,禁城居中心,外面围着七重城墙,城垒涂着七种不同的颜色,代表天上七个星球围绕着太阳。"

还有一部分民族主要依靠建筑去表达他们的宗教观念。在东方,这种情况特别普遍,如巴比伦、印度和埃及,我们可以看到他们的古代建筑就完全带有这种象征性质,大部分以这种象征为出发点。尽管这些古建筑今天已成了废墟,但我们还能依稀看到令人惊讶的离奇形状和庞大的体积,我们完全能够体会出这类作品的建造凝结了整个时代、整个民族的生命和劳动。

作为个人和民族的精神据点和他们思想意识的焦点,这种建筑的最大目的是,通过一种精神气质的表达,把一个或几个民族统一在一起,这种建筑是能使各民族的精神和肉体团结在一起的空间点。

在起源阶段的建筑，象征是零散的，分化在结构的各处，显著地互相区别开来。这样的情形就不能完成整体的象征，把象征的意义明确和定性到一点上，例如在这一处使用的是圆尖柱，在另一处使用的却是方尖柱之类。这种处在分散而各自独立状态的建筑，在其发展过程中有向雕刻转化的趋势。

这种建筑是对动物和人的躯体的有机形式的模仿，只是在体积上扩大成为庞然大物，并且把许多不同形状的建筑简单排列集合在一起，加上围墙、壁、门、甬道之类，其性质总摆脱不了用建筑的方式来进行的雕刻，如埃及的狮身人面像、金字塔、纪念麦姆嫩［神话中埃塞俄比亚的国王，晨光女神的儿子，传说纪念他的巨大雕像会在晨光照射时发出美妙的音乐声］的建筑以及一些大庙宇都属于这一类。

介乎建筑和雕刻之间的建筑作品

建筑中的生殖器符号元素。在象征型艺术中，东方与西方不同，东方崇拜的是自然界的普遍的生命力，而西方崇尚的是思想意识、人的精神和精神威力。此外，东方也强调在生殖方面的创造力，特别是在印度，这种宗教崇拜是普遍的，它也影响到佛律基亚和叙利亚，表现为巨大的生殖女神的像，后来连希腊人也接受了这种观念。人们把对大地上生生不息的繁衍生命力量的崇拜，化为雌雄生殖器的符号形状，生殖器是用来表达这一崇拜的最常见形式。这种崇拜的主要地区是印度，其次是埃及。历史学家希罗多德在他的《历史》卷二中对此作了大量记载。在埃及的酒神祭典里，也可以看到这一情况。希罗多德写道："他们创造出一种长达一肘的东西来代替男性生殖器，上面系着一根绳子，由女人们提着，使这生殖器经常举起，其大小与身体其余部分小不了多少。"

希腊人也学到了这种崇拜，希罗多德明确地说道（《历史》，卷二，49页）："麦朗普斯［希腊传说中的预言家］对埃及的酒神祭典并不生疏，他把崇拜酒神时举着生殖器游行的仪式输入希腊。"在印度，生殖器崇拜的世风，产生了这样一些形状和意义的建筑物：一些像塔一样上细下粗的石坊。

考察这些建筑的目的会发现，在起源之初，建筑物本身就有独立的目的，本身就是被崇拜的对象。人们建造它们的目的就是为了要建造它。使它在地上耸立起来，成为崇拜的对象物。换句话说，就是要建造一个崇拜的对象。其后事情有些变化，产生了一些附属功能，人们在里面开辟房间，但开辟房间的目的，也不是为世俗的居住，而是为了安置神像。这一状况甚至可以从今天的希腊生活中找到，今天的希腊人随身携带的交通神，是置放在一个小神龛中的，其神龛的形式，还可以找到古代之风。印度生殖器形石坊，一开始是实心的，根本没有世俗的实用功能，后来才演变成中空的，露出外壳的部分，变成了塔。我们必须辨别真正的印度塔与后来伊斯兰教徒和其他民族的仿制品。观察印度塔的构造便可以知道，它不是房屋的形式，它细而高，沿用石坊的基本形式。与此类似的意义和形式在印度人凭想象夸大的弥鲁山的形状里也可以见到。在印度和波斯共有的传说中，弥鲁山被想象成为天河中的一座山脉，漂浮在河流上。而我们居住的宇宙，就是由这座山产生出的，类似于基督教中的乐园。弥鲁山在佛经里被译为须弥山，是雅利安人的原始祖先的住处。这座山被想象为天河里的浮沫，由此产生了世界。希罗多德也提到过这类石坊，有时取男性生殖器的形状，有时取女性生殖器的形状。

　　他认为这些建筑是古代埃及国王塞索斯特里斯［古埃及国王］建立的，这位国王在他所征服的民族之中到处建立起这类石坊。在希罗多德的时代，这类石坊大半已不存在，他只是在叙立克才亲眼看到了一些。根据传说，他把这些全记在塞索斯特里斯的账上。此外他还用希腊人的眼光来解释这类石坊，把原来只涉及自然界的意义转化为伦理的意义，所以他说，"塞索斯特里斯征伐到的民族如果在战场上显得英勇，他就在他们的国土上建立一些石坊，上面还刻着他自己的名字和国籍，表示他征服过这些民族。如果他没有遇到抵抗，他除掉上述铭文之外，还在石坊上刻下女性生殖器，表示这些民族在战场上显得很怯懦"。

　　太阳光线象征建筑。埃及的方尖石坊，它们并不是为人的居住而建造，是对太阳光线的神秘力量的象征模仿。克洛伊佐［（1771—1858年）德国学者,著有《古代各民族特别是希腊民族的象征和神话》］在《论象征》一书上说："波斯人秘特拉斯是埃及太阳城的统治者。有一天晚上他梦见许多闪闪发光的石头，它们的光线与太阳发出来的光线一模一样。于是，他根据梦境在城内大建尖形石，仿佛那就是太阳的光线。尖形石上面还刻了许多文字，人们把这些文字叫埃及文。"在埃及和波斯的大地上，这些尖形石坊俯首皆是，它们是人们对太阳及光线的礼赞，是献给日神的礼物。

　　方尖形石坊。方尖形石坊、麦姆嫩像、狮身人面像，这类介乎于建筑与雕刻之间的作品在埃及大量存在。其中以方尖形石坊最为典型。这种石坊不采用自然界动植物或人的有机生命的形式,而是用几何图形。建这些方尖形石坊的目的,既不是为了供人居住,也不是神庙,而是本身独立的,它是太阳光线的象征。

麦姆嫩像。在方尖形石坊之后,我们主要提到麦姆嫩像。在忒拜的这类巨大的麦姆嫩石像之中,斯屈拉波[公元前1世纪罗马地理学家、历史学家]还看到一个完整的、从一整块石头刻出来的;另一个在日光照到时就发出声响,当时已经残缺。两者均被打造成巨大的坐着的人像,由于体积庞大,看起来形状不是有机的,倒更像建筑而不大像雕刻。那里还有一些排成行列的麦姆嫩石坊,情况也是如此,从它们的排列整齐和巨大体积来看,它们已离开了雕刻的目的而转到建筑。希尔特提到了那座巨大的发出声响的石像,据泡桑尼阿斯[公元前2世纪希腊地理学家,著有《希腊游记》,描述他所见到的古代文物]说,埃及人把这尊石像看作是代表一位国王而不是代表神的,正如奥什曼第阿斯和其他国王立过自己的纪念坊一样。不过这种巨大的石像更可能代表某一个带有普遍性的、确定的或不很确定的观念。埃及人和埃塞俄比亚人都崇拜麦姆嫩——晨光女神的儿子,当太阳初起时他们就向麦姆嫩献祭,石像就发出声响回应祈祷者。所以发声石像之所以重要和使人感兴趣,倒不仅仅由于它的形状,同时也由于它仿佛是活的,能启示某种意义,尽管是用象征的方式去启示。

狮身人面像。狮身人面像和巨大的麦姆嫩石像的情况也是一样,它们的象征意义我在前文已经谈过。它们在埃及不仅数目众多,体积也大得使人惊奇。最著名的一座狮身人面像是在开罗的金字塔群附近,长达148米,从蹄到头高达65米,从胸部到爪尖长达57米,双足伸到前方休息着。这样巨大的体积并不是先在别处雕成而后移置到这里的。人们发掘到底层,发现基座是石灰岩,可见这件庞大的作品是由一整块岩石雕成的。这座大石像固然接近体积最大的雕刻,不过许多这样的石像排成行列,也就成为了完整的建筑群。

古埃及的庙宇。关于埃及的庙宇,我们从今天的考古中可以见出这些庞大建筑物的性格。首先我们应该看到的是,它是一种露天的结构,没有屋顶、门,在墙与墙之间,特别是石坊围成的大厅和石坊林之间,都有通道。这些石坊建筑都极宽敞,内部构造大多复杂,它们本身有独立的作用,而不是用来供神居住或是供祈祷集团聚会。它们有着令人惊讶的巨大尺寸。单从各个部分来看,这些分散的形象也足以引起人的兴趣,因为它们都是某些普遍意义的象征,可以揭示这种意义的不只有形体结构,而且还有刻在它们外层的文字和形象,它们仿佛是另一类书籍。所以从这个角度讲，我们也可以把这些庞大建筑看成是雕像的丛林。但是这些单独的形象往往千篇一律，把同一形象重复数遍，排成行列，只有通过行列和秩序，它们才获得了建筑的性质。这种建筑的性质本身就成为一种独立的目的，它并不是用来支撑梁柱和屋顶，或者满足于其他实用。总之，与实用无关。

在这类建筑中，稍大的入口外都有一条铺道，遵循斯屈拉波的数字，约10丈宽，34丈长。铺道两边站着狮身人面石像，每一行有50～100座，每座高达二三丈。接着就是一道高大的门，下宽上窄，有很高大的门楼和楹柱，比一个人要高10～20倍；有时是孤立的，有时嵌在墙壁里。墙壁本身是独立的，高达五六丈，下厚上薄，只有一面和它呈直角的墙壁联在一起，上面没有横梁，不构成一间房子的形状。和支撑屋梁的垂直墙不同，它们没有承重作用。这类墙壁往往靠着麦姆嫩石像，墙壁也形成过道，墙壁上刻满了象形文字和大幅石刻画。最近发现它们的那些法国人说它们很像印花布。我们也可以把它们比作书页，虽然局限在一定的空间里，却像钟声一样能唤起心灵深处的幽情和遐想。这样的门有许多道，两道门之间总是有成行的狮身人面石像，有时是一个完全由墙围起来的露天广场，有许多条由石坊围成的通道通到这个围墙处。接着就是一个广场，并不用来住人，仿佛是一个石坊的丛林，上面没有圆顶，而用石板盖起来。在这些狮身人面像间的通道，石坊的行列和刻满象形文字的墙壁之后，是一座两翼有厢房的前厅。前面立着方尖形石坊、躺着石狮，在一个前院和一些小径之后，就是全座建筑的终点，真正的神庙或圣地。根据斯屈拉波的记载，庙的体积并不很大，里面并没有神像，或是只有一个动物像。这种住神的庙往往只是一座独立坊，据希罗多德的记载，埃及布陀神庙就是如此。它是由一整块石头雕成的，四壁大致相等，约宽40肘。上面有一块石头当作顶，约4肘宽。这类神庙一般都很小，里面不能容纳太多信徒，但是能容纳信徒是庙宇的一个要素，否则庙宇就变成了一个珍宝盒或者保护神像的神龛之类的东西了。

这类建筑往往模仿动物的形状，绵延数里之长。麦姆嫩石像，庞大的门楼，墙壁，大得惊人的石柱，有时宽，有时窄，配以个别零散的方尖形石坊。人们置身于巨大的人类作品之中，信步游览，不免要想到神圣启示，这些巨石堆砌成的作品到底表达了些什么呢？

在细看之下，许多复杂的象征意义交织在一起，例如，狮身人面像和麦姆嫩像的数目，石坊和通道的位置标明每年的日数、黄道十二宫、七大行星、十二月的季节之类。有时建筑因素如尺寸大小、间隔、柱、墙和台阶的数目之类的处理方式，显得这些关系的目的并不在它们本身，不在对称、和谐与优美，而在它们的象征意义。因此，这类作品显得具有独立的目的，它本身就是一种宗教崇拜，在这种崇拜中，君民结合在一起。

出于本能，埃及人像蜜蜂垒巢一样把建筑物越砌越高。他们对收成并不担忧，土壤是那么的肥沃，耕种不需要太费力，农业劳动只管播种和收获。他们的兴趣和爱好也不像其他民族那样广泛。哪怕是全球人民热衷的航海远行，他们也不感兴趣。记载埃及人的航海资料少之又少，但是他们在本国土地上的建筑，却是任何民族都赶不上的。

在埃及人的内心生活里，人的精神还没有达到自觉，还不能成为自由活动的对象和产品。自觉性还没有成熟，还没有结成果实，还不是本身既已完成的。在这一情形下，他们就不断努力搜寻与猜测，通过不断创造，在创造中得到满足，在既已完成的精神形象中获得满足。因此，他们只能无休止地建筑下去。

我们也可以这样说，象征型艺术作品是没有界限的作品。在埃及建筑中还有迷宫，迷宫是由院场连着石柱围成的通道，在墙壁与墙壁之间构成曲折的道路，错综复杂地缠在一起，有些部分建在地面上，有些则在地下。除掉通道之外还有很大的房间和厅堂，墙壁上刻满了象形文字，像一串谜语，但目的并不是要人找不到出路，而是让游人在徘徊中搜寻，最后找到答案。这样的迷宫本身就是个象征意义，这些迷宫要模仿和表现的是天体运行。

希罗多德是亲眼见过这些迷宫的人，在他的记述里，"离莫理斯湖不远的地方，有一处宏大的迷宫。其规模之大是言语所不能形容的，连金字塔也为之逊色。这座建筑由12代国王陆续建成，整个建筑由一道墙围着，分两层，地上一层，地下一层。总计3000间房子，每层1500间。在地上的一层里，分为12个毗邻的院子，都开了相对的门，6道门朝北，6道门朝南。每个院子有双排石柱围成的通道围绕着，柱子都是用白石精雕的。从院子可以走进房间里，从房间里可以走进厅堂里，从厅堂里又可以走进其他的房间里，从这些房间里又可以走到院子里。"

希罗多德说："那无数连在一起的房间、过道及院子，曲折得令人吃惊。"普里琉斯说这些迷宫神秘难解，由于曲折多，使外来人感到厌倦，开门时声音之大就像打雷。斯屈拉波像希罗多德一样，也亲眼见过这些过道，他说这类迷宫环绕着院子的地面。建筑这类迷宫的主要是埃及人，但是在克里特岛〔位于地中海北部，是希腊的第一大岛，总面积8300平方公里。行政上属于克里特大区。克里特岛是爱琴海最南面的皇冠，它是诸多希腊神话的发源地，过去是希腊文化、西方文明的摇篮，现在则是度假胜地〕上也有模仿迷宫而建的迷宫，只是规模比较小，在摩利亚和摩尔太也有。我们可以把这类建筑作品看作已开始接近古典型建筑艺术的那种象征型的建筑。

独立的建筑到古典型建筑的过渡

印度和埃及的地下建筑

部分印度和埃及的地下建筑被用作聚会场所和地下教堂，建造的目的是引起宗教的惊奇感和有利于精神集中，带有象征性的设施和暗示。这类建筑尽管还是象征型的，却已属于较进一步的发展阶段，因为它们已不再作为象征型的建筑而独立存在，它们已有墙和顶之类来达到覆盖环绕的目的，象征型建筑较显著的形象是插入式。希腊意义和近代意义的庙宇和房屋在这个阶段已现出它们的自然形式。

密特拉斯〔埃及神话中的光神〕岩洞属于这一类，尽管它们出现在另一地区。密特拉斯的崇拜和宗教仪式起源于波斯，但是类似的崇拜仪式也流行于罗马帝国。例如在巴黎博物馆里有一个著名的浮雕，雕的是一个少年人持刀割牛脖子。这个浮雕原本是在罗马朱庇特神庙〔位于罗马的卡比托利欧山，是古罗马最伟大的宗教庙宇〕下面一个很深的岩洞里发现的。在这类密特拉斯岩洞里也发现了圆拱顶和过道。这些过道一方面象征星宿的运行，另一方面也象征灵魂在净化过程中所要走的道路，尽管净化这个意义更多地已在雕刻和其他作品里得到表现。

金字塔——国王的陵墓

无形事物、不可见事物能像人一样得到房子居住的先例发源于埃及。而按照印度人的观点，人类本是神或是将变为神，活人与死人的严格区分在印度是不存在的。因此，在伊斯兰教尚未入侵时，印度的建筑从不给死人留位置，他们把死人焚化掉或是让骸骨在地上自行腐烂。

杜伊勒利宫的音乐会　布面油画　1862年　英国伦敦国家美术馆藏

爱德华·马奈（édouard Manet，1832—1883年）

　　法国印象主义画派著名画家。尽管马奈从来没有参加过印象派画家的联合展览，仍被认为是印象主义画派的奠基人，马奈虽然得到了这个尊称，而且与这些年轻画家保持着友好关系并同他们一起外出写生，他却始终拒绝参加印象派组织的画展。1867年，马奈举行了一次个人作品的展览，以此同拒绝接纳他作品的官方沙龙进行对抗，他在自己的作品目录序言中写道："马奈先生根本无意于提出抗议。相反，是别人在向他提出抗议，而这是他始料未及的；这些反对者都以传统观念来理解绘画的形式、手法和理想，他们从不承认其他的艺术观点。他们在这方面表现出了一种幼稚的偏见。除了他们的公式，一切都毫无价值。马奈先生一向承认别人的才识，从不妄想消灭先前的绘画或创造新的绘画。他只不过是要做他自己，而不要做某一个别人。"

草地上的午餐　布面油画　1863年　法国巴黎奥赛美术馆藏

画室里的午餐　布面油画　1868年　德国慕尼黑国立巴伐利亚州绘画陈列馆藏

福利·贝热尔的吧台　布面油画　1881—1882年　英国考陶德艺术学院美术馆藏

　　马奈把自己的全部经验和技巧,用于以自己的方式去解释和表达现实。不仅如此,现实对于他,也仅仅是创造另一种他自己尚未明确认识到的事物的根据。这另一种事物便是艺术。但独特的个性又使他无法容忍学院派的那种僵化与虚假,他说:"每当我走进画室(指学院派的画室),总觉得是走进了坟墓。"

酒馆女招待　布面油画　1879年　法国巴黎奥赛美术馆藏

卡尔萨基和阿拉巴马州之战
布面油画　1864年　美国宾州费城艺术博物馆藏

哥伦维伦纽夫之桥　布面油画　1872年　美国纽约大都会艺术博物馆藏

阿尔弗莱德·西斯莱　（Alfred Sisley，1839-1899年）

　　法国印象派画家。西斯莱的画几乎全部是风景，而且主要是表现塞纳河谷、巴黎地区，特别是枫丹白露地区的风景。他能像莫奈一样敏锐地表现树叶的低语与凝固的水波；同时，他比莫奈更能保存风景的结构，而不像莫奈那样仅去表现瞬间变幻光在物体上的反映。在他的画里，形是严格的，并没有因氛围而溶化。树就是树，屋就是屋。他的艺术没有任何系统的线索可寻，也不采用低地平线透视法，如果他在某些画中给予天空以很大位置，那是因为这块天空自身会运动，物象的色彩总与画家所表现的主题合为一体。而强烈却会隐藏在他平静的画面中，让人充满想象。

鲁恩河畔的莫雷小镇　布面油画　1885年　奥地利维也纳艺术史博物馆藏

马利港的洪水　布面油画　1872年　美国华盛顿国家美术馆藏

厄哈格尼,我窗外的景致　布面油画　1885年　美国麻州波士顿美术馆藏

卡米耶·毕沙罗 (Camille Pissarro,1830—1903年)

　　法国印象派画家。与其他印象派画家一样,毕沙罗的作品在一定程度上同样受到日本艺术的影响。他以明亮的色彩和颤动的笔触表现风景;怀着强烈的好奇心,毕沙罗还不断探索新的技法,1885至1890年间,他跟随画家修拉学习点彩画法,但不久,他认识到点彩画法并不适合他的气质,反而改用自己原有的风格进行创作。1892年,画商杜朗·卢埃尔为他举办了大型回顾展。此后,毕沙罗潜心描绘城市景色,尤其喜欢俯瞰巴黎的街景,把焦点集中在熙熙攘攘的大街小巷里。

蒙马特大街　布面油画　1897年　俄罗斯圣彼得堡艾尔米塔什博物馆藏

蓬图瓦兹附近的景致——奥维尔路　布面油画　1881年　以色列耶路撒冷博物馆藏

232 | 美 学　Aesthetics: Lectures on Fine Art

布吉瓦尔之舞　布面油画　1883年　美国波士顿美术博物馆藏

游艇上的午餐
布面油画　1881年　美国华盛顿菲利普美术

文化伟人代表作图释书系

斜卧的裸女
油画　1883年　美国纽约大都会艺术博物馆藏

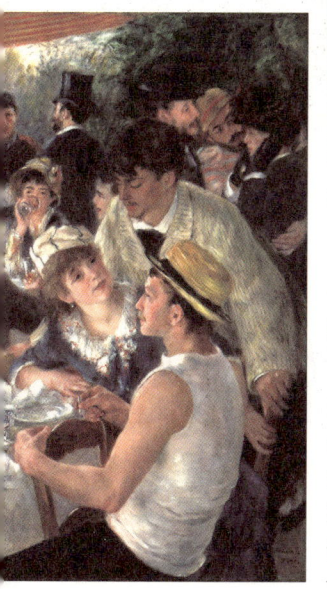

艾琳·卡亨·安德维普小姐画像　布面油画　1880年　瑞士苏黎世比尔勒基金会藏

皮耶尔·奥古斯特·雷诺阿（Pierre-Auguste Renoir, 1841—1919年）

　　法国印象派画家。在所有印象派画家中，雷诺阿也许是最受欢迎的一位，因为他画的都是漂亮的儿童、花朵、美丽的景色，特别是可爱的女人。雷诺阿能把从他们那里得到的赏心悦目的感觉直接地表达在画布上，他曾说："为什么艺术不能是美的呢？世界上丑恶的事物已经够多的了。"他还是女性形象的崇拜者，他说："只有当我感觉能够触摸到画中的人时，我才算完成了一幅人体肖像画。"

青蛙塘　布面油画　1868年　瑞典斯德哥尔摩国家博物馆藏

　　雷诺阿的作品大多以明快的暖色调描绘青年女性，尤其是她们的裸体形象。他以特殊的技法，描摹青年女性柔润而富有弹性的皮肤和丰满的身躯。他虽然画了不少风景画和天真无邪的儿童形象，但裸体与妇女形象才为他所热衷。他的人体油画没有学派画家的那种虚伪和造作，洋溢着人生的欢乐与活力，仿佛伊甸乐园里的夏娃，体态悠然，神情自得。

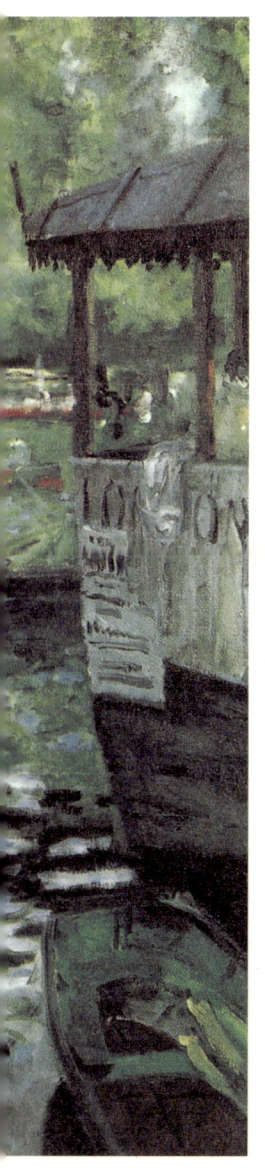

公园里带阳伞的女人　布面油画　1873年　西班牙马德里提森·波涅米萨博物馆藏

巴黎新桥　布面油画　1872年　美国华盛顿国家美术馆藏

贝里尼一家　布面油画　1860年

埃德加·德加（Edgar Degas，1834—1917年）

　　印象派画家。德加热衷的绘画题材包括芭蕾舞演员及其他女性。德加敏锐的理智使他很早就觉察到一股新的艺术潮流，那就是"现实主义"。现实主义理论主张放弃了古希腊的美的理想，而代之以朴实、真挚的事物描绘，为了维护美的理想，同时又不脱离现实，在创作肖像画时，德加尝试运用干净的线条和明暗技巧，如果描绘现实，就让手法服从形象的个性化。

舞者群 粉蜡画 1890—1900年 美国纽约大都会艺术博物馆藏

喝苦艾酒的人 布面油画
1876年 法国巴黎奥赛美术馆藏

圣拉扎尔火车站　布面油画　1877年　英国伦敦国家美术馆藏

克劳德·莫奈（Claude Monet，1840—1926年）

  莫奈是法国印象派最重要的画家之一，印象派的理论和实践大部分都是他在推广。莫奈擅长光与影的实验与技法表现。他最重要的贡献是改变了阴影和轮廓线的处理方式，他画作中没有非常明确的阴影，也看不到突出或平涂式的轮廓线，只有表现光和影的色彩。他观察景物细致入微，对光线的变化十分敏感，因此，他常常就同一场景绘制多幅作品，如《草垛》《睡莲》等。仅仅描绘同一场景在不同天气、光线下的物象变化，其他画家很少这样去做。莫奈像个隐士，有时有很强的孤独感。一方面由于他的性格，他生性寡言，喜爱思索；另一方面，他是印象派中的先行者，当他单枪匹马奋力前行时，一种寂寞寥落的感觉定然紧随身心。

圣拉扎尔火车站到诺曼底的火车　布面油画　1877年　美国芝加哥艺术学院藏

巴黎的圣拉扎尔火车站　布面油画　1877年　法国巴黎奥赛美术馆藏

睡莲 布面油画 1904年 法国勒阿弗尔安德烈·马尔罗美术馆藏

第三卷 各门艺术的体系·第一章 建筑篇 | 241

桥·睡莲　布面油画　1899年　法国巴黎奥赛美术馆藏

鸢尾花和睡莲　布面油画　1914—1917年

蓝色沙发上的小女孩　布面油画　1878年　私人收藏

玛丽·卡萨特（Mary Cassatt，1844—1926年）

美国画家。卡萨特的画具有稳定、清晰、朴实的风格，其母子系列是她的代表作。她用画笔表达女性温柔的母爱，诚实地捕捉儿童的天然，在日常生活中寻找生动素材，并以优美的笔法表现闪烁的生命的光彩。她不拘形式，油画、粉彩、版画等都驾轻就熟；她从不同地区的画风中获取营养，研究其他大师的作品，以自己执着的个性，表现着自己钟情的题材。高更曾说："玛丽·卡萨特不仅有魅力，而且有力量。"

第三卷 各门艺术的体系·第一章 建筑篇 | **243**

母女肖像　布面油画　1902年　美国史密森学会弗里尔美术馆藏

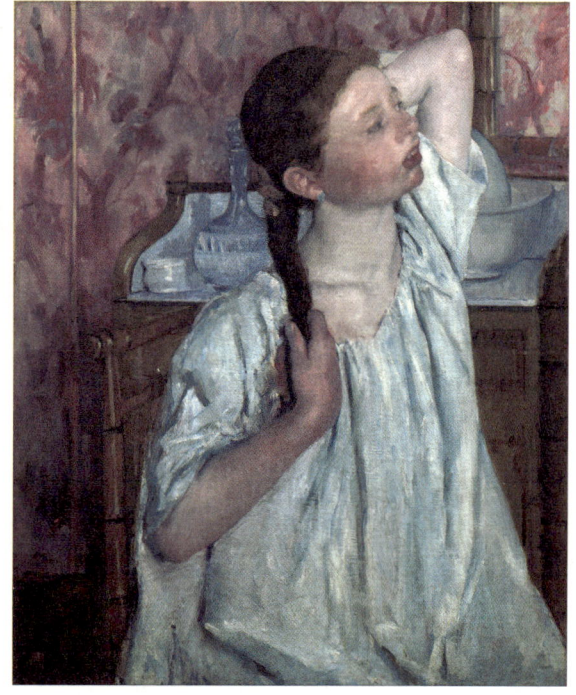

梳头的女孩
布面油画　1886年　美国华盛顿国家美术馆藏

影响人类文明进程的文化与科学巨著

但是对于埃及人来说，活人和死人的对立却异常突出。人一死，精神的东西与非精神的东西就分割开来。埃及人认为精神是不死的，它具有自己的个体和个性，死是精神的发展过程。因此，死人应当被看成个体并得到保存。在埃及人的观念中，人与自然界的其他事物的本质区别在于，人的精神是不死的，不同于自然界的生死流转，人可以免于自然事物的腐朽和消逝。个体的神圣之处在于，不存在没有个体的精神，它是精神的寄寓之地，所以肉体也应被珍藏与敬重。由此观之，这一尊敬死人和保存死人的习俗，其实是对精神的敬重。

埃及人是最早宣称灵魂不朽的民族。他们有这样一种观点，一个人需要在死后历经3000年的时间才能再度为人。这十分不易，在这3000年里，人的灵魂要遍历水陆空三界的全部动物体系的生活，之后才变回人的形体——这便是灵魂轮回说。在尸体上涂油防腐的习俗，便是这一观念的体现。我们也可以把这看成是一种祭奠，它是人的精神脱离他的躯体的关键时刻的纪念。这一观念对建筑的影响是显著的。

精神的东西作为内在的意义而分割出来，并且获得了独立的表现，至于肉体的外壳则作为单纯的建筑的环绕物而放在精神的东西周围。在这个意义上，埃及的死人住处形成了最早的庙宇。本质性的东西，即崇拜的中心，是一个主体，一个个别的对象，它本身显得有独立的意义，而且本身就达到了表现。有别于它的住处，这种住处只是作为一种应用的外壳而建造起来的。这当然还不是为作为一个实际的人的需要而建造出一座房屋和宫殿，而是为本无此需要的死者，国王或是神兽，建造大到不可测量的庇身之所。

墓地、纪念坊和祭寺还有另一种功能：把人们团结在一起，使得无国家又无财产的人们有一种聚集场所，一种圣地。他们防守这块圣地，不肯让旁人夺去。例如什提亚民族，据希罗多德的《历史》卷二记载，波斯大帝大流士发现他们处处都走在他前面，就派使臣去通知他们，如果他们的国王自以为很强可以抵抗，他就应停下来应战，否则他就应奉大流士为主子。伊丹图苏斯［公元前5世纪什提亚民族的国王］回答说，他们既没有城市，也没有耕地，没有什么东西要防守，大流士也不能从他们那里掠夺什么。什提亚民族拥有的只有祖先的坟墓，大流士一旦侵犯，就会看到什提亚民族是否为保卫祖坟而血战到底。

世界上最宏伟的坟墓该是埃及的金字塔了。这项令人惊奇的工程，体积大到难以置信。单从外形上看，它实在没什么引人入胜的地方，只消花几分钟，就可以一览无余，把它们看完和记住。由于形状如此简单整齐，其目的便饱受争论。

古代史学家希罗多德和斯屈拉波都谈到过金字塔，阐明了它的实际用途，但后来不同时代的旅行家和作家们却不买账，他们更愿意亲自一探究竟。阿拉伯人曾经企图用暴力打进去，希望可以在金字塔内部找到真相。不过这些侵犯并没有达到目的，只造成很多的损坏，真正的通道和房屋并没有找到。后来有些欧洲人，应该特别提到的是罗马人贝尔佐尼和热那亚人加费立克，终于成功地走进金字塔内部考察，贝尔佐尼在哈夫拉［古埃及国王，所建立的金字塔通常叫作"第二金字塔"］的金字塔里发现了国王的坟墓。

金字塔的入口处封闭得天衣无缝，而且很牢靠，是用正方形石板做的封闭体。这说明当初建造的人早就预料到后人会来寻找入口。于是他们极力掩盖这一事实，使入口不容易被找到或很难被打开。这表明，金字塔建筑拥有一个永远尘封起来的目的，它不能再被利用。

贝尔佐尼发现，金字塔的内部有房间，有暗示灵魂在死后轮回变形所要走过的通道，有宽敞的厅堂，还有蜿蜒起伏的地下渠道。

国王墓很大，直接在岩石里挖凿而成，从一头走到另一头需要花一个钟头。在正厅里摆着一副花岗石棺，已沉到地下，里面只发现一架动物的木乃伊，从残骸来看，这显然是一头神牛。从整体看，这种建筑无疑是用作死人居住的处所的。

金字塔上面刻满了象形文字，如果要把它全抄下来得花好几年的工夫。由此可见，金字塔本身虽值得赞叹，却只是一种简单的结晶体，一种外壳，其中包裹着一个核心，即一种离开肉体的精神。金字塔的功用是保存这种精神的肉体原形。

埃及人把死人涂油防腐，戴上标志等级职位的徽章，放在棺材里，表示死者已化为神。其他民族也建造过与此类似的坟墓纪念坊，或是下面停放着尸体的神圣的建筑物。例如，在加里亚的陵寝和较晚的哈德里安的陵寝都是精工建成专葬死人的宫殿，它在古代就已驰名。

阿拉伯柱的花纹

阿拉伯柱的花纹，是处于过渡阶段的建筑产物，它运用了自然界有机形体，又受制于建筑的严格的整体控制。但当建筑艺术自由起来时，阿拉伯花纹就被降低到装饰。皱缩的植物与动物交织在一起的图样，构成阿拉伯装饰的核心。变形的情况多数是将植物的形状歪曲为动物的形状，或者相反。它们的基本特征和基本形式是把植物的枝叶和花朵乃至动物变成接近无机的抽象的几何图案。

在这类作品的背后，倘若存在什么象征意义，我想重要的是把自然界各种不同的事物看成是可相互转变的。若忽略象征意义上的观点，就只是一种游戏了，这种游戏的目的是满足人的幻想，人们可以把自然界的形状任意加以组合、配合和分解。

这类建筑装饰，给幻想提供了巨大空间，任意的一个器皿、一种服饰、一段木块和一块石头，都可以掺杂进去。几何图形的使用，使得这些花纹不忠实于有机体形状。拉斐尔就曾大量地画过这种花纹，而且其优美程度达到了最高。

无论从有机体的形状来看还是从力学规律来看，阿拉伯式花纹当然都是违反自然的。不过这种违反自然不仅是一般艺术的权利，而且也是建筑的职责。这种违反自然，把本来不适合建筑艺术的生物形状，改造成与它协调的建筑纹饰。植物的自然形状，在这一点上特别适用于阿拉伯建筑。事实如此，在整个东方及阿拉伯，花纹采用最多的还是植物形状。因为植物还不是能感觉的个体，本来就便于配合建筑的目的，它们生来就可以防风蔽雨遮太阳。大致上而言，植物还没有那些摆脱整齐一律而自由飘荡的线条。植物的叶子本来就整齐一律，用在建筑里，还可以弄得更圆或更直一些，因此，凡是人们认为对植物形状是歪曲、不自然和呆板的东西，都基本上应该看作是适应真正建筑要求的一种适当的改造。

柱子与屋顶

对于建筑物的支撑，最简单的方法就是使用柱子。柱子的基本功用在于支撑重力，将外在的工具节省到最低限度。古典型建筑之所以具有高度的美，就因为它的柱子少于实际支撑梁和屋顶的需要。

在真正的建筑中，柱子只是装饰。因此，纯粹独立的柱子不能实现柱子本来的职能。关于柱子，有一点是值得注意的——在建筑的发展过程中，它不断地挣脱具体的自然形状，不断获得既有规律而又符合目的的抽象的美的形状。

建筑从有机的形体出发，最典型的是利用人的形体，例如，埃及的麦姆嫩像，很多石柱就雕成人体形状。希腊建筑艺术中也有使用人像作支撑的，但是这种办法只能在少数情况下使用。这种处理，可以看作是对人形体的滥用。从人的类型上看，希腊的卡里亚惕德像，无疑展现的是一种受压迫者的形象，他们的服装说明他们是奴隶，要支撑这种重担就是奴隶的一种负担。

比较自然的是采用树木或者其他植物的有机体形状来作柱子，树干独立地支撑枝叶的形态，谷秆独立地支撑穗，花干独立地支撑花，这些自然的启示都可以采用。在埃及的建筑中，就从自然界直接地采取这些形式，只是还不能自由地进行抽象化。埃及建筑在柱子利用的形式方面，便突显了宏伟的风格，尤其是宫殿和庙宇，用大规模、大数量的石柱行列，将整体宏伟气象表现了出来，从它诞生之日起，就使观众惊叹不已。这些石柱采用的是植物形状，其千变万化的风格，更是叫人叹为观止。例如，把一朵莲花或洋葱等延伸成柱形，各个柱子之间形成差异，在同一柱廊里，隔一两根便轮换一种样式。

德嫩在他的《埃及游记》中搜集了许多这种样式。基础是用一种洋葱形，从根球上发出一种芦苇状的派生茎叶，或如一些植物，有许多根球瓣卷在一起。所以石柱像细长的茎从这种球瓣基础上一直冲射上去，有时不用直线而用螺旋的曲线，柱头也像一株花连着纷披的枝叶。不过这种模仿并不自然，只是植物形状服从建筑的结构，变成接近圆和直线之类有规律的几何图形，所以这类柱子从整体来看，很像一般所谓的"阿拉伯式花纹"［一种不断重复几何图形的繁复装饰，其几何图案取材自动植物的形象。此种艺术是伊斯兰艺术的重要元素，常见于清真寺的墙壁上］。

屋顶是整座房屋上部的终点。由此延伸出一个问题：这个终点界限应采用什么样式？线盘安置在主梁上面，它上面再置飞檐，飞檐的上面便是屋顶了。

屋顶的基本形式大抵有两种：一种是直角平顶；另一种是呈钝角或锐角的尖顶。实用主义的解释在这里是行不通的，如果我们只从生活实际需要来考察，那么南方因为少受狂风暴雨的袭击，其房顶只需防御太阳就行了，直角的平顶就足以满足这一要求了。同理，北方的屋顶就要防雨，还要防沉重的积雪，因此倾斜的尖顶屋顶就应是必要选择。但我们看到的事实并非如此，美的需求在这里发挥作用。建筑作为艺术，它还要满足美与快感的要求。与墙壁、柱子不同，顶是被支撑的。这一特点也必须在屋顶本身显现出来，也就是说，它必须造成不能再起支撑作用的形状，因此，必须形成一个角，无论是锐角还是钝角。

古代的庙宇都不用平顶，而使顶的前后两部分相交成钝角，一座建筑这样结束，是符合美的。因为平顶不能产生已完成的整体的印象，一个平面不论地位多高，总能支撑重量。相反，尖顶的倾斜面相交的线形却无法支撑重量。在绘画中我们喜欢人物组合形成金字塔形，其道理也是一样。

罗马拱形和圆顶结构

　　与希腊建筑艺术、基督教建筑艺术相对的是罗马建筑艺术。罗马建筑，可以看成是前两者的一个中间形式。拱形与圆顶的应用，是建筑的巨大进步。可惜我们现在还不能考察它们的起源史。它们究竟发明于何时，还没有确切的答案。但有一点是可以确定的，埃及人有辉煌的建筑史，他们给人类的建筑增添了不少色彩。但他们还不知道用圆拱形和圆顶，巴比伦人、以色列人和腓尼基人〔历史上一个古老的民族，生活在今天地中海东岸相当于今天的黎巴嫩和叙利亚沿海一带，他们曾经建立过一个高度文明的古代国家〕也是如此。埃及人还只是在石柱上放置横梁，再在其上铺石板形成屋顶。

　　如果需要在很宽的入口或桥洞盖圆拱顶时，他们只知道一种方法：将一块石头的两边都凸出一点，上面砌上另一块两边更加凸出的，如此逐层向上砌，直到最后只需一块石头把缝口合起。如果他们不使用这种权宜之计，就会用两块大石板相互倾斜撑起，就像竖人字椽一般。虽然在希腊建筑中可以找到用圆拱形结构的例子极为稀少，但也算是神奇的例外。关于此点，希尔特在《论古代建筑》中说，现在能找到的证据表明，最早使用圆拱形的希腊建筑是始于庇理克勒斯时代。希腊建筑的特色是柱子和横梁的完美发展，圆顶或穹窿形〔一种建筑的构造，又称穹顶、拱顶，常指宽大的厅堂上空所修筑成圆球形和多边曲面的屋顶盖，有的中央留有圆洞供采光用。内表面呈半球形或近乎半球形的多面曲面体顶盖，古代多用砖、石、土坯砌筑。是古罗马建筑和文艺复兴时期建筑的重要造型特征〕的出现使柱子和横梁失去了效用。

　　圆拱形由一边向上斜升，中经弯曲，再由另一边向下斜降，是依圆心为转移的，而圆心与支撑的柱子却毫不相干。一个圆形的各部分是互相支撑的，所以它不依赖柱和梁的帮助。罗马建筑里的拱形结构和圆顶，从遗址上分析，可以追溯到罗马王国的时代，那时地下墓和暗水渠已经开始使用圆顶了。通常认为，圆顶的发明应归功于德谟克利特这位希腊哲学家。他毕生从事于多种数学研究，据说也是他发明了裁石术。

　　在罗马建筑中，以拱形为基础的代表作品有阿格里巴所建的朱庇特神宫。这座神宫有7座神龛，供着6座巨大的神像，即战神、爱神、神化的尤利斯·凯撒，以及另外3尊目前还无法确定身份的神。这些神龛的两边都立着两根科林特式石柱，龛上部都盖着一个半球状的圆顶，模仿的是天空的穹窿形。这些圆顶并不是用石头盖的。

在罗马建筑的早期，多数圆顶建造都是通过这一方法：先用木料来造成圆顶形的模型，然后再在上面浇灌上石灰和火山灰的胶泥，火山灰是由凝灰岩的碎石和捶碎的砖瓦片合成的。这种混合泥干了以后，全体就形成一整块，就可以把木料模型移去，这样造成的圆顶用的材料很轻且凝结牢固，所以不会对墙壁造成重压。

当建筑艺术以其本质表现时，它就变成一种无机的环绕物，一个按照重力规律来安排和建造起来的整体，这个整体的各种形式都要形成严格的整齐一律，直线形、直角形、圆形和一定的数量关系，由它本身界定的尺度以及严谨的规律性之类的范畴。这种建筑的美就在于这种符合目的性本身。但是这个阶段的建筑仍然符合它的特有的概念，因为它还不能单独地由它本身使精神性的东西获得恰当的实际存在，因而只能把外在的本无精神的东西改造成为对精神的东西的反映。

古典型建筑

古典型建筑的一般性格

真正建筑艺术的基本概念在于精神性的意义并不是单独地纳入建筑物本身，使建筑物成为内在意义的一种独立的象征，而是使这种意义在建筑之外本就已获得自由的存在了。这种存在有两种，一种是意义已由另一种较广泛的艺术独立地表现出来；另一种是人在直接现实生活中已生动地认识到这种意义并将它付诸实践。古典型建筑中精神性的意义已独立存在并与建筑物分割开来的，建筑就要为这种精神性的物质服务，而这种物质就成了建筑的真正意义和确定目的。因此在古典型建筑中这个目的是统治一切的主旨，它支配着全部作品，决定着作品的基本形状和轮廓。

同时，古典型建筑物要符合宗教的目的。在希腊，建筑艺术的主要对象是公共建筑，庙宇、石柱廊和门廊，供人们休息和散步，例如著名的雅典城堡前的大道〔位于雅典城中心，高约一千尺，门廊前有一条林荫大道——propylaea〕。在罗马却不同，私人的房屋，特别是别墅，都很豪华，如国王的宫殿、公共澡堂、剧场、马戏场、露天剧场、水渠和喷水池都是如此。但这类建筑完全以功用为指导原则，美感只占次要地位。所以在这一领域中最自由的目的是宗教的目的，体现于庙宇，即一个主体的庇身之所，这个主体本身原已属于艺术，由雕刻塑造为神像。

弗里德里希·许莱格尔曾经把建筑比作冻结的音乐，实际上这两种艺术都要靠各种比例关系的和谐，而这些比例关系都可以归结到数，而对这些基本特点及其体现于单纯、严肃、宏伟和秀美动人之类风格的不同比例关系提供主要定性的是房屋本身：它的墙、柱和梁都配合成为完全可以理解的结晶体的形式。这些比例关系的性质是不能归结为数目和尺寸的。但从举例来看，一个直角长方形比起正方形更能引起快感，因为在长方形之中，相同之中有不同。如果一个物体的长是宽的倍数，这个关系就是令人愉快的，反之，则无美感。同理，支撑物和被支撑物之间的力学比例关系也须按照正确的尺度和规律，例如粗重的柱头放在细弱苗条的柱子上，或是庞大的台基却负载极为轻巧的建筑，都是不相宜的。在建筑中宽对长和高的比例关系，柱子的高对粗的比例关系，柱子之间的间隔和数目，装饰的简单或繁复，在一切诸如此类的比例关系上，古代建筑中都隐含着一种和谐。希腊人对于这种和谐有正确的体会，即使他们在个别细节上也偶尔会背离这一原则，但在大体上他们总会顾及到一些基本的比例关系，不会越出美的界限。

建筑形式的一些特殊的基本定性

从材料上看，木材是建筑房屋的基本材料。由于房屋是供人居住和防御风雨寒暑以及外敌的，因此它需要一个完整的围绕遮蔽的场所，以便一个家庭或更大的人群聚居在一起，来满足他们的需要和进行他们的活动。柱和横梁成为庙宇建筑的基本特征，而木料结构最宜于这种分割与结合以及适应目的的配搭，必要时还可以直接取之于树。一棵树不需要多大的加工便可以做成柱和梁，因为它本身已具有一定形式，零散的木段多呈直线，可轻易构成直角、锐角或钝角来制成角柱、支柱、横梁和顶，这宜于达到古典型建筑所根据的较严谨的符合目的性和便于理解的原则。从这一观点来看，木料建筑在独立的建筑艺术中更占优势。埃及人常用石板包裹柱廊，然而木料本身便能轻便自然地满足这种需要；另一方面，古典型建筑也并非只限于木料建筑，只要能够产生美的效果，也会采用石头进行装饰，但尽管一方面要加进一些不属于单纯的木料建筑的特征，另一方面也要在建筑形式上呈现出原始木料建筑的原则。

对于房屋作为基本类型所具有的要素，其中最重要的就是支撑物。墙壁的独特功用并不在支撑，而主要在于围绕遮蔽和界限，因此它在浪漫型建筑中形成了一个占优势的因素。柱子除支撑作用外，再无他用，尽管依直线排列的一行石柱也可以标志界限，但却无法如墙壁一般起到围绕遮蔽的作用，而是被有意地安置在离开墙壁的位置，成为自由独立的东西。柱子的独特目的是支撑，所以柱子对所支撑的重量的比例关系须令人一眼就得出它们的目的性，因此柱子既不宜太粗壮，也不宜过于纤弱；既不宜显得很局促，也不宜很轻巧地扶摇直上。

艺术使柱子终止于柱头，柱头既标志出柱子的支撑任务也表明"柱子到此为止"。这种着意安排的起点与终点的考虑就说明了柱基与柱头存在的深刻理由。就如音乐旋律要有一种明确的结束，也如书中一句话要用一个大字母开头或用一个符号结尾，在中世纪句首的大字母还特别放大并用彩色加以点缀，句尾也有同样的装饰，就为了突出起点与终点。因此即使柱基和柱头越出了实际需要，我们依然不能将它们看作一种多余的装饰，柱子确定的长度和上下两头的界限以及它怎样支撑的情况，就不应显得是偶然由外因决定的，而应该表现为由柱子本身决定。

关于柱基和柱头以外的柱子的其他形状，头一层为圆形，因为它应该自由独立完备自足地站在那里。圆形是本身最单纯的完满自足的，是凭知解力界定的最有规律的线形。因此，柱子在形状上就已显示出如果它和一系列的其他柱子一根接一根地排列成行，根本无法形成平面，它不似锯成直角形的方柱并列在一起便可形成墙壁，而是只有一个目的——仅限于支撑。此外，当柱子从平地上升至其长度的三分之一时，就逐渐变细，显得苗条，因为下部要负荷上部的重量。最后，柱子往往有垂直的槽纹，一方面是为着使简单的形状有些变化；另一方面在必要时可使柱子显得比实际粗壮一些。

我们要研究的最后一个功用就是围绕遮蔽，也就是墙和壁。石柱固然能支撑和划界限，但不能围绕遮蔽。石柱所界定的空间和由墙壁围封起来的室内空间简直是对立面。因此，要有完整无缺的围封，就需要厚实且牢固的墙壁。庙宇建筑的实际情况就是如此。

歌德在1773年发表的论文《论德国建筑艺术》里就已发出这样的呼吁："近代法国卖弄哲学的艺术行家，你说第一个近于需要而进行创造发明的人拿四根树桩插到地上，然后在上面绑上四根竿子，盖上树枝和苔藓，这与我们有何关系！

而且你说这就是世界上最早的茅屋，这话也不正确。前面竖两根在顶上交叉的竿子，后面也竖两根在顶上交叉的竿子，然后再用一根竿子搭在两个交叉处，就成了脊梁，这是一个更早的发明创造，你每天从田野里和种葡萄的山岗上那些草屋都可以看出，但你无法从这里找到你猪栏的原型！"歌德在这里要证明的是以单纯的围绕遮蔽为基本目的的建筑物中，嵌在墙壁里的柱子是毫无意义的。这并非说他看不出柱子的美，相反地，他对柱子是极为赞扬的。他接着说，"当心不要乱用柱子，柱子在本质上要自由地站着。谁若是把这样苗条的东西埋在老厚的墙壁里，谁就该倒霉！"由此可见，尽管墙壁也能支撑，但由于柱子已经可以独立胜任，墙壁在发展较完备的古典型建筑里就以围绕遮蔽为目的了。如果有屋顶的要求，它就应有独立的支撑物，这才符合较高的美。

从整体来看，希腊庙宇建筑的面貌是使人赏心悦目的，或者说，是令人感觉恰到好处的。它似乎没有什么突兀的东西，也并不向上挺出，而是全体向长宽两方面延伸。若要巡视正面结构，眼睛不需刻意抬起，便自然而然被正面的宽所吸引。此外，装饰总是以不损害简单朴素的印象为度。建筑也有许多地方要靠装饰。在古代，特别是希腊人，在这方面总是保持最美的尺度。例如一块通体简单的大平面或一条通体简单的长线，看起来不如加一点变化或来一点中断时那么大、那么长，因为变化或中断就使观者的眼睛觉得有了一种较明确的尺度。他们完美的作品也既不是一大堆材料堆砌在地面上，显得很局促，又不是一直冲到上空，使高与宽不相称，而是在这种比例关系方面保持恰到好处的中庸，使简单朴素之中富有符合尺度的丰富多彩。用墙壁围起来的供神像的中心小殿，前殿和后殿以及环绕全部建筑的柱廊。维屈鲁浮斯曾举过两座这种庙宇的例子，雅典的护神雅典娜的八柱庙和奥林匹斯的雷神的十柱庙。这种庙宇所产生的印象固然是简单而宏伟的，同时也热闹、爽朗和令人心旷神怡，因为整座建筑的布置与其说是让人们集中到这里，与世隔绝，不如说是让人们进进出出，来来往往，随意游息。

古典型建筑的各种建筑方式

建筑风格的差异最突出地表现在柱子上，我们在这里只提各种柱式的主要特征。最著名的柱式有多立克、爱奥尼克和科林斯三种，这些柱式在美和符合目的性两方面不但是空前的，而且是绝后的。

在原始建筑结构中，安稳是基本的定性，建筑就止于安稳，因此还不敢追求苗条的形式和较大胆的轻巧，而只满足于一些笨重的形式。

多立克式。相较其他柱式，它是最粗且最矮的。最早的多立克的柱子高度是底部直径的四倍，甚至达到六倍，因此它给人的印象是严肃的、朴质无华的男人气概，例如帕斯图姆和科林斯的庙宇可以为证。多立克建筑风格的特点在于最接近木料建筑的原始的朴素。这类柱子几乎完全不用柱基，直接竖在地基上，至于柱头则用最简单的方式把薄石板和凸盘嵌在一起。柱身有时是平滑的，有时雕成20条槽纹，柱下部约占全柱三分之一的地位槽纹很浅，几乎是平的，往上越来越深。关于柱与柱之间的距离，从较古的纪念坊来看，是柱的直径的两倍，少数到两倍半。

多立克建筑风格的另一特点也接近木料建筑的类型，那就是三棱槽和槽隙。作为雕饰，上面往往会刻上浮雕，而在轮台上的三棱槽之下以及上面的飞檐朝下的平面上还嵌有六个小圆锥体，作为装饰。

爱奥尼克式。如果多立克风格就已发展为坚固与悦目的结合，爱奥尼克式建筑便向前更进一步，发展到苗条和秀美动人的类型。柱子的高度比起下部直径要大七倍到十倍。柱子的高度主要取决于柱与柱之间的距离，因为这种距离大，柱子就显得细而高，反之，柱子就显得粗而矮。

爱奥尼克式与多立克式的另一特点在于前者的柱子不似后者的柱子那样直接从地基上竖起，而是竖在一种具有几个组成部分的柱基上，柱身有24条槽纹，比多立克式的槽纹雕得更深，也略微纤细些，以细而长的苗条姿态一直上升到柱头。如果拿艾菲苏斯的爱奥尼克式的庙宇和帕斯图姆［位于意大利南部，古希腊殖民地］的多立克式的庙宇作一对比，这种差异就显得很突出。爱奥尼克式的柱头在丰富多彩和秀美方面也前进了一步。不仅有雕花的凸盘，小石杆和薄石板，而且左右两边还有螺旋线纹，边缘还有坐垫状的雕饰，因此叫作坐垫式的柱头。坐垫上的螺旋皱纹标志柱子的终点，柱子如果再上升，就得弯曲。由于柱子具有这种苗条悦目的姿态和雕饰，爱奥尼克的建筑风格也要求降低梁架的重量，以便在这方面也加深秀美的印象。

科林斯式。它沿用爱奥尼克的建筑风格作为基础，依然细长，但雕饰得更富丽，显出更高的审美趣味。它也满足于沿袭木料建筑的复杂而明确的组成部分，不过露不出沿袭的痕迹，结构复杂的柱基和雕饰得较富丽的柱头，我们无法得知它在悦目方面下了多大的工夫。

俄狄普斯和斯芬克斯　布面油画　1864年　美国哈佛大学福格艺术博物馆藏

加拉蒂亚　木板油画　1880—1881年　法国巴黎莫罗美术馆藏

古斯塔夫·莫罗（Gustave Moreau, 1826-1898年）

　　法国象征主义画家。莫罗的艺术反映了流行于19世纪末期令人感到扑朔迷离的神秘主义，而且作品具有象征性。他反对印象派的自然主义探索，他说，大多数画家确信，艺术的成功在于是否能再现自然，也只有那些表现自然的艺术家才能流芳百世。他说，我既不相信我摸到的东西，也不相信我看到的东西，我只相信我看不到摸不到的东西。莫罗希望创造这样一种作品：所有的爱、温情、梦幻与宗教的渴望都升华到更高的境界，在这个境界里，任何事物都是高尚的、慈善的、有力的，都富有道德意义。在步入神圣未知的奥秘世界时，这个境界里的任何事物都充满了富有想象力的、不可遏制的欢乐。莫罗以其对自然的看法和对艺术的信念，在波澜壮阔的象征主义运动中起着特有的作用。

命运女神和死亡天使
布面油画　1890年　法国巴黎莫罗美术馆藏

皮埃尔·皮维·德·夏凡纳（1824—1898年）

  法国象征主义画家。夏凡纳的作品具有两大特征：一是改变了直观感觉，简化了素描；二是强化了装饰性倾向。夏凡纳发现和创造了独特的美的境界；他在画面中往往把宁静、庄重的人物安排在前景，人物造型修长，多采用古代希腊罗马服饰，姿态典雅，无论是站还是卧，都显示出风姿绰约的美感；构图上往往将视平线抬高，天空占画面的极少部分；他从不用强烈的对比色，柔和、淡雅始终是他作品的主调；其作品的题目往往只是主题的一个楔子或引言，画中真正的涵义，主要来自观者心理上的作用。夏凡纳把装饰艺术引入了诗的境界，他那蕴含着崇高与温和的诗意、文学的想像和象征的精神，具有永恒的意义。

  夏凡纳十分熟悉渔民的劳动与生活，也非常同情这些处于社会底层的劳动者的苦难处境，为了这方面的题材创作，他画了很多速写，并最终完成了代表作《贫穷的渔夫》。画中塑造了一位立于小渔船上的渔夫低头祈祷的情态。他处于近景，大块水面上岸坡交错，分割的水面产生构图变化的美感；中景草地上采集野花的孩子，给人一种寄美好希望于后代的意趣。整个画面肃穆沉静，优美的自然和贫穷的人生同时展现在人们面前，有强烈的神性蕴含其间。这幅画在沙龙展出时曾遭到评论界的攻击，说是对米勒《晚钟》的模仿。其实在法国画家的眼里，农民和渔民的命运是相同的。

希望　布面油画　1872年　美国巴尔的摩沃尔特斯艺术博物馆藏

贫穷的渔夫　布面油画　1881年　法国巴黎奥赛美术馆藏

海边少女 布面油画 1879年 法国巴黎奥赛美术馆藏

奥蒂诺·雷东（Odilon Redon，1840—1916年）

  法国象征主义画家。粉笔画，是雷东艺术的一大特色。粉笔画需要在各种色泽的、表面肌理有绒质效果的特制画纸上，用粉质的多彩粉笔作画。由于质地独特，会使画面产生天鹅绒一般柔和的效果。与油画和水彩不同，它不必再携带画笔、调色板和水（或油）壶，方便随时随地工作，特别适合现场写生和速写，很受19世纪末画家的欢迎。雷东十分喜欢描绘花卉，他希望因此把自己的心灵深深地隐藏在芬芳与花叶的开合间。

闭眼　布面油画　1899年　法国巴黎奥赛美术馆藏

花中的奥菲莉娅
粉蜡画　1904—1908年　英国伦敦国家美术馆藏

罗伯特·多梅西男爵夫人
布面油画　1900年　法国巴黎奥赛美术馆藏

科林斯柱固然不高于爱奥尼克柱，一般也有同样槽纹，高度只等于下部直径的八倍或九倍，但是由于柱头较高，看来却较苗条、较富丽，柱头高度超过下部直径的八分之一，而在四角中的每一角都有较细长的螺旋纹，因此就不用坐垫状的雕饰。关于这一点，希腊有一个很美的故事：一位很美的女子死了，她的庶母将她生前的玩具搜集起来放在一个篮子中，放在她的坟墓上，那里就长起来一棵毛茛花。叶子不久就把小篮子环绕起，这就使人想到这种形状可以用作柱头。

浪漫型建筑

早期浪漫型建筑，脱离实际的目的性甚远，或者说，是由多种多样的目的发展出来的，多余的细节和形式繁复出现。古典型建筑服务于一个可以确定的目的，这是它的性格。建筑物成为精神的一个表现。

在浪漫型建筑里特别突出的是宗教建筑，关于浪漫型建筑的一般性质，我们在前面已经说过，它把独立的建筑和应用的建筑统一起来了。这种统一却不是来自东方建筑形式与希腊建筑形式的混合，而来自一方面是住房或围绕遮蔽物，在提供基本类型上比起希腊神庙［称帕特农神庙，是希腊祭祀诸神之庙，以祭祀雅典娜为主，又称"雅典娜帕特农神庙"。建于公元前447—438年，是伯里克利当政时代重建卫城工程中的重点项目。神庙位于雅典老城区卫城的中心，坐落在山上的最高点。被认为是多立克式建筑艺术的极品，有"希腊国宝"之称］产生了更大的影响；另一方面是单纯的应用性和目的性也被消除掉，房屋仿佛不受应用性的束缚而自由独立地昂然高耸。这些神庙和建筑物当然一般也是为宗教崇拜和其他用途而建造的，完全是符合目的的，但是它们的性格却恰恰在于它们越出了上述确定的目的，作为一种本身独立自足的建筑而耸立着。作品独立地站在那里，坚定而永恒。因此，不再有什么纯然诉诸知解力的比例关系来决定整体的性格；从内部看，新教的教堂就如一个长方形箱子，专为容纳人而建造的，除掉一些彼此隔开的简陋的椅子外空无一物；而从外部看，整座建筑自由地腾空直上，使其目的性虽然存在却等于消失，给人一种独立自足的印象。这样的建筑是没有东西能塞满的，在整体的伟大气象之中一切都消失了。它具有而且显示出一种确定的目的，但在它雄伟与崇高的静穆之中，它将自己提高，越出单纯的目的而显出它本身的无限。这种对有限的超越和简单而坚定的气象就形成哥特式建筑的唯一特征。从另一方面看，也只有这种建筑，才能使分散状态和丰富多彩性变化有尽量发挥作用的余地，而同时又不至于使整体打碎成为一些纯然个别的偶然细节，艺术的雄伟气象把这些划分开来成为片段的东西重新纳入了原本的简朴中。

关键在于整体所表现的实体，正是这种实体在无穷的划分中分化为一种个性化和繁杂化的世界，但这种一眼看不到边的千变万化是以简单的、有规律的、有系统的方式分化开来和部署起来的，无论是运动还是静止都形成了最圆满的和谐，而纵横交错的五光十色的个别细节则无拘无碍地结合成为最安稳的统一体和最清晰的自为存在，一种对有限事物的超越。

浪漫型建筑也承担着一个任务——尽建筑之可能，在形体结构和安排上显示出精神的内容，显示出建筑物的目的就是彰显精神。

哥特式建筑

"哥特式"一词，起源于哥特族，哥特族是波罗的海和黑海一带的游牧民族，是中世纪初期入侵欧洲的"蛮族"中的主要力量之一。蛮族在文艺等各方面给欧洲带来了新鲜的血液，尤其是建筑方面。建筑是中世纪基督教对欧洲的主要艺术贡献，主要代表作是一些大教堂，它们大半都是哥特式的。

哥特式建筑拥有重要的地位，是因为它是真正的浪漫型艺术，是中世纪艺术的典范。但这类建筑曾受到了不公平的待遇：由于法国艺术趣味的蔓延和统治，哥特式建筑长期被轻视，被鄙视为粗糙和野蛮。直到近代这一风气才有所改善。歌德对此是作出了巨大贡献的。他在青年时期就与法国人的观点针锋相对，提出了自己独到的自然观和艺术观。他的观点使哥特式建筑恢复了荣誉，他在《论德国建筑》一文中，更是对哥特式建筑给予了高度赞扬。也正因如此，人们才逐渐学会珍视这些宏伟的作品。

哥特式建筑，其本质是符合基督教崇拜目的的，在建筑形体结构上也与基督教的内在精神协调一致。浪漫型建筑的一般性特征是，单纯的应用性和目的性被消除，而那些房屋似乎并没有多大实际的应用价值。它自由独立地昂然挺立，本身就带有一种目的。作品独立地站在那里，坚定而永恒。

在这种大教堂中，整个民族的成员都有自己的位置。教众们来到这里相聚，开展各种宗教活动。教堂里的开阔空间，不会因柱子而隔开。正廊入口为正门，侧廊入口为侧门。列成行的席位分为一些彼此分隔的小房间，任何人都可来去自由，暂时租一个或挑一个席位，跪下来，做祷告，然后起身离去。如非大弥撒［弥撒亦称感恩祭，是圣教会祭献天主的大礼，其名称来自拉丁文Missa的音译。古代教会举行感恩祭，礼仪结束时，都要向参礼者说："Ite, Missa, est!"意思是："仪式结束，你们离开吧！"这样久而久之，"弥撒"便成了感恩祭的代用名称。弥撒圣祭是天主教最崇高之祭礼，基督的圣体圣血在祭坛上经由祝圣而成为真正的祭祀，乃十字架祭祀的重演，指的是基督教纪念耶稣牺牲的宗教仪式］时间，许多事务都可以在这里同时进行，彼此不妨碍。如这边的人在讲道，那边的人却在救护病人，两批人之间还有游行队伍在穿梭；这边有人在受洗［一个宗教用词或信仰用词，指接受洗礼成为基督徒，其意表明，该人对基督信仰清楚并相信所信的，并愿意从世界里分别出来，归入基督］，那边却有死人送到教堂，而在另外一边还有僧侣在念弥撒，或是替一对新婚夫妇祝福……人们像游牧民族成群结队地跪在祭坛和圣像面前。所有的活动都在这一座建筑物里同时进行着。但在这座宽广的建筑物里，这种纷纭繁复的情况仿佛消失在不断的来往与流动之中；没有什么东西能将它塞满，人们匆匆地来去，过往的人们和他们的足迹一出现就消失，立刻化为过眼云烟，在这样巨大的空间中，暂时性的东西只有在消逝过程中才是让人看得见的，也就是说，人只能看见"消失本身"。而这个巨大的无限的空间本身就已超越了一切——永远以同一形状和结构巍然挺立在那里。

　　这些就是哥特式教堂内部的基本特征。我们在这里所能找到的不是某一种单纯的目的性，而是显示心灵在虔诚信仰中即深思默想中的内心世界的特殊细节，同时又超越一切个别有限事物的那种目的性。所以这类建筑内部是由一系列封闭起来的阴暗的空间单位使它和外在自然地分隔开来。它既是精雕细琢，又崇高雄伟，表示出努力向上挺拔高举的精神。

特殊的建筑形体结构方式

　　我们可以这样说，基督教堂或神庙，无论在总体还是细节上，总会体现出向天空争取的特性。那种向上飞腾的精神面貌的尖顶，便是向天空飞扬的宣言。

　　圆拱形以同等曲度逐渐弯曲，曲线从一个柱顶伸延至另一个柱顶，上面的每个点都围绕着同一个圆心，这样它就很平稳地停在支柱上。圆拱形在浪漫型建筑中，并非只起支撑作用。直角形也不再是它的基本形式，与此相反，浪漫型建筑的围绕遮蔽结构，无论从内部还是从外部看，都像在努力挣脱地心引力，独立向上飞腾。

尖顶除了表现向上飞腾的意念外，几乎没什么建筑意义上的功能，它既不支撑也不被支撑。其向上飞腾，渴望自由的努力，在尖顶的意象里表现得淋漓尽致，成为了浪漫型建筑的标志。

对于基督的虔诚修持而言，心灵对有限存在的超越，也是主体与上帝的和解。在建筑上也就存在各种因素组合的统一体。我们可以从以下方面来考察：

一、内部空间，应如心灵一般，不能只是一个抽象而空洞的空间，而是要有差异性。差异性寓于统一之中。这种差异性，表现为不同的具体形状，在长度、宽度、高度、体积、外形结构上，都显示出不同的空间构造，如圆形、正方形、长方形以及围墙和屋顶在长宽高这些方面的变化等等。同一化就不符合基督教的精神。四方四正的形状，也不能表现出心灵超越尘世有限世界的境界。

二、在哥特式建筑里，考察墙壁、屋顶、立柱和横梁的形态，无论就整体形状还是细节来看，有意遮蔽支撑物与被支撑物，取消它们的变化的严格区分。直角形形状也几乎被抛弃，又回到一种类似自然事物的形式，自由上升的庄严，隐遁的心态在自然中取得它的形式。如果我们走进某个中世纪的大教堂内部，其形态使人联想到最明显的事物就是一株树或者树林，圆顶就像树冠，就像森林形成的蔽盖天空的树冠群。两行树的枝叶倾斜相向，最后相交成拱顶。墙壁自由独立地向上耸立，柱子也是自不同方向向上各自伸展，这就是说，尽管圆顶实际上也是安放在柱子上的，而支撑圆顶这个职能却没有独立地、突出地表现出来。如此看来，柱子似乎并未起支撑作用，就像树枝并不是由树干支撑着，而是一个整体，从它们轻盈的曲线形状来看，仿佛就是树干的继续，它们与邻树的枝丫相交，形成叶顶拱廊。

大教堂的圆拱顶是建造来满足内心需要的，供人瞻仰与惊羡、赞叹的；它的墙壁和成林的柱子自由地在顶上相交，这也仿似人的躯干与头脑的关系。

三、装饰的方式，装饰对于一般的哥特式建筑非常重要。古典型建筑艺术在装饰方面一般保持一种明智的节制。哥特式建筑却不然，因为它的主要企图在于使所堆砌起来的体积显得比实际更大、更高，所以它不满足于用简单的平面，要把这些平面划分开来，塑造成为一些能产生努力向上高举印象的形状。例如柱子、尖拱以及它们上边的尖角三角形结构都有着这样的风格。这样，朴素的就遭到破坏，这些极精细的个别特殊细节的雕凿就使得整体暴露出最严重的矛盾。一方面人一眼就看到在庞大无垠的体积之中仍有极明白易晓的基本线条和各部分的部署；另一方面装饰的丰富多彩却不是一眼就可以看遍的，这使驳杂的个别细节和最普遍最单纯的轮廓处于矛盾对立，这种分歧必然激发联想，这种向上高举的努力必然就要导致心灵的提高。

装饰还有第二个方面，浪漫型艺术一方面根据侧重内心世界的原则，即理想回到内心世界本身的原则，没有哪一种建筑能像哥特式建筑这样，一方面把巨大笨重的石堆牢固地结合在一起，另一方面又完全保持住轻盈秀美的印象。

另外，关于雕饰的样式，可以只指出一点：除掉拱顶、方柱和圆形结构以外，雕饰都采取真正有机体的形式，雕孔和对整块体积的精雕细琢都可以显示出这一点，人们可以很明显地看出一些树叶和花蕾以及用真实的或幻想的人体和动物体构成的阿拉伯式花纹。正是在建筑方面，浪漫型的想象力显示出它的创造发明和奇特组合的丰富性，就连在雕饰方面也常用一些简单形式的反复复现。

哥特式建筑大量采用尖顶形式，形成一个基本特质。这一特质解放了柱子，使柱子形状和功能得以改变。

宽广的哥特式教堂，屋顶的重力是很大的。柱子既要承担这一功能，又要把自由飞腾与上升的姿态表达出来，所以这一建筑里的柱子不直接支撑横梁，而由拱来支撑。而且支撑的方式，显得拱仿佛只是方柱的延伸，它起初从柱子出发，直线上升，然后很慢地逐渐向内弯曲，以便向对立的那一边倾斜，而左右两边仿佛无意地在上面相交于一点，成为尖顶。就像人的两条腿，在上半身自然地交接在一起一样，所以这种顶自然地被称为"人"字形顶。许多荷兰教堂就是如此，显现出柱子与拱是一个不可分割的统一体。

使用檐与梁的建筑方式却是完全不同的，屋顶的前后檐与它们下面的角柱呈钝角，屋顶从表面上看明显就是被柱子支撑起来的。这与尖顶形成了概念上的巨大差别。

哥特式建筑使用方柱。考察方柱与拱顶的关系和圆柱与横梁的关系，我们发现，明显的区别在于和谐与分离。方柱下大上小，高到一眼无法看遍，眼睛就势必向上转动，左右巡视，一直等到看到两股拱相交形成微微倾斜的拱顶，才可停歇，就像心灵在虔诚的修持中起先动荡不宁，然后超脱有限世界的纷纭扰攘，把自己提升到神那里，才得到安息。

门窗上也重复着方柱与尖拱的同一形式。特别是窗子，东西两边走廊的下部分，尤其是教堂正中和合唱队席位的上部，都安置着巨大的窗子，眼睛如果注视它们的下部分，就不能同时看到上部分，像看圆拱顶一样，须抬头仰视。这是给人传达向上飞腾时，那种心神动荡不宁的印象和意念。

以上所描述的哥特式建筑须与从罗马建筑发展出来的所谓哥特前期的建筑分别开来。基督教教堂最古老的形式是会议厅式的。这类教堂起源于罗马帝国时代的公共建筑，一种巨大的长方形厅堂，屋顶架是用木料做的，君士坦丁大帝分配给基督教徒集会用的教堂就是这样。基督教建筑用同样的方式从过去借来一些其他形式，例如圆柱上架圆拱的运用，圆拱和它的全部装饰方式都是从古典型建筑，特别是西罗马帝国〔罗马帝国于286年被戴克里先分为两部分后，政权一分为二，形成四帝共治制，罗马开始有东西两部的概念，位处西部的即最后分裂的西罗马帝国；而东部最后成为东罗马帝国或拜占庭帝国〕的建筑借来的，从东罗马帝国到查士丁尼大帝〔483—565年，拜占庭帝国皇帝（527—565年在位），主持建造圣索菲亚大教堂，征服汪达尔人等。其统治时期为拜占庭帝国的第一次黄金时代〕，教堂建筑好像都忠实地保持这种风格。就连东哥特族人和伦巴底人在意大利所建造的教堂也基本上保持罗马的风格。直到拜占庭帝国晚期的建筑才带来了很多的变化。

哥特式建筑艺术发展出它的独特形式是在13世纪，那个时期民用建筑和宗教建筑平行发展，它沿用教堂建筑，但根据需要而加以改造。除去形式与尺寸比例的一般和谐，艺术就只能在装饰建筑物正面、台阶、窗、门、山墙、塔楼之类发挥一些作用，但是还要以符合目的性为它的决定因素原则。坚固、安全，加上堂皇富丽和具有生动个性的形式——这些就是中世纪民用建筑的基本特征。

说到真正的园林艺术，我们必须把其中绘画的因素和建筑的因素分辨清楚。花园并非一种正式建筑，不是运用自由的自然事物而建造成的作品，它更像一种绘画，让自然事物保持自然形状，力图模仿自由的大自然。它把凡是自然风景中能令人心旷神怡的东西集中在一起，形成一个整体，例如岩石与它粗糙自然的体积、山谷、树林、草坪、蜿蜒的小溪、堤岸上气氛活跃的大河流、平静的湖边长着的花木、一泻直下的瀑布之类。中国的园林艺术早就这样把整片自然风景包括湖、岛、河、假山、远景等等都纳入园子里。

一座单纯的园子不只是一种爽朗愉快的环境，还是一种本身并无独立意义，不至使人脱离人的生活和分散心思的单纯环境。在这种园子里，建筑艺术和它的可诉诸知解力的线索、秩序安排、整齐一律和平衡对称，用建筑的方式来安排自然事物就可以发挥美的作用。万里长城外的蒙古人的园林艺术，西藏人的园林艺术以及波斯人的极乐园都早已更多地采用这种类型。它们不是英国人所了解的公园，而是栽满花木且装置着喷泉、小溪、院落、宫殿的展览馆，供人在自然中游息。它们富丽堂皇，被人不惜资本地建造出来，以满足人的需要和为人提供方便。

第二章　雕刻篇

精神性是雕刻艺术的原旨所在，它所表现的是蕴含其中的精神理念，而非外在形式本身。所以黑格尔说，雕刻作为古典艺术的理想代表，它的内容应该表现客体性。这里所说的客体性是指具有实体性的、真正的、不可磨灭的东西，即精神的本质。同时，黑格尔又说："一般说来，雕刻所抓住的是一种惊奇感，也就是精神把自己灌注到完全物质的材料里去，将这种外在材料塑造成一种形状，认出这种形状是符合自己内在生活的形象时，所感受到的那种惊奇感。"

雕刻与建筑及其他艺术的精神差异

建筑采取无机自然的形式来表达自己,雕刻则不以自然为对象,而是将精神本身作为对象。

精神有两个面,一是自我,二是表现自我的客观事物。建筑的客观物质,自然要将精神纳入其中,但这里出现的问题是,人的内在精神要完全渗透进客观物质,是不易的,精神与传达精神的外在物质之间,总是矛盾重重,难以达到完美的和谐。建筑受制于重力规律,因此它很难传达精神的本质。雕刻却不同,它无需受体积与重力的束缚,自由地行走在精神本身的道路上。

我们可以对雕刻和语言进行比较,会发现它们有本质的不同,语言也是客观物质,是声音,是物体与空气之间的震荡与运动,这一运动构成了传达精神的媒介,它并不占有空间的物质。而雕刻则直接使用占有空间的物体,例如石、木、金属、黏土等,属于一种三维空间的艺术。

之前我已阐明,最适宜于表现精神的,是人的肉身。通过肉体,雕刻才使精神找到了它的空间形式。从这个意义上来看,雕刻与建筑皆使用感性物质来创造形象,二者具有共同性。

建筑是尽力改造那些无机物质,以符合精神目的。雕刻却直接使用最符合表现精神个性的人的肉身,将肉身与精神的统一呈现出来,它摆脱了建筑不能摆脱的外在自然和环境,直指精神,为精神服务。

这并非就是说雕刻艺术就完全不顾外在环境,与外在世界完全没有了关系。一座雕像、一个雕像群、一块浮雕,艺术家在创造时也不能不考虑到它所要放置的地点和位置,不得不考虑它与周围环境的空间关系和物质关系。艺术家不应该先把雕刻作品完全雕好,然后再考虑把它摆在什么地方,怎么摆放,而是在构思时就要想到这些。比如神像,多数是放置在庙宇的神龛内,不考虑庙宇的内外环境是不可思议的。

神像绘画同样也要解决这一问题,如基督教堂中祭坛上的神像绘画,就不考虑祭坛的形状等要素吗?放置在哥特式教堂里特定位置的雕刻作品,也是同样的道理。

就雕刻艺术品的环境而言，神庙和教堂并不是唯一的地方。雕像、雕像群和浮雕同样可以点缀厅堂、台阶、花园、门楼，使整个环境生动起来，平添精神气息。除开这些较为宽广的环境以外，雕刻作品也出现在狭窄的场所。不过，无论多么狭小的地方，也还得考虑一个基座，以此标示出方位和基础。

雕刻、诗与绘画

雕刻、诗与绘画，首要的区别表现在空间上。无论是个别的雕像还是雕像群都要用完整的肉体来呈现精神的意象，也就是按照人本来的样子把人描绘出来。

绘画不表现实际的感性的空间，无论是人的形体所占有的空间，还是自然界其他事物所占有的空间。它只利用平面的、物质的东西，只通过线条和色彩去传达关于肉体的东西的观念、物质的观念。

雕像看上去似乎很善于保持自然真相，它通过笨重的别的物质来表现肉体的精神。但仅靠人的自然面貌，是不足以表现精神的，或者说单纯肉体的外在自然面貌，是不能很好地表现精神的。只有在语言、行动和事迹的表现中，精神才得到它所特有的实际存在，因为语言、行动和事迹是由内心生活发展而来，所以更能如实地显示出精神。

在这一点上雕刻尤其不能与诗歌相比，虽然造型艺术对事物轮廓的鲜明刻画，使肉体的或物质的东西可以鲜活地呈现在眼前，但是诗也能描绘人的外形，例如头发、额头、腮、体格、服装、姿势之类，尽管无法媲美雕刻的精确完满，但诗在这方面的损失与缺陷，却被一个巨大的、雕刻所没有的长处所弥补——想象。想象使人从某一对象得到一个观念，它不在勾画事物的静止轮廓上下功夫，也无须将其实际的细节和定性描绘出来，而是在乎于人的行动、动机、命运、情景纠纷、矛盾冲突、情感、语言等等，总之，包括所有能揭示他内心生活和外在事迹的东西。这是雕刻无法做到的，即使涉猎，也十分不完善，因为它既不能描绘主体的内在精神所处的特殊内心状态和情欲，也不能像诗那样叙述一系列的事物，而只能塑造出从肉体上见得到的一般的个性和无先后承续的东西处在某一顷刻中的状态，静止的状态。

三等车厢　布面油画　1802年　美国纽约大都会艺术博物馆藏

奥诺雷·杜米埃 （Honoré Daumier，1808-1879年）

　　法国现实主义讽刺画家。他的绘画以尖锐的艺术语言表现和讽刺社会的黑暗，他的大量作品都以普通劳动者和市井大众的生活为题材，仿佛"没落阶级集体形象的辞典"。他的油画以强力的明暗对比，流畅而有力的线条突出人物粗犷的形象，而且造型不求形似，只重视色块与形体的"神肖"。他往往以棕色和粉红为基调，从文学名著和生活中选择题材，以批判的艺术眼光审视自己所创造的形象，他说他"要做自己时代的人"。

文化伟人代表作图释书系

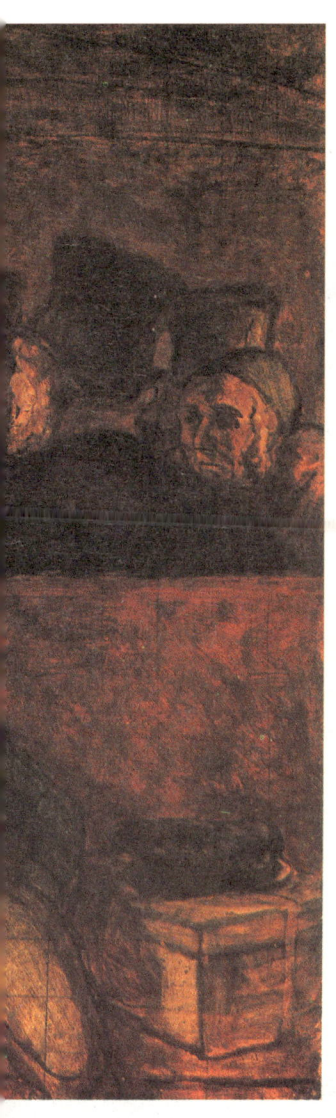

共和国　布面油画　1848年　法国巴黎卢浮宫博物馆藏

虚病　木板油画
1860—1862年　美国费城艺术博物馆藏

272 | 美　学　Aesthetics: Lectures on Fine Art

文化伟人代作图释书系

攻陷雪城　布面油画　1899年　俄罗斯圣彼得堡俄罗斯艺术博物馆藏

瓦西里·伊万诺维奇·苏里科夫

（Surikov，Vasili Ivanovich，1848—1916年）

　　俄国画家。苏里科夫的作品充满了民主主义精神。他对俄国发生的历史事件有着深刻的悲剧性理解，他所塑造的历史瞬间庄严而动人，这实质上是在预示沙俄旧生活方式和与之相伴的旧观念的崩溃。他的画中总有他对俄罗斯景色的独特置入：莫斯科秋天的早晨、满地大雪的隆冬、严寒的西伯利亚，这充分展示了他对俄罗斯大地的无限深情。《近卫军临刑的早晨》取材于17世纪俄国的一个真实历史事件。1698年，正当彼得大帝出国访问之际，维护封建宗法制度的保守贵族率近卫军挟持彼得大帝的姐姐索菲亚公主发动兵变，意图扼杀彼得大帝的资本主义改革，闻讯而归的彼得大帝借助他国的力量镇压了这次兵变，并在红场绞杀了100多名叛变者。题材本身已注定该画的悲剧氛围，或许，即使在当年的行刑现场，其悲怆的情绪也很难超过此画。

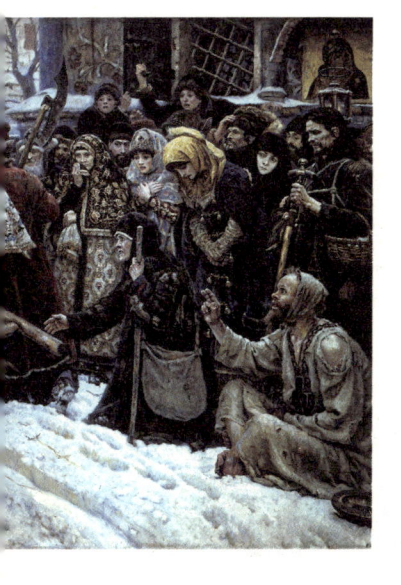

女贵族莫洛卓娃（右下）
布面油画　1887年　俄罗斯莫斯科特列恰科夫美术博物馆藏

近卫军临行的早晨（局部）（左下）
布面油画　1879年　俄罗斯莫斯科特列恰科夫美术博物馆藏

文化伟人代作图释书系

伏尔加河上的纤夫
布面油画　1870—1873年　俄罗斯圣彼得堡俄罗斯艺术博物馆藏

伊里亚·叶菲莫维奇·列宾
（Ilya Yafimovich Repin，1844—1930年）

　　俄国画家，巡回展览画派代表人物。列宾善于观察社会，而且在此基础上创作了大量的历史画、肖像画，其艺术语言十分丰富，现实主义功底扎实。《意外归来》是其中最有代表性的一幅。这幅油画展示的瞬间，在向人们讲述一个革命者流放后意外归来时的情境。在画幅中不难看出，归来者经受了痛苦与沧桑，家人的神情惊诧、悲苦，画面未及展示的更多情境也会令人充满联想。这是画家鼎盛时期的一幅作品。从流放者身上，我们同时也能感觉到革命者内在的从容和冷静，列宾抓住"流放者跨进门坎的一瞬间，他及每个家庭成员的表情、行为"向人们展示"惊喜、意外"及蕴含其间的丰富情感。

意外归来（右下）
布面油画　1882年　俄罗斯莫斯科特列恰科夫美术博物馆藏

查波罗什人写信给土耳其苏丹王（左下）
布面油画　1880—1891年　俄罗斯圣彼得堡俄罗斯博物馆藏

牺牲　木刻版画　1922年　中国上海左翼作家联盟成立大会会址纪念馆藏

凯绥·珂勒惠支（Kaethe Kollwitz，1867—1945年）

　　德国版画家、雕塑家。罗曼·罗兰曾说："凯绥·珂勒惠支的作品是现代德国的最伟大诗歌，它照出穷人与平民的困苦与悲痛。这个有丈夫气概的妇人，怀着阴郁和纤秾的同情，将这些尽收眼底，表现在她慈母般的手腕之下。这是作出巨大牺牲的人才有的沉默之音。"

第三卷 各门艺术的体系 · 第二章 雕刻篇 | 277

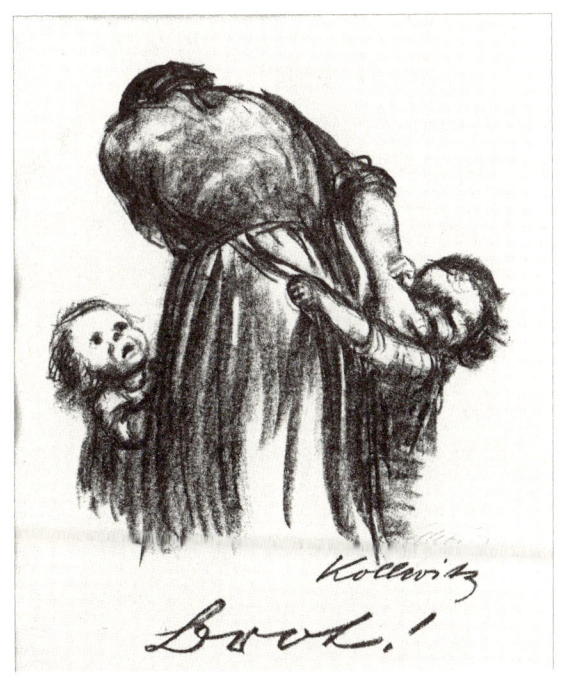

面包城　版画　1924年　中国北京鲁迅博物馆藏

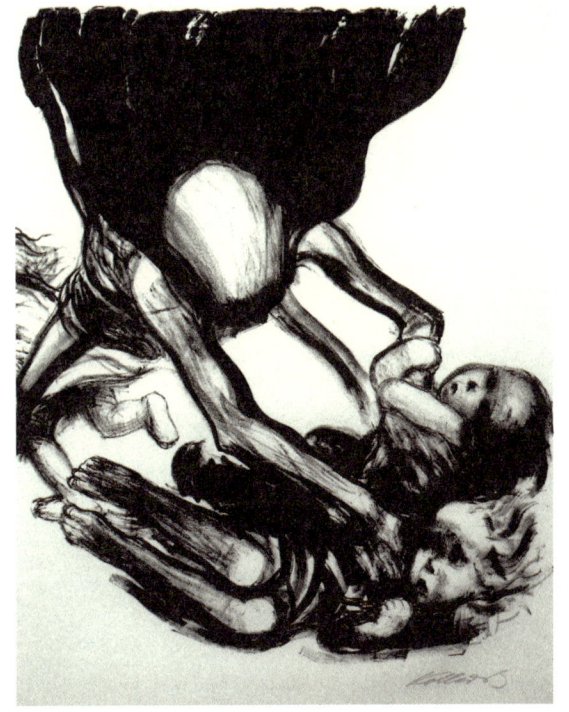

协商（"织工条例"）　素描　1898年

死神夺走孩子　版画　1923年

影响人类文明进程的文化与科学巨著

通过颜色、光线、阴影的处理，可以表现人和事物的外貌，以传达出它的精神，这是绘画可以做到的。特别是在外貌的完美性上，绘画是独到的，它甚至能把病理方面的特征描绘得入木三分。有人认为，如果把绘画与雕刻相结合，将得到更高级的雕刻艺术。雕刻能胜任空间整体表现的优点，如与色彩配合，便更能体现出非凡。这一观点认为雕刻排斥绘画技术上的着色是出于主观任意性，是过于看重物质形式方面，把其他的方面都抽掉了。这颇类似于侧面剪影和版画的情形，为了方便或临时应急，做成了草图，或者因为创作技巧方面的贫乏和无能。这一指责倒是很主观。但实际的理由是，颜色与运动是个别化的、具体的，而雕刻所塑造的形象事实上只是具体的人体的一个抽象方面，这种个别就无用武之地，它并不能使雕刻的形象丰富多彩起来。这不是偶然的缺陷，而是由艺术概念所决定的，它在表现方式方面的局限，是一种必然。

雕刻不用象征的表现方式去暗示精神的意义，而用人体形象去表现精神。但同时雕刻由于它所表现的主体是不动情感的，它所表现的心灵还是未经特殊具体化的，它就满足于单纯的形象，亦即显不出统一的主体性的形象。雕刻的形象只显示出沉埋在肉体中的精神。可以说是一种"凝聚的光"，显不出各种颜色的反衬与和谐。希腊人的伟大智慧就在于抓住了而且坚持了这个观点。

最远古的雕刻作品是用画上彩色的木料雕的，例如埃及的偶像。希腊人也用过这种方法。但随着艺术趣味的日益提高，雕刻也就日益抛弃原本就不适合它的华丽色彩；出于明智的考虑，它只用光与阴影，以求使观众得到温润、静穆、明晰和愉快的印象。

雕刻是古典型艺术的中心，是古典理想中真正的艺术。古典理想通过雕刻而达到最适合于它的实际存在。

雕刻的精神和理想境界

大致说来，雕刻捕获一种惊奇感，精神把自己灌注到物质性的材料中，再通过这种物质材料塑造一种外在形状，使自己从中看出自己就摆在面前，并认出这种形状就是符合自己内在生活的形象时所感受到的那种惊奇感。

雕刻用来塑造形象的元素仍是占空间的物质，这种物质还处于原始状态。这一阶段的精神和它的肉体并没有分开，也没有达到自为的存在。而那类并不与肉体紧密相连的精神，主观性质的精神，纯粹的内心自在自为，就不能在雕刻这门艺术中得以表现。它只适宜于表现客观性强的精神，也就是说，具有实体性的不可磨灭的东西，而不是偶然的、暂时的、漂浮的东西。不与肉体的运动、表情相关的精神，是雕刻无能为力的。

雕刻将精神性渗透到肉体中，无法脱离肉体而存在。也就是说它的神性是寄予在自然性中，无限性是寄予在有限性中的。它也尽力消除有限性，尽力表现出神性。因为有限性是偶然的实际存在，存在差异和变动。而神性，是不受时间影响的，不受有限世界的凌乱而痛苦地挣扎的影响，不受有限世界的杂乱运动与情景流变的影响，它是一种静穆、崇高、安详和静止。所以狭义的主体人格，是与雕刻矛盾对立的。这个狭隘的世界，孤立个体的那种桀骜不驯的个性，事件和情节，就被雕刻尽力排除在外。如对一个人的事迹、传记、认识、情感、思想、性格，雕塑就无法表现。一切特殊的、细节的，都不是它的任务，它的任务只是塑造普遍的精神特性，例如善良、正直、勇敢、明智等。雕刻要的就是这类常驻不变的东西，神和人身上永恒的东西，脱净了一切有限世界的偏见，把永恒表现得通体透明。

论面相学

在古典型建筑中，房屋模仿人体骨架；同样的，在雕塑中，人的形象成为模仿的基本对象。

虽然，从人的肉体上，艺术家可以发现与神同在的普遍性一类东西，但人的躯体，总是有很大的特殊性，比如特点、姿势、习惯、各种情感、情欲、盛怒中的手和全身的颤抖、嘴唇的震颤等等，体现了与精神的具体联系，我们目前还无法找到可靠原则，归纳为系统，只是根据经验知道部分的关系。

情绪心理学和面相学，企图揭示这一关系，企图对它进行系统的科学的描述，但目前为止还没有得到有价值的结果。

在我看来，只有面相学有些重要。情绪心理学研究某种情感和情绪由某种身体器官发生，例如说愤怒的位置在胆汁，勇敢的位置在血液。这种说法其实不恰当。尽管某种情绪与某种器官有对应关系，但不能说愤怒的位置就在胆汁，而只能说愤怒在身体上的表现主要是在胆汁上。情绪心理学的研究成果，很难应用于雕刻。

既然雕刻追求的是普遍性精神，那么我认为就有必要排除面部表情。

再深一步看，面相表情只是人的内心特点，是特殊的个别的情感思想和意志在面部的流露。是在特定的某种场合，在外在物或事的刺激下偶然感触的反应。譬如在街道上、城市中，我们看到大多数人的仪表和面相时，看到他们的服装和装饰时，如果有某些出类拔萃的就会引起许多人的格外注意。这时人们的面部表情就会出现变化：矫作的、妒忌的、自满的、轻视的等等。但这不是雕塑要追寻的东西，它不屑于这种偶然事物的获得和表现。

此外，还有很多面部表情的一大特征是易逝性，来如影去如风，这也包含身体姿态，例如瞬间的微笑，刚出现就被压下去的愤怒的眼色，很快就消失的嘲笑的神情等等，尤其是眼睛和嘴在这方面有极敏捷的运动和本领，能轻易表现出心情变化的每一个细微分别。

这类表情变化，对于绘画而言，是很好的素材，但用在雕刻上却不合适。因为在雕刻里，以上所说的情况都是偶然性，而雕刻就是要排除偶然性，回到精神的必然王国。

论雕刻的理想境界

我们知道，任何一门完善的艺术都是由不完善发展而来。一门艺术的象征阶段就是该门艺术的不完善阶段，例如小孩子用蜡或黏土来捏一个代表人的形象，所捏出来的东西只是一个象征符号。艺术在开始时就是如此，是象形文字性的，不是偶然的任意画出的符号，而是一种略近似对象的素描，以便唤起想象。

当艺术家能够按照他的理念自由创造，把天才的闪光浸润到作品中，使所表现的形象新鲜而活跃时，才带来了美的艺术的觉醒。只有这种时候，作品不再拘泥于对现成东西的抄写，而是进一步把所要表现的精神体现于一个具有个性的形象中，使作品栩栩如生。

与象征型艺术相比，雕刻有两点超越了前者：一是主体内容明晰，二是其表现方式和这种内容意义完全吻合。

我们可以这样说，希腊的雕刻艺术近乎达到完美，且有许多杰出的作品。在希腊作品中，面部特征明显，额和鼻的配合，以及与鼻之间的线条（笔直或微曲），都非常完美。荷兰生理学家坎伯尔特意将这个线条称为面孔上美的线条。他认为这是人的面部构造和动物面部轮廓的主要差别。

在希腊人的面部轮廓中，精神特别流露在额头上，额头到鼻子之间有平缓的过渡，连成一气，使面孔的上下部之间显出一种柔和与平衡，一种美妙的和谐。鼻子由于和额头有了这种联系，仿佛更多地属于额头，因而被提到精神体系。

嗅觉仿佛侧重认识功能，鼻子通过皱缩的细微运动，极灵活地表现出精神方面的判断和情感。例如我们说一个骄傲的人鼻子会耸得很高，一个年轻的姑娘将小鼻子往上一掀，就认为她表示轻蔑。

嘴也有类似情况。嘴一方面是用来充饥解渴的工具，另一方面也能表现思想情感之类的精神状态。动物的嘴用来鸣叫，人的嘴则包括说话、笑、哀叹等等，在这些情况中，嘴的运动本身就已经和运用语言来传达思想时的精神状态有了密切的联系，能表现出人的喜怒哀乐来。

希腊人认为他们的面孔是真正的美，但人们也提出过反驳。比如中国人、犹太人和埃及人就不这么认为，他们认为相反的面孔结构才美甚至更美。我认为这种异议是肤浅的。希腊人的面部轮廓不应该看作是一个外在的偶然形式，而是它本身特有的一些更符合美的理想的理由：第一，这种面孔结构上的精神表现把纯自然的东西推到了后面；第二，它尽量排除了形式方面的偶然性，并因此不墨守成规，排除个性。

论希腊的雕刻

在希腊的鼎盛时期，无论是诗人、思想家还是实际行动中的人物，都具有既显出普遍性的造型艺术风格又显出个性的这种内外协调一致的性格。他们伟大而自由，在体现实体的个性基础上独立地成长起来，自己培育自己，成为自己所愿做的人。尤其在伯里克勒斯〔（前499—前429年），雅典极盛时期的政治家〕时代这种性格的人更多，其中包括伯里克勒斯自己、斐底阿斯、柏拉图，尤其是索福克勒斯〔约前496—前406年，雅典人，雅典三大悲剧作家之一〕，此外还有图什底德斯、克塞纳芬和苏格拉底。

他们之中每个人各成一类型，不因和另一个人相比而有所逊色。他们都具有高度艺术家性格，仿佛都是从一个熔炉中熔炼出来的不同的艺术作品，像一些不朽的神巍然挺立，连时光与死亡对他们都毫无影响。奥林匹克竞赛中的胜利者们在身体方面也具有同样的造型艺术作品形象，甚至弗里涅〔公元前4世纪的希腊名妓。在一次节日盛典中她从海里赤裸裸地跳出来。希腊人替她在德尔斐立了一座金像〕的形象也是如此，这个最美的女人裸体跳出水来，面对希腊全境的人民。

雕塑不是自然本色的抄写，不是在个别细节和在一般轮廓上的忠实。雕刻要做的事，永远是形式的抽象化。要避免极端的特殊细节，例如在处理头发时只要把握住大概形式，把它表现出来就可以了。只有这样办，雕刻中人体形象才不是单纯的自然形式，而是精神的形象和表现。与此密切相关的还有一点，精神的内容意蕴固然通过雕刻表现于肉体，而按照真正的理想，它却也不应该被过分显现于外在的肉体上面，使这外在的肉体单凭它本身的美妙就足以引起观众的喜悦，或是占压倒一切的优势。

希腊人面部轮廓的特征在于额和鼻的特殊配合：额和鼻之间的线条是笔直的或微曲的，因此，额和鼻连接起来，中间不断，这条垂直线与连接鼻根和耳孔的横平线相交成直角。在理想美的雕刻里，额与鼻在线条上总是形成这种关系。

那么这种结构是否只是一种民族的和艺术的偶然现象，还是一种生理上的必需？认为人的面部构造和动物的面部轮廓的主要差别就在额和鼻之间这根线条。布鲁门巴哈〔1752—1840年，德国人类学家〕在他的《各民族的差异》里固然提出过与之不同的看法，但大体说来，这个线条确实是人和动物在外貌上的一个很能见出特征的差异。动物的嘴部和鼻软骨之间的线条固然也有几分直，但是为便于接近食物，动物的嘴部所形成的特殊的凸出形状主要是由嘴部和头盖骨的关系所决定的，连上头盖骨的还有耳部，比头盖骨稍高或稍低，因此动物的从鼻根或上唇牙齿所在的地方那条直线就和头盖骨形成一个锐角而并非如人头上那样形成一个直角。每个人都可以在大体上感觉到这个差别，而这个差别当然更能引起较明确的思考。

论雕像的生命

　　这一阶段的艺术家，要表达他们内心的普遍观念，已经不再满足于偶然，用偶然的轮廓、偶然的表达方式去暗示他们的观念。外在的特殊形式，也不是他们的临摹对象，他们不再按照原本偶然的样子把这些形式临摹出来。在这一阶段，艺术家凭借自己独特自由的创造力，将个别、特殊与偶然纳入统一体，同时又保持住自己的个性，既表达普遍意旨，又体现出个性的生气，同时也有艺术家本人的生气。艺术家将自己的灵魂灌注到作品之中。内容中一般性的东西并不是由艺术家创造的，而是由神话和传说提供的灵感，正如人形体中的一般与特殊对于艺术家也是现成的。但是贯穿作品各部分的那种自由生动的个性化却是他自己的体会和创作的功劳。

　　这种自由且生动的效果，来自于妥帖和忠实。要达到这种效果，需要艺术家对对象有明确清晰的把握。身体的每个部分，在不同的运动或静止状态中的形态，都需要精确把握。是应该站着还是躺着，是圆的还是扁的，如此之类的样子都需要妥帖表现出来。在古代作品里，我们就能看出这种对一切部分的精工细作和轻重分明，只有靠这种无穷的寻求、确定，才能达到真实，作品才显得有生气。欣赏这类作品时，我们往往不能一眼就把各部分的差别看得很清楚，只有通过光与阴影的强烈对比所产生的一种照明作用，或是通过触摸，才能把这些差别分辨出来。虽然这些微细的差别不容易一眼就看清楚，但差别的总印象却总是能感觉到的。有时会出现这样的情况：观察者调换一个角度，原本看不见的差异就明示了出来，观察者欣赏一件艺术作品的时候，有时会感到它们的所有部分和它们的形式都仿佛处于有机的流动状态。这就是完美的艺术魅力。这种气韵生动，这种物质形式所表现的灵魂的完整，完全是因为每一部分既以它的个别特殊的身份而独立存在，又通过丰富的逐渐转变，不仅与此相邻的部分，而且与整体，都是一种紧密呼应的关系。因此，这样的艺术形象，在每一点上都能见出生命；每个个别的细节也是符合目的的，一切部分都各有自己的差异、独特性和优点，它们组合起来，在不息的流动中，依靠整体，其生命表现出来，其价值也表现出来，所以即使人们从一件艺术品的残骸断片中，也可见出整体的魅力。人们也就能从被割裂开来的部分中感受到它的精妙，保证了观赏者对作品尚未破坏时的整体的观感和欣赏。雕像的皮肤尽管受到风雨侵蚀，却仍显得柔润，如一块马头的残雕在石头上仍焕发着蓬勃生机。这种有机轮廓中各部分之间的互相流注，结合到最细心的精工细作，不只形成整齐一律的表面或是只形成圆形或凸面形，才产生那种气韵生动，那种各部分的柔润和理想美，那种协调一致，就像整体到处都受到精神所灌注的生气一般。

雕刻的面部五官与头发

额 头

按照古典雕刻形象的理念，额头既不宜向前凸出，也不宜太高。因为尽管精神应表现在面孔结构上，但这里所说的还不是雕刻所要表现的那种单纯的精神性，也不是完全表现于肉体形状的个性。

额头有多种多样的变化，年轻清秀的女子，额头要低些；经常从事思考这种精神活动的人额头却要高些；老年人额上无发，太阳穴成锐角；而永远处于青春的理想中的神和英雄们却并非如此。

眼 睛

说到眼睛，首先我们应确定一个事实：理想的雕刻形象通常是不表现目光的。当然，也有例外，比如雕刻的萌芽阶段或由于宗教传统的需要，但这种情况极少。

目光是最能流露灵魂的器官，是人内心活动和情感表露的集中点，雕刻却舍弃了目光。这是因为，雕刻艺术所要达到的目的是外在形象的完整，它须将灵魂分布到整体的各个部分，再通过这些部分把灵魂表现出来，所以雕刻不能把灵魂集中到一个简单的点上，即瞬间的目光上来表现。

其次，目光是朝外在世界看的，是为观察事物而设定的，因而显示出人对外界事物的各种关系以及人对周围世界正在发生的事件的感触。然而，雕刻形象却要分离人与外界事物的这种联系，并沉浸到它的精神内容中的实体性的物质中。

最后，目光要通过形象整体中其他部分的表现，例如一般仪表和语言，才获得它充分发展出来的意义。但这样的广度不适合造型艺术本质。所以，雕刻抛弃了目光这一个别特殊现象。

古希腊人的伟大智慧就在于他们承认雕刻的这种局限和界限，严格遵守雕刻的这种抽象化。这正显出他们能将高超的知解力与丰满的理性和完整的观照结合在一起。在他们看来，理想的雕刻作品，眼睛的形状应是睁开的且大而椭圆，在位置上和额头到鼻子的那条线呈直角，深凹下去。文克尔曼［1717—1768年，德国古代艺术史史学家、艺术理论家、美学家。主张结合时代和民族的物质环境和社会背景研究古代艺术作品，对艺术进行历史的分析。代表作有《古代造型艺术史》《论模仿希腊的绘画和雕塑作品》等］很早以前就将大眼看作美，并说这正如大光比小光美。诚然，并非所有的大眼睛都是美的。眼睛美，一方面要靠眼皮的活跃，另一方面要靠眼球凹下去的深度，也就是说眼睛不宜向外鼓突出来。倘若眼睛凸出，在呆愣之时就会使人感觉这人精神失常，或是心不在焉，傻头傻脑地瞪着眼睛。在一些体积较大的雕像中，由于离观众视线较远，如果眼睛凹下不深，眼球大部分又是平板，就会显得没有意义和生气。深眼眶中较浓的阴影会使人感到一种精神方面的深刻和凝聚，感觉到此人聚精会神，忽视外界事物的干扰，其精神上的深刻意蕴溶解在形象的整体里。

眉

眉在古代雕刻中是不用细毛形成的高弧形，而只用眼骨梁部的高耸来暗示。在雕刻中，如果眉部过高，形成一个独立的拱顶就会被认为是不美的。

耳

关于耳，文克尔曼在《艺术史》中谈道：古代人在雕耳上煞费苦心，耳朵雕得草率的石刻就一定是伪制品。特别在人物肖像上，耳朵往往还表现出个人所特有的形状。因此只要雕刻的人是大家所熟知的，只从雕像的耳朵就可以辨别出作者。例如从一只耳孔特别大的耳朵就可以辨认出玛可·奥里琉斯［121—180年，罗马皇帝，斯多噶派（于公元前300年左右在雅典创立的学派，因在雅典集会广场的廊苑聚众讲学而得名。是希腊化时代一个影响极大的思想派别）哲学家］。文克尔曼还举出某些赫克库勒斯的头像为例，如一些雕像耳朵较为平板，软骨耳翼却如肿胀一般，这种耳朵一般标志着格斗士和角力士的身份。

大碗岛上的星期日下午　布面油画　1884–1886年　美国芝加哥艺术学院藏

乔治·修拉（Georges Seurat，1859—1891年）

　　法国新印象画派（点彩派）的创始人。修拉对色彩有专门研究，这使得他的作品更加层次分明。他捕捉光和色，将它们在毛绒绒的黑色和迷人的白色中复活，而阴影则有利于塑造形体；画面中闪亮的光斑充满神秘色彩，过渡的灰色显露出强烈的生命力；和谐的曲线在相互制约、平衡，各种形状浮现、明确地发出光的异彩。他不在调色板上调色，而是用小圆点和纯色色点来塑造形体，让调色在人的视网膜上完成。修拉肯定了纯色创作的优越性。

歌舞声喧　布面油画　1889—1890年　荷兰国立渥特罗库勒穆勒美术馆藏

安涅尔浴场　布面油画　1884—1887年　英国伦敦国家美术馆藏

大运河入口　布面油画　1905年

威尼斯粉红色的云　布面油画　1909年　奥地利维也纳艾伯特美术馆藏

早餐　布面油画　1887年　荷兰国立渥特罗库勒穆勒美术馆藏

保罗·西涅克 （Paul Signac，1863—1935年）

　　法国新印象派（点彩派）画家。西涅克的作品富于激情，善用红色作为基调，色彩鲜明和谐，使远近关系秩序明确。他的忠实好友费利克斯·费内翁这样形容西涅克的画："他的色彩象海浪一样扩散着，分出层次，碰撞着，互相渗透，形成一种与曲线美相结合的饱满效果。他用以表达这些欢乐和冲突的调色板只有纯色。画家把它们按照物理学光谱的顺序排列起来，相邻的颜色渐次减弱，尽可能完整地建立起它们的色阶顺序。"

鼻

鼻子形状的差异使整个面部呈现出千变万化的形象和表情。例如我们常将形状端正、笔直,两侧较薄的鼻子看作是聪明的象征;相反,宽扁低垂的或是如动物一般卷起的鼻子则通常象征着情欲旺盛、愚笨和残暴。但是雕刻在形式和表情上都要摆脱这些极端的毛病以及它们的各种变相,因而在雕刻鼻子时,应当避免尖锐的棱角和粗厚的形状。

嘴

嘴仅次于眼睛,是面部中最美的部分。雕刻所表现的不是它作为吃喝工具的一面,而是它展现出的精神状态。雕刻首先要避免嘴唇的形状和线条上带有纯属感性的自然方面的意味,因此雕刻一般不会把嘴唇刻得过于丰满或过于单薄。因为嘴唇太薄也表示了情感的淡薄,所以一般将下唇雕得比上唇丰满,席勒雕像的嘴唇便是如此。人们从席勒的嘴部构造上曾体会出他的心灵蕴藏着各种深刻而丰富的意蕴。按照雕刻的理念,嘴唇还不应紧闭。在艺术鼎盛时期的雕刻作品中,嘴唇微张而不露齿,因为他们认为牙齿与精神的表现是无关的。

颚

颚在理想的形状里可以补充或完成嘴部的表情。理想的颚要比实际的颚下垂得较长,它的弧形要显得圆而丰满,特别是在下颚较短时,就要将它雕得较大些。颚的丰满可以产生满足和安静的印象。易激动的老婆婆们往往摆动干瘪的颚和瘦削的筋肉,歌德曾把这种颚骨比作两股要夹起东西的钳子。如果颚长得丰满就见不出这种运动。人们把酒窝看成美,不过是因为这是一种柔媚,在本质上它是算不上美的。古代头像的一个准确标志不是酒窝而是一张丰满的大颚。

论雕刻的头发和头型

古希腊人对头发的雕凿是煞费苦心的。一般说来,头发在形状上接近植物而不接近动物,它并不表示肌体的坚韧,更多的是表现头发的松软。

野蛮人让头发平铺地垂着,或是剪得很短,不卷也不束。当然,如果用来雕刻的石头太硬时,他们也雕不出波浪纹的下垂的发髻,只雕成剪得很短,梳得很整齐的形状。但在风格突出的时代里，用的材料如果是大理石，男子的头发总是雕成厚密的发鬈，女子的头发总是雕成向上耸，在头顶上束成髻。

此外不同的神有不同的头发样式和安排，这种情形颇似基督教的绘画，使人可以从头顶和头发的样式认出基督，现在也有许多人根据这种蓝本来模仿基督的仪表。在雕刻中，美的头型是由一条最近似卵圆形的线所界定的，一切棱角融化在一种和谐的、各部分逐渐过渡联系的形状中，看不出呆板的整齐和抽象的对称。

这种卵圆线形主要靠两条线，一条是面孔正面，由下颚部到耳部那条优美的自由动荡的曲线，一条是由额头垂直画到眼眶的那条线。再加上侧面由额到鼻端再到下颚的那条弧线，和由后脑到头顶的那个优美的圆顶形。这就是大致理想的头部形状了。

身体的姿势和运动

关于身体的其他部分，如颈、胸、背、腹、臂、手、腿和足，它们属于另一类。这些部分在形式上固然是美的，但只是感性生命方面的美，不似面部那样单凭形状就可以表现精神。古希腊人对于这些部分的塑造，便显出了高度的美感，但在真正的雕刻中，这些形状不只显出生命的美，也尽肉体所能表达出了精神的面貌。

按照雕刻的原则，精神应该渗透到全身形状里，而不应作为和肉体相对立的独立的东西。这些部分要有助于精神的表现，就要通过姿势，使运动和静止的形式充分自由地在具体的仪态和表情中显现出来。

人和动物不同，动物的身体在移动时与地面相平行，它们无法凭自己来消除地心引力牵动身体匍匐的情况；而人的情况却不同，尽管人在婴儿时期也像动物一样爬行，但当意识开了窍，他们就会挣脱这种束缚，自由地站立起来。站立要凭意志，如果没有站立的意志，身体就会倒在地上。所以直立姿势就已经是一种精神的表现。但直立的姿势也并非因为它本身就美，而是要凭借形式的自由才美。例如一个人只是呆呆地直立着，两手紧贴裤缝，两腿也并在一起，就会使人感觉僵硬，没有丝毫美感。

自由的姿势就不同了，它一方面避免抽象的整齐划一和棱角突出，使身体各部分姿势现出接近有机的生命灵动的线条，另一方面也要使精神的决定作用从姿势中显现出来，让人们可以认出内心生活的情况和情绪。这样的姿势才是精神的表情。

雕刻在利用姿势来表达感情时是极为小心的，且要克服许多困难。由于雕刻中精神与肉体理应形成一个紧密协调的整体，身体各部分的姿势固然要由精神的内在因素来决定，但这种精神表现也不能违反身体结构及其规律，而形成勉强的姿势。因此，非勉强是一项首要的要求。

理想雕刻中姿势所能有的表情方式不应该是暂时性或变化无常的，雕刻塑造人物不应使他们仿佛凭胡安 [13世纪法国民族史诗中的人物] 的魔号角调动，在运动和行动中被化成僵石，结成冰冻。而是一种蕴藏着整个世界的一切可能性在内的精神处于静止和独立自足的状态。

关于姿势的道理也适用于运动。真正纯粹的运动在雕刻中少有地位，除非雕刻离开自己的领域而采取另一种艺术的表现形式。雕刻的主要任务就在于表现神的福慧、圆满自足和静穆状态中的形象，这就要排除复杂的运动。而表现出来的最好是一种沉浸于自己内心生活的站像或卧像。人们可以想象，神的形象是永远保持这一姿势而不加改变的。

当然，我们不能就此说雕刻就一定要排除运动的姿势。它既然要把精神理解为个性，再表现到肉体形象中，那么它在内容和形式所反映出的内在和外在的情况也就必须具有个性。这种某一具体情景中的个性正是雕刻要通过身体的姿势和运动来表现的。

但由于雕刻中的首要因素是精神性的，因此不应受制于外在的个别特殊性。

雕像的服装

在雕刻作品中似乎最理想的是裸体的形象，而服装则显得多余。

但这也有分别，如果单纯地从感性美的方面来看，裸体固然很好，但单纯的感性美并不是雕刻的最终目的。

如果不用艺术的目光而是从实际的情况来看，服装的作用一方面是防风御雨，另一方面则是为了掩盖羞耻感。

人和动物最大的区别就是，人具有意识，具有道德感和羞耻感，让雕像穿上服装也是符合端庄观念的。早在《创世纪》的故事中就已意味深长地谈到了这种转变。亚当和夏娃在从知识树上摘食禁果之前，都赤裸裸地在乐园里四处游逛，但当他们有了精神的意识，意识到自己的裸体，就感到羞耻了。

这种羞耻感在其他亚洲民族中也有统治地位。希罗多德在《历史》卷一第十章曾谈到里底亚人和几乎所有的野蛮民族都以被人看到自己的裸体为耻，他引述了康道尔王后的故事来证明这一点。康道尔王让他所宠幸的警卫基格斯偷看王后的裸体，以证实她是最美的女子。王后事先受瞒，等到她发现基格斯躲在自己的寝室门后看她时，深以为耻。在盛怒之下，她第二天召见了基格斯，并告诉他说，既然国王做出了这样的事，让基格斯看到他不应该看见的，他现在就只有两条路可走，一是将国王杀死，事后继承王位，并和她结婚；二是他就该立刻被处死。基格斯选了第一条路，杀了国王，夺取王位，并娶了王后。

但埃及人却往往把雕像雕成裸体的，男像通常只系上一条短围裙，而伊什斯女神像的服装则只是两腿之间一条几乎看不出的薄薄的细花边。这并不是说埃及人缺乏羞耻感，而是他们认为肉体的形式是美的。从他们的观点来说，他们所关心的肉体形象的自然形式，不需考虑到这种肉体形象是否符合精神，他们在其他方面也极忠实地临摹自然形式。

希腊雕像有裸体的，也有穿衣的。希腊人在实际生活里总是穿着衣服，但是在运动会中竞赛时，却把裸体看作是最体面的。特别是斯巴达人开创了不穿衣上场搏斗的风气。这也并不是由于他们缺乏美感，而是由于他们对于羞耻感的品质和精神意义漠不关心。这是他们推崇的一种自由美的形式，把特有的受到精神渗透的躯体，作为一种独立的对象来雕塑，并且把人的肉体形象看作高于一切其他形象的最自由和最美的形象来欣赏。所以他们有意将许多雕像雕成裸体。

但并非所有的裸体都是美的。我在之前已说过头部与身体其余各部分的差别，我们无法否认形体上的精神状态总是通过面部和全身的姿势及运动来表现的，而身体的其余部分可以见出的差别无外乎是体力的大小，筋肉发达和柔软程度，以及性别和年龄等方面的差别。所以就美的观点而言，这些部分的裸露对于形象的精神表现起不了什么重要作用。所以将这些部分用服装遮盖起来也是必要的。而遮掩无用的部分，也是为了突显有用的部分。

论服装的遮蔽作用

　　雕刻的裸体形象固然很美，但却不能因此说裸体就表达了较高的美感和道德上的自由和纯洁。这方面希腊人也听从一种较正确、较明智的敏感指导。

　　在希腊的雕像中，例如儿童、爱神〔女爱神阿弗洛狄忒之子——厄洛斯（罗马名字丘比特），在希腊雕刻中一般将其表现为顽皮的裸体男孩〕在肉体形状上完全是天真自然的，他们的精神美也是天真自然，毫无顾忌的。此外，青年人、青年神、英雄神和英雄，例如波苏斯、赫库勒斯、提苏斯和杰生之类，主要也是表现其英勇，要求臂力强健和在坚忍的工作中运用和锻炼身体；民族运动竞赛中的格斗士们最引起人们兴趣的地方也只是身体方面的活动，气力、敏捷、美、筋肉和身体各部分的灵活运动；山神、林神和在舞蹈的狂热中的酒神崇拜者们也是如此，再有女爱神阿弗洛狄忒在单看她的肉体方面的女性美时也要归在这一类，所以古希腊人将这一类形象都雕成了裸体。

　　但当他们要突出表现一种较高意义的思想，一种内心活动的严肃时，就会抛弃一些自然的物质，雕出服装。例如文克尔曼就已指出，女像中只有十分之一不穿服装。在女神之中，穿衣服的主要是雅典娜、天后、女灶神、女月神、女谷神和女诗神们；在男神之中，穿衣服的主要是天神、长着胡须的印度酒神等。

　　一些人总抱怨近代人因为道德感而不让雕像完全裸体，实际上，如果服装只是把身体各部分以及姿势遮盖得尽量少地露出来，而且还可以使姿势更充分地显露出来，这就不是一个缺陷而是很好的艺术处理了。如近代紧身服便是如此，它可以使身体部分形状更清晰地展露在人们面前，而且丝毫不妨碍举止的优美。反之，东方人的宽袍大袖和大裤筒对于好动、事务又多的西方人而言是不合适的，它更适合那些终日盘腿静坐，行动起来正经古板、慢条斯理的人们。

　　具有艺术性的服装，也应该像处理建筑作品一样，要考虑到支撑和被支撑的关系。不仅要起到遮蔽作用，而且能够自由活动；就是离开它所遮蔽的对象来说，也要显出它自己独特的表现方式。例如大衣就如一座人在其中可以自由行走的房子。它固然是穿在身上的，但只系在身体上的一处即肩膀上；大衣其余部分却按照它本身的重量形成一种特殊的形式，独立自由地悬挂着、垂着、形成一些褶纹，这种自由的形状构造只通过姿势而取得一些特殊的变化，看不出任何勉强造作。古代服装就是按照这种原则制作的。这种服装仿佛是凭借其自身而形成自己的形式，同时又通过身体的姿势，以精神为它的出发点。古代服装的这种优点对于雕刻作品是理想的标准，而近代服装则相差较远。

当然，也不能因为这个问题，就认为近代雕刻只能用古代服装。这无疑是错误的。例如在现代要替一个当代人物造像，就必须要根据这个人的现实生活来确定他的服装和外在环境。而他的外表，主要是服装，就绝对有必要按照现实生活中真实的模样去塑造。

雕刻要按照人物的个性来表现这个人物的真实性，就得受到这个人物所处的时代和环境的外在限制，例如一位勇猛果断的将军在面貌上本来就不像一个战神，让他穿上希腊战神的服装，这就成了伪装，其可笑程度不亚于把一个满脸胡楂的男人硬塞进一套小姑娘穿的裙套中。

当然，由于近代服装受时髦样式的熏陶，变化较快。因此雕刻用的服装样式应该既具有一个时代的特色，又要是一种比较持久的典型。所以在服装方面可以用理想的表现方式，例如拿破仑的地位很崇高，他的精神已涵盖了一切，因此在他的造像中就要用理想的服装。雕刻时就不妨让他戴上他的三角小帽，穿上他的著名制服，把两只手叉在胸前。如果要雕出弗里德里希大帝〔1712—1786年，普鲁士国王（1740年—1786年），著名统帅，腓特烈·威廉一世之子，生于柏林〕在日常生活中的样子，我们就不妨让他戴着便帽，提着手杖，就如在烟盒上所看到的画像那样。

论符号、兵器、装饰

在理想的雕刻作品中，一些关于符号和其他外在附属品例如装饰、兵器、工具、器皿以及一般标志周围情况的东西，都处理得极为简单。但这些东西的作用只限于暗示和帮助理解。

在希腊神里，不同的神在形象上都有相似性，因为他们都统辖在一个大神之下，个别特征并不明显。要清晰辨认，就必须依靠这些外在标志。

在雕刻中，这类标志失去了更多的独立象征性格，其作用旨在将一种具有持久性的外在标志附加到某一神的形象上。

这类标志往往是由动物界借鉴而来。如：天神宙斯身边雕着鹰、天后赫拉身边雕着孔雀；酒神有时被雕成坐在由虎豹拖着的车上；女爱神维纳斯不是与兔子相伴，就是与鸽子相伴。其他符号如器皿或工具，都是每个神按照自身职能所需用来活动和动作的。例如酒神手持缠绕葡萄叶和花圈的神杖，或是头戴桂冠，用来标志他远征印度的胜利，或是手持火炬为德墨忒尔（谷神）照明。

考古学家对这类标志极为敏感，虽然他们穿凿附会，小题大做，在这个问题上走入了迷途，将原本没有深奥意义的东西看作具有深奥意义的东西。例如他们硬说梵蒂冈宫和麦底契别墅所藏的两座著名卧像代表克利奥帕特拉，其理由就是她戴着蝮蛇形的手镯。他们一看到毒蛇就想到克利奥帕特拉的死，正如虔诚的神父会想到乐园里引诱夏娃的那第一条毒蛇〔埃及皇后克利奥帕特拉用毒蛇咬自己的胸部自杀，《创世纪》中毒蛇代表恶魔，引诱夏娃偷食禁果〕。但事实上佩戴蛇形手镯只是希腊妇女的一种风气。然而，这类研究和批判却是必不可少的，因为只有通过这种途径才可以断定一个形象究竟代表什么神。

但符号与形象相同，都不是永远专属于某一个神的，而是通用于几个神。例如杯是宙斯（天帝）的符号，也是日神、交通神、医神以及女谷神德墨忒尔和健康女神阿克索的符号。一些女神手持谷穗，天后、女爱神和希望女神则手持百合花，就连电光也并非天帝的专属物。当然，也不止雅典娜一个神才手持神盾，天帝、天后和阿波罗也都有神盾。

其他一些附属品如兵器、器皿、马之类更多地出现在表现神们的行动的作品中，例如雕像群或一系列的形象里，像在浮雕里就应有成群的行动的形象，因此，可以较多地利用各种外在标志和暗示。在各种艺术作品里，特别是雕像中常出现的供神的礼品上，在奥林匹克运动会上奖给胜利者的雕像上，特别是钱币和宝石的雕像上，希腊人丰富的创造才能拥有了巨大的发展空间，他们发明了许多象征的暗示方式（如暗示某一城市所在地的符号等）。

还有些意义较深刻的标志与某一既定形象本身相联系，成为其不可分割的组成部分，那么，这类标志便由单纯的符号转化为神的个性表现。例如在个别的神中，如宙斯，我们便可以凭借发式将其辨认。宙斯的发在额头上部耸起，然后分成若干不同的发鬈，卷曲成紧密的弧形，向脑后垂下。这种表现头发样式的方法很彻底，即使天帝的儿孙也依然保持着这种样式。雅典娜和女猎神狄安娜的发式是不同的，前者发丝较长，垂到脑后用带子束起，又分成许多发鬈垂下，而狄安娜的头发则全部梳到头顶束成髻。女谷神德墨忒尔的后脑则用头巾盖起，除了插着谷穗外，还与天后一样戴着一顶冠。文克尔曼曾说，"冠前露出向上耸起的美丽而蓬松的头发，这或许是为了表示她对女儿珀尔塞福涅被劫掠而感到伤心"。与此类似的个性还可以通过其他外在细节表现出来，如雅典娜的雕像便可以从其头盔或服装样式之类的特征进行辨认。

身体形象体系的差别

真正有生气的个性在雕刻中既然要通过自由的美的身体形状表现出来，它就不应仅由符号、发型、兵器以及其他工具（如棍棒、三叉戟、斗等）来表现，而是要使个性渗透到形象本身和它的表情中。最好的古代雕刻作品尤其引人惊赞之处就在于艺术家使雕刻的形象和表情中每一个微细的特点都与整体和谐一致，也只有通过这种匠心才能使人感觉出整体的和谐。

年龄的差别 古代艺术就在这里突显它的胜利：就连最柔和的形象上的各部分和它们的组织情况都是用几乎无法看出且微乎其微的凹凸起伏表现为可供辨认的，在这方面观察者要有极细微的洞察力才能体会到艺术家的才智。例如青年阿波罗像，如果不是艺术家深思熟虑地将它表现为基本上是实际人体的形状，各部分也许会显得很完满圆润，或许就不会有我们所看到的那种变化多端的表现力，也就不会使人那样喜爱它了。青年形体和老年形体的差别可以举拉奥孔雕像群的父与子作为例子。一般说来，希腊人在塑造理想的神像时多借鉴较年轻的形象，就连塑造宙斯和波塞冬（海神），也很少用白发老人的像。

男女的差别 女子形状较为柔和，脉络和筋肉虽然明显但不突出，各种形状之间的转变应该比较委婉轻微。不过表情上的差异，从静穆严肃、刚强严峻到温柔秀媚之间，仍有多种多样细微的变化。当然，男子的形状同样具有丰富多彩的形式，在体表上不仅要见出发达的臂力，还要见出英勇。但无论哪一种性别都要见出一种爽朗喜悦的神情，一种徜徉自得，对俗世事物漫不经心的神情，并且还应微微露出一丝静默的愁容，一种涕泪中的微笑。一些雕刻家将赫拉克勒斯的像塑造得极像年轻姑娘，以至人们偶尔会将他误认为伊俄勒——他爱的女子。此外，希腊人还有意地把半雌半雄的人（阴阳人）雕成男女两种形状的结合，并称为这是"男子形状到女子形状的过渡"。

雕刻的世界观的差别 雕刻在塑造中一般所能利用的有机体形状一方面是人的形状，另一方面是动物形状。在艺术处于较严谨的高峰时期时，动物形状只是摆在神像旁作为一种符号，例如阿尔忒弥斯身边有一只牝鹿［不是指某一种鹿，而是对于成年雌鹿的俗称］，宙斯身边有一只鹰。在这方面古希腊人仍然坚持着雕刻原则，掌握住形象中具有实体性的因素，使它具有个别具体事物的生气，从而发生效力，例如米雍所雕的母牛比他的其余作品更有名。在造型艺术中获得地位的主要是马，因为马很美而且活泼雄壮，具有勇猛敏捷之类的品质和英雄品质的美。

神和人的主要差别在于神在表情上超脱了尘世有限可朽事物的焦虑和情欲，把沐神福的静穆和永恒的青春结合在一起，而在身体形状上他们不仅把人的形体的有限特殊因素清洗干净，而且也把涉及感性生活需要的因素摆脱掉，却又不因此丧失生气。例如母亲设法使婴儿安静下来，就是一个有趣的题材；但希腊女神们在雕刻中从来都没有儿女。根据神话，天后赫拉曾把幼年的赫拉克勒斯从怀里抛开，因此就产生了天上的银河。从古希腊的观点来看，天后这样一个庄严的女神，如果带孩子，就会有损尊严。就连女爱神阿弗洛狄忒也从未以母亲的身份出现在雕刻中，虽然小男爱神丘比特就在她附近，但很难看出他就是她的儿子。在希腊的女神雕像里，少女的形象占据着绝对优势，甚至很少以妻子的身份出现。

在这一点上可以见出古典型艺术与浪漫型艺术的一个重要对比。在浪漫型艺术中母爱是一个重要主题。在大神之后，雕刻的题材就是英雄以及半人半兽（如半马半人的怪物），林神和山神之类形象出现，凡是被排斥在神的崇高理想之外的东西，例如人类的需要、生活的欢乐、感官的快感、欲念的满足等等都纳入了山神和林神的领域中了。

各种个别的神的塑造

对于上述那些差别如何塑造出个别具体形象，使它们显出性格与生气，我们还需详细地讲解，特别是个别神的塑造。雕刻中精神性的神们，像一般雕刻中的形象一样，都符合这样一个正确意见：精神性实在就是个性的解放，所以理想愈真实、愈崇高，它作为个体也就愈不会显出彼此差别。但古希腊人解决雕刻难题的方式令人惊赞的地方却正在发生变化。尽管神们所体现的是普遍性和理想性，他们却仍保持着个性，使彼此之间见出差别。菲迪亚斯在塑造宙斯时，总要使他的形象和表情显出一种尊严和崇高，不过他也把这位同时是凡人的父亲的神表现为一个壮年人，眼中流露出慈祥和心旷神怡的神色，既没有青年人丰满红润的脸庞，也没有老年人瘦骨嶙峋的模样。在形象和表情上最接近天帝的是他的兄弟——海神和冥王，如竺列希敦博物馆所藏的他们的雕像就足以看出他们虽很像天帝，却仍具有各自特征：天帝崇高而慈祥，海神较粗野，而冥王相当于埃及的色拉庇斯神，比较阴暗愁惨。

正如宙斯在男神中那样，赫拉在女神中的形象和表情是最庄严的。她圆弧形的大眼睛显出高傲可指挥一切的神色，她的嘴也是如此，特别在侧面像上人们只要看到她的嘴便可以将其认出。雅典娜则是显出一种未婚少女的严峻贞洁；她的眼睛没有天后那样大，弧形也不那么突出，而是略垂视，仿佛在沉思；她的头也不像天后那样昂然高举，尽管戴着头盔。戴安娜在形象上也是一个未婚少女，但比较俊美动人，比较清瘦，尽管她仿佛意识不到自己的美，不因为美而自鸣得意。她不是站在那里静观，而是像在急忙地向前走动，眼睛直朝远处看。最后是阿弗洛狄忒，她是一位体现纯美的女神。除掉秀美女神两姐妹和季节女神外，只有她在希腊雕刻中才以裸体出现，尽管有些艺术家不把她雕成裸体（将她雕成裸体是有理由的：因为她所要表现的主要是由精神加以节制和提高的感性美及胜利，一般是秀雅、温柔和爱的魔力）。

发明了这种造型艺术的个性，单凭形式方面的抽象就把它完全表现出来，而且达到难以匹敌的完美，这只有希腊人才能做到，根源在于希腊宗教本身。希腊人的艺术并不只是一种装饰，而是与生命攸关的必须满足的一种急需，正如绘画对于鼎盛时代的威尼斯人那样。

雕刻的表现方式

我们在讨论建筑时曾指出独立建筑和应用建筑这一重要差别，而雕刻也不例外，它从形式上可分为单独的雕像和雕像群。

单独的雕像作品本身是独立的，是由雕刻艺术本身所设置的一个地点。而雕像群，尤其是浮雕，则丧失了这种独立性。

单独的雕像

关于单独的雕像，它们的原始任务就是一般真正雕刻的任务，即制造神像置放于神庙中，因此神庙的整个环境都是要适应神像的。

在单独的雕像中，雕刻依然保持着最符合它本质的纯洁，因为它把神的形象表现为单纯的无行动的静穆美，是自由的，不受干扰的，不牵涉到具体行动和纠纷的，处于无拘无束的纯朴的情境之中。即使形象开始离开这种严峻的崇高或沐神福的沉思状态时也不会因此就破坏神的静穆。著名的麦底契别墅的维纳斯雕像和梵蒂冈博物馆的阿波罗雕像就是属于这一种。在莱辛和文克尔曼的时代，这些雕像曾被尊为艺术的最高理想，博得了无限赞赏。

但是，当一些在表达上比它们更深刻，形式上也更生动的作品塑造出来后，雕刻也就脱离了它原本严谨静穆的神圣风格。例如在希腊晚期，流行着塑造光滑油润的表面，这种感觉使人愉快舒适，而那种严谨纯正的风格也就不复存在了。一位英国游客甚至将阿波罗称作是"戏剧性的花花公子"，他固然承认维纳斯显出了高度的柔和、温润和羞怯的秀美，但仍认为她没有瑕疵也没有精神，只有一种消极的完美和枯燥乏味（见伦敦《早晨纪事报》，1825年7月26日）。

雕刻固然是一种高度严肃的艺术，但神的这种高度严肃也是要体现其自身个性的，它也就要显出绝对的喜悦来反映出现实中的有限事物，在这种现实里的神们的喜悦并不表现陶醉于这种有限内容意义的感觉，而是表现和解的感觉，精神自由和独立自在的感觉。

因此，希腊艺术流露出了希腊精神的全部喜悦之象，在无数可喜的情境中寻找幸福、欢乐和活动的场所。当希腊艺术摆脱了呆板抽象的表现方式，开始显出生动活泼的个性时，艺术家们也就拥有了无限广阔的题材，将痛苦、恐怖、歪曲以及厌恶的东西通通抛开，只表现为纯朴无害的人性。

古希腊人拥有卓越的雕刻作品。青铜的阿波罗像，小爱神丘比特的各种嬉戏像，已十分接近人类生活，那种喜悦纯朴的精神溢于言表。还有庖里克勒特〔公元5世纪希腊大雕刻家，与斐底阿斯齐名，斐底阿斯擅长雕神像，他则擅长人像，多取材于现实生活〕的《掷骰者》《警卫》和《天后》，米隆的《掷铁饼者》和《赛跑者》都是享有盛名的作品。还有作品《男孩坐着拔去脚上的刺》，其雕刻手法更是生动可爱。此外，还有许多表现类似内容的作品，其中有一些只遗留下名称。这类题材在自然界中只是稍纵即逝的东西，但却被雕刻家凝定，成为永恒。

雕像群

自从雕刻作品开始转向外在现实世界后，雕刻就发展为较动荡的情境、冲突和动作，雕像群便随之产生。由于具有较明确的动作，生动具体的生活就会出现，就会发展出矛盾和反应动作，因此就要使几个人物密切联系起来，让他们交织在一起。

首先，雕刻还只是几个人物安静地摆在一起，例如摆在罗马卡法罗山上的那两座庞大的《驯马的马夫》像，据说是代表卡斯陀和泡鲁克斯〔希腊神话中的两兄弟，兄长擅长驯马，弟弟擅长拳术，是运动家和武术家的护神，在雕刻中通常以骑士的形象出现〕的。虽然它们还只是一种自由独立的雕像群，还不能表现真正的动作或动作的结果，但完全适合于雅典娜神宫面前的雕像陈列和公开展览。

其次，雕刻发展到雕像群，也就要发展到表现导致冲突，涉及纠纷的行动以及痛苦之类内容的情境。在这方面我们不得不钦佩古希腊人精审的艺术敏感，他们绝不会将这类雕像群雕成独立自足的样子，而是使它们与建筑密切联系，因为雕刻到此已开始越出它独特的界限，而为点缀建筑空间服务了。庙里那些作为单独雕像的神像，则是带着无斗争的静穆、神明的气象站在正殿里层的神龛中，似乎神龛就是专为雕像而设。但正殿外层山墙的凹面上点缀的却是雕像群，这些雕像群描绘着神的具体动作，因而必须刻画出动态较多的生动场面。著名的《尼俄伯和她的孩子们》雕像群就属于这一类。人物安排的一般形式要取决于雕像群所摆的地点。主要人物应站在中心位置，且在体积上要显得特别突出，其余人物则置于山墙的锐角部分，在姿势上应不同于主要人物。

关于其他著名作品，我在这里只提《拉奥孔》〔特洛伊阿波罗神庙的祭司，因劝阻特洛伊人把希腊人暗藏精兵的木马移到城内，激怒了袒护希腊人的海神，海神遣了两条毒蛇将拉奥孔父子三人绞死。表现这个题材的雕像群在1506年才在罗马发掘出来〕雕像群。近四五十年来，这件作品一直是大量研究工作和广泛争论的对象。尤其是维吉尔对拉奥孔的情节描绘是根据这件雕刻作品呢，还是雕刻家根据维吉尔的描绘来完成这件作品？另外，拉奥孔是否真的在哀号？在雕刻里表现这种哀号是否合适？还有其他这类问题。过去人们在这些问题上纠缠不休，是因为他们还没有受到文克尔曼的启发，也没有真正的艺术敏感。

尽管这个作品的由来争论不休，但对于研究这个雕像群，最重要的事实在于尽管它表现出极端痛苦、高度的真实，身体的抽搐，全身筋肉的跳动，它却仍然保持着美的高贵品质，丝毫没有流露出丑的一面。从题材的精神、组织安排的技巧、姿势的逻辑性以及创作加工的方式看，这整个作品无疑属于一个较晚时期，这就说明，当时的雕刻从纯朴自然的伟大艺术向着弄姿作态的艺术已迈进了一大步。

雕刻作品可以摆在各种不同的地点，如柱廊的入口、建筑物前的广场、台阶栏杆处、神龛处等等。雕刻作品的内容和题材可以随地点的不同和建筑的性质而变化无穷。地点与建筑性质和人类情况有着千丝万缕的联系，这就使得雕刻作品的内容和题材有无尽的变化；而雕像群的内容和题材又可以更接近人类情况。

这种雕像群虽然不表现冲突，但它们的形象和运动毕竟比较复杂，把它们摆在建筑物的顶上，除天空以外再别无背景时，人们就只能看见一个粗线条的轮廓，轮廓里面的东西看起来也很模糊。正是如此，柏林的伯兰德堡城门楼上的那座胜利女神像产生很美的效果，这不仅是因为它的单纯静穆，而且其中各个形象都能轻易辨认。战马彼此有着适当的距离，以至于不会互相遮掩，而胜利女神的形象则比它们高耸，足够突出。

到了浮雕阶段，雕刻的表现方式已向绘画的原则迈进了一大步，最初是深浮雕，然后是浅浮雕。浮雕以平面为条件，所有人物都处于同一平面，这就使得雕刻的出发点、形象的立体感逐渐消失了。但古代的浮雕坚持单纯的平面，没有绘画艺术显出的前景与背景的透视上的差别，所以在浮雕中最好是表现人物形体的侧影，将所有人物都并列在一个平面上。但这种简单的表现方式不能用复杂的动作来表现。例如游行队列、进香队以及奥林匹克运动会中胜利者的行列之类。

浮雕的花样最多，它不仅填塞和点缀神庙的柱顶线盘和墙壁，还可以用来装饰各种器皿、祭器、祭供、盘碟、杯、瓶、灯之类；椅座和鼎也用浮雕装饰。浮雕已很接近手工艺，它首先要求构思巧妙，想出多种多样的形象和组合，因此就不再能坚持独立的雕刻所特有的目的了。

雕刻的材料

关于雕刻的材料方面，古希腊人不仅具有卓越的创造力，而且在加工方面所表现的修养和熟练技巧也让人为之惊叹。

雕刻不能像其他艺术一样利用多面性媒介作为材料。尽管雕刻在这一点上比建筑好，但建筑的任务并不是要表现精神的生动。所以，选材是雕刻的难点。

在雕刻的早期，艺术家总是要先制作石膏模型，因此塑造的形象就会受到限制。例如两个眼睛不一样大，一只耳朵比另一只耳朵低，两脚长短不一等等。

到了后期，艺术技巧成熟，雕刻家们或是直接在大理石上雕刻，或是即使使用模型，在施工时也很自由，不受模型拘束。因此，古代艺术家做到了气韵生动，这在照抄模型之中就多少会受到损失。

木　料

在雕刻家们用来塑造神像的各种材料中，木料是最古老的一种。在一根树柱或一根木柱上面安一个头，这就是木雕的开始。最早的庙中神像很多是木雕的，不过一直到斐底阿斯时代，木料也还在应用。例如普拉提亚城中由斐底阿斯雕刻的明诺娃女神的巨像大部分就是木料镶金的，只有手脚和头部才是大理石的。米隆也用木料雕成一座赫卡特神像，只有面孔和躯干部分，无疑是替伊琴那岛雕的，她在这个岛上备受崇拜，每年都会有一次祭典，据伊琴那岛的居民口述，首创这种祭典的是奥辅斯。

一般说来，木料由于本身的纤维和纹理，不适宜雕刻具有宏伟风格的作品，只适合于小型雕像。中世纪时期木料往往用于雕凿小型雕像，即使现代也多是如此。

象牙、黄金、青铜和大理石

用象牙和黄金作为雕刻的材料是开始于雕像着色的时代，它一般与黄金配合使用。象牙是一种纯洁精美的材料，很光润，不似大理石那样现出颗粒纹，所以极为珍贵。多应用于许多小型雕刻作品中，例如基督在十字架上、圣母玛利亚之类，此外还用在饮器上，雕出行猎之类的场面，在这类作品中用象牙远胜于用木料，因为它既光润又坚硬。

但在古代人们用得最多的材料还是青铜，他们对于熔铸青铜的技术达到了极高的水平，炼出既细而又坚固的青铜板。特别是在米隆和泡里克勒特的时代，神像和其他雕刻作品一般都用青铜。青铜的颜色和光泽比较深暗、不明确，没有白大理石那么抽象，却似乎透出一种温暖。古代人所用的青铜是用一部分金银，一部分黄铜，以各种不同的分量比例合成的。

由于熔铸技术的成熟，在雕塑上青铜材料得以广泛应用。此外青铜还具有比大理石花费较少，施工也较快的优点。并且在制造青铜雕像时完全不需打磨，所以可以使较精细的纹路不受损伤。例如在整个普鲁士国家，青铜雕像屈指可数，只有格尼孙教堂的一副青铜门，除了柏林和布列斯劳（现为波兰境内的沃洛克劳市）两城的布柳肖的站像和威登堡的马丁·路德的像以外，还有哥尼斯堡和杜塞尔多夫的少数几座青铜雕像。

青铜具有变化多端的色调和易塑的灵活性，可以适应各种表现方式，因此使雕刻有可能尽量扩充它的领域，创造出更多作品。

大理石相对青铜而言，只能用来表现某些对象和特定体积，范围是有限的。例如它可以用来在骨灰瓶和花瓶上作一定体积的浮雕，但无法用于更小的东西上。青铜则不排除表现任何体积的东西，因为它不仅可以铸成一定的形状，还可以打磨镌刻。以古代铸造钱币的技术为例，在这方面古代人创造出了完美的作品。严格地说，古代的钱币并不是铸造的，而是用略呈圆形的金属片锤打出来的。这门技术在亚历山大时代更是登峰造极，而罗马帝国时代的钱币就已经退化了。在近代，拿破仑曾竭力在钱币和徽章方面恢复古代钱币和徽章的美，成绩相当卓越。在其他国家里，铸造钱币所考虑的主要只是所用的金属物的价值和正确的重量。

最能紧密结合雕刻目的的是大理石，因为它表面透明，纯白无色，光泽温润，特别是由于它的颗粒状组织和温和的反光，比起白垩纪死气沉沉的白石膏岩石有很大的优越性，再者，石膏岩石不能表现细微的浓淡阴影。在古希腊，大理石的使用是在较晚时期才开始的，也就是在普拉克什特和斯柯巴斯的时代，这两位大雕刻家都以大理石雕像获得盛名。

埃及人在进行极费力的雕刻作品时就用最坚硬的花岗石、黑花岗石、玄武石之类刻出巨大的雕像。

当然，不可否认，雕刻理想的纯美在青铜作品和大理石作品中都同样可以表现得很完全。但到了雕刻艺术开始走向形象的温润秀美时（这正是普拉克什特和斯柯巴斯的情况），大理石就变成了更适合的材料。

宝石和玻璃

除了上述那些最主要的材料之外，还有宝石和玻璃。

古代的宝石、雕花玉石和宝石仿制品都是无价之宝，因为它们在最小的体积上用高度精细的技巧复现了完美的雕刻艺术，从神的简单造像到各种各样的雕像群，表现出一切可能想到的美妙意象。在宝石上雕刻真正精工细作的人物形体都具有极高度的美，简直可与天然的自然作品相媲美。它们的美只有用放大镜才看得出，却仍丝毫不会有损容貌细节的纯真。我提到这点，只是要说明这里所用的艺术技巧已变为一种凭触觉的艺术，因为这里艺术家不能像大型雕像的作者那样凭眼睛去看和控制自己的工作，而是凭触觉来体会它。人们把这类宝石雕刻的作品放在阳光下欣赏时，就会感觉这仿佛是一种浮雕。

还有种材料是条丝玛瑙，古代人运用这种材料时，特别善于把它的各种颜色（尤其是白色和棕黄色）的纹理很精妙地烘托出来。伊米琉斯·泡路斯〔公元前3世纪的罗马执政，他和他的儿子先后举兵征服希腊北部马其顿〕曾经把一大批这类雕花玉石和小器皿从希腊搬到罗马。

在运用这类简单的材料进行雕刻时，希腊艺术家所根据的并不是虚构的情境，而是神话和传说（只有关于酒神祭典和跳舞的题材是例外——原注）。就连在骨灰瓶上表现死者生平事迹时，他们也一定要着眼于与死者有关的某些特点，以借此来纪念他。寓意这种表现方式却不属于真正的理想，它只有在较晚的艺术中才会出现。

雕刻的历史发展

埃及雕刻

谈到雕刻的历史发展，我们首先要提的便是埃及人。当各民族还在运用象征作为艺术创作的基本类型时，只有埃及人开始挣脱纯粹自然生活状态的人的形体，去表现他们的神。

埃及人在神的观念上和希腊人是一致的。但埃及雕刻缺乏一种内心方面的创造自由，即使它在技巧上很完善。

埃及的神像都有一种一成不变的类型。很早之前柏拉图就曾说过："这些表现方式自古以来就由僧侣规定了，无论是画家还是其他造型艺术家都不许有所创新、有所发明，只能谨遵古老的传统，即使现在也仍是如此。因此你会发现亿万年前所制造的东西比起现在的作品既不能说更美，也不能说更丑。"

这是因为，在埃及，艺术家是受轻视的，因此他们的艺术被拘禁在这种精神奴役的状态中，丧失了一切自由艺术天才的活泼灵敏，而更像匠人和手艺人。

鸢尾花　布面油画　1889年　美国加州保罗盖兹美术馆藏

文森特·梵高 （Vincent Willem van Gogh，1853—1890年）

　　后印象派荷兰画家。梵高摒弃了一切后天习得的知识，漠视学院派的教条，甚至弱化了自己的理性，他的画面色彩强烈，色调明亮。在他眼中，世界充满生命鼓动的活力，他沉醉其中，物我两忘。他在天地万物中看到了宇宙的统一与宁静，而且将自己的整个身心融入其间。梵高着意于内心真实的再现，也就是说，他只表现他对事物的感受，而不是他所看到的事物的形象。野兽主义、表现主义，以及20世纪初出现的抒情抽象主义等，都从他的作品中得到无穷启发。

第三卷 各门艺术的体系・第二章 雕刻篇 | 307

橄榄树果园 布面油画 1889年 荷兰奥特洛市克罗勒・缪勒艺术博物馆藏

绿色的麦田和柏树
布面油画 1889年
纽约大都会艺术博物馆藏

影响人类文明进程的文化与科学巨著

加歇医生　布面油画　1890年　私人收藏

十二朵向日葵　布面油画　1889年　美国宾州费城艺术博物馆藏

夜间咖啡厅 布面油画 1888年 美国加州耶鲁大学美术馆藏

一双皮鞋
布面油画 1889年
荷兰阿姆斯特丹梵高美术馆藏

文化伟人代表作图释书系

星夜　布面油画　1889年　美国纽约现代美术馆藏

　　梵高把他的作品列为同一般印象主义画家的作品不同的另一类，他说："为了更有力地表现自我，我在色彩的运用上更为随心所欲。"其实，不仅是色彩，透视、形体他都更遵从自己的内心，并以此表现他与世界之间一种极度痛苦但又非常真实的关系。这一鲜明特征后来成了印象派区别于其他画派而独立存在的本质特征。

美 学　Aesthetics: Lectures on Fine Art

消遣　布面油画　1892年　法国巴黎奥赛美术馆藏

保罗·高更 （Paul Gauguin，1848—1903年）

　　法国后印象派画家、雕塑家，与凡高、塞尚并称"后印象派三大巨匠"。高更把绘画的本质看作某种独立于自然之外的东西，是记忆中经验的创造，而不是通过反复写生而直接获得的知觉经验中的物象。和大多数同时代的艺术家相比，他的探索在更大程度上受到原始艺术的影响，特别是南太平洋热带岛屿原住民的影响。

文化伟人代表作图释书系

我们从哪里来 我们是谁 我们到哪里去（局部） 1897年 布面油画 美国麻州波士顿美术馆藏

餐点
1891年 布面油画
法国巴黎奥赛美术馆藏

高更的作品大多描绘太平洋中南部塔希提岛原住民的生活和原始信仰。人物造型浑厚丰实，色彩大面积平涂，线条轮廓醒目，富于象征意味和装饰效果，对象征主义和超现实主义影响较大。高更喜欢让人明白："一幅好画应相当于一个好的行为……当你和他接触时，你就不能不想到一定的责任。"也就是说，一幅好画应具有在思想、感受与视觉形象三者之间保持神秘平衡的能力。

他在中南太平洋度过的这段时间，是他创作的最成熟和最重要时期。这个时期他专心致志地画塔希提人，画他们的生活和仪式。他在这个岛上找到了能够最充分地表现波利尼西亚地方的色彩，找到了不同于欧洲人形象的毛利人的形貌。这里的黄色、红色、雪青色、绿色，搭配得那样明亮、清晰，就连太阳本身，有时也与其他地方不同。半裸的毛利人的金黄色身体，以及他们身上风格化的装饰，都使他如醉似痴。高更娶了一个当地妙龄少女为妻，他从妻子的同胞口中了解了许多当地的神话和宗教习俗。

月亮与地球　　布面油画　　1892—1893年　　美国纽约现代美术馆藏

我们朝拜玛利亚（向玛利亚致敬） 布面油画 1891年 美国纽约大都会艺术博物馆藏

玩纸牌者　布面油画　1890—1892年　私人收藏

保罗·塞尚（Paul Cézanne，1839—1906年）

　　法国画家，后期印象派的主将，现代艺术之父。如果说印象派画家的作品是将轮廓线变得更加模糊的话，塞尚则重新恢复或者说重建了轮廓线。塞尚最喜欢表现的题材是静物，不过他也画人物，但他笔下的人物仍然保持着对静物的处理方式，人的身体是几何的、机械的、纪念碑式的浑厚形象，而他的静物也常常用柱形、球形和角形的形体去表现。

苹果篮　布面油画　1890—1894年　美国芝加哥艺术学院藏

圣维克多山
布面油画　1902—1906年
斯尼尔斯阿德金博物馆藏

他们雕刻的整体形象都缺乏有线条的运动而产生的那种秀美和生动。轮廓僵直，曲折线条较少，姿势显得生硬勉强，两条腿挤在一起，如果是站立的姿势，虽然一条腿在前，一条腿在后，却是朝着同一个方向，而不是八字形。眼睛也不像希腊理想所要求的那样深陷下去，而是与额头一样平，耳朵特别高耸，鼻梁也曲成弧形，而且所缺乏的主要是额头的突出，因此，这种形象不仅在整体上缺乏自由与生动的气息，而且特别在头部缺乏精神的表现力。

这种不活动的形象并不是艺术家缺乏熟练的技巧，而是由于埃及人对神像肃穆的宁静持原始观点。他们只需要把观念中原有的意思在艺术作品中暗示出来，就觉得满足了。例如，埃及女月神伊什斯将儿子浩鲁斯抱在膝上的形象是经常复现的。但就外表看，这种题材和基督教艺术中的圣母抱婴儿一样。但埃及人表现出来的是直线型姿势，没有一丝表情，安安静静，寂然不动。让人感到既不是女神也不是母亲，既不是儿子也不是神，不是自然情感的正确表现而只是一种思想的感性符号。

希腊和罗马雕刻

希腊人把前一阶段埃及雕刻的一切缺陷都消除了。整个身体都显出对自然最真实的了解和模仿，连皮肤上的光泽圆润和筋肉上的突出都表现了出来，使得人物有了更逼真的效果。

但头部的雕刻，依然没有抛弃掉忠实地描绘自然的原则。所有的头部都千篇一律——鼻子尖的，额头仍向后缩，耳朵竖得很高，眼睛拉得很长，嘴巴总是闭着。这种对称原则依然占据统治地位。艺术家在创作中依然不能保持独立自由。

而在罗马艺术中，雕刻的理想遭到瓦解，那些精神灌注生命的诗意，完满表现内在芬芳和高贵的真正希腊造型艺术的优美品质全部消失了，取而代之的是对真实人物造像的偏好。这种强调真实自然的倾向在本质上落后于希腊艺术。

雕刻的真正理想，就是要达到古典型艺术的最高峰，摆脱原始定型和对传统的崇拜，使艺术创作得到自由发挥。

基督教的雕刻

基督教的雕刻，不像希腊雕刻艺术理想那样必须符合雕刻的材料和形式。

我们在之前已经谈过，浪漫型艺术所要处理的是脱离外在物质的内心世界，它虽然也要靠外在物质来表现，但却不需要像雕刻那样把外在物质和内在的精神融为一体。

在基督教雕刻时代，我们也见到很多用木料、大理石、青铜以及镶金镶银的雕刻作品，但基督教雕刻毕竟与希腊雕刻不同，无法成为能造出真正合适的神像艺术。宗教的浪漫型雕刻比起希腊雕刻更多的是为建筑服务。例如，基督的诞生、受洗、临刑、复活以及基督生平中的许多事件之类的宏伟雕刻，由于丰富多彩而适宜制成浮雕，安置在教堂的门上、墙壁上、合唱队的座位台上以及受洗池上，而最后，这些浮雕还会沦落为阿拉伯式的花纹。

另一方面，这类雕刻题材来自平常的生活，因而更接近真实人物的造像。这种造像式的雕刻像绘画一样。这时，基督教的雕刻已不再是理想的古典形式的雕刻了，它的表现方式已经越出了雕刻的理想，要其他艺术来做雕刻所不能做的事，比如绘画和音乐。这些新的艺术我们总称为"浪漫型艺术"。

第三章 绘画篇

黑格尔质疑传统的摹仿说，说艺术中摹仿，就是按事物的本来面目，用艺术手段所能达到的程度对自然形象进行复制，并且认为，这样的复制是多余的，是"冒昧的游戏"。在黑格尔看来，艺术应表现"理念"。在绘画中，"理念"主要指属于画家主观范畴的主体性、内在精神、心灵等。他认为，艺术表现理念，但同时又离不开对客观事物的实际描绘，也就是说，精神应当在客观事物中找到适合于显现自己的形式，并与之合一，用灵魂灌注生气于其中的客观物象来表现自己。

浪漫型艺术的主体性

我现在要强调一个概念——主体性。主体性是指精神从外在世界退回到自己内心世界时,所获得的观念上的自为自觉存在。我们也可以这样理解:从此精神就不再与它的肉体结合为不可分割的统一体了。

从雕刻过渡到其他几门艺术种类,是古典型艺术向浪漫型艺术的一般转变,这是因为主体性原则既侵入了内容,又侵入了表现方式。这一转变,使得雕刻原有的那种实体性的、客观的统一,那种各部分契合无间和融贯一致的静穆与完满自足的状态,遭到了瓦解和分裂。

就内容意义而言,雕刻把精神的实体和还能不自觉成为个别主体的个性直接结合成一体,从而造成了一种客观的统一,这里的"客观"因素是指一般永恒的,不可变动的,真实的,不带任意性和个别特殊性的那种实体性因素。另一方面,雕刻却仍把精神的内容意蕴完全融化到肉体中去,将肉体当作能从精神内容方面获得生气和意义的方面,从而造成一种新的客观统一,这里的"客观"便是指和主体的内心生活相对立的实际存在的外在世界。因此从内容方面来讲,我们看到的是精神的实体性,即真实和永恒的世界——神性的东西。但从浪漫型艺术的主体性原则出发,这种神性的东西是作为主体或人格,作为自觉的绝对所具有的无限精神性,作为代表精神和真实的神,而由艺术去掌握和表现出来的。和这方面相对立的是尘世凡人的主体性,这种凡人的主体性既然不再和精神的实体性紧密结成一体(直接统一),就要按照它的全部凡人的特殊性展现出来;而凡人的整个心境和丰富的表现也可以由艺术去处理。

主体性原则是神和人两方面所共有的,也就是说,它成了这两方面重新统一的结合点。这种重新获得的统一不再具有原本雕刻所表现的那种直接性,现在只是一种结合和调解,基本上是两个不同方面的妥协。按照它的概念,只有在内心或在观念中才能被充分显现出来。

一幅画的主要任务是要描绘出一个情境、一个动作的场面。这里的第一条规律就是可理解性。在这一点上宗教题材具有很大的便利,因为它们通常是为人熟知的。例如天使预报基督的诞生，牧羊人或三王朝拜基督，基督逃往埃及而获得平静，基督钉上十字架、埋葬和复活以及关于圣徒们的传说之类的题材都是看画的群众所熟知的。在一个时代很风行的所谓寓意画在可理解性这一点上远不如运用历史题材的画，而且由于寓意画的人物形象必然缺乏内在的生气和特殊具体的东西，它们总不免含糊而枯燥。真正涉及问题本质的关键在于艺术家要有足够的才智和精神，去把具体情境所含的画意揭示出来，并且凭丰富的创造发明的能力把这些画意表现于形象。例如人们对拉斐尔的《基督变形》提出过严苛的指责，说这幅画分裂成了两个毫不相关的情节。如果单从外表来看，它确实有这种情况，上部画的是基督在山顶上变形，下部画的是中魔的婴儿。但从精神方面来看，这幅画却并不缺乏最高度的紧密联系。因为一方面基督肉体的变形正是他脱离尘世的实际超升以及和他的青年门徒们的别离，这种分割和别离是应表现为用肉眼可见的；另一方面基督的崇高在这里是通过一个具体的实际事例来阐明的——门徒没有基督的帮助就不能医治那中魔的婴儿。

所以这里的双重情节是事出有因的，而它们内在的和外在的联系也通过一位门徒有意地用手指着离开他们的基督这件事揭示出来——上帝之子真正的使命是要同时处在尘世。这也证实了他说过的一句话："如果有两个人以我的名义聚会在一起，我就在他们中间。"

艺术家还必须尽可能地运用照明、建筑环境、人物和器具等完全感性的材料来表达情境中所含的画意，使这类外在的东西和画意发生关联，而不再是本身独立的毫无意义的东西。例如在一些描绘三王朝拜基督的作品中，基督往往躺在破屋顶下的一张摇篮里，周围是一面倒塌的墙壁，而背景中却有一座新建的寺庙。这些碎石颓垣和正在升起的寺庙就是暗示基督教会将导致异教的毁灭。在梵·艾克派画家以天使向圣母致敬为题的作品里，圣母身旁总会摆放一些没有粉囊的百合花朵，这暗示着圣母还是贞洁的处女。

绘画既然要按照内在和外在两方面的复杂变化去揭示出情境、事故、冲突和动作的定性，它就不得不深入到题材中的无数差异和对立中去，要把这互相差异的因素区别开来，又要将它们配合成为一个协调一致的整体，就必然带来一个最重要的要求——人物形象的安排和组合须见出艺术性。第一种安排仍然完全是建筑式的，金字塔组合在这一阶段便极受欢迎。例如基督钉上十字架的构图自然而然地形成金字塔形：基督悬在十字架上部，两边站着门徒们、玛利亚和圣徒们。

圣母画像也是如此，玛利亚和婴儿坐在一张高座上，下面两边是门徒、殉道者之类祈祷者。就连什斯图斯小教堂的圣母像也完全遵守了这种组合方式。这种方式使看画者的眼睛感到平静而舒适。

　　凡是我们在雕刻中称之为理想美的东西，在绘画里既不应按同等的尺度去要求，也不应形成主要的因素，因为现在成为中心的是灵魂的内在生活以及它生动的主体性。艺术家自然要避免那些极其丑陋的外在形状，或是通过灵魂无坚不破的力量去克服和转化那些极丑的外在形状，但他终究无法完全取消这种丑陋。丑恶在宗教画里主要表现为基督临刑时那些参加凌辱活动的士兵，打入地狱的罪人以及恶魔之类。其中最擅长画恶魔的画家要属米开朗基罗，他笔下的恶魔奇形怪状，越过了人形的标准，却无法脱离人形。"纯洁的爱"在宗教画中是极为重要的主题，这主要体现在圣母身上，她的全部生命就在于这种纯洁的爱，这种纯爱的表情也可以和形状的感性美结合在一起，如拉斐尔的作品就是如此。但这种形状的感性美并不能单靠它本身而具有价值，必须由表情后面的最恳挚的灵魂为它灌注生气，使它获得灵性。米开朗基罗、拉斐尔和达·芬奇所创造的人物形象便属于这一类，这在其他画家的人物身上是不易见到的。也正是在这一点上绘画和古代艺术走到一起，同时不放弃其领域的特性。

　　在造型艺术中，绘画最能让特殊、具体的人物形象享有单独发挥作用的权利，因此在绘画中容易出现真实人物造型的过渡。但是要使真实人物造型成为一种真正的艺术作品，就应该使它显出精神个性的统一，使精神的性格成为主导和突出的方面。而最好的方式就是在这种素描与忠实于自然的模仿之间走一种恰到好处的中间道路。这些画像使我们感到画中人物鲜明的个性，认识到面对真实人物时所不能理解的那种精神气质。画家必须通过他的艺术把人物形象的精神意义和性格揭示给我们。如果他完全做到这一点，人们就可以说，这样的一幅画像比起所画的真实人物本身更逼真。阿尔伯列希特·丢勒［1471—1528年，生于纽伦堡，德国画家、版画家及木版画设计家。其作品包括木版画及其他版画、油画以及素描作品。主要作品有《启示录》《基督大难》《小受难》等］就画过一些这类画像。尽管绘画在一切作品里都可以采用人物造型的处理方式，它却必须使个别的面孔特征、形状、姿势、人物组合以及各种着色的方式永远符合既定情境。我认为竺列希敦博物馆里所藏的考列基俄的作品《抹大拉的玛利亚》是值得赞赏且会永远受赞赏的。她是一个犯过罪而忏悔的女人，但是我们从画里可以看出，她的罪孽并没有被看得很重，她是一个彻头彻尾高尚的人。她处于深刻但镇定的凝神状态中，显出她的本性，这并不是一种暂时的情境，而是代表了她全部的本质。在整幅画的描绘中，无论是从形状、面貌特征、服装、姿势还是从周围环境去看，画家都丝毫没有暗示出犯人做坏事的情况。她把过去的时代抛诸脑后，只一心一意地沉思现在，这种信仰，这种沉思仿佛就是她所特有的完整性格。这种内心和外表的契合以及人物性格和情境的明确性，在意大利画家们手中达到了最美的境界。

绘画的概念

对于那种静穆的具有实体性的、沉思的人物性格，最合适的艺术表达应属雕刻。在雕刻中，眼光是无法显露的，所以该艺术形式既没有把内在主体性的焦点表现出来，也无法显出精神与外在世界的差异，以及精神本身内部的差异。

正因如此，古代雕刻作品有时会使我们感到冷淡而枯燥，使人们无法对这些作品产生不舍之情。当然，我们也不能责怪人们，说他们对这些高明的古代雕刻作品没有艺术鉴赏力。的确，对这类作品的欣赏，我们得先有一个学习过程，没有学习的过程，即使我也无法领会欣赏的真谛。如果要透彻领会这种真谛，就还需先研究其中是否还有更远的旨趣，但要通过研究、思索、渊博的知识和频繁的观察才能引起的欣赏并非艺术的直接目的。此外，若是必须通过这样兜圈子才能达到欣赏，就需要人物性格有所发展，需要他表现于向外的活动和动作以及内心生活的特殊具体化和浪漫化。然而，这个要求是古代雕刻作品永远无法满足的。因此我们对绘画更感亲切。绘画开辟了一条路径，让我们的存在和生活的原则发挥作用使我们从绘画作品中看到自己活动的东西。

雕刻里的神，是一个与观者对立的对象；绘画里的神，本身则显现为一个活的精神主体，降临到他的读者中，使其中每一个人都有可能让自己和神建立精神上的默契。

绘画里实体性的东西不是一个遗世独立的僵化个体，而是渗入读者之中，在读者中呈现自己的特殊性。绘画将人物摆在自己创造的外在自然或建筑中，同时却也能通过构思中的心情和灵魂，把这些外在因素转化为一种主体内心的反映，在主体和画中形象的精神之间建立协调一致的关系。

绘画的一般本质

在古代，不管是中国人、印度人还是埃及人或是其他国家的人在绘画方面都很出名。但遗憾的是如今我们能见到的太少，很多作品都已经失传。尽管其中一些作品在古代算不上最优秀的，也并非出于名家之手，但在审美趣味的精致上、选题的策略上、组合布局的清晰上，以及在创作施工的轻巧和着色的鲜明上，这些作品都会引起我们的惊讶与赞叹。加庞贝［原是意大利南部由罗马人建筑的一个供游玩的城市。公元1世纪因火山爆发和地震被淹没在地下，18世纪中叶才被人发现，人们在那发掘出一些建筑和艺术品。——原注］城中挖掘出的悲剧诗人私宅中的壁画，就是如此。

古代雕刻虽然达到了无与伦比的美，但在绘画方面却没有达到其在中世纪特别是在十六七世纪所达到的那种发展。

绘画之所以落后于雕刻，是因为希腊世界观的真正核心最符合雕刻的原则。

埃及的月神伊什斯抱着她儿子在膝上的那座雕像，就几乎和基督教中的圣母抱圣婴一样。伊什斯在浮雕中所表现的情况，看不出是一个母亲的样子，没有丝毫慈爱、灵魂和情感的表现，就连生硬的拜占庭的圣母像也不至如此。试想圣母抱圣婴这个题材在拉斐尔和任何其他意大利著名画家的画里曾经产生过的结果，每一笔一画表现出多么深挚的情感，多么亲切和丰富的精神生活，多么崇高而美妙，多么和谐地熔人情和神性于一炉的心灵！

试想，这同一题材由同一画家，或者是由许多不同的画家表现为变化无穷的形式和情境！那位母亲，那纯洁的少女，那肉体和精神的美，那崇高而又秀美的神态，这一切还有更多的东西都轮流地、突出地表现，成为绘画的主要特点。但显示出大画师这种本领的，首先不是形式的感性美，而是由精神灌注的生气。

林神抱着年幼的酒神的雕像，也具有高度优美可爱的性质。照料酒神的那些女林神们也是如此，整个情境表现出完美的布局，就如一颗宝石。在这座雕像里也看到了无拘无束的母爱，但除开母爱以外，这里的表情却丝毫见不到基督教绘画里的那种内在灵魂和深刻的心情。在绘画中，外在的事物不再凭它的实际存在而独立生效。内在精神用外在事物的反射表现出来。绘画使它的题材展现在平面上，这平面可以独立地造成环境背景以及各种牵连和关系。

颜色本身也要求内在因素的特殊、具体，要求要有变化、运动以收心内视，让内心自在自为。我将它们看作是浪漫型艺术的原则。

绘画空间的压缩

我认为，绘画不同于雕刻的主要特征是，它破坏了主客体的统一以及普遍性与特殊性的统一，反而以主体的特殊性为主。在内容和形式两方面都要运用实际生活中的一些琐碎事件和偶然因素。

绘画虽压缩了三度空间的整体，却仍保留了空间关系，只将三度空间压缩为平面。它没有对空间彻底否定（只有音乐才彻底否定了空间形式），只是取消了三度空间中的一度。这是由绘画转向内心生活这一原则决定的，由于这种内在化，外在事物只有通过压缩它们处在空间整体中的那种形状，才能呈现内心观念。人们一般将这种压缩看作是绘画中的一种任意行为，因而是一种缺点。依他们看，绘画表现自然事物应完全依照其实际的样子，表现精神方面的思想和情感，也应借助人体及其姿态。要达到这一目的，平面与自然相比还相距甚远，因为自然是以完全别样的形式，即以完整的形状出现。

绘画在物质空间方面，比雕刻更加抽象。但这种抽象性远远不是由于纯粹任意性的压缩或是人的技能无法描绘自然及其产品，而是由雕刻向前发展必须迈进的一步。雕刻已不再是对自然的肉体存在所作的一种单纯的模仿，而是一种来自精神的再造，它把不适合表现精神内容的那些平凡自然生活中的方面都删除了。在雕刻中，这样被删除的特殊因素还有颜色，所以剩下的只是感性形象的抽象品。

绘画则不同，其内容是表现精神方面内在的东西，只有在脱离外在事物而回到精神本身之中才能通过外在事物作为精神的反映，而把精神表现出来。所以绘画虽然也是为观照而进行它的工作，但它的工作方式已发生变化，不再保存实际完整的、占空间的自然存在的状态，而变成精神的一种镜像。只有在消除了实际存在，把它改造成为一种供精神去领会的单纯的精神的显现，才能显示出那种客观事物的精神性。因此，绘画必然要打破空间的整体性。一些人认为，这是人类才能的局限，它抛弃自然事物的完整形状。我以为，绘画作品有必要把立体化为平面。它不能脱离观赏者而独立存在，它必须同时是观赏者自己的精神反映，所以不能保持实物的三度空间的那种完整的独立存在。

在自然界中，空间形式是最抽象的，而绘画却要掌握住空间形式中特殊、具体的细微差异，这就需要运用丰富多彩的材料，也就是按照空间形式来表现的原则要运用在物理方面界定得较细致和具体的物质上。这物质方面的各种差异如果要显出对艺术作品的重要性，空间整体就绝不能是最后的表现手段（媒介），它必须破坏三度空间的完整性，以便将物理方面的差异现象突现出来。

浪漫型绘画与绝对精神理想

在基督教绘画的鼎盛时期，在拉斐尔、考列基俄和吕邦斯这些大画师的时代，神话题材也常用作绘画材料，甚至用作本身独立的题材，或以寓意的方式描述伟大事迹，诸如胜利和王室婚礼之类。在近代也有类似的情况，如歌德就曾借用菲洛斯特拉托斯对波吕格诺托斯〔菲洛斯特拉托斯是公元2世纪的希腊学者。波吕格诺托斯是公元前5世纪的雅典名画家，常取材于《荷马史诗》〕的一些画的描述，用诗的构思方式使这些题材翻新，便于画家采用。

一般来说，这种亲切情感的表现既不要求古典型艺术中所显现的理想的独立性和宏伟性，也不要求个性与精神生活中的实体性因素以及肉体现象中的感性因素都协调一致〔黑格尔在这里用绘画来说明各个时代都有其特殊精神和思想情感，艺术不能一味地借用古代题材，应按现在的精神加以改造〕。要体现精神生活的真正深刻和亲切，灵魂就必须将它的精神作用渗透到各种情感、力量和全部内心生活中。在此过程中，它必须克服很多困难，品尝痛苦，忍受心灵方面的焦虑和哀伤，且在这种分裂状态中还必须镇定自持，从分裂中回到心灵与自身的统一。神福这种满足感就是经过挣扎得来的，所以只有它才有存在的理由：它是一种胜利的欢乐，是灵魂否定了感性和有限的事物，以及否定了经常埋伏在忧虑之后的欣慰。神福的灵魂虽然经历斗争和苦难，但它也战胜了苦难。这就是爱的本质，就是真正的情感，就是无欲精神带来的和解。和平和神福的宗教性，就是这种爱的本质形成了一种充满灵魂的、内在的较高一层的理想，在绘画中代替了古代艺术的那种静穆的伟大和独立自足。例如尼俄伯和拉奥孔的雕像并没有沉没到哀怨和绝望里，而是保持着他们那伟大的精神气魄，但是这种保持毕竟是空洞的，必然带来灾难和痛苦，只有浪漫型宗教的爱才有神福和自由的表现。

爱的对象在绘画中不能只是一种单纯的精神彼岸而必须是实际存在的人，因为绘画的任务就在于用实际的人体形式来表现精神的内容意蕴。因此我们可以把神圣家族的爱，特别是圣母对圣婴的爱，看作绘画范围里最适合的内容。第一种题材是爱的对象本身处在单纯的普遍性和未经干扰的与自己的统一中。不管那人的形象带有怎样的普遍性，多么崇高，内心多么深刻，多么有威力，它也只能束缚于人的面貌之中。早期荷兰画家凡·艾克为根特圣贝文教堂祭坛所画的天父在这种题材的领域里可算是登峰造极了，可以和奥林匹斯的天神像比美。但是不管它把永恒的静穆、崇高、刚强、尊严之类品质表现得多么完美（在构思和创作施工两方面都尽量做到深刻与宏伟了），对于我们的观念来说毕竟还有不圆满之处。所以爱的本质性的对象在绘画的表现里应是基督。在用基督为题材的绘画中，人们可以将联想扩充到一个更广阔的范围，还要描绘玛利亚（圣母）、约瑟（玛利亚的丈夫）、约翰受洗者、门徒乃至普通的人民等等，其中有皈依基督教的，也有呼吁要把基督钉死在十字架上，嘲笑他临刑时痛苦的。

基督的生平较适宜于绘画，即基督本身没有达到精神方面的成熟，使它符合绘画的目的情境。拉斐尔所画的一些圣婴作品，尤其是他替罗马什斯图斯小礼拜堂所画的圣母像，就是圣婴性格的最美表现。对基督临刑故事的描绘也同样很合适，例如基督受嘲笑、戴荆棘冠、背十字架、被钉死在十字架上、尸体从十字架上被取下、埋葬之类的情节。这是神作为人而处在人的局限中而承受苦难。所以他所受的痛苦显得不仅是人类命运所引起的人类痛苦，而是一种巨大无比的灵魂之苦，一种对无限否定的情感，这种对灵魂之苦的表现是一种全新的独创，特别在一些意大利画师的作品中更是如此。宗教的爱在采取最完满最热烈的人与人之间爱的形式时，不是表现于蒙难的、复活的或滞留在朋友们中间的基督，而是表现于女人情感方面的本性，表现于玛利亚。关于玛利亚有一个题材，就是她的死亡与升天。玛利亚临死时恢复了她的青春，将这一题材画得极美的要属斯柯越尔。这位画师使玛利亚呈现出梦游症的症状，断气了，僵硬了，眼睛瞎了的样子，但同时又透过这些外表现象表现出她的精神，仿佛安居在另一个地方，享着神福。

另外，爱的精神性的虔敬中也有消极方面。门徒、圣徒和殉道者们在外在（身体）方面和内心方面都不免要经历基督在临刑中所经历的那种痛苦的道路。这种痛苦有时落在艺术领域的边缘上，绘画很容易越过这个边缘，如果绘画不能放弃精神的理想，它就不应采用这类题材。这不只是因为把这类酷刑摆在眼前，让感官觉得不美，也不是因为近代人神经脆弱，而是根据一个更高的理由，因为绘画的要务不在描绘这种感性方面的东西。在绘画里应该感觉到并且要表现出的真正内容是精神的历史，是处于爱的苦痛中的灵魂，而不是某一主体所受到的肉体的痛苦，对旁人苦难的痛心，或是对自己罪过的痛心。殉道者在恐怖的酷刑之下的坚忍只是一种忍受肉体痛苦的坚忍，但在精神性的理想里首要的是灵魂，灵魂的痛苦、爱的创伤、内心的忏悔、哀悼和悔恨。

以上所说的就是浪漫型绘画用来作为基本内容的一些主要方面。绘画中最成功、最享盛誉的作品都要用这些材料，这类作品之所以不朽，就因为它们具有深刻的精神理想。

与宗教范围相对立的是自然，单就它本身来看，这是一种既无亲切情感又无神性的东西，对于绘画就是自然风景。自然风景中许多不同的境界，例如自然的温和爽朗、芬芳的寂静、明媚的春光、冬天的严寒、早晨的苏醒、夜晚的宁静之类，也契合人的某些心境。平静而深不可测的大海可能蕴藏着无穷威力，人的灵魂亦是如此。反过来说，大海的咆哮翻腾会涌起狂风巨浪也可以引起灵魂的同情共鸣。这种亲切情感也可以用作绘画的题材，因此，构成绘画真正内容的不是按照它们的外在形状和并列关系来看的单纯的自然事物（如果是这样，绘画就会成为单纯的临摹）而是渗透到一切事物中去的自然界活泼的生命，正是这种生命与心灵的共鸣才是绘画在描绘自然风景时应表现出来的内容。

最后还有第三种情感，它有时见于离开完整自然风景的生命，完全无意义的零散的对象上，有时也见于我们看来似乎是偶然的而且是卑微平凡的人类生活场面上。总之，在这一阶段，成为绘画内容的是现实事物和日常环境中平凡琐屑的事物所表现的亲切情感。

红磨坊的舞会 布面油画 1890年 美国宾州费城艺术博物馆藏

图卢兹·劳特累克 （Toulouse-Lautrec，1864-1901年）

  法国画家。人物是劳特累克唯一的绘画题材。他习惯于把模特儿看成是一个独立整体，而不给予任何阴影的笼罩。他只对人感到好奇。对他来说，光线作用只是为了照明。它不会改变光的颜色，也不会让光线给确定、丰富的对象带来任何变化。劳特累克创造了一种理想的冷光，这使他能去发掘人形象特质，从中获得时代的隐喻，所以，他所塑造的人物只可能是精神上和心理上的裸体，这成就了他直率的画风。

在咖啡馆里　纸板油画　1891年　美国麻州波士顿美术馆藏

丑角夏玉·卡奥在红磨坊
画　1895年　法国巴黎奥赛美术馆藏

亚当与夏娃　布面油画　1917—1918年　奥地利维也纳国家美术馆藏

古斯塔夫·克里姆特 （Gustav Klimt，1862-1918年）

　　维也纳分离派绘画大师。克里姆特的作品只关注个人的审美趣味、情绪表现和想象的创造，他的作品中既有象征主义绘画内容上的哲思，又有东方绘画的装饰趣味。他注重空间的比例分割和线的表现力，注重形式主义的设计风格。他那非对称的构图、装饰图案化的造型、重彩与线描的风格、金碧辉煌的基调、象征中潜在的神秘主义色彩、强烈的平面感和富丽璀璨的装饰效果，使画面弥漫着强烈的个性。

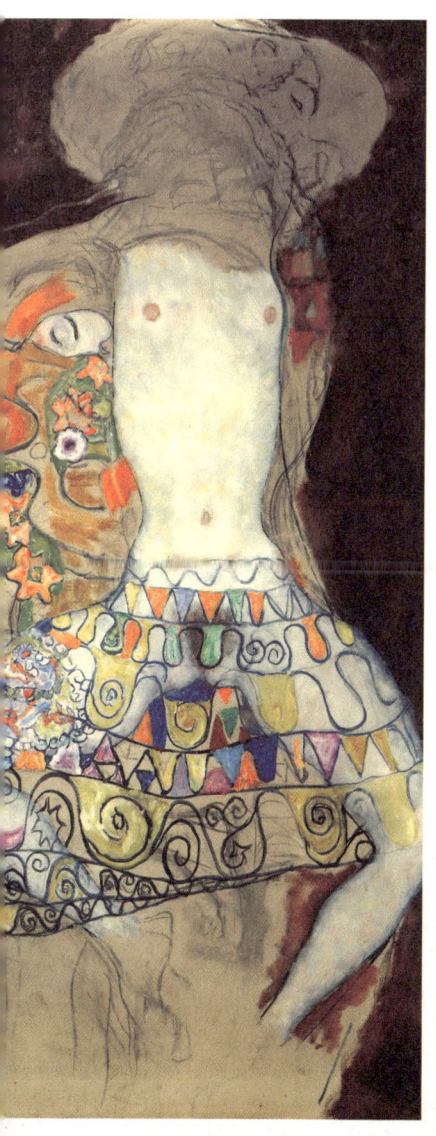

第 三 卷 各门艺术的体系 · 第 三 章 绘画篇 | 333

弗莉莎·蕾德 布面油画 1906年 奥地利维也纳国家美术馆藏

新娘 布面油画 1917—1918年 私人收藏

花园路径与鸡 布面油画 1916年

维拉妮·威利·诺依齐的肖像　布面油画　1912年　奥地利维也纳利奥波德美术馆藏

埃贡·席勒（Egon Leo Adolf Schiele，1890—1918年）

奥地利画家。席勒的线条富于坚挺的表现力：纤细而敏感、孤独而强悍、羞涩而又自负。他作品中的人物大都瘦骨嶙峋，其目的是为了呼应被压榨的内在状态。画作中大面积的黑白对比却又提示出席勒充满矛盾的内心。他的一生都在灵与肉的缝隙间死死地注视着欲望、死亡、阴暗与受难的本质。

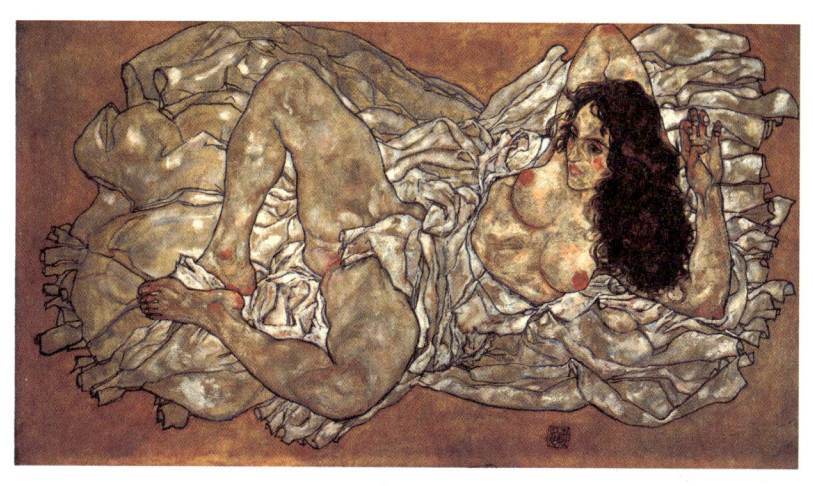

第三卷 各门艺术的体系·第三章 绘画篇 | 335

斜卧的女人 布面油画 1917年 奥地利维也纳利奥波德美术馆藏

裹着绿毯子蹲坐着的女子
纸面铅笔水粉画 1914年

影响人类文明进程的文化与科学巨著

躺在蓝靠垫上的裸女　布面油画　1917年　美国华盛顿国家美术馆藏

阿梅代奥·莫迪里阿尼（Amedeo Modigliani，1884—1920年）

　　意大利画家。莫迪里阿尼对人物画，特别是对裸体画的激情，与他实际生活中的性爱经历有关。爱与欲望的激情，通过即兴的运笔成为画布上纯粹的色彩，人物往往变形拉长，具有一种特别的僵直的魅力。一方面，他笔下人物的魅惑神情仿佛无处不在，却又仅仅露出了被永远压抑的激情的端倪。另一方面，由于孤独，他的人物又总是如此冷漠无情。

第三卷 各门艺术的体系·第三章 绘画篇 | 337

夫妇　布面油画　1915—1916年　美国纽约现代美术馆藏

戴帽子和项链的珍妮　布面油画　1917年　私人收藏

病房中的死亡　布面油画　1893年　挪威奥斯陆蒙克美术馆藏

爱德华·蒙克（Edvard Munch，1863—1944年）

　　挪威画家，现代表现主义绘画的先驱。在当时的哲学和美学思想影响下，蒙克努力发掘人类心灵的各种状况，表现疾病、死亡、绝望、情爱主题，因此，他的创作又可以被认可为"现实主义"的。他表现自己切身经历的心灵体验，每一幅画都强烈地传达着自己的感觉和情绪，因此，被描绘的具体对象的细节被简化，情绪则被夸大，对象本身也成为所要表现的情绪的载体，虽然它们依然还是具象的。在这一切的背后，我们还可以看见他心灵的"世纪末"景象，那种迷茫的欲望深渊和无法逃脱的死亡阴影，生命的焦躁和无奈交织在一起。蒙克作品的惊人表现力来自艺术家对内心世界不加掩饰的忠实表达。

受难之地　布面油画　1900年　挪威奥斯陆蒙克美术馆藏

生命之舞　布面油画　1899—1900年　挪威奥斯陆国家美术馆藏

青春期　布面油画　1894—1895年　挪威奥斯陆国家美术馆藏

第三卷 各门艺术的体系 · 第三章 绘画篇 | **341**

呐喊　纸板蛋彩画　1893年　挪威奥斯陆国家美术馆藏

影响人类文明进程的文化与科学巨著

绘画一方面把我们引入一个较接近我们的现实情况中，另一方面却又割断这种联系的一切实用方面的线索，如牵挂、愿望和厌恶之类，使我们更接近对象，把它看作自有目的、自有生命的事物。这种情况与许莱格尔先生关于匹格麦林的神话所说的话恰恰相反，他认为这个故事说明由完美的艺术作品转向平凡生活，转向主体的欲望及其实际满足的过程，这种转向过程和艺术作品在我们和对象之间所设立的距离恰恰相反，艺术作品通过这种距离才能把对象作为一种独立的生命和现象摆在我们眼前。艺术在这个领域里不仅使我们原来不认为本身具有独特性的内容重新获得它的独立性，而且还能将这种原来在现实中不能长久留存的对象固定下来。

光与色

建筑中的材料，是有抵抗力和重量的物质。物质特别表现为施压力，也就是支撑与被支撑的关系，这种作用在雕刻中也未被完全废弃。而绘画中所使用的物理因素，更重要的是光，它是纯粹自身与自身的统一，它代表最初的观念性，是最初的自我。

光只起显现事物的作用，使事物成为可见。它所显现的特殊内容是它本身以外的客观事物，不是光，而是它的反面——暗。光使这个实物显现形状、距离等差异，或者说，光使物质的暗和不可见性消失了一些。有了光，自然才能渐渐走向主体性，也就是物理界中的"我"。虽然这个"我"还没有进展到特殊的个体，不是完满自足的，不是反躬内省的，但已经消除了重物质的单纯客体性和外在性，把重物质的整体空间抽象化了，所以光具有比较多的观念性。

单纯从颜色来说，明、暗取决于光照强度与距离观者的远近，这时光已经具体表现为明与暗，光与影。明暗、光影的各种配合就表现出物与物的距离，人与物的距离，这是绘画的一个原则。明暗、光影以及它们的相互作用，都是一个抽象品，它们在自然中并不存在。形状、距离、界限……总之，一切空间关系在绘画中只能通过颜色来表现。例如两个完全不同的人，他们的意识和身体构造是如此不同，但在绘画中，只能被简化成颜色的差异。绘画抛弃第三度空间的意义正在于此，它的目的就是用丰富的颜色原则去阐释实际空间。人的形态、表情以及精神性的东西都完全表现在色调的变化中。

通常人们认为离眼睛越近，其明亮度越高，背景也更昏暗。其实相反，前景既是最昏暗的也是最明亮的，即只有光影的强烈对比才能将轮廓显示得更分明。反之，背景的光影对比则消失了许多，以至于整体都消失在明亮的灰色中。

着 色

画家处理光与影，也就是处理照明方式，晨光、午光、夜光、日光、月光、阴晴、闪电、烛光，总之，千变万化的照明方式就会产生变幻莫测的差异。

如果一个画家想产生戏剧性的生动效果，要突出人物的主次，他就无需运用适宜分清主次的照明方式，他要运用的是他人所不能的技巧。所以古代大画师很少运用对比，尤其很少用特殊的照明方式，他们更喜欢在平常中展现功力。这样做，是为了忽略外在因素，从而专心表达自己的精神。

在山水画中，照明是极为重要的，一大片光亮和阴影的大胆对比，会产生很好的效果。光的反射是一种奇妙的呼应，造成一种生动、自由的明暗闪动。

明暗是抽象的。白色作为光亮，黑色作为阴影，这二者的对立、过渡、转变是素描必不可少的组成因素。它可以显示凸起、凹陷、圆整以及距离，这与铜版雕刻很相近，这种雕刻也只涉及明暗之分。在绘画中，明暗只提供一个基础，着色大师专靠强烈的对比来产生宏伟的效果，但这种对比容易生硬。

画家要掌握颜色的对比，看它们是互相衬托、减弱还是损害。例如红色和黄色，处于同等深度时，比蓝色更明亮。蓝色的主要因素是暗，例如天空本来是暗的，从山上看，就显得更暗，只有通过大气看去，天空才显得蓝。大气的透明度越低，天空就显得越亮。黄色正相反，透过烟去看光亮的东西，就微带红色。绿色是黄色蓝色渗透在一起的结果，青色也是类似的结合。

古代画师更着意颜色的象征意义，例如红色有大丈夫气、统治地位和帝王的风范；蓝色温和而意味深长，更适合表现宁静和富于情感的事物；青色则有冷漠的中性态度。圣母玛利亚便是运用这种象征方式绘画的结果，她成为天后登上宝座时穿上红袍，成为母亲时便身穿蓝袍。

每种颜色都是上述颜色的变种。没有画家把紫色叫作一种颜色，因为物体的颜色从来都是无法准确描述的，例如红色嘴唇、黑色眉毛，都是一种相对的颜色，它必须根据腮、鼻子、头发的颜色对比来调节，只要求局部的准确色调会破坏整个作品的形体关系。

如荷兰画家就可以表现绸缎衣服的光彩，以及衣着的复杂反光和阴影的层次，乃至金、银、铜、玻璃器皿和天鹅绒的闪光都可以被表现出来。凡·艾克曾描绘过宝石、金线花边、珍宝首饰的色泽，仔细一看，都是黄色，但一方面突出了形状，另一方面也表现出每一点色调的细微差异，它虽与相邻色调近似，却在柔缓转变。

日常事物的丰富颜色要靠画家自己探索，例如露天、酒馆、教堂等日常生活，再如自然风景。有时，绘画变成色彩的魔术，这种魔术可以夺取内容，使内容无足轻重，从而使绘画变成芬芳的气息。正如雕刻在浮雕中发展到极致便成为绘画一样，这种色彩魔术最终在对立、辉映以及和谐中开始越界，并向音乐转化。

绘画与诗和音乐

绘画要描绘人物性格、灵魂和内心世界，只有通过动作去展现，而不是从外在形象就可以直接认出内心世界。正是这一点，使绘画和诗发生密切的联系。绘画和诗各有优点。

绘画不能像诗或音乐那样把一种情境、事件或动作表现为先后承续的变化，而是只能抓住某一瞬间。事件的情境、动作的整体或精华必须通过这一瞬间表现出来。所以画家就须找到这样的一瞬间，这一瞬间便是过去和将来的分界点，例如战争即将胜利的那一刻，虽然战斗还在进行，但结局已经很明显。因此画家可以一方面使过去的残余消逝，一方面却仍发生作用，同时让未来成为当前情境的必然结果。在这一点上画家不如诗人。但绘画的优点是能表现出最充分的个别特殊细节，事物形状就在眼前，一眼便可以看清。"诗如此，画亦然"（贺拉斯《论诗艺》），这是诗画一致说的经典根据。

用文字来描述花卉和山水风景是枯燥无味的，并且永远也罗列不完，还不免歪曲。因为在绘画中一眼就能看清楚的东西，用文字表达起来却总会有所遗漏，因为它把并列的关系更改成了先后承续的关系。

绘画落后于诗与音乐的地方是抒情,诗不仅能表达情感和思想,还可以展示转变、进展、上升。就集中的内心生活而言,音乐的这些表现力更为突出。音乐要表达的正是灵魂的运动,绘画却只能表现面容和姿势,尽管绘画可以通过面容姿势来表达内心情感,但这种表现却不能直接触及情感本身,它只能触及情感的某一种外在表现、事件和动作。

绘画这样做,是因为它用来表达内心世界的外在因素正是某个动作的特殊情境,那种情感通过那种动作才展现出来,才可以让人认识到。如果只是抽象地认为通过面容形象就可以使内心成为肉眼可见的,用面部特征和姿势去直接表现内心,而无须用较重要的动机和动作的话,无异于将绘画推回抽象,这正是绘画需要避免的。如果它照搬了这种由诗去做的事,结果只会使人感到枯燥乏味。

布 局

布局是绘画必须遵循的原则,它是把不同的人物和自然事物组合在一起,形成一种完满自足的整体,以便把一个具体的情境和它重要的动机描绘出来。

在这方面,画家创造发明的能力有着无限天地,从一个不重要的对象所处的最简单的环境,例如在一个花环或者一个酒杯周围摆些盘子、面包、水果,一直到富丽堂皇的布局,其中有社会上的重大事件、国家的主要政治活动、加冕典礼、战争以至最后的审判,把上帝、基督、十二使徒〔基督教术语,原意为"受差遣者",指的是耶稣开始传道后从追随者中拣选的十二个作为传教助手的门徒。据《圣经》记载分别是西门彼得、安德烈、西庇太之子雅各布、约翰、腓力、巴多罗买、多马、马太、亚勒腓之子雅各布、达太、西门、加略人犹大。其中犹大因出卖耶稣后自尽,补选马提亚为使徒〕、天兵天将、整个人类、天空、大地以及地狱全部囊括进去。

划明界限,把真正绘画性的情境一方面和雕刻性的情境区别清楚,另一方面和诗的情境(只有通过诗艺才能表现出来的情境)区别清楚。在浮雕中,开始使用一群人物的组合,向史诗的反方向延伸。

1828年,在德国艺术展览中,杜塞尔多夫派〔19世纪中叶活动在德国杜塞尔多夫的美术家群体主要指在杜塞尔多夫美术学院(今杜塞尔多夫州立美术学院)学习的画家，其作品以强硬的线条主义和题材严肃而著称〕的很多作品博得了称赞，这派画家们显示了很高的理解力和技巧，他们专述内心生活，也就是说他们采用了诗性叙述，借用了只有诗才能表达的材料。他们的内容大部分是从歌德以及莎士比亚、阿里奥斯陀和塔梭等诗人的作品中借来的，主要是关于爱情的内心情感。这一派的部分最好作品照例描绘一对情人，例如罗密欧与朱丽叶，芮纳尔多和阿密达。此外就没有什么具体的情境，所以这些成对的情人就没有什么可做或表现的，只有互相恋爱，互相倾慕，一而再、再而三地含情脉脉，互相凝视。在这种情况下，主要的表情自然要集中在口和眼上，特别是芮纳尔多的那双长腿，似乎不知该如何摆放，所以它们伸在那里，便显得毫无意义了。一般说来，这一派画中的男女形象都不能说显出了健康之美，相反，他们只显露出爱情和一般情感中的神经兴奋、憔悴和病态，这些表现都是人们不经过再现也可以发现的。但无论在实际生活中还是艺术中，人们见着它们都应表现得宽容一点。

拜占庭绘画

拜占庭〔东罗马帝国的首都，即君士坦丁堡〕绘画，保持了一定程度的古希腊艺术技巧，也吸取了古代典范作品在姿势、服装等方面的成熟技巧。但另一方面，拜占庭艺术完全不讲求自然和具体生动，在面孔形式上恪守传统规则，在人物形象和表现方式上也滞留在通套类型上，很呆板，在布局上多少还是建筑式的；它不用自然环境和山水背景，没有通过光影和明暗以及二者的融合的塑形术和透视学，人物组合的技艺也还不发达。

在这种情况下，艺术家的独立创造就受到钳制，无法尽情发挥。尽管当时的手艺人，与古代制造花瓶的手艺人一样，拥有古代艺术作品的优异典范，在姿势和衣褶方面的创作足供后来者模仿。但画艺和镶嵌术往往堕落为单纯的手艺，最终变成无生趣、无精神的东西。这种拘守类型的绘画，也蔓延到西欧，特别是意大利。只是在西欧，很早就已显现出一种倾向，尽管还是一种微弱的开始，但已开始摆脱以往一成不变的人物形象和表现方式，向一种较高的方向前进。

至于拜占庭绘画作品，则像吕慕尔在谈到希腊人所画的圣母像和基督像时所说的，"就连在最好的例子里也可以看出它们直接起源于镶嵌术，一开始就排斥了艺术的加工处理"。

这一点上，意大利人与拜占庭人相反，他们远在绘画艺术达到独立发展以前，就企图对基督教题材获得一种较侧重精神方面的理解。吕慕尔也曾举过一个值得注意的例证，用以说明晚期希腊人和意大利人在描绘基督钉在十字架上这一题材时所用的方式不同。他说："对于希腊人，看到可怕的肉体痛苦是件寻常事，所以他们设想基督的全身重量都悬在十字架上，下身肿胀，挨打过的双膝弯向左方，头下垂，在和死亡的痛苦进行搏斗。所以他们的题材就是肉体痛苦本身。意大利人却不然，在他们的较古老的纪念坊上有一点不可忽视，那就是圣母抱圣婴和在十字架上被钉死的人都极少出现，但是他们却经常把救世主的形象画成在十字架上挺直地挂着，看起来像是要表现精神胜利的意思，不像希腊画家们所表现的是肉体的死亡。这种构思方式的高尚是无可厚非的，它很早以前就已出现在西方条件较有利的绘画体系中了。"

意大利绘画

我们在意大利绘画的自由发展里，找出艺术的另一种性格。

意大利绘画的大多数题材是《旧约》和《新约》中的故事，以及殉道者和圣徒们的传记内容。除此以外，希腊神话也是他们的题材，但民族史中的历史事迹，却很少被画家利用。除真实人物造像之外，他们很少从当前的现实生活中取材，自然风景也用得极少，只有在晚期才有一些个别的例子出现。

然而，在对宗教题材的构思和艺术处理上，意大利绘画特别强调生动的现实性，这一特征，使一切人物形象生动化。在精神上，神情自然、爽朗和悦；在肉体上，感性形式流畅而美丽。这种美单从美的形式来看，就已表现出天真纯洁、欢乐、处女的童贞、心情的天然优美、品格的高贵，想象力和一种充满着爱的灵魂。

在意大利绘画的那些上乘作品中，人物的表情总有种动人的爽朗、鲜明、独立自持、不受干扰，这来自于人物内心的亲切情感——一个平静的无挣扎的灵魂，同时也来自外在形状和这种内心状态之间原始的（天然的）协调。除自然纯朴以外，还包括对宗教的虔敬，这种虔敬以更加炽热的情感完善着人们的内心，提高和美化人们的内心生活，这些要素构成了意大利绘画的人物形象。

这种内心状态是灵魂的一个更幸福、更纯洁的天国。到达这个天国的道路，亦即从感性有限事物回转到神的道路，尽管也要经历忏悔和死亡的深重痛苦，但毕竟是较不吃苦费力的，因为所经受的痛苦只集中在心灵的领域，即观念和信仰的领域，而不降落到暴戾的情欲、倔强的野蛮性，顽固的自私和罪孽的领域，无须对神福的这些死敌进行搏斗去获得艰辛的胜利。这是一种始终在观念界进行的转变，一种哀而不伤的痛苦，一种较抽象的、较富于心灵性的苦恼，只在内心世界里发生，很少体现为肉体的痛苦。

正如人们谈到器乐时所说，器乐中应该有旋律和歌声，这种绘画就是出自灵魂纯粹的歌声，一曲和谐的、一气呵成的旋律，在它的整个形象及其形式上荡漾着。也正如意大利音乐在它的旋律和歌声中，纯粹的声音天然流转合拍，丝毫没有生硬勉强的痕迹，在每一个抑扬顿挫里仿佛就只有声音对它本身的欣赏在发生反应。意大利绘画的基调也正是这种满怀着爱的灵魂和对它本身的欣赏。

我们在意大利伟大诗人的作品中还可以发现这种亲切情感、爽朗鲜明和自由。在三联韵、抒情小曲、十四行诗和四行诗章里，都可以感受到以艺术方式安排的那种回旋往复的韵律，以及满足平衡对称需要的那种自由愉悦的声调。

同样的自由在诗歌的内容里也可以看到。但丁在由他的导师维吉尔引着走过地狱和净界时，看到了一些极为凶恶的恐怖场面，往往泪流满面，但仍平心静气地迈步前进，没有恐惧和忧愁，没有"这一切不应该如此"的那种烦恼和抱怨的心情，就连他所描写的打到地狱里去的那些人物也还是享到永恒生命的幸福（本来地狱大门上就写着我永恒地持续下去），他们就是那样的人，没有悔恨和希冀，不诉说他们的痛苦——这些痛苦对我们和对他们自己一样虚无缥缈，因为他们都要永恒地持续下去——他们所念念不忘的只是他们的主张和事迹，顽强地抱着和原先一样的旨趣不放，没有什么痛惜和渴望。

最伟大的意大利画家们，正是凭这种灵魂在爱中幸福地独立自由，才能对表情和情境的特征驾驭自如；凭这种内心平静的翅膀，才能随意支配形状、美和颜色。在对现实生活和人物性格的最具体的描绘里，他们尽管完全停留在尘世里，画中的人物造型类似于真实人物的造像，但是在他们画面的背后却是另一种太阳下的春天的图景：是在天国里含苞吐艳的一些玫瑰。

意大利绘画对美本身所关心的不仅是形象的美，也不仅是在肉体形状上所表现的灵魂和它与爱融成一体的感性美，而是人物性格的每一形式和个性所表现出的这种爱与和解的特点，只有凭这种丰富自由而完满的美，意大利画家们才能在近代体现出古代理想。

论意大利绘画艺术的发展

意大利绘画并不是一开始就达到上述的完美水平，而是经历过漫长的道路才达到的。不过在早期意大利画师的作品里，最突出的特色依然是这种天真纯洁的虔诚，全部构思的宏伟意味，形式上的天然美以及亲切情感，尽管技巧上的修养还很不完善。18世纪人们对这些早期画家不很重视，并且指责他们笨拙、枯燥、生硬。到了较近的时期，他们才被一些学者和艺术家从遗忘中解救出来，但却被过分地赞赏和模仿，这不免又将人们引向歧途。

在早期流行过一阵粗野风格之后，意大利画家们抛开了过去拜占庭人那种带有匠气的类型，掀起了一种新的跃进。尽管他们表现的题材范围还不是很广，主要的风格特点也还是严峻、肃穆和宗教的崇高。但是西厄那派画家杜契阿和佛罗梭斯派画家契玛布伊就已开始学习采用透视学和解剖学的少量古代素描作品（由于早期基督教艺术特别是晚期希腊绘画的机械式模仿，这种古代素描方式获得了保存。——原注），并尽量按照他们自己所特有的精神对它们加以革新。

他们察觉到了这类素描的价值，想要减轻它们的呆板僵硬，于是拿其中原本没有理解透彻的面貌特征和实际生活来对照。这是意大利人摆脱传统定型，走向生动活泼和富于个性的表现方式的初步努力。

至于向前进展的第二步则在于摆脱上述希腊的蓝本，在全部构思和艺术施工上走进凡人的和个性的领域，使人的性格和形体与所要表现的宗教意蕴更契合。

荷兰和德意志绘画

德意志绘画与荷兰绘画 ［由于荷兰与德意志在民族传统和语言方面有着血缘关系，因此黑格尔将两派绘画放在一起谈论］达不到意大利绘画的那种自由，它表现的是世俗性的道德品质，例如忠诚、持恒、爽直、骑士的坚定和市民的精神之类。

由于这种较狭隘的性情，我们在德意志绘画里，所看到的不是意大利绘画从开始就有的那种较纯粹的形式和性格，而是一些倔强的人物性格的倔强表现，这些人物或是以桀骜不驯、固执己见的态度与神对抗，或是勉强克制自己，通过艰苦的工作，去挣脱自己的狭隘和粗野，然后赢得宗教的和解。所以他们必然要使内心遭受到的深刻创伤流露在对宗教虔诚的表情上。

为了让人们更彻底地了解，我在这里提出几个要点，这对于区别早期荷兰绘画和德意志南部绘画，以及17世纪的一些较晚的荷兰绘画具有重要意义。

在早期荷兰画家之中，杰出的人物是15世纪初期的胡伯特·凡·艾克和扬·凡·艾克弟兄。他们的画艺本领在近来才重新被人们重视。正如人们所熟知的，他们被尊为油画的发明者，至少是在油画方面最早达到完善的画师。从他们的画艺成就来看，我们一定可以找出从较早期的起步到后来的成熟之间有一种循序渐进的过程，但我们无法从现在保存下来的作品中发现这种逐渐进展的次序，因为现在起步期和成熟期的作品都混在一起，很难分出先后。

但我们还是可以从他们流传下来的作品中看出，他们已经抛弃和战胜了画艺中的定型陈规，不仅在素描、姿势、人物组合、内心的和外表的特征、色彩的生动、鲜明、和谐、精妙、布局的宏伟和完整等方面显出高超本领，而且在自然环境、建筑配备、背景、地平线（远景）、材料、服装的绚丽多彩，武器和装饰的式样等方面，也处理得很真实，显出高度的绘画敏感和熟练技巧，以至于在后来几个世纪里，几乎很难找到其他画家画得比他们两弟兄更好，没有人能比他们达到更完善的地步，至少在深刻和真实这两点上如此。

不过，把荷兰和意大利绘画进行对比，意大利绘画显出更大的吸引力。

意大利画家们在宗教的亲切情感和想象的隽永、自由和优美这些方面要领先于荷兰绘画。荷兰画中的人物固然也凭他们的天真纯朴和宗教虔诚博得欣赏，甚至在心灵的深刻方面有时还超过最好的意大利画中的人物，但是在形式的完美和灵魂的自由方面却不能提升到意大利绘画的高度。尤其是圣婴形象，塑造得极为糟糕，至于其他人物，无论男女，尽管在宗教的表情之内依然显出一种由深刻信仰所赞许的对世俗旨趣的才干，但无论是在越出这种虔敬生活之上的时候，还是在落到这种虔敬生活之下的时候，都显得平庸，仿佛还不能发挥自由的想象和才智。

值得研究的第二个方面是从较平静的充满敬畏的虔诚转到殉道事迹（一般说来，转到现实生活中不美的事物）的过渡阶段。在这方面特别擅长的是德意志南部的画师们。他们在基督临刑故事中选用士兵们对基督的蛮横和恶毒讥嘲，以及在基督垂死过程中人们对他所表现的极端野蛮和仇恨之类场面时，极有力地刻画出了与内心邪恶相对应的外形丑恶，例如阿尔伯列希特·丢勒就是如此。他们对于这类课题总是很小心地保住内心的高尚和外表的独立自由。

德意志和荷兰的艺术所达到的最后一点在于对世俗的日常生活的透彻认识，以及与此相联系的绘画分化为样式最多的表现方式的过程。在意大利绘画中我们就已看出，当时发展的方向是由单纯而庄严的虔敬转到日渐上升的世俗生活。如果我们可以把某一种特殊的性情气质叫作"德意志"（荷兰）的性情气质，那就是自尊却不自傲，在宗教虔诚中不只是热情默祷而是结合到具体的世俗生活，在富裕中能简朴知足，在住宅和环境方面要求简单、幽美、清洁，在一切情况下都小心翼翼，能应付一切情境，即能达到爱护他们的独立和日益扩大的自由，与保持他们祖先的旧道德习俗和优良品质之间的和谐。这个聪明的具有艺术禀赋的民族也要在绘画中欣赏这种强旺、正直而且安逸的殷实生活，要在一切可能的情境里从图画中再度享受他们的城市、房屋和家庭器皿的清洁，家庭生活的安康，妻子和儿女的漂亮装饰，城市政治宴会中富丽辉煌的排场，海员的英勇以及他们对本国商业在全球各海洋上行驶的船舰的声誉所感到的欣慰。荷兰画师们也正是把这种对正当的愉快生活的审美感带到对自然题材的描绘里去，这种爽朗气氛和喜剧因素就是荷兰画的价值所在。如果现代画家们想让作品里也有这种动人的风趣，他们往往只能表现出在内在本质上就平凡粗俗的东西，而拿不出可以起和解作用的喜剧因素。例如一个恶俗的妇人在一家小酒馆里痛骂她的酒鬼丈夫，当然也很泼辣，但这种场面正如我之前所讲，只能显出他是一个二流子而她是一个老泼妇。但从荷兰画家的作品中我们却可以研究和认识到人与人的本质。

世俗生活的绘画

当绘画题材日益扩大，宗教以外的世俗现实生活，也被纳入绘画领域。有时也会将两者交织在一起，意大利绘画便是如此。

绘画中出现了一般市民。他们的职业活动、日常事务，他们的自由、男子汉气概、勇气、爱国心、幸福等等，都被纳入绘画。这种对自己的道德风尚和生活谐趣的新觉醒的喜悦，这种在内在精神和外在形状两方面都达到与现实的和解，都进入艺术构思和表现的领域，产生了较好的效果。

在这种精神意旨的影响下，我们看到山水背景、城市景致，乃至庙宇和宫殿的环境氛围也活跃起来。著名的学者、朋友、艺术家以及其他凭才智和爽朗精神博得当时宠爱的人们的真实画像，也在宗教情境中赢得了一席之地。家庭生活和城市生活中的一些特点，也在不同程度上被绘画所利用。虽然宗教的精神内容仍然是基础，宗教虔诚的表现却不再是单一孤立的，而是与生活中的各种现实较丰富地相结合。

当绘画开始转向世俗生活后，宗教的聚精会神以及诚挚虔敬的表现便遭到削弱，然而，艺术正是需要这种世俗的因素，才能达到高峰。

第四章　音乐篇

　　黑格尔认为，音乐具有所有浪漫型艺术门类的基本特征，即主体性。所谓主体性，即精神从外在世界退回到自己的内心世界所获得的观念上的自为存在。正是根据这一主体性原则，音乐还处于浪漫型艺术的中间阶段，因为绘画会受到空间的约束，而音乐摆脱了空间的束缚，进入到时间领域而比绘画更富有观念性，但音乐又不如诗歌那样是在纯粹的思想和观念中活动。

音乐的哲学分界

在之前我已谈过，艺术的发展过程是从建筑开始的，但建筑又是一门最不完善的艺术。这基于它只掌握有重量的物质，必须按照重力规律去处理它，但要把精神性的东西表现在适合它且可以目睹的形象中，只能从精神出发，将人类的精神灌注于外在的物质之中。

其次是雕刻，它也属于不完全的艺术。在灌注精神方面，雕刻固然优于建筑，但它无法表现出人物性格，也不适宜表现心灵主体的内在生活。此外，个体的，精神风貌和个性的表达，也是雕刻难以完成的。雕刻的实体，不能更好地纳入精神的因素。

雕刻所呈现的实体，只是绝对精神与其实体的统一，而不是精神与它自己内在生活的统一。它依旧使用有重量的物质为材料，与建筑的区别仅在于不遵守重力规律。

绘画呈现在表面的仍然是外在的形状，但尽管如此，它仍可以方便地表现个别的、具体的主体。或者说，这是由肉体存在退回到精神本身，退回到内心生活的。人物主体的性格和心境中的情欲与情感，都可以展现出来。在雕刻中，情欲和情感完全依赖于外在形状，但在绘画中，外在形状是用来反映内心的，如活动、情境、目的、行动等等。

绘画也不按照有重量的物质来塑造形状，它只处理材料的外形与色彩。利用颜色的功能，它使占据空间的形式和形状显得与在生动的现实世界里一样鲜明。当着色技艺高度发展，就成了一种色彩魔术，这时，客观物质仿佛在消失，画家似乎在开始创造新物质了，绘画到了这一阶段，外形得到了全面溶解，不再依附纯粹的自然形状，画家便可以尽情地自由发挥。但尽管如此，这种色彩的魔术永远还是空间性的，还是一种在空间中并列的，因而是持久存在着的外形。

在画中，外形尽管仿佛脱离了物体，但毕竟仍占空间，所以它继续存在下去，并未完全消失。针对上文"客观的物质仿佛在消失"而言，在绘画中形脱离了体，而独立地显出形与色、光与影的幻变，但仍占空间。

音乐是一种不占空间的艺术，是另一种表现方式。就内容和表现形式两方面来看，它都是主体性的。音乐作为艺术，不能像造型艺术那样，让所表现出来的外形变成独立自由而且持久存在的实体。它否定外形，不许外在的东西作为外在物质来与我们对立，显得是一种固定的客观存在。它不使声音成为在空间中保持一种外在持久的存在，成为可以观照的自在客体，而是使声音的实际存在蒸发掉，马上就成为时间上的过去。

考察诗歌与音乐的特性，我们就会发现，诗所表达的观念脱离了语言的声音本身。所以诗也是最与外在材料没有关系的艺术。它是一连串精神性想象的产物。

音乐否定了外在空间和外在的客观事物，作为表现手段，它也否定了存在着的物质性。它在感性存在中随生随灭，凭声音的运动直接渗透到一切心灵的运动中去，占领意识的高地，使意识不再与它的表现对象矛盾对立，丧失自由的意识，被卷入声音的浪涛急流之中。这一特性也带来另一个负面情形，由于音乐可以朝不同的方向分散前进，一些只是悦耳而没有深刻内容或灵魂表现的声音，也丝毫不能感动人的声音，同样可以牵制人，让人跟随它们前行。另外，单纯炫目的技巧显示，也同样把人的注意力拉入其中，比如对音调和谐转变过程的感受与欣赏。但这同样也是没有灵魂的音乐。人的注意力集中在技巧本身上，在音乐欣赏里显得最明显与容易，在其他艺术中却消失在外形下面而不能被直接观赏出来。

在一切艺术中，音乐具有最大的独立自主性。音乐的威力，我想说，就潜藏在声音活动这一元素本身中。

论音乐的起点

雕刻将主体平面化，绘画开始对空间否定，音乐就彻底抛弃了空间。

音乐是静止世界的运动形态，它关注感性材料的角度不是它们在空间上的排列，而是运动状态，我们可以试想那些安静的物质突然开始震颤起来。也可以这样描述音乐的实质：本来整体的物质，在其内部发生分裂，内部的各个位置开始交换，凝聚在一起的物体，稳定性被破坏，每一部分在更换位置，并且它们又力求回到原来的位置。这种震颤与回旋的结果，就是声音，音乐便是以此为材料。

由于运用声音，音乐就放弃了外在形状这个因素，它放弃明显可以眼见的外在，而诉诸听觉。听觉与视觉一样，是一种认识性而不是实践性的感觉，听觉比视觉更具有观念性。

听觉无需采取实践的方式去应付对象，就可以听到物体内部震颤的结果，所听到的不再是静止物质的形状，而是观念性的心情活动。声音是自生自灭的外在现象，耳朵一旦听到它，它也就消失了。通过这外在现象的否定，声音和主体的内心生活相对应，因为声音本来就比实际独立存在的物体具有更丰富的观念性，又把这种较富于观念性的存在否定掉，因而就成为一种符合内心生活的表现方式。

声音是抽象的。音乐表达的是物体的往复运动，所以音乐的基本任务，不在于反映出客观事物而在于反映出最内在的自我，用声音寻找灵魂的自由运动规律。因此，音乐也是心情的艺术。

论音乐的主题

在音乐作品里，一个主题在展现过程中，可以派生出另一主题，接着两个主题便互相交替和交叉出现，并互相促进、改变。

艺术家对主题的选择，似乎也是他对自身的察觉。他认识到自己是艺术家，可以来去自如，纵横驰骋。在自由幻想的作品中放纵不羁。艺术家在自己即兴的作品中可以自由任意地将人所共知的一些乐调片段交织在一起，使它们获得一种新面貌，呈现多样的细微差别，或是跨到性质相差极远的领域中去。

旋律在两种方式中有选择的自由，一种是较有节制地创作出来的，要遵守一种可以说是造型艺术的统一性；另一种是取主体的生动活泼的方式，从任意一点出发纵横驰骋，在不同程度上节外生枝，对这个或那个音调或放或收，全凭一时心血来潮，然后又像大江奔流，急流而下。

论音乐的内容

音乐有时使用伴乐词，有时也不使用。不管使用与否，它对某一具体内容的表达又是怎样理解的呢？实际上，它是依靠声音的配合、变化、矛盾与和解的过程。这一声音的复杂组合，各种声音关系的调和就产生了生动美妙的曲调。

我们可以把声音看成是一种各呈差异面的多面体的整体，可以分散和组合，组成繁复的样式，这是一种对立统一。声音在运动、转变、出现、进展、斗争、自解和消失的进程中，所显出的各种差异，可以对应这种或那种内容或心情。所以掌握和处理得很妥帖的声音关系，就给在精神中原已存在的确定的内容提供了生动的表现。

若想依靠分析力来思考音乐，那是愚蠢且无法办到的。因为音乐对心灵产生的威力，是在情感未经开放的活动深处产生的，是心灵处于运动状态的表达。

音乐与诗

音乐与诗的关系，从表面看就显得极为明显——两者都使用声音，只是前者表现得更为复杂，而后者相对简单一些。在诗里，声音的复杂性要求比较简单。首先，它不需要乐器发出，只需人的语言即可；其次，在组合方面，也不需要数学基础的繁复，而将其丰富的韵律，以音乐符号的形式表现出来。人类的一般交流语言，与专业的数学或音乐符号相比，更为简单。音乐、数学以及人类的语言符号本身，是没有意义的，只是内含某些观念。语音作为感性材料，对它所传达的观念思想之类的精神内容并无必然联系。一个观念可用这个音做符号，也可用另一个音做符号，就如同一思想，各民族会用不同语言来表述一样。

在诗里，声音不能像在音乐里那样，就如颜色不能像在绘画中那样，可用来表达全部内容。音乐按照节拍、和声与旋律去处理内容的方式并不适用于诗，剩下来的大体上就只有字和音节的时间长短的配合以及节奏和声韵之类，这些因素并不是特别适合于表达诗的内容，而是一种偶然的外在因素。但它们仍采取艺术的形式，只是因为艺术不能让作品的外在方面任意采取任何偶然的形式。

诗所特有的外在客观因素既然不是音调，那它究竟是什么呢？我们可以简单回答：那就是内心中的观念和观感本身。这些精神性的媒介代替了感性的媒介，成了诗的表现所用的材料，其作用就像大理石、青铜、颜色和音调在其他艺术里一样。

在诗里，主题或内容固然也要成为心灵的客观的或对象性的东西，但这种客观对象是用内在心灵的东西代替此前其他艺术所用的外在现实中的事物,它只有依赖意识本身中作为心灵所映照出和想象出的纯精神性的东西,才能获得一种客观存在。这样,心灵就将它的主体变为了自己的对象,将语言因素当作工具,既用来传达,又用来直接显现外在事物。这种外在事物仿佛一种单纯符号,心灵一开始就要从这种外在事物中脱身而出然后回到它本身。

在绘画里,颜色及其组合如果单作为颜色来看,是一种独立于精神内容之外的感性因素,固然无任何意义,但是单靠颜色还不能形成绘画,必须加上形状及其表现。形式(形状)由精神赋予生命之后,颜色才和形式发生联系,它们之间的联系与语音、词组与观念之间的联系相比更为密切。

音乐不是用声音组成语言的词,而是让声音独立成为音乐的因素。因此,声音系统就获得了独立自由而变成一种塑形方式。声音系统固然与心情有关,但它所引起的只是一种朦胧的同感或者共鸣。

尽管诗既达不到雕刻和绘画的造型艺术的鲜明性,也达不到音乐的心灵的亲切情感,因而不得不求助于我们平常用的感性观照和无言的心领神会来弥补它的不足,但诗所表现的情感、观感和观念,使我们也能对外在对象画出(想象出)一幅图景来。然而,在诗里这种作为材料和形式的内在观念又运用到了何处呢?回答是:应该运用到一般精神意趣方面的绝对、真实的东西上去。这不仅包括绝对真实事物的实体性,即象征型艺术所暗示的或古典型艺术所加以具体化的那种普遍性(理念),而且还要包括体现这种实体性的一切特殊和个别的东西,因而几乎包括了所有精神(心灵)所关心和打交道的事物。所以,语言的艺术在内容上和在表现形式上比起其他艺术都广阔,每一种内容,一切精神事物和自然事物、事件、行动、情节、内在的和外在的情况都可以纳入诗,由诗加以形象化。

但这样最丰富多彩的材料并不因为一般都可形成的观念而成为诗,因为日常的意识也能用完全相同的内容来形成观念和个别具体化为一些零星的知觉,但不能因此成为诗。我们在上文就是着眼于这一点,才把观念称为材料和因素。这种材料只有通过艺术才获得一种新形象,一种适合于诗的形式。这就像颜色不直接成为绘画的颜色,声音也不直接成为音乐的声音一样。这种区别可以概括为一句话——使一种内容成为诗的并不是单作为观念来看的观念,而是艺术的想象。这就是说,如果艺术的想象把观念掌握住,用语言、文字及其在语言中的美妙组合来把观念传达出去,而不是把它表现为建筑的、雕刻的或绘画的形象,也不是使它变成音乐的音调而发出声响。

意大利人的音乐敏感值得人赞赏。他们表现出了很高的才能。席勒的诗歌原本就不是为配乐而写的，因此谱成乐曲反显得笨重。如果音乐获得了适当的艺术演奏，听众们对歌词就不大理会甚至根本不理会，对于德国语言和语调更是如此。所以如果把重点放在歌词上，就不是走正确的音乐方向。例如，意大利观众在看到歌剧中不重要的场面时，就聊天、吃东西或是玩牌，但一听到一个突出的调子或重要的乐章开始演奏，每个人就会聚精会神聆听、细看。德国人则不然，他们最感兴趣的是歌剧中王子和公主们的命运以及他们和随从、亲信及仆婢等人物的谈话，甚至在今天兴许还有许多人一听到歌声，就感到败兴，立刻闲聊起来。

在宗教音乐中，歌词大半是家喻户晓的教义或是从《诗篇》中选来的，所以歌词只应替阐明性的乐曲提供一种机缘，而这种乐曲其实是独立创作出来的，并不仅是为阐明歌词，它只是从歌词内容中采取一般性意义，就如绘画取材于宗教故事。

时间之于音乐

我们可以这样说——音乐是时间的艺术。

时间与空间不同，不是肯定的并列关系，而是一种否定的外在关系。它是否定一个时间点进入另一个时间点，接着又否定下一个时间点而进入再下一个时间点，如此循环不断。在这些时间点的先后承续之中，每一个声音有时可以独立的作为一个单元而固定下来，有时也可以与其他声音发生数量上的联系，因此时间变得可以数计。但从另一方面看，时间既然是在这种时间点的随生随灭的不断过程，彼此之间就不再存在什么差异，因此就使时间像一条匀称的河流，继续无差异下去。

节拍的出现就像是时间之河的波浪，是将时间质点上的个别加以区分的结构。当人们听到轻快的节奏时就马上想要跟着打拍子，跟着音乐去歌唱，如果是舞蹈的音乐，腿就会想立刻动起来。这就是因为受音乐感动。

圣徒们 II　布面油画　1911年　德国慕尼黑市立美术馆藏

瓦西里·康定斯基（Wassily Kandinsky，1866－1944年）

　　俄罗斯画家。康定斯基的绘画在结构上富于动势，三角形、圆形和变化多端的线条以极不稳定的方式出现，给人以粗野、难耐的热切之情。他认为："艺术的目的和内容是浪漫主义，假如我们孤立地、就事论事地来理解这个概念，那我们就搞错了……我的作品中，一直大量用圆，这里出现的浪漫主义是一块冰，而冰里却燃烧着火焰。"

第三卷 各门艺术的体系 · 第四章 音乐篇 | 361

爱德温坎贝尔的评判二号　布面油画　1914年　美国纽约现代美术馆藏

棕色和灰色的构成 布面油画 1913—1914年 美国纽约现代美术馆藏

彼埃·蒙德里安（Piet Cornelies Mondrian；1872—1944年）

荷兰画家。蒙德里安是几何抽象画派的先驱，他认为艺术要从根本上摆脱自然的外在形式，以表现抽象精神为目的，追求人神统一的绝对抽象。蒙德里安早期也画写实的人物和风景，后逐渐把树木的形态转为抽象构成，直到抽象为几何图像。"

第 三 卷 各门艺术的体系 · 第 四 章 音乐篇 | **363**

红色的树　布面油画　1908年　荷兰海牙现代博物馆藏

农舍　布面油画　1904年　私人收藏

影响人类文明进程的文化与科学巨著

同理，人群爆满的餐厅中不规则的骚动以及它所引起的嘈杂情况是使人厌烦的。这种来来往往的奔跑，噼噼啪啪和唧唧喳喳的声音应该规则化才行，因为人们在吃喝时有许多空余的时间要消磨。音乐是很合时宜的，除掉消磨时间外，还可以使人不想到其令人分心的事。

被抽空的时间是没有意义的。任意一个个别主体，也就是每个人，都生活在时间的线上。"我"的存在同时意味着在时间上的存在。从这个意义上讲，声音也可以说是人对时间的回忆。音乐也可以说是人对时间的回忆。音乐与人的渗透方式便是以这种本质展开的。通过掌握时间的运动及其节奏，来掌握人自己的运动状态。

然而，仅是抽象的声音在时间上的运动还不能称为音乐，它还需要另一个重要因素——内容，亦即精神洋溢的情感、心灵世界的活动。只有使外在的声音运动和内在的主体情感运动相结合，音乐才得以诞生。

将抽象的时间分解为长短高低等是另一种尺度，亦即时间单位。在每一个时间单位中，声音须有不同的定性，不能前后无别；其次，这种定性在各时间单位里须有规律地浮现，这就是说音乐要有节奏。音乐是以时间为基础的运动，渗透到主体的心灵里并把主体卷着走，引起它的同情与共鸣。这就是音乐的效果。

音乐处理时间的方式是给它以确定形式，定下它的尺度，给它以规律，时间的漫流被规范起来，迫使它按照某种规律流转。从主体方面来看（主体也不是漫漫黑夜里的任意流转），内心既不是空洞的黑暗，也不是无定性的毫无差异的抽象，更不是无停顿的持续存在。如果是这样的情景，人也就不能反省自己，不能向内心发问，对自己的记忆、意识、思想、情感进行判断，追寻自己的内心。只有在抽象的持续性中，割出一道裂痕，显出一种停顿，自我在这种回思、反省本身中就想到自己，回到自己，把自己从幽暗中解放出来。

音乐的效果

古代人对音乐抱有一种万能的思想，由于它威力巨大，他们的判断往往失去适度的分寸，这是荒谬的。在宗教和世俗的著作里，流传着许多荒诞的故事。在奥辅斯的传说里，声音及其运动可以驯服野兽，当野兽们听到音乐时，就很服帖地躺在他的周围。据说斯巴达人百战百胜，是因为图尔特［公元前7世纪雅典诗人。据希腊传说，斯巴达进攻麦色尼亚屡战不胜，遵照神谕，求助于雅典人，希望他们派一个将官助战，雅典不愿斯巴达战胜，派了跛腿的教书先生图尔特。他写了一些战歌，教斯巴达人歌唱，鼓舞起他们的勇气，使他们取得胜利］的战歌，当战歌一响，士兵们就鼓起了势不可当的勇气。

传说约书亚［圣经中的人物，是继摩西之后以色列人的首领。其主要事迹记载在旧约"申命记""约书亚记"等章节中］围攻以色列人固守的耶利哥［位于约旦河西，死海西北。《圣经》首次提到耶利哥城时，背景是以色列人出埃及。《旧约》中的耶利哥所以闻名，是因为它是第一个被以色列人攻陷的城池。罗马帝国衰败后，耶利哥城渐渐变成古旧残破的伊斯兰教村落，直至近年，才重新成为死海西岸的一个重要城市］，上帝吩咐，派人绕城吹号角达七天，后来这座城的墙居然应声倒下。

在野蛮民族中间，特别在热情奋发的时节，音乐发挥了它的作用，显出了它的价值，这是无可否认的。苏格兰的北方人，喜欢吹风笛，因为它鼓舞了人民的勇气，奋发人们的意志。在法国大革命中，如《马赛曲》《这些将会过去》等歌曲，对革命起到推动作用，也是无可否认的。

但更深一步研究就会发现，音乐鼓舞作用的背后是那个民族某种明确的思想、精神、志趣和意志，适当的音乐不过恰好把它表现了出来，将它从幽暗中提升出来，成为一时活跃的情感。

但到了现代，我们已不大相信单凭音乐就可以激起勇气和慷慨捐躯的精神。现在，几乎所有的军队都有很好的军乐，去提供消遣、催促行军和鼓舞斗志，但是没有人相信凭音乐就可以杀敌。单凭号角和军鼓还不足以鼓舞起勇气。如果要叫一座壁垒像耶利哥城墙那样让号角声吹倒，那就不知需要多少大喇叭了。

现在起重要作用的不是音乐而是思想动员、枪炮和将帅的才能，音乐只能在已经把心灵振奋起的那些力量之外加一把助力。

旋 律

在音乐领域里，灵魂自由的音响才是旋律。因为旋律是音乐最高的一个方面，即诗的方面，它将内心深处的哀乐情绪流露于声音，在这种流露中又对情感的自然烈性加以缓和，因此使自己超出了情感的自然烈性。因为它使灵魂认识到当前自己所受情感激动的情况，使它成为自由流连欣赏的对象，因此就使人心摆脱了哀乐情绪的压力。旋律在它声音的自由展现之中，一方面固然独立地浮游于拍子、节奏与和声之上，而另一方面除掉声音按照本身的内在本质和必然关系的合拍的运动之外，也没其他表现手段。这里有一个很明显的事实——拍子、节奏与和音，如果孤立来看，都只是些抽象品，没有什么音乐效用。它们只有通过旋律，作为旋律的因素或组成部分，才能获得一种真正的音乐生命。

在旋律里内心生活表现于和音运动，使情感化成观念性的东西，从而获得解放，使灵魂上升到较高的艺术境界。从旋律与和音方面的发展来看，旋律可以局限于一个范围很简单的和音和音调，可以在一些无冲突的彼此协调的声音关系中开展，例如替短歌谱成的旋律一般只按照最简单的和音关系往复回旋，却并不因此而变成肤浅的，它可以是灵魂最深处的表现。此外也可以由各种不同的旋律以和音的方式结合在一起，使这些旋律中的各种音调的齐奏形成一个和音。例如巴赫的乐谱就往往有这种情况，其中全曲的进展分化为许多彼此分道扬镳的像是各自独立而并列的进程，但彼此之间仍然保持着一种基本的和声关系，从而形成一个带有必然性的、融贯一致的整体。

节 拍

音乐艺术除了处理诸如节拍、节奏、长短比例、顿挫和强弱之类的时间关系外，还有材质的处理，不同的材料发出不同的音质，在同一时间内也有不同的震动次数。各种声音的互相协调，便是和声。和声在音乐学中占有重要地位。

时间在音乐里占统治地位，节拍调节时间尺度，节奏开始使这种抽象规律受到生气灌注，因为它强化拍子的某些部分，弱化某些其他部分。

音乐只有在抽象的持续性中，才能割出一道缝隙，显出一种停顿，自我在这种回思反省本身中才能想到自己，回到自己，将自己从幽暗中解放出来。如果不规则地随意流转，那么自我就不能在这种流动中发现自己，自我便是自我的空洞，也是他人的空洞。人在经过音乐的系列规范后，方能再从声音中反观自己，认识自己。

对于声音漫流的调节，我们称之为"节拍"。

拍子只有一个使命——确定一个时间单位作为尺度，作为标准，将原本抽象差异的时间序列，分出鲜明的间断，使之得到某种定性，也使各种个别声音，保持在适度的时间范围。与其他艺术形式相比，节拍可以与建筑里的柱子相提并论。

正如建筑把高度和厚度相等的柱子按等距离的原则排成一行，或是用等同或均衡原则去安排一定大小的窗户。是将流动不居的事物暂时固定下来，以让灵魂抓住它们。在规律性中自我意识重新发现到自己是一个统一体。因此，也可以这样认识——建筑是凝固的音乐。

在任意性的错综复杂之中，若不建立一定的秩序和规律，人也是无法认识自己的。声音的时间单位划分和它的往而复返，会呈现主体心灵的某些存在，将它复现。

自然事物里本来并没有这种抽象的同一。天体的运动并不遵循整齐一律的拍子，它们或快或慢，在相等的时间里走过不相等的空间。下坠的物体以及抛掷运动之类也是如此，至于动物，更少有按照某一固定的时间尺度往而复返的原则去调节它们的奔走、跳跃和伸手攫物之类的活动。

我们通过拍子划分的声音及时间，重新发现或找到自己。经常觉察到自己与自己的同一就是声音的同一，也就是自己产生了声音的同一。如果要感觉到某一有定性的统一就是规律，当前也就要有不规则的和不整齐一律的方面才行。因为只有通过尺度的定性将任意性的方面克服了，安排就绪了，上述有定性的统一才显出它是偶然的错综复杂现象中的统一和规律。所以有定性的统一须把这种错综复杂的现象纳入自己的范围，让整齐一律的和任意性的东西显现出来。就是这个情况才使拍子具有独特的定性，无论是就它本身来说，还是它对其他可以接拍子复现的时间尺度的关系来说，都是如此。

当声音结成一个拍子时，杂乱的声音就有了确定标准，根据这个标准就可以把它们相互区分开来，排列出秩序。从此就产生了第三个因素——各种不同的拍子。

拍子的基本形态可以按照双数和单数来划分。双数有四分之二和四分之四的拍子，单数有四分之三的拍子，在这类拍子里，各部分当然还是彼此相等，却在单数里形成一种统一。这两种拍子有时结合在一起，例如八分之六的拍子，如果单从数来看，这种拍子好像和四分之三的拍子相等，但事实上却不是分成三部分而是分成两部分，其中每一部分在再细分时都以单数三为原则。

强音是节拍里的突出部分，它落在拍子的某一固定部位，而其余部分却平平地流转下去。其中还可以细分为扬和抑。每种拍子各有独特节奏，节奏和拍子的划分方式是紧密相连的。例如以双数为主导原则的四分之四的拍子就有两个强音部位，第一个落在第一个四分之一上，第二个稍弱，落在第三个四分之一上，因此人们把前者叫作拍子的优强音（第一强音）部分，后者叫作劣强音（次强音）部分。在四分之三的拍子里强音只落在第一个四分之一上，在八分之六的拍子里强音却先落在第一个八分之一上，后来又落在第二个八分之一上，这双重强音就把依双数划分的拍子分成两半。如果音乐以伴奏为目的，它的节奏就和诗（乐词）发生重要关系。在这里我只想概括地说，音乐拍子的强音部位不应和诗律中的强音部位发生直接冲突。例如按照诗律，不是强音所落的音节如果摆在音乐拍子里的强音部位，而诗律中的强音或顿反而落在乐拍中次强音部位，则都会产生诗与乐的节奏之间不应有的矛盾。这也适用于诗的长音节和短音节，这些一般也应和乐音的时间长短协调一致，长配长，短配短，不过这种协调一致不宜过分彻底，因为音乐往往需要有较大的伸缩余地去处理音节的长度和对音调的较丰富多彩的划分方式。

和 声

一个物体通过它的振动，首先是造成一系列不同质的声音。不同的音、音组和音质构成了一个完整的整体，这些不同的音、音组和音质本来是凭量的关系来定的。各种声音就依这种量的关系而得到定性，每种乐器和人的口音所接受的任务就是按照各自的特殊声响，在不同的完美程度上把这些声音召唤出来。

音乐既不是由个别孤立的音程，也不是由一系列纯抽象的声音或互不相关的不同声音来形成的，它是各种声音的一种具体的齐鸣、冲突与和解。

主要的乐器，我认为是发音沿着直线方向的乐器，无论是管乐器还是管弦乐，首先皆以一种无内聚力的空气柱为基本原则，其次才是平面材料，这只能产生次要的乐器，例如鼓、铃和口琴。之所以说它是次要的，是因为在自觉的内心生活和沿直线走的声音之间有一种秘密的感情共鸣。

因此，本身单纯的主体性所要求的就是一种单纯的长形体的震响，而不是一种宽的或圆的平面体的震响。这就是说，内心生活作为主体就是一种精神点，声音就是这种精神点的外化，所以精神点在声音里察觉到自己。但是点的最切近的自我否定和外化不是朝平面的方向铺开，而是朝直线方向前进。

宽或圆的平面并不符合听觉的需要。鼓是在一个锅状体上铺上一张皮，敲到上面的一点，就使整个平面震动起来，产生一种重浊的响声。这种响声固然也协调，但是作为发音的乐器，既没有明确的定性，也不能有多大变化。而口琴和嵌在它里面的小玻璃铃则不同。口琴的声音凝聚而不易发散，容易使人疲劳，不少人听到它，就感到神经疼。此外，口琴尽管有特殊的效力，却不能产生持久的快感。铃与鼓相同，音调缺乏变化，需要敲击，只是铃声没有鼓声的重浊，只是清脆的声音，但它持续的嗡嗡声很像一次敲击后的余韵。

和声体系的要点如下：

第一，单个的声音，就其一定量来看，以及就这种量对其他声音的关系来看，就是单个音程的学理。

第二，多个声音摆在一起所形成的系列，即一个声音直接联系另一个声音的那种先后承续的次序，就是音阶。

第三，这些音阶之间的差别，由于每个音阶都以不同的基音为起点，这些音阶就分化成为一些互不相同的音调，也就形成这些音调的整个体系。

最自由和最完美的乐器是人的声音，它兼有管乐和弦乐的特性。人的声音一方面是一个震动的空气柱，另一方面由于筋肉的关系，人的发音器官就如一根绷紧了的弦。正像我们谈到人的肤色时说过它是理想的统一体，把其余一切颜色都包括在内，因此它本身就是最完美的颜色。人的声音也是如此，它是分布在各种器乐中响声的理想整体。

人的声音可以听得出来就是灵魂本身的声音，它在本质上就是内心生活的表现，而且它直接控制着这种表现。因此，人的声音是完美的。在一切其他乐器里，只是一个与灵魂和情感漠不相关的、在性质上相差甚远的物体在震动。但在人的歌声中，灵魂却通过自身的肉体而发出声响来。比如意大利人就是一个歌唱的民族，在他们中间常常可以听到最美的声音。发音体就像纯金，其音质既不尖锐刺耳也不重浊空洞，没有震颤声，而是玉润珠圆，仿佛是内心生活在回旋动荡，发出声响。这是一种"纯洁"的声音。

莫扎特在器乐处理这一方面是大师，能发挥出器乐既生动而又明晰的意味深长的丰富多彩性。他的一些交响乐曲使我感觉到各种乐器的轮流演奏往往像一种戏剧式的音乐会演，像一种各种乐器的对话，其中有时这一种乐器角色发展到一个地步，仿佛它已为另一种乐器角色埋伏了线索或作了准备；有时这一种乐器像是回答另一种乐器，或是补充前一种乐器的未尽之意，结果形成一种美妙的谈话，其中响声和反响声，开始、进展和完成都互相呼应。

振动数

单个的声音不仅有各自的响声，而且这响声还由于振动的物体而各有精确的独特定性。要能达到这种定性，那振动就不能是偶然的，任性的，而是本身界定很明确的。这就是说，发声响的空气柱或是绷紧了的弦和平面乐器之类一般都有一定的长度和伸延度，例如把一根弦的两头系住，然后使这两头之间绷紧的部分振动起来，这里最重要的就是粗细度和松紧度。如果两根弦在粗和紧张度上完全相等，那就要再看它们的长度，按照毕达哥拉斯〔前572年—前497年，古希腊数学家、哲学家〕首先观察到的事实，如果两根弦完全相同只是长短不同，在同一时间里所发出的振动数就不同。这两种振动数的差异和比例关系就是各种声音在高低上的差异和比例关系的基础。

如果我们去听这些声音，所得到的感觉当然完全不同于这样枯燥的数的比例关系。我们无须知道这种振动数和数字比例，即使看到弦在振动，等到振动过去了，它的振动数究竟是多少我们也无从知晓，而且我们根本无需观察发音体，就可以对声音得到印象。所以说声音和数的比例关系有联系，乍听起来不但很难置信，而且还会产生一种印象，仿佛把对和声曲调的倾听和体会归原到纯然数量的比例关系，就是降低倾听和体会的能力。但不管怎样，同一时间内的振动数的比例关系毕竟是界定声音定性的基础。单说听觉印象本身很简单，并不足以反驳这一点。一个单纯的印象本身，无论在概念上还是实际情况上，都可以包含很复杂的东西，而且与其他的东西有重要的联系。例如我们看到纯洁的颜色，绿色或黄色、青色或红色，所得到的印象也是它只有一种很简单的定性。尽管如此，纯洁的颜色也并不那么简单，而是还有一种确定的明暗交织的可分析关系。宗教的情绪，对这一事例或那一事例的正确与否的感觉，也都像是很简单的，但是一切有关宗教的事情和一切是非感都包含复杂的特殊定性，这些定性的统一才产生这种简单的感觉。

声音也是如此，我们听起来，觉得它很简单，但它同样要靠一种复杂比例关系作为基础。由于声音来自物体的振动，既有振动，即落在时间范畴里，这些复杂比例关系就要归原到这种占时间振动的定性，也就是要归原到在一定时间里的振动的一定数量。紧密协调的一些声音在振响时是无法听出彼此的差异是一种对立，它们的振动的数的比例关系就是最简单的，反之，那些本就不协调的声音却包含着比较复杂的比例关系，例如八度音释中的声音就属于前一种。这就是说，如果我们调一根弦，它的一定的振动数提供了基调，于是把它加以二等分，分成两半，在相等的时间里，后一半的振动数和前一半的振动数就相等。同理，在第五度音程里，每个音的振动数与某调的振动数是三与二之比；在第三度音程里，每个音的振动数与基调的振动数是五与四之比。第二度音程和第七度音程就和前几种音程不同，其中每个音的振动数与基调的振动数，前者是九与八之比，后者是十五与八之比。

音 阶

我们在上文中所提到的比例，不是偶然择定的，而是无论就个别的音还是就整体来说，都有一种内在的必然性，所以按照这种数的比例关系来确定的各音程彼此相对的关系不是任意的，而是要配合成为一个整体。但是由此产生的最初的声音整体还不是各种不同的声音的具体的协调，而是一种完全抽象的一系列声音的先后承续的秩序。这种秩序是按照它们彼此之间的最简单的比例关系和在整体中的地位来定的。声音的这种简单的序列就是音阶。音阶的基本决定因素是基音〔一般的声音都是由发音体发出的一系列频率、振幅各不相同的振动复合而成的。这些振动中有一个频率最低的振动，由它发出的音就是基音，其余为泛音〕，基音在它的第八度音里复现，而其余的六个音则散布在这两个基音之间。这样，基音在第八度音里就返回到它本身，直接和它本身协调。音阶中其他的音或是直接与基音协调，例如第三度音和第五度音，或是与基音在响声上有本质的差异，例如第二音度和第七音度，这类音安排成为一种特殊的序列，我在这里就不详谈了。

音阶产生各种不同的音调。这就是说，音阶中每一个音又可以形成一个新的特殊的声音系列的基音，这个新系列和前一个系列都是按照同一规律来安排的。随着音阶发展到包括更丰富繁复的声音，音调的数目也相应增加。近代音乐比古代音乐就有较复杂的音调。由于音阶中的不同声音通常如上文所言，或是彼此紧密协调，或是彼此有本质的乖离或差异，所以由这些声音为基音所产生的声音也不外乎两种情况：或是有较密切的关联，因而使一个音容易转化到另一个音，或是由于彼此异质而不能互相转化。

各音调彼此之间还有硬软之分，也就是长调与短调之分，随着它们所自出的基音不同而各有一种确定的性格，这种性格又与一种特殊的情绪，如哀怨、欢乐、愁惨等相对应。古代人早已就音调的差异讨论了许多，并在实践中多方利用了这种音调的差异。

伴奏的音乐

作为伴奏的音乐艺术，它需要完全渗透到已有歌词表达的意义、情境和动作中去，然后从这种内在的灵感出发，去寻求一种意味深远的表现，并用音乐的方式将它刻画出来。所有伟大的作曲家都是这样办的。他们既不给出不符合歌词的东西，又不妨碍曲谱中声音的自由融合以及不受干扰的发展进程，因此乐调自有独立的价值，不只是为歌词而存在。在这种真正的自由中可分辨出三种不同的表现方式。

首先，作曲家的活动范围就是人类的心胸，或心灵的情调，而乐曲作为发自内心的纯粹声响，就是音乐所特有的最深的灵魂。当声音将情感纳入后再次吐出，才算是真正的意味深远的表现。从这一点来看，情感的自然呼声，例如惊恐的号叫，哀伤的呻吟或狂喜极乐的欢呼就已极富表现力。音乐却不能按照情绪的自然迸发方式表现情感，它须凭丰富的敏感使灵魂形成一种声音，这就是说，要把表现纳入一种由艺术专门为这种表现而创造出的媒介中，使单纯的自然呼声变成一系列乐音，并按照旋律的方式去达到尽善尽美。

这个旋律性因素要联系到人的精神整体才获得一种较精确的意义和使命。音乐就是精神，就是灵魂，为自己而歌唱，在自己的声响中感到满足。但作为美的艺术，音乐须满足精神方面的要求，要节制情感本身以及它们的表现，以免流于直接发泄情欲的狂哮和喧嚷，或是停留于绝望中的分裂。但无论是狂欢还是痛苦，在这些情感中始终流露出幸福，这才是真正的理想音乐，也是巴勒斯丁那〔1524—1594年，意大利作曲家，主要为罗马教皇作教堂用的乐曲〕、杜朗特〔1684—1755年，意大利作曲家〕、洛蒂〔1665—1740年，奥地利作曲家〕、波哥勒斯〔1710—1730年，意大利作曲家〕、海登〔18世纪奥地利作曲家，擅长交响曲〕、莫扎特诸人的乐曲的特征。这些大师在作品里永远保持灵魂的安静，愁苦之音固然也会出现，但最终达到和解。按显而易见的比例匀称的乐调顺流下去，从来不走到极端；一切都很紧凑，欢乐从来不流于粗犷的狂哮，就连哀怨之声也产生最幸福的安静。所以旋律尽管不应缺乏情感的特殊性，音乐在使情绪和想象流露于音调之中却仍应使沉浸在这种情感中的灵魂超越于这种情感，即不受内容的约束而自由自在，从而为灵魂辟出一个境界，使它可以从沉浸于情感的状态恢复过来，单纯地感受自身。人的歌唱和旋律表现正像鸟儿在树枝上，云雀在天空中，唱出欢畅动人的歌调，是为歌唱而歌唱，是纯粹的"天籁"，没有其他目的，也没有明确内容。意大利音乐也是如此，上述原则在这里起着统治作用。它像诗一样，往往转到单纯的美妙的声调上去流连恣肆，仿佛忘记了情感及其具体表现，而只是在为艺术而欣赏艺术，为灵魂而歌唱。

其次，一首歌曲表现出对一种损失感到哀伤或哀悼的情感，我们不免马上问：损失的究竟是什么？是青春、幸福、妻子、爱人、儿女、父母还是朋友呢？因此，音乐就接受到进一步的任务，在涉及具体的内容和特殊个别的关系和情境（这些正是心灵所体验到的，而且要通过这些才能把它的内心生活反映于音调）时，就必须使音乐表现本身也获得类似的特殊具体化。因为音乐所要处理的不是单纯而抽象的内心生活，而是由具体内容充实的内心生活。凡是适合于歌调（这是灵魂的一种真正旋律式的歌唱）的并不都适合于任何一种音乐表现方式。

舞蹈　布面油画　1910年　俄罗斯圣彼得堡艾尔米塔什博物馆藏

亨利·马蒂斯 （Henri Matisse，1869—1954年）

　　法国画家，野兽派创始人。马蒂斯作品全面体现了野兽派的美学观念：大胆的色彩、简练的造型、和谐一致的构图以及强烈的装饰性。这一切正好形成了他独特的画风——画面简洁、清晰，省略多余的细节，以单纯的线条和色彩构成画面中的形象。他曾说："我所梦想的艺术，充满着平衡、纯洁、静穆，没有令人不安和引人注目的题材。一种艺术，对每个精神劳动者，像对艺术家一样，是一种平息的手段，一种精神慰藉的手段，能抚慰其心灵。对于艺术家自己而言，则意味着从日常辛劳和工作中求得宁静。"

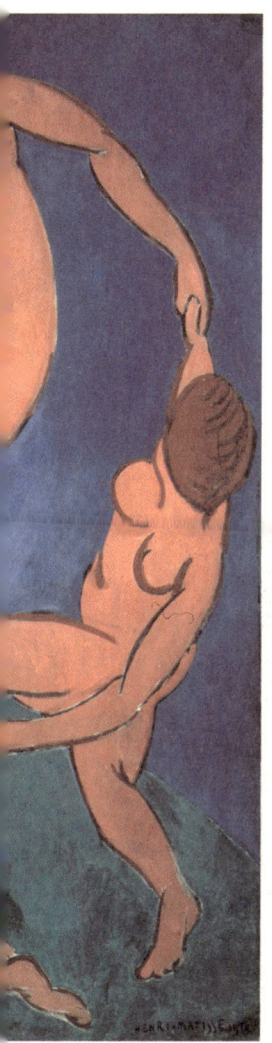

第 三 卷　各门艺术的体系 · 第 四 章　音乐篇　375

德希姆静物画的变体画　布面油画　1915年　美国纽约现代美术馆藏

红色餐桌　布面油画　1908年　俄罗斯圣彼得堡艾米塔什博物馆藏

夏都桥下　布面油画　1905年　美国纽约巴斯美术馆藏

莫里斯·德·弗拉曼克（Maurice de Vlaminck，1876—1958年）

　　法国野兽派画家。他的画风被认为是最具性格的野兽派典型风格。他善于运用强烈的对比色彩、狂野笔法。他说："我的热情驱使我去对一切绘画中的传统进行勇敢大胆的反抗。我想在约定俗成的日常生活中挑起一场革命，宣布不受束缚的自然，把它（指自然）从陈旧的理论和古典主义里解放出来。"

郊游　布面油画　1905年

"死老鼠"跳舞场的女郎
　布面油画　1906年

在饼上 布面油画 1906年

凯斯·凡·东根（Kees Van Dongen，1877—1968年）

荷兰画家。凡·东根具有潜在的表现主义天分，在气质和趣味选择上，他又是野兽主义的。他从劳特累克处学到了简练、强劲、准确的笔法，但以多变的长线条、强烈率真的色彩、浓郁的艺术手法震撼他人。在野兽派中，没有任何人能以如此直接、凝炼的手法达到他这般的丰富、奔放。但晚年时期，他却开始追求轻松、无力而呆板的表现以迎合社会的虚荣，他敏感、悲观、即兴创作的热情和不受羁绊的勇气已渐消失。

莫德赫斯科引吭歌唱　布面油画　1908年　美国纽约现代美术馆藏

380 | 美学　Aesthetics: Lectures on Fine Art

二重奏　布面油画　1937年　法国巴黎乔治·逢皮杜国家艺术文化中心藏

乔治·布拉克 （Georges Braque，1882—1963年）

　　法国立体画派大师。布拉克的作品多数为静物画和风景画，画风简洁单纯、严谨统一。立体主义的创作方法贯彻在布拉克一生的艺术之中，在不同的时期，提炼为不同的风格。

文化伟人代表作图释书系

水果与桌布　布面油画
1925年　法国巴黎乔治·蓬皮杜国家艺术文化中心藏

格尔尼卡　布面油画
1937年　西班牙马德里索菲亚王后国家艺术中心博物馆藏

巴勃罗·鲁伊斯·毕加索
（Pablo Picasso，1869—1954年）

　　西班牙画家，西方现代派绘画的主要代表。毕加索绘画的主要趋势是丰富的造型手段，即空间、色彩与线的运用。30岁以后毕加索进入一个又一个不安分的探索时期，他的作品和他的生活一样没有丝毫的连续和稳定。他的画作没有固定的主旨，而且花样繁多，或激昂或狂躁，或可亲或可憎，或诚挚或装假，变化无常不可捉摸，但他永远忠于自由。世界上从来没有一位画家像毕加索那样以惊人的坦诚之心和天真无邪的创造力，以完全彻底的自由任意重塑世界，随心所欲地行使他的威力。他在艺术上没有规律可循，从自然主义到表现主义，从古典主义到浪漫主义，然后又回到现实主义。从具象到抽象，他反对一切束缚和宇宙间所有神圣的看法。

石膏的头和手臂　布面油画　1925年

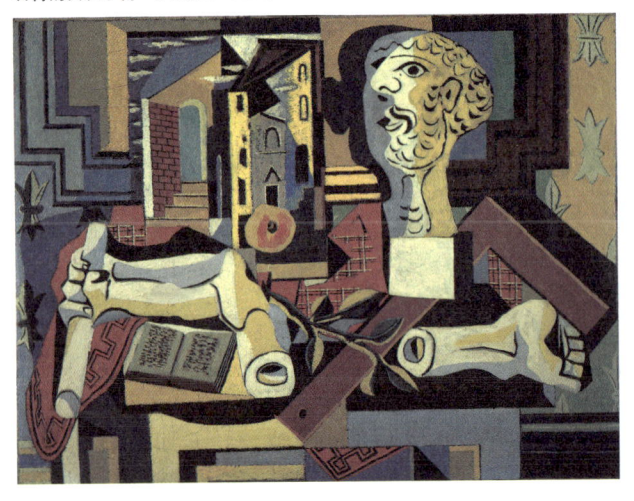

坐着的浴者
布面油画　1929—1930年　美国纽约现代美术馆

文化伟人代表作图释书系

上奔跑的两个女人　布面油画　1922年　法国巴黎毕加索博物馆藏

亚威农少女
布面油画　1907年　美国纽约现代美术馆藏

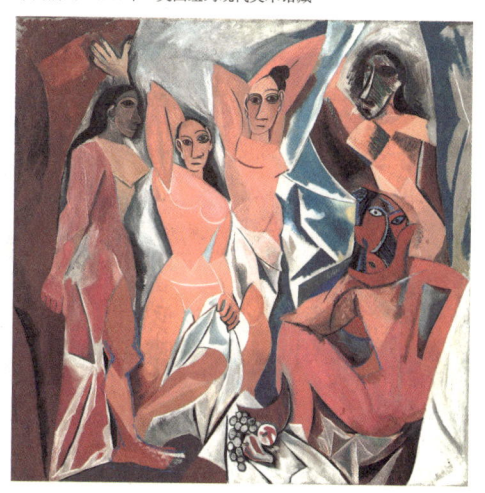

美 学　Aesthetics: Lectures on Fine Art

梦幻　布面油画　1932年　私人收藏

旋律采用和音作为它的基础，不只是一般的基础，而是本身受到定性和经过特殊具体化的基础，旋律并不因此而丧失掉它的运动自由，而且这样才使它的运动自由获得一种类似人类躯体通过牢固骨骼所得来的力量和确定性，有了骨骼，就可以防止不合适的姿势和运动，保证稳定和安全。

第三个表现方式就是伴随歌词的旋律歌调也要转向个别具体的特征，必须将在朗诵式乐调中占优势的原则变为它自己的原则，以便使自己获得原来缺乏的明确性，也使描绘特征的宣讲式乐调获得一种有机的结构和见出圆满自足的统一。凡是风格宏伟的音乐作品都有由作曲家审慎选出，或亲手写出的优秀的歌词做基础。一手好的歌词所应具备的条件是：歌词的内容本身要真正是纯洁坚牢的。

另一方面，这种内容也不应有太重的思考气味和哲学的深度，例如席勒的抒情诗中所表现的激情的广度就不是音乐的抒情方式所能充分表达的。埃斯库罗斯和索福克勒斯的悲剧中的合唱也类似，这类合唱在见解深刻之中却有丰富的想象和敏感，把个别细节刻画得淋漓尽致，作为诗来看，本身就已尽善尽美了，也就毫无音乐的插足之地。从这个观点看，人们对一首歌词是否优秀的判断往往是错误的。例如我们往往听到人责备《魔笛》〔莫扎特生前最后一部作品，是一部深具哲理意味的德国民族叙事歌剧〕歌词太平凡，实际上这是值得称赞的歌剧脚本之一。席卡内德写过许多粗犷、离奇和呆板的作品，但是这个脚本却射中了目标。其中所写的夜的王国、王后、日的王国、宗教秘密仪式、入教典礼、智慧、爱情以及各种考验都具有一种平凡的而在大体上却很优秀的道德品质——这一切加上乐调所表现的深刻而美妙的灵魂都是激发想象和感动人心的。

此外，我想简略谈谈伴奏音乐最主要的种类。第一个主要种类是教堂音乐。这种基本的宗教音乐，在音乐一般所能创作出的作品之中，是最深刻和最富于感动力的，例如弥撒典礼中的乐曲。巴赫在这方面是杰出的大师，但可悲的是，人们直到现在才懂得珍视他那伟大的才能，他表现出真正的新教精神，很强健，也很渊博。第二是抒情的音乐。它以旋律的形式表现个人的心情，但须尽量避免只是描绘性格特征式和宣讲式的调子，尽管也可以把歌词的具体内容（无论是宗教的还是其他性质的）纳入到它的表现里。第三是戏剧音乐。古代悲剧里就已有音乐，但是音乐在古代悲剧中并不占优势，在教堂音乐和抒情音乐都已达到很完善的程度之后，戏剧音乐才逐渐获得独立。

艺术的演奏

在史诗中,诗人把一个发生事迹和情节的客观世界展现给我们看,所以朗诵史诗的人只能隐藏起来,完全不介入他所演述的事迹和情节。他愈不介入,效果也就愈好。如果作品(曲谱)具有与史诗类似的客观完美,作曲家本人原本只将主题和贯穿在主题中的情感谱到乐调中,演奏也就应该取客观的方式。演奏的艺术家不仅无须凭自己的意思添油加醋,而且绝对要避免这类情况,以免效果遭到破坏。他必须完全服从作品的性格,使自己只成为一个敬听指使的器官。

若是作曲家本人在作品中就已经使主体方面的自由和任意性占上风,一般不大追求表现方式的完美,情况和上文所说的就不同了。在这里有时来自熟练技巧的大胆是用得其所的,演奏的天才不能局限于复演现成的曲谱上,而要扩充到一个程度,以至于艺术家本人在演奏中同时在作曲,弥补缺陷,使肤浅的东西深刻化,使本无生气的东西获得生气。例如在意大利歌剧中就有这种情况,歌唱家总有广阔的自由发挥作用的余地,特别是在"花招"方面。意大利歌剧里宣讲部分本就已离开歌词的内容,所以这种独立的演奏也就成为灵魂的一种自由旋律的流转,灵魂在独立地发出歌声和在自己的回翔和腾空高举之中来自得其乐。如果演奏家果真是天才,他所产生的艺术作品就有完全独特的美妙风味。那么,我们所见到的不仅是艺术作品,还是艺术家灵魂的创作过程。

如果所用的工具不是人的口音而是某一种乐器,上文所说的生动性还会显得更奇妙。这种异于人声的乐器在熟练的演奏之中就会成为艺术家诠释灵魂专有的工具。例如我回想起青年时代听过的一位弹吉他的神手。他替这种卑微的乐器作了一些缺乏艺术趣味的军乐曲。若我没记错,他原是一个纺织工人,同他谈起话来,他显得很迟钝。一旦他弹起琴来,人们马上就忘记他那(乐谱)缺乏艺术趣味的作品,正如他忘记自己那样。他将整个灵魂都投入在吉他里,仿佛不知道世间还有什么演奏比他自己在声音中倾吐心灵的演奏更高明,因此他的音乐产生了奇妙的效果。

这样一种熟练的演奏在登峰造极时不仅显出高超的对外在事物的驾驭技

巧，而且也显出内心方面的毫无约束的自由，因为演奏者以游戏的态度克服了看似不可克服的困难，巧妙地耍出一些花招，加一些穿插，在他独到的发明创造中，连离奇古怪的东西也变得赏心悦目。听到这种演奏，我们就欣赏到最高度的音乐生动性以及其中神奇的秘密，使一个外在的工具拥有了生命。这时我们就看到艺术家内心的构思以及凭天才想象的演奏手腕让瞬息间的神思闪电似的涌现在我们眼前。

这就是我从音乐里听到和觉到的一些基本方面。我将自己抽绎出来的一些一般性看法综合起来，作为本篇对音乐的研究。

第五章　诗歌篇

　　黑格尔认为，诗所特有的对象或题材不是太阳、森林、山水风景或人的外表形状如血液、脉络与筋肉，而是精神方面的旨趣。他认为，诗人必须从内心和外表两方面去认识人类生活，把广阔的世界及其纷纭万象吸纳到他的自我里去，对它们产生同情和共鸣，深入体验，使它们深刻化和明朗化。为着从他这个主体的个性出发（尽管这要受到一种狭窄的特殊范围的局限），去创造一种不像由外因决定的自由整体。

诗是语言的艺术

诗是造型艺术和音乐的统一体

如果将诗与绘画相比，在感性现实和外在定性方面的这种欠缺在诗里却成了一种不可估量的富饶，因为诗不像绘画那样局限于某一限定的空间以及某一情节中的某一特定时刻，诗却可以按照所写对象的内在深度以及时间上发展的广度将它表现出来。真实的东西只有在一种意义上才是具体的，那就是它统摄许多本质的定性于一个统一体。

如果我们从诗与音乐，绘画以及其他造型艺术的区别来看诗的特性，不难看出，诗的特性就是感性表现方式的降低以及一切诗的内容的明确展现。诗所特有的外在客观因素既然不是音调，那它究竟是什么呢？我们可以简单回答：那就是内心中的观念和观感本身。这些精神性的媒介代替了感性的媒介，成了诗的表现所用的材料，其作用就像大理石、青铜、颜色和音调在其他艺术里一样。我们不应该将观念和观感误解为诗的内容。对于真正的诗来说，接受诗作品的方式是听还是读，无关宏旨；诗可以由一种语言译成另一种语言，由韵文改为散文，尽管音调变了，但诗的价值却不会因此受损。

诗的意象

使一种内容成其为诗的并不是单纯的观念，而是艺术的想象。这就是说，如果艺术的想象把观念掌握住，用语言、文字在语言中巧妙的组合，把这种观念传达出去，而不会把它表现为建筑的雕刻或绘画的形象，也不会使它变成音乐的音调而发出声响。

诗的想象有两个特点：首先，它应该介乎思维的抽象普遍性和感觉的具体物质性之间。其次，诗的想象在内容上必须有独立自觉的目的，把它表现成为从纯粹认识兴趣的角度来看是一种独立自足的完整世界。因此，诗也可以不局限于某一艺术类型。它变成了一种普遍的艺术，可以用一切艺术类型去表现一切可以纳入想象的内容。

艺术的解体

我们在讨论各种艺术类型结束时，就已得出过与此类似的结论：艺术类型发展到最后阶段，艺术就不再局限于某一类型的特殊表现方式，而是超然于一切特殊类型之上。在各门艺术中，只有诗才有可能如此向多方面发展。

从哲学观点来看，诗是艺术的转折点：一方面转到纯然宗教性的表象，另一方面转到科学思维的散文。诗拆散了精神内容和现实客观存在的统一，以至于开始违反艺术的本来原则，走入脱离感性事物的领域，完全迷失在精神领域里。

诗的艺术本质

诗的构思内容

适合于诗的构思内容，我们可以马上将纯然外在的自然界事物排除在外，至少在相对的程度上排除。诗所特有的对象不是太阳、森林、山水风景或是人的外表形状（如血液、脉络、筋肉之类）。诗的对象是精神方面的旨趣。纵然它也诉诸感性观照，也进行生动鲜明的描绘，但诗始终是一种精神活动，它只为提供内心观照而工作。从这个观点来看，诗的首要任务就在于使人认识到精神生活中的各种力量，这就是凡是在人类情绪和情感中回旋动荡的或平静掠过眼前的那些东西，例如人类思想、事迹、情节和命运的广大领域，尘世中纷纭扰攘的事务以及神在世界中的统治。因此诗永远是人类的最普遍最博大的教师，因为教与学都是对凡是存在的事物的认识和阅历。星辰、动物和植物都不能认识和阅历它们本身的规律，但是人只有在认识他自己和他周围的事物时，才是符合他本身的存在规律而存在着的。人必须认识到推动他和统治他的那些力量，而向他提供这种认识的就是形式符合实体内容的诗。

诗的构思方式

　　散文的意识也可以构思上文所说的内容，也能教人认识到普遍规律，也会就五光十色的现象世界分散的个别现象进行区分、整理和解释。散文和诗在观念方式上究竟有什么本质区别呢？

　　与艺术发展成熟的散文语言相比，诗是较为古老的。它并不是把已被人就其普遍性认识到的那种内容意蕴，用形象化的方式表现出来，而是按照诗本身的概念，停留在内容与形式的未经割裂的实体性的统一体上。

　　人一旦想表达他自己，诗就开始出现了。人一旦从实践活动和实践需要中转到认识性的静观默想，要把自己的认识传达给旁人，他就要找到一种成形的表达方式，一种和诗同调的东西。姑且只举一个例子，希罗多德在他的《历史》里载过一首两行体〔两行体诗，每节两行，节数不等。其特点是就每节而言，干净利落，简洁明快；就全诗而言，进展迅速，富于变化。这种诗体形式最易被大众所接受、所记忆、所传诵〕的短诗，歌颂因守卫托莫庇莱关口而牺牲的将士们，诗的内容很简单，只是一句枯燥的叙述："三百个斯巴达人在这里和四千敌军进行过战斗。"但有趣的是，要刻个墓碑铭使当代人和后世人知道这一英勇事迹，所以碑铭采取了诗的表达方式，这就是说，碑铭要显得是一种"制作"（诗），让内容保持它原有的简单面貌，而表达出来的话却是着意制作的。这样表达观念的语言着意要使自己有别于寻常的话语，从而成为了一首两行体短诗，因此具有较高的价值。

　　诗所要脱离的那种散文意识要有一种与诗不同的思想和语言。从一方面看，用散文意识看待现实世界的广阔材料，是按照原因与结果，目的与手段以及有限思维所用的其他范畴之间的通过知解力去了解的关系，总之，是按照外在有限世界的关系去看待。从另一方面看，日常的（散文的）意识完全不能深入事物的内在联系和本质以及它们的理由、原因、目的等等，它只满足于把一切存在和发生的事物当作纯然零星孤立的现象，也就是按照事物毫无意义的偶然状态去认识事物。外在的有生命的事物如果不能显现出独特的意义和丰富的灵魂，对于较深刻的心灵来说就是死的。

　　由此可见，诗和散文是两个不同的意识领域。诗不仅要摆脱日常意识对于琐屑的偶然现象的顽强执着，要把对事物之间联系的单凭知解力的观察提高到理性，要把玄学思维仿佛在精神本身上重新具体化为诗的想象，而且为了实现这些目的，还要把散文意识的寻常表现方式转化为诗的表现方式,在这种矛盾所必然引起的意匠经营之中,还必须完全保持艺术所应有的自然流露和原始状态的自由。

诗的观照向特殊方面分化

最后还要提到的就是诗向特殊方面的分化。在这一点上比起其他发展不那么丰富的艺术来说,诗的发展就丰富得多。建筑固然是许多民族都有的而且弥留多个世纪,雕刻却只在古代由希腊人和罗马人发展到它的最高峰,绘画和音乐则是到近代才由信基督教的各民族发展到高峰。诗却不同,它的繁荣贯穿于任何民族和任何时代。因为诗是包罗全部人类精神的,而人类向特殊方面的分化是很复杂的。

诗出自民族,民族的内容和表现方式也就是诗的内容和表现方式,这就导致诗向许多特殊方面分化。东方诗、意大利诗、西班牙诗、英国诗、罗马诗、德国诗等等在精神、情感、世界观、表现方式等方面都各不相同。这些民族特性、时代观感和世界观之中又有某一些比另一些更适宜于诗,例如东方的意识方式比起西方的(希腊的是例外)就较适宜于诗。作为共同因素而贯穿在这些差别之间的是共同的人性和共同的艺术性,所以这民族和这一时代的诗对于其他民族和其他时代还是同样可被理解、可被欣赏的。在上述两方面,希腊诗不断地重新受到许多民族的欣赏和模仿,因为在希腊诗里,纯粹的有关人性的东西无论在内容上还是在艺术形式上,都达到最完美的展现。再如印度诗,不管其中世界观和表现方式和我们的有多么大的隔阂,我们却不是完全陌生的。我们可以看出,近代一个主要的优点在吸收艺术和对一般人类精神财富的敏感日益发展起来了。

诗的艺术特征

诗的基本特征

首先,贯串一切的内容本身就应是一个统一体,不管这内容是一种动作和事件的明确目的,还是一种情感或情欲。例如《伊利亚特》,史诗里希腊人和特洛伊人的战争以及希腊人的胜利都是与阿喀琉斯的狂怒分不开的，这位希腊将领的狂怒成了全诗中起连贯作用的中心。我们当然也看到一些诗作，其中基本内容时而只显示出一般性，时而这一般性也获得较具体的展现。例如《神曲》所写的是整个神的世界，却也写出许多个别人物在受地狱的惩罚、净界的洗罪和乐园的幸福。即使这样，《神曲》里一般和个别也并没有抽象割裂开来，个别具体人物也不是只为一般（神）服务。向人类情感和动作提供内容的那种一般也应该表现成为本身就形成一种独立自足的完整世界。例如我们在现代听到人们提起某一个武官、将军、职员或教授之类的人物，就会想起这类人物在他们的地位和环境中想做些什么事和能做些什么事，我们对这类人物的旨趣和活动就停留在一种空洞的内容之中。例如《旧约》中"上帝说要有光，于是就有了光"那句伟大的话，从它的纯真质量和深刻意义来看，既是最雄伟的诗，也是很好的散文。一篇完整的诗须有发展，须有部分的结构，因此须是这样一个统一体——它按照本质从自身中产生出它的不同方面和部分的实际具体化。

其次，艺术作品分化为一些个别特殊部分，为了构成一个有机的统一体，这些个别特殊部分就须显得是各自独立形成的。诗总是喜欢在个别特殊事物上徘徊重复，流连不舍，带着喜爱的心情去描写它们，把它们看成各自独立的整体。就史诗而言，它在描写个别特殊外在事物上所花的工夫既不同于戏剧体诗的快节奏，也不同于抒情诗重于内心生活。

第三，艺术作品中各部分所应显示出的统一和上文所述的那种人为的统一不能相同。一部诗作的内容本身是具体的，因而凭内容（主题思想）本身就足以导致各个不同方面的丰富多彩的展现。艺术作品既然表现实在现象的形式，为了不至损害对实在事物的生动反映，艺术的统一就应只是一种内在联系，把各部分联系在一起，成为一个有机整体，去掉刻意联系的痕迹。这种情况常见于声音和颜色。黄、蓝、绿、红属于不同颜色，彼此可以完全对立，却也可以按颜色的本质构成和谐的整体，并无须就它们的统一说出明确的理由。基音、第三度音和第五度音也是一些不同的声音，却能构成三和音的协调，而且这些声音只有保持各自特有的声响，才能构成这种三和音的协调。相比史诗，戏剧体诗却有较紧凑的联系，不过浪漫型的诗在运用戏剧体时也允许有许多穿插，对内心世界和外在世界的具体事物特征也进行详细描绘。

带胡须的蒙娜丽莎　彩色石板印刷画　1919年　美国宾州费城艺术博物馆藏

大玻璃　玻璃绘画　1912—1923年　美国宾州费城艺术博物馆藏　　下楼梯的裸体女人　布面油画　1912年　美国宾州费城艺术博物馆藏

马塞尔·杜尚 （Marcel Duchamp，1887—1968年）

　　达达主义团体的核心人物。可以说，西方现代艺术，尤其是第二次世界大战以后的西方艺术，主要是沿着杜尚的思想轨迹行进的。杜尚即使不能被称作观念艺术的鼻祖，至少也是观念艺术的思想源泉。约瑟夫·孔苏斯说："自杜尚以后，艺术就在观念的层次上存在着。"杜尚之后的许多艺术观念和艺术流派，乃至艺术界发生的方向性变化，都与他有关。有人骂他，说他动摇了艺术殿堂的"神圣"根基；也有人赞他，称他为真正领会并表现"艺术"真谛的第一人。他在晚年的访谈录中说，这些现成品的选择从来就不是依据什么审美原则，有时候甚至是故意违背现存审美原则和标准。它们是以视觉的"无所反应"为基础的，不讲高雅或者粗俗的审美情趣。偶尔写在现成品上的短句，也不是作品的标题，而是"把观者的思想带到另外一种主要是受字眼支配的领域中去"的媒介。他说，现成品可以是艺术品，相反，艺术品也可以成为日常用品。

金属边的水磨滑翔机 1913—1915年 美国宾州费城艺术博物馆藏

现成的自行车轮 1913年 美国纽约现代美术馆藏

新闻工作者西尔维亚·哈登女士的画像　木板油画　1926年　法国巴黎现代艺术博物馆藏

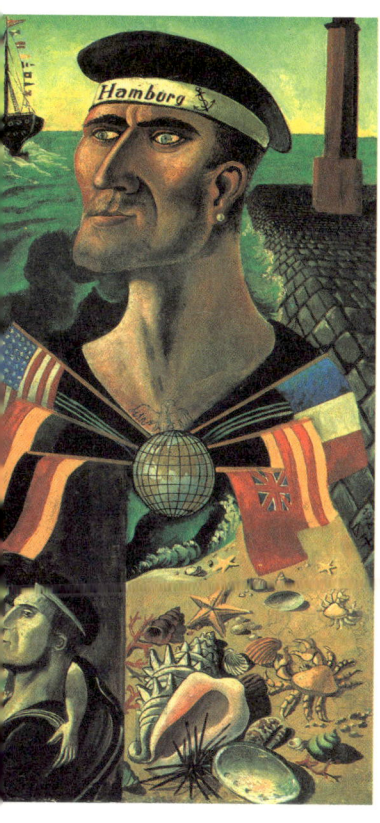

告别汉堡 布面油画 1921年 德国开姆尼茨贡泽豪瑟博物馆藏

两个孩子 布面油画 1921年 比利时布鲁塞尔皇家美术博物馆藏

奥托·迪克斯（Otto Dix，1891—1969年）

德国画家，从印象派到立体派，最后以无政府主义者的叛逆表现而转向达达派。迪克斯的创作没有抒情、优美、典雅的画面，而是充满恐惧、痉挛、丑陋的人物和场景。迪克斯作为士兵曾经历世界大战，他的"战争"系列作品，像战地日记一样揭露噩梦般的无尽杀戮、人性的疯狂、精神的污秽、生活的灾难，因此他一度受到纳粹的迫害。迪克斯的作品画面对比强烈，细节精心刻画，有力控诉了战争的罪恶。看迪克斯的作品，有助于人们从多元视角审视人类的社会生活状态，反思文明的价值，唤醒人们对人类命运的关注。

诗与演讲术的区别

为了更明确地指出诗与散文的描述之间的差别，我在这里专谈两种散文——历史写作的艺术和说话修辞的艺术。

关于历史写作，它至少在一个方面容许艺术活动有充分发挥作用的余地。人类宗教生活和政治生活的发展以及在这些领域里积极活动，事业的伟大与失败，民族的事迹与命运，都是历史叙述的对象和内容。历史家尽管要竭力忠实地再现真人真事，但他仍会将这些丰富多彩的内容仔细想上一想，再纳入自己的观念体系中，将这些内容加以再造和表现。就是在这种理解上我们现在还常谈到希罗多德、图什第德斯、克塞诺芬以及其他少数几位历史学家的艺术，并且把他们的记载当作语言艺术的经典作品来赞赏。

尽管如此，最完美的历史著作也不属于自由的艺术，甚至用诗的词藻和韵律来写成历史著作，也不会因此就变成诗。因为历史著作不仅在写作方式上，尤其在历史内容上，都是散文性的。例如希罗多德所描述的不是希腊人对特洛伊的远征而是波斯战争，他从多方面进行辛勤研究和审慎考察，以便对他想要叙述的那段历史掌握住充分的知识。印度人，一般来说，东方人（中国人例外）都没有真正历史写作所必需的散文感，他们对当前事物不是凭宗教观念就是凭幻想做出歪曲的解释和穿凿附会。例如亚历山大，凭着与当时世界趋势合拍的个性远征波斯，但是他所征服的那部分亚洲却只是由许多民族拼凑起来的一种偶然整体，他所经历的那些事件只是一些外在于他的而需他直接面临的客观现象。最后，如果历史学家凭主观见解，替这类事情找出绝对根由，把一切归原到神，在神的面前，一切偶然的东西都消失了，一种较高的必然性被揭示出来。有这种想法的历史学家应该考虑到事情的真实情况，不能侵犯诗的特权。对于诗而言，实体性才是主要的，只有诗才有改造现成材料的自由，使外在事物符合内在的真理。

演讲术是较接近自由的艺术。从正确的角度来看，演讲术尽管有这种表面的自由，却仍在最大程度上受实践方面的目的性规律的管辖。一篇演讲真正的感动力并不在于演讲当前所针对的那个目的（个别具体事例），而在个别事例可以纳入的法律、规则、原则之类的普遍规范。这些规范作为国家的现行法，或是作为伦理的、法律的或宗教的箴规、情操、教义等等，原已采取普遍的形式而独立存在。因此演说家所能采取的唯一办法就是纳特殊于一般。

一般说来，演说家在演讲里的最高旨趣并不在于艺术的描述和完美的刻画，他还有一个越出艺术范围的目的，他演讲的形式结构无疑只是一种最有效的手段，利用它来实现一种非艺术性的目的或旨趣。由于这些缘故，演讲术就丧失了它的自由面貌，变成了一种有意图的东西，一种履行职责的号召，而这种意图的实现并不是演讲及其艺术处理的结果——这是我们要提的第三点。诗的艺术作品只有一个目的——创造美和欣赏美。在诗里，目的和目的的实现都直接在于完整的作品本身，艺术的活动不是为着达到艺术范围以外的某种结果的手段，而是一种随作品完成立即达到实现的目的。演讲却不然，它只将艺术当作一种听用的助手，真正目的却与艺术无关，而是实践方面的教训，鼓舞、政治情况、法律规定之类。

自由的诗艺术作品

真正的诗与历史写作、演讲术之间的差别在于：

首先，如果诗艺在题材方面走进历史写作的领域，诗艺要找出一个情节或事件，一个民族的代表人物或一个杰出的历史人物的最本质的核心和意义，把周围同时发生作用的一些偶然因素和不关要旨的附带情节以及只是相对的情境和人物性格都一律抛开，只用能突显出主题内在实体的人物和事迹，这样就会使得上述最本质的核心和意义通过对外在事物面貌的改造而获得适合的客观存在。凡是诗就外在的地点、人物、情境、冲突、事迹、情节和命运所描述的东西，全部都已存在于生活的现实中，这要超过人们通常所能置信的程度。在这里，诗是一种历史领域里的活动，它在这方面所作的变更和改造也根据事物的理性以及要替内在意义找到最恰当的表现这一要求，而不是由于缺乏对实际情况的深刻认识和体验，或是主观武断以及标新立异的企图。

其次，演讲术因追求实践性的目的，属于散文，为了要实现这种实践目的，它的职责就是要自始至终都按照这个目的的行事。例如教会中许多虔诚的颂圣诗歌就有这种情况，其中某些观念之所以被采用，只是因为它们在宗教上可起作用，而表现的方式却与诗的美背道而驰。一般说来，诗绝不应从宗教方面且只从宗教方面去提高人，实际上这是把人带到一种与诗和艺术既有关联而又有差别的领域。这番话也适用于说教劝世、宣扬道德、政治宣传乃至提供消遣娱乐之类作品。

总之，每一件真正的诗的艺术作品都是一个本身无限的（独立自由的）有机体：丰富的内容意义展现于适合的具体现象。它是统一的，但是统一体中的个别特殊因素并不是抽象地服从形式和符合目的性，而是各个部分都现有的生命的独立，整体则把它们联系成为融贯的圆满结构，表面却不露出意匠经营的痕迹。它的材料是从现实生活中收集来的，但它并不依存于这种内容及其客观存在（实际体现）乃至任何生活领域，而是凭它自己自由造型来使事物的本质达到正确的表现，使外在事物和它最内在的本质经过和解而达到协调。

诗人的角色转换

这类诗颇似中国章回小说［中国古典长篇小说的一种，主要特点是分回标目、段落整齐、首尾完整，由宋元讲史话本发展而来］和曲中，在每段开始和收尾时所附加的几句诗。

从一个对象跳到另一个对象，四面八方地转来转去，但场面仍旧一样，这位诗人摆出他的全副面貌，连同他的美酒、少女、小酒店和庭院等等，都出现在我们眼前，态度十分坦率，毫无自私的念想，沉浸在纯粹的享受中，眼对着眼，灵魂对着灵魂。这种既显出内心状态又显出外在情境的描绘方式可以有无穷的变化。如果诗人专从主体方面来描述自己，我们就未必乐于倾听他的那些奇怪幻想、爱情纠葛、家庭琐事、堂表兄弟姊妹的历史之类，就如克洛普斯托克所写的艾地李和芬妮那样的货色。我们要求的是某种有关普遍人性的，能使我们以诗的方式去同情共鸣的东西。从这个观点看，有些人认为单写主体的特殊因素就足以引起兴趣，这种看法是错误的。歌德所写的许多"社交"（应酬）诗（尽管歌德并不是为应酬而写的。——原注）就是反证。在社交场合，人们并不谈论自己，通常将自己隐藏起来而漫谈某个第三者，或某一段逸史，带着幽默的意味用旁人的语调甚至模仿不同角色的不同声音。在这种情况下，诗人既不是他本人而又是他本人。他并不表现自己，就如一个演员，扮演着各种各样的角色，一会儿在这里，一会儿又到了那里，他有时瞥眼注视某一幕情节，有时又瞥眼注视某一群人，但无论他的角色是什么，他总是同时把他所特有的艺术家的内心生活，他的情感和生活体验生动地摆到戏里。

"咿呀呵嗨嗨"的发声，是空洞无意义的，人是可以单凭放声歌唱就足以产生抒情诗的乐趣的。对于表达哀乐情感的语言，文字不是一种无足轻重的工具，没有文字还是可以用声音代替。特别是民歌往往就专用这种表现方式。

在歌德的一些短歌里，表现方式虽然已经比较明确丰富，所涉及的内容往往也只是某一瞬间的诙谐风趣，一种飘忽心情的音调，被诗人抓住来写成一首短歌，供片刻的吟诵。在另一些歌里，歌德却用比较详尽的甚至系统的方式，来处理一些与上述类似的心情。例如在《我呈放我的事物于虚无之上》里，金钱、财产、女人、游历、荣誉以及斗争和战争全部作为可消逝的东西在我们眼前陆续掠过，可是重复出现的章尾迭句的调子却始终表现出自由的无忧无虑的爽朗心情。但是从另一方面，主体的内心生活也可以提高到高瞻远瞩的精神境界，升华到包罗万象的思想。席勒的大部分诗就有这种情况，激发这位诗人心胸的是伟大的理性的东西，但是他并不用颂体诗的方式去歌唱宗教的或实体性的对象，也不像即兴诗〔就眼前实事而写就的诗歌，是作者直抒胸臆的一种表达〕的作者那样借助外在事件的推动力，而是从心灵出发，心灵的最高旨趣才是他的人生理想。美的理想，才是人类不朽的公理和思想。

处理人类思维的另一种形式是哲学。从某一方面来看，这比情感和观感所涉及的想象所处的地位更高，因为它可以使它的内容以更彻底的普遍性和更必然的融贯性呈现出来，而艺术不是这样。

但哲学思维这种精神形式也有缺点，它和抽象概念打交道，处理普遍性，作普遍性阐发。具体的个性在这里没有位置。

在诗歌里，那些侵入思考活动领域的想象无法得到明晰的阐述。所以诗人也是灵魂的斗争者，他要与自己搏斗，在企图清晰的过程中用诗句来表达。所以他们写诗，但诗不论在写的过程中还是已成成品时，都只是一种明晰的触须，而不是本身自明的。诗人有时感到暴力，因为一越出艺术领域，进入思想领域，他就不再感到自在了。

音 律

诗歌的观念不仅体现于文字，语音对它来说也是重要的。语音是由语调、字音、音节这些感性因素构成的。即使在散文里，这种音律也是存在的，在诗里就更重要了，它远远高于辞藻的华丽。音律似乎有一种花朵般芳香的气质。有人认为，音律不是日常语言的要素，因此在诗歌里也应该废弃。这无疑是一种肤浅的看法。

莱辛反对法国诗歌，他说那种亚历山大式虚假，充满了虚伪的激情，他主张用散文代替这类诗歌。但莱辛在他本人的作品《智者讷坦》里，还是在用抑扬格［如果一个音步中有两个音节，前者为轻，后者为重，则这种音步叫抑扬格音步，其专业术语是（iamb, iambic.）。轻读是"抑"，重读是"扬"，一轻一重，故称抑扬格］。有一种观点认为，节奏的抑扬顿挫和韵脚的铿锵和谐尽管确实有一种悦人的魔力，但是他追求这种官能上的享受却束缚了诗人的自由想象、思想和情感的倾泻。这种指责是站不住脚的。

真正有才能的诗人对于诗的感性材料的处理都能运用自如、游刃有余，不但不是阻力，相反还能起激发作用。只有在把诗从原文译成外国语时，拘守原诗的音节和韵律等等，才会显得勉强生硬，引起不快。而完全听命于直接的偶然事物的日常语言没有形式，没有定性，并不是艺术。韵律时而回旋荡漾，时而凝聚停顿，时而波澜壮阔，本身也适合事物的变化节奏。如歌德年轻时候曾用散文体写的《伊菲琪尼》和《塔梭》两个剧本，到晚年时对它们极为不满，便干脆重新用音律写过。他说，"这下获得纯真的形式了"。

诗人对音节和韵律的驾驭，比画家对颜色的驾驭要难。自然界的事物是有自己颜色的，没有颜色的是抽象的少数，而语言符号之间的关系，却相对抽象，它们互相之间的关系疏远，甚至毫无内在联系。

在任何艺术中，必要的约束是对感性材料的限制，在绘画和雕刻里，艺术家用来就人体、岩石、树林、云彩和花卉之类对象进行素描和着色的方式本来就有感性空间的限制。建筑也要适应建筑物的目的和要求，去规定墙壁和屋顶的形状。音乐也是如此，它要服从和声学的一些绝对必要的基本规律，才能获得明确固定的轮廓。

因此诗人的任务就在于在这种无规律之中显出一种秩序，一种感性的界限，因而替他的构思及其结构和感性美界定出一种较固定的轮廓和声音的框架。

史 诗

箴铭/格言和教科诗

最简单的史诗表现方式由于抽象的凝缩，所以是片面的、不完备的。研究这种表现方式可以从箴铭开始。箴铭实际是写或刻在石柱、器具、纪念碑、礼品等上面的，属于古老的格言或道德箴规。它们用凝练的语言写下了比感性事物更坚固，比记功坊更持久，比祭祀礼品、石柱和庙宇还更不可磨灭的东西。它们涉及人生职责，生活智慧以及关于在精神界形成人类知识行为的牢固基础和联系绳索之类东西的看法。古希腊史诗有时就带有告诫语调，例如梭伦〔前638年—前559年，生于雅典，出身没落贵族，是古代雅典政治家、立法者、诗人、古希腊"七贤"之一。于前594年出任雅典城邦第一任执政官，制定法律，进行改革，史称"梭伦改革"。其在诗歌方面也有很大成就，诗作主要是赞颂雅典城邦及法律的〕流传下来的某些挽歌就往往用劝诫的口吻和风格，内容大半是关于社会公共生活、法律和道德之类的教训和告诫。据说毕达哥拉斯写的《金言》也可以归为这类。

按照这一发展阶段的史诗性质，它所要揭示的内容是本身永恒普遍的东西，都带有一种最富于伦理意味的目的，例为告诫、教训和促进道德生活之类。因此这类作品一般带有教科诗的语调，由于这些金科玉律还是新鲜的，人生观是新颖的，观点是天真纯朴的，相比近代那些枯燥无味的教科诗有着云泥之别。在这里，我想用赫西俄德〔公元前8世纪的希腊诗人，其作品《工作和日令》包括许多忠告和理智的内容，它鼓励人们热情地工作和生活，反对休闲和不公正〕的《工作和日令》作为例子。这部史诗用素朴的风格进行教训和描绘，从诗的方面也使人感觉到乐趣，和弗吉尔的田园诗的典雅渊博、条理井然相映成趣。但是跟枯燥的风格相比，风味就大不相同了。

哲学的教科诗，宇宙谱和神谱

上述箴铭、格言和教科诗之类的品种都取材于某些领域的自然现象和人类生活。由于当时诗还比较密切地结合现实生活，诗的艺术就成了起实际作用的工具。此外，还有一种诗形成了第二个系统，它比前一种较深刻，但对教训和促进道德少有关注。例如克塞诺芬尼与巴门尼德〔两人皆为公元前6世纪希腊派哲学家，这一学派代表怀疑主义，较知名的成员是芝诺〕叙述爱利亚派哲学的诗篇，特别是巴门尼德在其哲学著作的导言部分就采取了诗的形式。诗的内容是变化无常的个别特殊现象和永恒不朽的"太一"之间的对立。

在宇宙谱里提供内容的是事物，特别是自然事物的变化，这种史诗的内容和表现方式特别适宜于东方的一些自然宗教，例如，印度诗最擅长描绘世界起源以及在世界中起作用的各种力量，想象出和描绘出的往往是离奇怪诞的神话。

神谱也有些类似情况。要使神谱获得正当地位，须有两个条件：第一，多种多样的神不应专以自然生活为他们威力和创造力的主要内容而排除其他；第二，不能用独一的思想和精神去创造世界，抱着妒忌的一神论态度，而容不下其他神。流传下来的赫西俄德的《神谱》就是这种史诗观念形式的范例，其中凡所发生的事都采取人类事迹的形式。但这种史诗（神谱）还缺乏诗所应有的圆满刻画，这种史诗的内容在本质上还不能提供一个本身完满的整体的观念，因为它在本质上还缺乏真正的人类的现实生活，只有这种现实生活才能提供真正具体的材料去表现神的统治。因此史诗如果要获得完满的形式，必须克服这种缺点。

正式的史诗

真正史诗的内容却须把具体的精神意蕴体现于具有个性的形象中。所以一种民族精神的全部世界观和客观存在，经过由它本身对象化的具体形象，即实际发生的事迹，就形成了正式史诗的内容和形式。史诗像其他诗作一样，也须构成一个本身完满的有机整体，只是它的进展却保持着客观的平静，便于我们能对个别细节以及生动现实的图景发生兴趣。

作为一种原始整体，史诗就是一个民族的"传奇故事"或"圣经"。每一个伟大的民族都有这样绝对原始的故事来表现全民族的原始精神。从这个意义上说，史诗简直就是一个民族所特有的意识基础。例如《旧约》固然包含许多传说故事、实在的历史乃至一些零星的诗歌，但就整体来说，却不能算是一部艺术作品。《新约》和《古兰经》同样局限于宗教生活，这些民族的宗教之外的生活是宗教生活的后来的结果。印度的诗剧或是索福克勒斯的悲剧就不能像《罗摩衍那》和《摩诃婆罗多》两部史诗或是《伊利亚特》和《奥德赛》那样显示出民族精神的全貌。

正式的史诗既然第一次以诗的形式表现一个民族朴素的意识，它在本质上就应属于这样一个中间时代——一方面，一个民族已从混沌状态中觉醒过来，精神上已有力量去创造自己的世界，而且感到能自由自在地生活在这种世界里；另一方面，凡是到后来成为固定的宗教教条或政治道德的法律都只是流动的思想信仰，民族信仰和个人信仰还未分裂，意志和情感也还未分裂。但我们不能因此就认为一个民族在他们的英雄时代即史诗的摇篮期，就已用诗来描述自己的艺术了。因为一个在实际生活上已具有诗的性质的民族是一回事，而对诗的材料有意识且有艺术本质表现的，却是另一回事。对世界进行描述的要求，即艺术的形成，必然要比自由自在地直接享受诗的生活的精神出现得较晚。荷马和传说出于荷马之手的诗篇要比所歌咏的特洛伊战争晚几百年。特洛伊战争是一件实际发生过的事，正如荷马确实是个历史人物一样。奥森（假如用他的名字流传下来的那些诗歌真正是他写的话）也是歌颂过去的一个英雄时代的，这个英雄时代已沉没的光辉使人感到有必要用诗的形式来表现和纪念它。

另外，牵涉到诗人在正式史诗中所应处的地位问题。尽管诗人自己的观念方式还接近这个世界并使之与其等同起来，描述这个世界的艺术作品却仍然是他个人的一部自由创作作品。关于这点，我们可以回忆希罗多德曾说过的一句话：荷马和赫西俄德替希腊人创造了神。希罗多德称赞这两位大史诗作者所具有的这种自由创造的胆量便说明史诗在一个民族中必然是古老的，它所描述的却不是最古老的情况。真正的史诗作者在创作上享有自由和独立，他们对所描述的世界，从在个人内心中起作用的那些普遍力量、情欲和旨趣到一切外在事物，都要了如指掌。例如荷马在描述他的史诗世界时就极为亲切，如道家常，对旁人亲切，对我们也就亲切，因为我们从这里看到真实情况，看到生活在那个史诗世界里而感到自在的精神，诗人自己和他的全副心思及精神都显现在诗里，这使我们更加心情舒畅。

为了显出整部史诗的客观性，诗人作为主体必须从所写对象退到后台。例如在《伊利亚特》这部史诗里叙述事迹的有时是一位卡尔克斯，有时是一位涅斯特，但真正的叙述者还是诗人自己。就连人物角色的内心变化诗人也往往借神来加以客观描述，例如阿喀琉斯发怒时，雅典娜女神就出现在他面前，劝他息怒，保持镇静。这是诗人的臆造，但所叙述的却是客观事实而不是诗人自己的内心世界，所以创作主体的因素应完全退到后台，正如诗人也不应在他展示给我们看的那个世界里露面一样。从这一观点来看，伟大的史诗风格特征就在于作品仿佛是在自己歌唱，自己出现，无需作家在那里牵线。

尽管一个时代和一个民族的精神是对史诗的实体性起作用的根源，但要使这种精神实现于艺术作品，毕竟要由一个诗人凭他的天才把它集中把握，使这种精神的内蕴渗透到他的意识里。这种完整的作品只有从某一个人的精神中才能产生出来，这一点对于荷马史诗乃至于《尼伯龙根之歌》〔是一部用中古高地德语写的英雄史诗。现存版本是13世纪前半叶日耳曼（今奥地利）一位无名骑士所写。全诗分上下两部，共39歌，2379节，9516行。其内容源于民族大迁移后期匈奴人和勃艮第人斗争的史实，其中人物都是从大量民间传说英雄中提炼而来，是中世纪德语文学中流传最广、影响最大的作品。有32种手抄本，其中10种完整地保留至今〕的认识都极为重要。关于《伊利亚特》和《奥德赛》却有一种众所周知的意见，认为实际上并没有荷马这样一个人作出这两部史诗的全体，而是先由一些个别的作者作出其中一些个别的部分，然后由荷马结集为两部大著作。

史诗的发展

全部史诗艺术，特别是正式史诗，大致分为三个重要的发展阶段：一、东方史诗，其中心是象征型的；二、希腊古典史诗以及罗马人对希腊史诗的模仿；三、基督教各民族的半史诗半传奇故事式诗歌的丰富发展。既然这里要提及部分史诗作品，我们便挑出一些最具代表性的作品予以大致叙述。

东方的史诗

我们在东方诗里所碰到的最本质的东西，除掉一些优美动人的抒情诗以及歌颂不可言说的唯一的神的诗以外，就只有一些可列入史诗类的诗篇。中国人没有民族史诗，因为他们的观照方式基本是散文性的，这对史诗的发展造成了障碍。印度史诗却向我们展示一个与中国完全不同的世界。印度的最早的宗教观念就已包含了一种可供史诗描述的肥沃的神话内核。特别是《罗摩衍那》和《摩诃婆罗多》这两部最著名的史诗将印度的世界观展现得很辉煌壮丽，充满着错综复杂、变化无常、荒诞无稽的幻想，另一方面却也有些痛饮狂欢的动人美景，显出情感和思想的具有个性的优美特征，这一切使精神界具有植物界的蓬勃生气。

希伯来、阿拉伯和波斯可以列入东方史诗的第三个体系。在创世的观念、长老的传记、埃及沙漠中的流亡、迦南的征服以及后来民族事业的发展，加上生动鲜明的直觉力和忠于自然的掌握方式，固然向犹太人崇高的想象力提供了许多原始史诗所需要的因素，但宗教的旨趣在犹太人中间压倒了一切，所以他们所成就的不是真正的史诗，而只是一些半宗教半诗艺的传说故事和历史以及一些带有宗教教训的故事。

阿拉伯人一开始就显出诗才，而且很早就有从事写作的诗人。抒情而兼叙事的英雄歌集《牟尔拉卡特》［又名《珍珠链》，是阿拉伯民族最早的史诗］显示阿拉伯人还处在异教时期的原始情况，他们的史诗在历史的发展过程中出现一些教训式的寓言及表现清醒、智慧的格言，如《天方夜谭》之类的神奇故事以及哈里里［1054—1122年，阿拉伯诗人，代表作《玛卡梅》，原意为"会谈"，其中包含五十个故事，据说是由一位在十字军东征中的受难者所谈的。大部分是散文形式，偶尔有韵］的《玛卡梅》之类的冒险故事。

与阿拉伯相反，波斯的繁荣却出现在伊斯兰教已把波斯语言和民族生活加以改革而形成一种新的文化教养的时期。在这一时期的初期，我们就已看到一部史诗，这部鸿篇巨制的作者是吐斯地区一个园丁菲尔都什，诗的名字为《夏拿默》，是仿效《巴斯塔拿默》的。但这部诗还不能算是正式的史诗，因为它没有一个完整的动作情节作为中心。身为伊斯兰教徒，诗人在处理题材方面是够自由的，正是这种自由使作品缺乏原始阿拉伯史诗所应具有的轮廓鲜明的有个性的人物。在后来的发展过程中，波斯的史诗艺术扩展成为一些变种，例如使尼沙米享盛名的高度柔和深挚的爱情史诗，沙地所擅长的根据实际生活经验的教训诗，以及后来泛神论和神秘主义的信徒鲁米所宣扬的那种故事诗和传说演义。

罗马的古典型史诗

希腊人和罗马人的诗艺初次将我们带入了真正史诗的艺术世界。在荷马史诗里我们却第一次看到诗所写的世界很巧妙地融入在家庭、国家和宗教信仰的普遍伦理生活基础与人物的个性和目的之间，维持恰到好处的平衡。荷马以后的纪事本末派的诗人们逐渐离开了这种真正的史诗表现方式，他们一方面把民族世界观的整体打得七零八落，另一方面又不注意诗的整一性和每一动作情节的独立自足性，而专心致力于将事迹本末从头说到尾，或是以某一人物为中心来取得统一性，从而导致用速写法写历史著作的倾向。

最后，亚历山大时期以后的希腊史诗回到了较窄狭的牧歌体，使真正的史诗日益丧失原始史诗的朴素和新鲜的生气。希腊史诗末日的这些特征变成了罗马史诗的主导因素。像荷马史诗那样的民族圣经在罗马已找不到了，维吉尔的《埃涅阿斯纪》是罗马史诗的最好范例。此外很早就出现过一些历史诗和教科诗，都只能证明罗马所发展的诗种已成半散文性了。

浪漫型史诗

在这种情况下，只有通过新民族的形成，用新民族的世界观和宗教信仰以及其动作情节和结局，才能对史诗灌注一种元气和精神。日耳曼民族和罗马民族就是这种新兴民族，在后来的发展阶段中，基督教的世界观和现实情况日益得到多方面的发展，他们的影响也愈来愈大。我只能就几个主要倾向提出以下要点：

它们大部分是由基督教以前时期通过各新兴民族口述传下来的，遭到一些损坏。《奥森的诗》的年代不能确定，但很可能上溯到一千年到一千五百年以前，所叙述的是过去发生过的事，描绘出一个刚消逝的、最年轻的世界以及其中的英雄人物、爱情遭遇、事业、海上和陆地上的远征、战争的成败、命运和灭亡。这些描述都是史诗性的、真实的。尽管穿插了一些抒情的语调，那也正如荷马让他的英雄们为阿喀琉斯、奥德修斯、第阿默特等人谈他们自己的事迹和遭遇时也偶尔用抒情的语调一样。尽管心情在整个民族实际生活的精神方面也起着深刻的作用，却仍远不如在荷马史诗里那样动人，特别是缺乏人物形象的坚实性和鲜明性。

在中世纪基督教史诗里，首先应注意的是没有直接受到古代文学和文化影响的那些表现中世纪新鲜精神和已经巩固的天主教的作品。这方面首先应提到《熙德》。中世纪西班牙民族英雄主义的这朵鲜花开始以史诗的形式表现于《熙德的诗》，整篇诗都是写骑士的，表达了西班牙民族的心情和精神，该史诗内容丰富、兴趣广泛，涉及爱情、荣誉、家族自尊感以及国王在基督教反抗伊斯兰教的斗争中的统治权。这些题材都是富于史诗意味而且具有造型艺术色彩的。这些传奇故事尽管是零散的，但在基本类型上却是史诗。

第二个主要因素是中世纪的宗教诗，其内容涉及基督、圣母、使徒、圣徒和殉教者的传记以及最后审判之类。如但丁的《神曲》是这一领域中最纯真、内容最丰富、表现中世纪天主教特色这一伟大题材的最伟大的史诗。它的对象不是某一个特殊事迹，而是永恒的动作、绝对的目的和显现于不朽事迹的上帝的慈爱。它的场所是地狱、净界和天堂、人类的行动和遭遇的世界，特别是个别人物的行动和命运，都沉没在这个永恒不变的客观存在中。在一切事物的这种终极目的和伟大目标的面前，一切个别特殊的旨趣和目的都消逝了，但同时这生动的世界中一切本来可消逝的变幻无常的事物却以史诗的形式转化为客观存在，牢固地建立在最内在的原则上面，它的价值存在与否，都凭最高概念或上帝的审判来决定。

中世纪史诗的第三个领域是表现骑士风的作品，它们用的是爱情奇遇和保全荣誉之类世俗生活中的浪漫性的内容，同时带有宗教的目的，即基督教骑士阶层的神秘主义。这类史诗的第一个体系的主要形象是由查理大帝及其臣僚抵抗撒克逊人和异教徒的战争提供的，其次是13世纪在法国北部特别盛行的比较抽象的更近于散文的长篇寓意诗，如《蔷薇传奇》。这类诗的最后一个体系的作者们对荷马和维吉尔的史诗以及古代传说和历史较熟悉，接受了古代的影响，用骑士史诗的表现方式去歌唱特洛伊英雄们的战功，埃涅阿斯建立罗马的经过以及亚历山大东征的奇遇。

浪漫型史诗的第三类出发点是对古代文学渊博而影响深远的研究所培养起来的一种新文化修养和较纯真的艺术趣味。从一方面来看，进步的时代意识必然倾向于以嘲笑的态度去对待中世纪的那些离奇的冒险事迹，塞万提斯用比较深刻的传奇故事把骑士制度看成过去，除非孤立生活的幻想和离奇的疯狂才会企图使它在近代散文式的现实生活中复活过来。塔索是另一种倾向的著名的代表，从他的《耶路撒冷的解放》里我们可以看出他和阿里奥斯陀的差别在于他用的题材是基督教骑士阶层要解放基督墓地这一共同的伟大目的以及十字军东征的胜利。但尽管如此，这部史诗却很缺乏民族圣书所必有的原始纯朴，它不像荷马和一切真正的史诗那样找到恰当的语言来表现全民族的事迹。它是一部人工造作的诗，一种以诗的方式制造出来的事迹，首先要满足的是美的艺术修养。类似的还有卡曼希的《露西阿德》，这部作品的题材完全是民族性的，它所歌颂的是葡萄牙人英勇的航海事迹，但它已脱离了真正的中世纪而转到标志着新时代的旨趣。

若是我们要在最近时期去寻找真正的史诗描述，那就只能在正式史诗的范围以外去寻找了。因为整个现代世界受到了散文形式的支配，与我们对史诗所要求的条件完全背道而驰。因此，史诗已脱离了近代各民族的巨大事迹，而逃到乡村和小城市的家庭生活中去寻找材料了。于是史诗变成了田园生活的史诗。如浮斯的《路易斯》，特别是歌德的《赫尔曼和多罗蒂亚》，正是这种田园生活的史诗最近的例子。

抒情诗

诗的想象，作为诗创作的活动，不同于造型艺术的想象。造型艺术要按照事物的实在外表形状将事物本身展现在我们面前。诗却不同，尽管它对实在外表形状也须加以艺术处理，它只是使人体会到对事物的内心观照。从诗创作这种一般方式来看，在诗中起主导作用的是这种精神活动的主体性，即使在进行鲜明描绘中也是如此。史诗与造型艺术是较为接近的，无论它表现出是对象的实体性和普遍性还是生动的现象，诗人在他所创造的客观性的作品里都要消失掉或是不露面，至少完美的史诗是这样的。

借助于文字，将充实在内心最亲切的东西表现出来。这时心灵就从对象的客观现象转回来沉浸到心灵本身，观照它自己的意识，使内心成为描述的对象。所以诗的目标不在于表现事物的面貌，而在于事物的实际情况在主体心情的反映。

此外，诗还有一个更高的任务——不仅要使心灵从情感中解放出来，还要在情感本身里获得解放。

与史诗相反，情诗的情景从来不会是普遍的整个的客观世界，而是个别的特殊的情境和对象。当诗人面临外在事物时，把事物在他心中引起的情感和判断：喜悦、惊羡和苦痛之类表现出来。稍纵即逝的情调，内心的欢呼，闪电似的无忧无虑的谑浪笑傲，怅惘、愁怨和哀叹，总之，情感生活的全部浓淡色调，瞬息万变的动态或是由不同的对象所引起的零星的飘忽的感想，都可以被抒情诗凝定下来，通过表现而变成耐久的艺术作品。

史诗是将民族精神的整体及其各种实际现象都纳入同一部作品中，抒情诗却只涉及这一整体的某一特殊方面，不能像史诗那样包罗万象。正式史诗只能出现于原始时代，而抒情诗却在民族发展的任何阶段都可以出现。在内容方面，它可以涉及民族生活的各个方面，也可以描述故事。其中最简单的形式便是传奇故事诗。这种故事诗把一件事迹分成若干景，对每一景都附上一首短诗略述其中要点并表现出诗人的心情。

事实上，真正的抒情诗人是生活在他的自我里，按照他诗性的个性去掌握他的内心世界与外在世界的情况、纠纷和命运以及内外之间错综复杂的关系。

比如席勒的《钟的歌声》一诗，用铸钟的工作程序作为全诗发展过程的基本支柱，使铸钟的阶段和诗的发展阶段平行前进，联系到相应的情感流露以及各种关于生活的感想和人类情况的描绘。

其次，抒情诗人在作应景诗时还完全保持着自己的自由。因为他的真正对象不是单纯的外在机缘，而是他自己的内心生活。所以他只有凭借自己特殊的意图和诗的心情，来抉择对象的某些方面和某种进展程序。

总之，我认为，抒情诗的基本特点在于主体心灵观照外界事物所引起的心灵本身的观感和情感，既不同于接近造型艺术的史诗持纯粹客观态度描述对象的外在形状，也不同于戏剧体诗虽也依据人物的主体性格，却使主体性格表现于实践性的动作，造成事迹。抒情诗所依据的是主体性原则。主体反躬内视，察觉了原本混沌一团的朦胧情感和观感，因而用诗的语言将它表现出来。这样就使心灵从情感的压力下解放出来，感到舒畅，"处于自由独立、心满意足的自觉状态"。

外在的机缘只是触发点，是诗人掌握世界的起点，但它并不是主要的中心。

另一种情况是，真正的抒情诗人并无须从外在事件出发，满怀热情地去叙述它，也无须用其他真实环境和机缘去激发情感，因为他自己就是一个主体的完满自足的世界。所以无论是作诗的推动力还是诗的内容都可从他自己身上去找寻。抒情诗人不像史诗作者那样须用素不相识的英雄及其事业作为诗的内容，而是凭内心世界成就了一部部艺术作品。

当然，在抒情诗里也需要叙事的因素，一般说来，诗人表现自己所用的情境也不应局限于单纯的内心活动，而应该是具体的，因而也应显示出外在的整体。例如在之前我们已经提到的享乐派诗人的诗集里，诗人把自己描写为处在蔷薇花和美女俊童中饮酒跳舞，尽情享受欢乐的生活，无忧无虑，就像一位毫无牵挂的英雄，根本不知局限和欠缺为何事。其实诗人本人就是这样的人，他就是一件地道的表现主体的艺术作品。

综上所述，抒情诗的内容不是史诗所表现的某一时代、某一民族的全部情况，而是诗创作主体的内心活动。因此抒情诗与史诗的一个基本区别在于，史诗所依据的是客观原则，而抒情诗所依据的是向特殊分化的主体原则，抒情诗所表现的是诗人自己。但特殊总是与一般结合，个人的观感和情感可以反映带有普遍意义的世界观和人生观。

抒情诗人

只要谁能歌能诗，谁就有唱歌作诗的天职，就应该咏歌作诗。抒情诗人还有其他作诗的根源，例如应人邀请。但是伟大的诗人在这种场合会毫不迟疑地离开本题而表现他自己。如品达 ［或译品达罗斯（约前522或518—前442或438年），有"抒情诗人之魁"之称，是古希腊最伟大的抒情诗人。会吹笛和弹竖琴，精通诗歌格律，曾遍游希腊各大城市］ 就常常被邀请去歌颂竞赛中的锦标手，还为此得到润笔费，可是他怎么写呢？他以歌者的身份设身处地，歌颂英雄，凭借想象自由地飞翔，歌颂起先代人物来，回忆起古代的神话来，谈起自己对于人生、财富、权力以及一切值得敬重的伟大事物，谈起女诗神们的庄严优美来，谈起诗人自己的尊严来。这样，品达表面上是为锦标手而写，是为传播他的声誉，实际上他是要人倾听他自己。

在品达的颂诗中，那些英雄不过是些空洞的姓名，而歌唱自己，替自己博得声誉的品达仍是一个令人难忘的诗人，至于那些英雄，只是凭借诗人而得名罢了。

在这种突出中，更显出了诗人心灵的伟大。荷马在他的史诗里，总是将自己隐藏起来，所以后人不断考证，竟然认定这是一个不存在的人。但不管怎样，他所歌颂的英雄们却永远活在世人心里，成为不朽的传奇。

据哈菲兹〔波斯诗人，著有《胡床集》，歌德的《西东胡床集》是在其影响之下写成的〕的记载，雅典人曾替品达塑过一座雕像，以酬谢他在一首诗里对雅典人的赞扬。此外，品达此前也因为过分颂扬过外邦而被底比斯人处罚，雅典人则送给这位诗人以两倍于罚款的酬金。据说文艺神阿波罗就通过德尔斐女巫之口说过，品达所得到的礼物应相当于全希腊送给德尔斐宗教典礼的游艺会的一半。

在罗马人中间，也还有一部分抒情诗人保持着这种独立地位。奥古斯都大帝曾写信给贺拉斯说："你难道不怕后世人责备你和我好像有过交谊吗？"但是贺拉斯除了他"由于职务关系"而写的恭维奥古斯都的话以外，他的大部分诗歌描写还是很快地离开奥古斯都而回到他自己。例如他的第十四首颂诗从歌颂奥古斯都战败康塔布勒部落后凯旋开始，下文大部分都只歌颂奥古斯都给世界带来和平，使诗人自己能安安静静地享受闲散生活，从事诗歌创作。

克洛普斯托克也有可尊敬的特点。他在当时还感觉到歌师的独立尊严。他认为诗人不应做宫廷诗人，不应做某个人的诗人，如果浪费时间去帮闲听差遣，就会把一个人毁掉。他说到也做到了，但是他终不免做了出版商的诗人。哈勒市出版商人付给他的《救世主》的稿费是每页两元德国银币，外送他一件背心和一条裤子。

抒情诗人不得不用诗的方式把他的心情和意识中的一切熔铸成形，表达于歌词中。这里应该特别提到歌德。他在丰富多彩的生活中始终保持诗人身份，从此也可以看出他高尚的人格。很难想象出像他那样的人，那样积极关心一切事物和每个方面，尽管兴趣这样广泛，却始终独立自在地生活着，并把他所接触到的一切都转化为诗的观照。他的外表生活，他在日常生活情境中心胸既坦白而又沉默的特点，他的科学活动和研究成果，他那修养深厚的实践精神所产生的一些经验之谈，他的伦理格言，错综复杂的时代动态给他留下来的印象以及他所得到的结论，少年时代的热情和勇气，壮年时代的修养成就的魄力和内心的优美，老年时代的包罗万象，心旷神怡的智慧——这一切都流露于他的抒情诗之中。在这些诗里他既表现出游戏人间的最轻松愉快的心情，也表现出精神上最严峻最痛苦的冲突，通过表现从而使他自这些冲突中得到解放。

由此可见，对于一位诗人而言，文化修养和熟练技巧是必需的。

恋人　布面油画　1928年　美国纽约现代美术馆藏

雷尼·马格利特（Rene Magritte，1898—1967年）

  比利时画家。马格利特不受流行技巧影响，只专注于创作奇幻的、充满特殊构想的形象。他的作品里总是浮现着死寂，其隐含的观点充满政治与哲学的理性意味。他的绘画造形准确，笔触细腻而完美，多数题材取自日常生活，从这一角度看，他基本上是以"写实"为基础的，但他的写实又只是达到目的的一种手段。

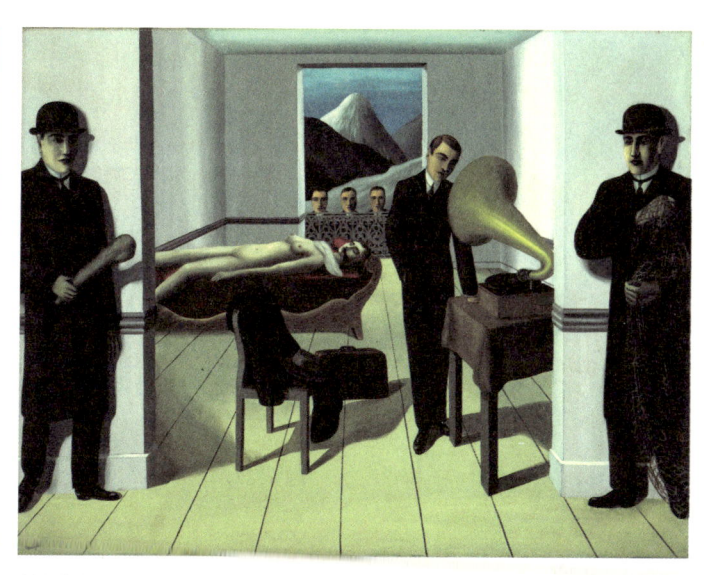

第三卷 各门艺术的体系·第五章 诗歌篇 | 417

刺客的威胁　布面油画　1927年　美国纽约现代美术馆藏

伟大的战争
布面油画　1964年　私人收藏

影响人类文明进程的文化与科学巨著

接近青春期和七巨头　水粉画　1921年　私人收藏

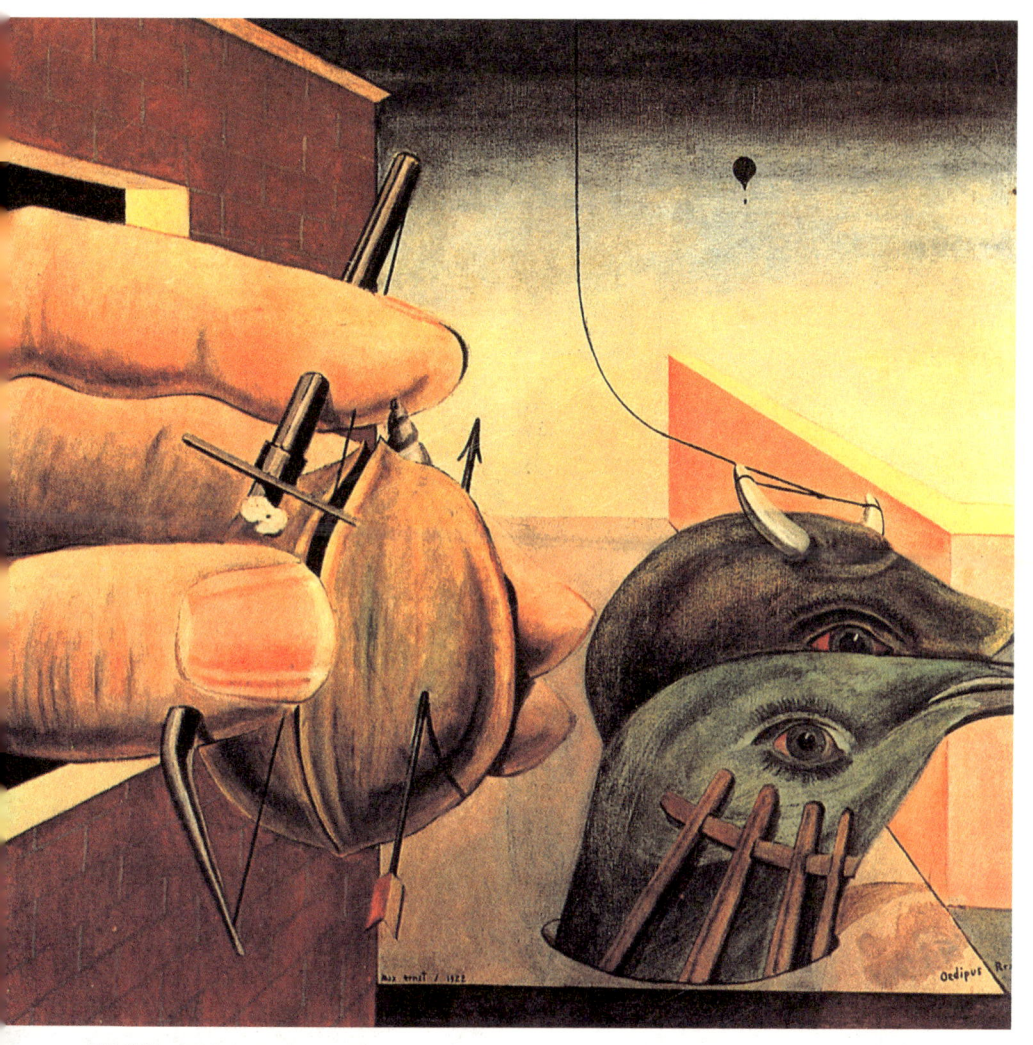

俄狄浦斯　布面油画　1922年　私人收藏

马克斯·恩斯特 （Max Ernst，1891—1976年）

德裔法国画家。他在达达运动和超现实主义艺术中均居于主导地位。他作品丰富却又有着漫无边际的想象力，展现了世界的荒诞之感。他汲取日耳曼浪漫主义和虚幻艺术的特质，为自己的绘画营造了梦幻般的超现实诗情。他是一位不知疲倦的艺术发明家，他一直在试图更新自己的表现手法，他运用拼贴画、摩擦法、拓印法和刮擦法，以创造一个缤纷多变的虚幻世界。他被誉为极具颠覆性的创新艺术家。

喧嚣　布面油画　1970年

胡安·米罗（Joan Miró，1893—1983年）

西班牙画家。米罗的艺术是自由而抒情的。在他的作品中，往往没有什么明确具体的形，只有一些线条、一些形的胚胎、一些类似于儿童涂鸦期的不经意的形状。画作的颜色非常简单，红、黄、绿、蓝、黑、白在画面上被平涂成一个个的色块。他的画永远只有自由、轻快与无拘无束。

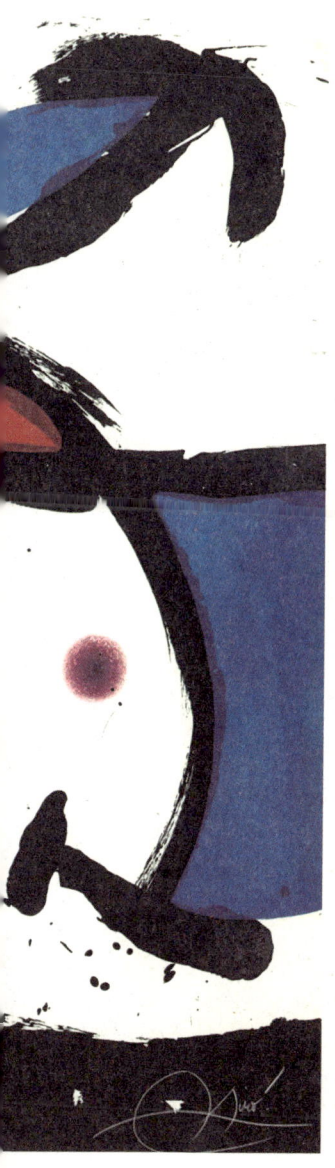

第三卷 各门艺术的体系 · 第五章 诗歌篇 | 421

展翅的微笑　水彩版画　1954年　西班牙马德里普拉多博物馆藏

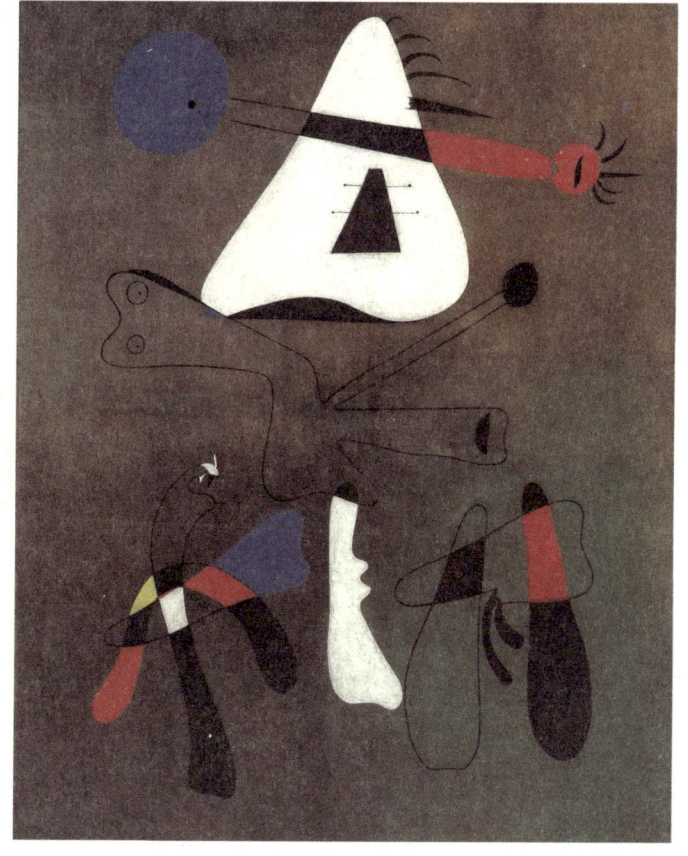

绘画
布面油画　1933年　私人收藏

影响人类文明进程的文化与科学巨著

生日　布面油画　1915年　美国纽约现代美术馆藏

马克·夏加尔（Marc Chagall，1887—1985年）

　　白俄罗斯裔法国画家。他的绘画依靠的是内在诗意力量，而非绘画逻辑把来自个人经验意象与形式上的象征和美学因素结合在一起。他的画中呈现出梦幻、象征性的意境，色彩鲜艳，别具一格。夏加尔擅长把犹太民间传说融入作品，并从自然界天真朴实的形象中汲取素材。

我和村庄 布面油画 1911年 美国纽约现代美术馆藏

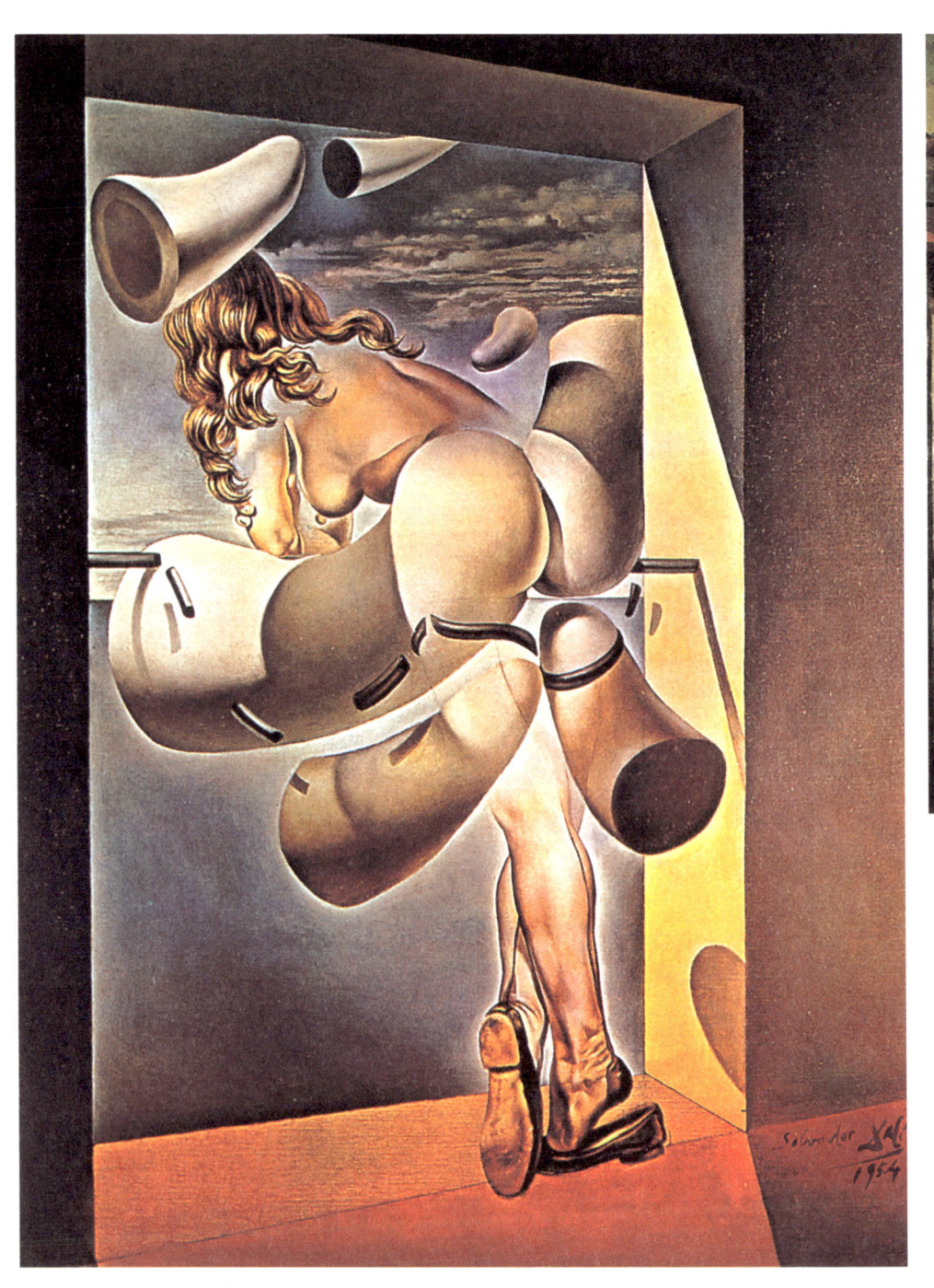

被自己的贞操强奸了的年轻少女　布面油画　1954年　私人收藏

从背后看坐着的少女　布面油画　1925年　　站在窗前的女孩　木板油画　1926年　西班牙马德里当代艺术博物馆藏

萨尔瓦多·达利 （Salvador Dali，1904—1989年）

　　西班牙画家，因其超现实主义作品而闻名。达利承认自己表现了一种"由弗洛伊德所揭示的个人的梦境与幻觉"。为了寻找这种超现实幻觉，他像弗洛伊德一样，探索精神病患者的意识，了解他们的言论与行动。这对于超现实主义画家来说，是至为珍贵的素材。因此，达利的许多作品，总是把具体的细节描绘和任意的夸张、变形、省略与象征等手段结合使用，创造一种介于现实与臆想、具体与抽象之间的"超现实境界"。他的画，人们既能看清细节，又从整体上感到荒谬可怖、违反逻辑、怪诞神秘。这种"潜意识"的场景，其实都是画家"构思"出来的，根本不是什么潜意识或下意识的感情表达。达利喜欢描绘梦中的景象，以一种稀奇古怪、不合情理的方式，将普通物像扭曲或者变形。他对这些物像的描绘精细入微，几乎达到毫发不差的逼真程度，通常将它们放在十分荒凉但阳光明媚的风景里。他的奇思怪想源自生命中难以捕捉的素材，如性、死亡和变态。他惯用不合逻辑的并列事物的方法，将情感激发产生的灵感，转变为创作过程，将自己内心的荒诞、怪异融入外在世界，将人们熟悉的东西扭曲变形，再以精细的写实技巧加以确定，使幻想具有真实性。

面部幻影和水果盘　布面油画　1938年　美国康州哈特福德沃兹沃斯艺术协会藏

十字架上的基督　布面油画　1951年　英国格拉斯哥现代艺术美术馆藏

少女与白狗　布面油彩　1951—1952年　伦敦泰特美术馆藏

卢西安·弗洛伊德 （Lucian Freud，1922—2011年）

　　英国表现主义画家。人体是弗洛伊德一生探寻和表现的主题，在他的画作中，各种体态的男人和女人一丝不挂地躺在或睡在其工作室的沙发上或床上，充满了不安的神秘气质。在他的作品中看不到世俗意义上的美，而代之真实的下垂的眼袋、肥胖臃肿的身躯、布满皱纹的皮肤。弗洛伊德的艺术总是充满视觉挑衅性，但是这种挑衅并不直接针对大众规范或主流趣味。相反，在这种挑衅的背后，我们却能看到它最为隐秘的深层语义。弗洛伊德认为，人不穿衣服时才最自由；在他创作时，他看到的对象不是一个生物学意义的人体，而是每个部位都有明确表情的生命体。他对自己的画作有这样的要求："我不希望别人在我的画中只看到画面的色彩，我希望人们看到的是我的生命的色彩。"

第三卷 各门艺术的体系・第五章 诗歌篇 | 429

波利、巴尼和克里斯托弗・布拉莫姆　布面油画　1990—1991年

冗睡的救济金管理员
95年　油画　私人收藏

影响人类文明进程的文化与科学巨著

抒情诗的种类

颂神诗

主体不再为个人的特殊情感所束缚，而把自己沉没在对一神或多神的观照里。神的伟大和威力渗透了他的整个心灵，使他作为个别主体的存在都消失殆尽。属于这一类的有颂圣诗、酒神颂歌、阿波罗神赞歌和《旧约》中的《诗篇》。

在颂圣诗中，诗人把自己提高到超出他自己的内心世界和外在世界的情况和情境以及涉及这两方面的一切观念，把他个人和他的民族奉为绝对神圣的东西作为对象，首先替它塑造出一个客观的形象，将这个供内心观照而铸成的形象摆在读者眼前，来歌颂神的威力和光荣。

与此相反，抒情性较强的是酒神颂歌，这是人在敬神典礼中的一种奋发飞扬的激昂情绪，人被酒神的威力所震慑，处于神魂颠倒的状态，以至于不能把迷离恍惚的心情表现于客观的形象，而只停留在迷醉狂欢的状态。主体从本身中跳脱出来，一直跳上绝对（神），浑身渗透了神的本质和威力，于是唱出激昂的歌调来颂扬他所沉没那个无限（神），以及神所显现的华严的现象世界。

颂体诗

颂体诗以诗人自己的主体为目的。与颂神诗不同，诗人所表现的正是诗人自己的主体性及其伟大的东西。他惨淡经营，力图借对象来表现自己。凭借这种独立自由的地位，他任自己的情感思想打断主题的客观发展进程，从主体的观点去阐明它，乃至改造它。这样，占统治地位的并不是主体内容，而是主体内容所充实和激发的主体的激昂情绪。这里有两种不同的甚至相反的因素，即内容的鼓舞力量和主体的诗艺自由，后者对前者进行斗争，要控制前者。这种矛盾对立的压力主要表现于词语的生硬勉强，内在结构和发展进程的崎岖突兀、毫无规则、突然的转折之类毛病。同时这种压力也显示出诗人的内在的高度诗艺本领，凭这副本领他用艺术的完美去消除上述矛盾对立，创造出一个本身完整的整体，作为他的作品，这就显出他比他的物件更伟大。在这种激昂振奋的抒情诗之中，最杰出的是品达的颂体诗，其中昂扬的内在和庄严表现，变化多端却仍有规则的节奏。

另一方面是第二种表现方式，其中内容本身不一定要有重大意义，诗人却可以凭自己的个性而获得重大意义，赋予他用来作诗的微不足道的内容对象以高贵和尊严的旨趣。贺拉斯的许多颂体诗就属于这一种，克洛普斯托克和其他诗人也是站在这个立足点上的。在这一种颂体诗里诗人所努力争取的并不是内容的意义，而是把外在机缘和平常琐事等等中本身没有意义的东西提升到能使他自己感到自己和表现自己的高度。

表现体

抒情诗这个领域的第三个发展阶段是以表现方式为特征的，在近代德国人中突出地显示出这个特征的是席勒。他的大多数抒情诗，例如《恬退》《理想》《阴魂之国》《艺术家》《理想与生活》等等既不是本来意义的歌，也不是古代人所理解的颂体诗、书信体诗、十四行体诗或挽歌体诗。它们的特点主要在于内容具有宏伟的基本思想，诗人既没被这种内容弄得神魂颠倒，像古代酒神颂歌所表现的那样，也没有受激昂情绪的压迫并和他伟大的对象进行搏斗，而始终是这种内容的绝对主宰，从各方面把它充分展现出来，显出他所特有的诗的思索、昂扬的情感和全面的观察，以及他在运用意象高华而音调铿锵的词藻和既简单又动听的节奏和韵方面所显出的惊人的魄力。

诗与歌

在歌里，民族的特性和诗人的个性都可以充分展现出来。歌并不需要很多的内容，也不需要心灵的伟大崇高。不仅如此，尊严、高贵、思想丰富这些优点反而会妨碍它兴致的自然流露。宏伟的感想，深刻的思考以及崇高的情感都会迫使主体脱离他的直接个性以及兴趣和心情，而歌所要表现的正是这种直接的、亲切的、毫无拘束的哀乐情绪，所以每一个民族对本民族的歌都感到亲切有味。

如果歌大半用本身容易消逝的东西为内容，我们就绝不会设想一个民族在几百年乃至几千年之中都唱同样的老歌。一个多少已经开化的民族不会贫乏到只产生作歌词的诗人。歌与史诗不同，它永远不会消亡，而且不断获得新生。这个花园里的花卉逢季就更生。只有那些被压迫的割断前进机会的民族，才无力获得诗的更新的欢乐，才保持着那些古老的甚至更古老的歌。每一首歌就像每一种心情一样随生随灭，开始时使人感动和欣赏，接着就被人遗忘。举例来说，五十年前还是家喻户晓、人人喜闻乐见的歌，今天有谁还熟悉和歌唱呢？每个时代都重新调弦奏新歌，以前的歌调的声音就逐渐微弱以至于完全听不见了。只表现作者本人个性的歌毕竟比不上具有普遍意义的歌，因为后者的听众更广，打动的人更多，引起同情共鸣也更容易，会由众口流传下去。凡是当时不是一般人都歌唱的歌根本就很少是真正的艺术。

民歌，由于它的直接性——它主要还是站在歌的立足点上——大多数是可以歌唱的，甚至还用音乐伴奏。民歌有时保存住民族功勋和事迹的记忆，从这些功勋和事迹中，一个民族可以认识到本民族所特有的生活；它有时也表现不同社会阶层的情感和情境以及他们与自然界和附近亲邻的共同生活，所用的音调极其繁复，便于表现欢乐和愁苦的各种不同的情调。

与民歌相对的，是一种在文化已经相当发达情况下所产生的歌。这种歌为社交娱乐增添情调，多有滑稽戏谑、辞藻华丽的装点生活的形式，也有带着对自然和穷苦人的生活的敏感。在这类诗里，诗人首先应该摆脱私人的切身愿望和欲念，以认识性的自由态度把自己提高到能克服私人利害计较的高度。这方面，希腊享乐派诗人阿那克里安和波斯诗人哈菲兹就显出了自由优美的风趣。

抒情诗的发展

希腊和罗马的抒情诗

希腊和罗马的抒情诗，处于一种中间状态，它们的基本特征是古典型的个性。按照这一原则，抒情诗所表达的个人意识既没有消失于外在客观事物里，也没有提高到能超越自己，向一切被创造的事物发出"凡是有气息的都来赞美上帝啊"这种庄严的呼吁，也没有在欢乐地摆脱尘世事物的束缚之后，把自己沉浸到渗透一切和灌注生气于一切的那个"太一"里去。实际情况是私人把有普遍意义的东西当作他自己的精神实体，和它自由紧密地结合成一体，并将这种统一纳入自己诗的意识中。

希腊和罗马的抒情诗不仅与东方抒情诗有显著区别，也不同于浪漫型抒情诗。因为古典型抒情诗并没有将特殊具体的心情和情景深化到亲切的程度，而是把内心生活及其个别的情欲、观感和见解都清晰展现出来。所以，希腊罗马抒情诗就连在表现内心生活时也还是尽可能地保持着古典艺术中造型艺术的类型，并在人生观、处世哲学等方面提出尽管具有明显一般性，却仍不失为自由个人的独立见解和掌握方法。

起初，希腊抒情诗还带有史诗的色彩，沿用史诗的音律，不表现内心的激昂情绪。到了罗马时代，抒情诗的土壤逐渐肥沃。奥古斯都大帝时代，诗歌景象一派繁荣。当时，诗歌作为精神方面的认识活动得到弘扬，但学究气太重，只是一些熟练的翻译者和抄袭者的勾当，是一种勤学苦练和特殊文艺趣味的产品，而不是新鲜情感和有独创性的艺术构思的产品。如较晚的亚历山大城时期〔指亚历山大东征时在埃及建立的亚历山大城〕，与其说是进一步的独立发展，不如说只是一种学识的模仿。

尽管如此，罗马抒情诗也独立地表现出一般罗马人的特性和个别诗人的个性及精神。尤其在颂体诗、讽刺诗和挽歌体诗〔西方的挽歌并不是都用于送葬，这个名称主要从体裁形式着眼，有些类似词牌、曲牌〕这几种体裁上，确实达到了相当高的完美程度。这里也可以顺便提一下罗马以后的讽刺诗，它们对当时社会的腐败情况进行了尖锐的讽刺，诗人们痛骂现实，义愤填膺地劝人行善的教训很难归到真正的诗的行列里。然而，除了这种满腔义愤和抽象的劝世箴言外，诗人们对他们痛骂的现实并没有提出任何改善措施。

东方的抒情诗

第一，东方诗与西方诗最本质的差异在于——东方诗人没有个人主体独立与自由。正是这一独立与自由产生了西方浪漫主义诗歌。在东方诗中，主体意识完全沉浸在内容的外在个别对象里，所表现的就是这种不可分割的内外统一的情况和情境。独立自由的主体意识在诗人和诗歌身上无法找到一个稳固的支柱，从而否定了自己。在人类精神生活的对立面，即自然和人类生活中寻找和谐，在思想情感上努力去获得这种外在力量，却发现这些对它有时较消极，有时较自由，但总是可望而不可即。所以从形式方面看，我们在东方抒情诗里很少看到对事物和情境有独立见解的那种诗的表现方式，而多是对与思索无关的亲身体验的直接描述。因此主体所显出的不是反躬默省的内心状态，而是与外在事物和情境对立中对自己的否定。在这一点上东方抒情诗与西方浪漫诗不同，后者往往采取一种比较客观的语调，诗人不是将外在事物和情况表现为所想的那样，而是表现为它们本身原有的样子，这样，诗人就赋予它们一种独立的有灵魂的生命，例如哈菲兹有一次这样召唤："啊，来啊，夜莺从哈菲兹的心灵里又飞回到欢乐的玫瑰香中去啦。"

此外，这种抒情诗在使主体摆脱自己和自己的全部个性及特殊性后，使心灵进入一种原始的伸展状态，这样就很容易在漫无边际的领域中丧失自己，不能把它选为内容的对象明确表现出来，实际上内容本身就是一种无法表现的实体性的对象。因此，东方的，特别是希伯来、阿拉伯和波斯的抒情诗大体上都采取崇高的颂诗体。主体的想象力把被创造的世间事物的全部伟大、威力和光荣都豪奢地展现出来，就是为了使这种庄严世界消失在与上帝的庄严气象的对照中。另一个表现方式就是孜孜不倦地将世间一切美好的事物都织成一串珍贵的项链，去献给诗人眼中唯一有价值的对象（如一个国王或酉长，一个心爱的女子或是一家小酒店）。

最后，在这种诗里主要的表现形式是显喻、隐喻和意象。有时是由于主体还未达到内心生活的自由独立，就只能用比喻把自己和某一外在对象统一起来；有时是由于一般的实体性的东西还是抽象的，就不能形成一种明确的有个性的形象，所以单就主体而言，也只有用一些特殊的外界现象进行比喻，才能达到表现自己的目的。而这些对象之所以有价值，也就单凭它们多少能与诗人心中唯一的一个有意义的、值得赞颂的对象进行比拟的这点作用。但这种显喻、隐喻和意象虽然始终力求表现的内心生活有外在事物可凭依，毕竟不是所要表现的情感和对象本身，而只是一种由诗人主观臆造的，用来暗示情感和对象的表现方式。这里是抒情诗人用表现方式的自由来代替他所缺乏的具体的内在自由，而这种表现方式的自由从自发地无拘束地运用各种意象和比喻开始，可以逐渐发展到运用最妄诞的大胆和最敏捷的巧智去进行出人意表的新奇配搭。当然，在对东方抒情诗方面有卓越成就的个别民族之中，首先应该提到中国人，其次是印度人，第三是希伯来人，然后是阿拉伯人和波斯人。

浪漫型抒情诗

在这一时期，抒情诗变得尤为重要，以至于它的某些原则影响到了史诗。甚至在一些民族中真正的史诗因素也完全用叙事的抒情诗方式来处理，因而产生了一些很难断定应属于哪一诗种的作品。到晚期又影响了戏剧。其基本原因是：这些新兴民族没有历史英雄可以凭借，所以就转向关注主体，从主体出发。

无论日耳曼民族还是斯拉夫民族，他们都是从开始就挣扎摆脱了东方人沉浸在实体性和普遍性中的状态。而处于日耳曼人和斯拉夫人中间阶段的罗马民族则不同，虽然罗马的政治统治已经没落，但文化影响仍挥之不去。在罗马帝国征服的各个行省，不仅有罗马文化的残余，而且还有各方面都很完备的现成的社会情况。他们既然要适应这些已有的基础，就必须放弃他们的一部分原始性格。

德国的浪漫型诗歌

《救世主》的作者克洛普斯托克，这位诗人使得我们祖国的抒情诗在近代重新获得一次巨大的飞跃，他的功劳到现在还没得到足够的歌颂。他开辟了德国民族新艺术时代，他是个伟大的人物。

高特雪特［1700年—1766年，德国守旧派诗人和哲学家，崇拜法国的新古典主义，不久就成为莱辛与后来浪漫派的攻击对象］时代，是德国诗歌的灰暗时代，高特雪特派以他们僵化透顶的平庸风格把德国民族精神中仅存的一点高尚尊严都彻底冷却了。是克洛普斯托克拯救了这个时代，他以澎湃的激情和满怀使命的尊严把诗艺从毫无意义的高特雪特时代的影响之下解放出来。他满怀诗的使命尊严感，用精炼的尽管也是严峻的形式创造出一些诗篇。他的少年时代的颂体诗有一部分歌颂高尚的友谊，对他来说，崇高、坚贞而光荣的友谊就是灵魂的自豪对象和精神的庙宇。另一部分则歌颂真挚的爱情，但正是在这一部分中，有些诗简直可以看成散文。作为一个诗人，他迫切需要一种神话，一种本乡本土的神话，其中人物形象可以提供想象创造的现成的坚实基础。希腊的神不能充当德国的神，出于民族的自尊心，他企图复活关于奥丁与赫尔陀［前者是北欧神话中的最高尊神，后者是北欧神话中掌管和平与丰产的女神］之类古老的神话。希腊神话中那些神的形象比起奥丁和赫尔陀之类有着天渊之别，他们都被刻画得比较可爱、爽朗，显出大丈夫的自由而且变化多端。

另一方面他想到腓列德里希二世,也伤心地说他——

"看不到德国的诗艺在飞跃上升,

它的茁壮的树干有着坚牢的根,

它的枝叶向四面广布绿荫。"

他曾希望在德皇约瑟夫的统治下看到精神和诗艺的新纪元,但这个希望最终破灭了。最后,他在老年时对法国革命深表同情,这不能不算是他的光荣。一个民族撕毁了一切锁链,千载以来不正义的东西都被践踏在脚底下了,政治生活第一次要建筑在理性和正义的基础上了,他欢呼这个新的光明:

"我连在梦里也没见过的太阳睡醒了啊!

我祝福你,你照着我这老年人的头发,

照着我的生命力,我活了六十岁了,

愿这副精力继续健旺,因为正凭着它

我才活着看到今天啊!"

他向法国人说:

"宽容我吧,法兰西人(这个名称就是光荣),我曾苦劝过德国人逃开,我今天苦劝他们应追随,应模仿法国弟兄。"

当他看到美丽的自由曙光变成了血腥凶残的蹂躏自由的大白天,他的痛苦也同样激烈,但他并没有将痛苦表现于诗,而是表现出一种软弱无力的散文语言,因为在希望破灭之后,他在现实中已找不到什么更高的理想来医治创伤,他的心灵也提不出什么更高的理性要求了。

戏剧体诗

戏剧体诗的原则

戏剧中的人,用动作和说话来表达自己。通过情境、情欲和人物性格的冲突、动作和反动作来突现斗争、分裂和调解。观众看到的是,具体的人物和情景达到的抽象目的,这些目的,在显示剧中人和实现的互相影响互相制约的矛盾。

戏剧像一个齿轮联动的机器，要把来自内部的终极结果展现在眼前。

史诗和抒情诗的统一，是一个已经开化的民族生活的产品。也可以这么看，正是对史诗和抒情诗分裂的不满才诞生了戏剧。

只有到了更为发达的晚期，在那些单枪匹马的英雄出现后，并独立跃上生活层面，才有了戏剧产生的基础。

戏剧把史诗和抒情诗两方面的因素都结合在自己身上，一方面它要表现事件和它的发展，另一方面又要靠人物内心的活动来推动事件，使内心的意志和性格推动着事件的发展。在戏剧中，个人目的与他人和环境的冲突，是永恒不变的主题。

地点、时间和动作的整一性

法国人从古代悲剧和亚里士多德的哲学中演绎出一个规则：一个动作、一个情节，只能有几个不可更改的固定的地点。在时间的处理上面对这样的矛盾：想象时间是很容易的，无论它是多么长，一年、两年或者十年，一下就可以在头脑中形成。这与肉眼看东西不同，肉眼看东西，几年间看过的东西，却不能在一瞬间阅历遍。在戏剧的内容和冲突上还简单时，所占用的时间也最好紧凑些。但如果相反，有众多不同的人物参加的，需要先后隔开的情节，那就有必要遵守时间的统一性。

真正不可违背的规则是动作的统一性。在戏剧中，一个角色要实现自己的目的，就会与另一角色发生冲突和纠纷，挡在实现自己目的的道路上。每个角色的动作都要吻合各自的性格特色，同时冲突的矛盾又要得以解决，使对立的矛盾之间得到平衡。如喜剧的情节一般错综复杂，悲剧则紧凑，且情节发展多较单纯。但即使是在浪漫型的悲剧里，穿插事件和次要人物彼此之间的联系，也应该是清晰明了的。

戏剧体诗与其他诗的差别

戏剧体诗，不会有史诗那样的广度。因为戏剧本身不像史诗那样，描述了整个世界的情况。

史诗关注的是广阔世界的实际情况，而戏剧关注的更多是内心欲望的展现。后者便凝聚于一些单纯的情感、判断和决定之类。史诗常常把事件并列起来。戏剧则以现在时态进行叙述，把焦点放在情感和思想的展现上，而且由剧中人物亲口说出来。这其实是抒情诗的原则。

可以这样说，戏剧处在史诗的广泛延伸和抒情诗的集中紧凑之间。戏剧体诗与史诗的区别在于个别人物的主体因素在史诗里不起作用，而在戏剧里则起重要作用；之间的联系则是史诗和戏剧都必须表现客观的实体性因素。

阶段与停顿

就戏剧而言，新的起点应该在导致冲突的那个情境中，这个冲突在没有爆发前是潜在的，随着事件的进一步发展，才逐渐暴露出来。戏剧的结尾总使冲突与纠纷得以解决。在中部，那就是人物之间的互相冲突和斗争。在幕数上，一般每部戏剧分为三幕，第一幕出现冲突的苗头，第二幕是斗争的展开，第三幕则是矛盾的沸点与和解。这种自然划分从古代便已开始了。

合唱、独白、对话与音律

合唱、独白和对话也是戏剧的重要表现手段。在古代戏剧中已经形成，古代戏剧中的合唱在近代戏剧中由内心独白所代替。通过对话，人物各自的特殊状况就表现出来，这一斗争推动情节的发展。

关于音律，我提几点看法。在戏剧中使用的音律，最好是在六音步格与抒情诗之间。六音步格规则流畅，抒情诗崎岖突兀。抑扬格是比较好的，因为它是一种前进运动的节奏。如果要放慢步伐，就用抑扬格，要显得沉重时就用扬扬格，适合表达高尚的有节制的情绪。西班牙诗人常用的是四音步的扬抑格，错综复杂的前缀韵和脚韵，与不押韵结合，表现平静缓慢的气韵，也适宜表达丰富的想象和微妙的思辨。舒缓的节奏，对于缓慢事物的进展是协调一致的。

民族差异与普遍旨趣

一个民族共同的记忆与文化，是戏剧作品的一大基石，人类普遍的意趣在更大的尺度上提供了戏剧的广阔前景。这种差异性是明显的。

莎士比亚的戏剧，尽管也具有独特民族的特点，但普遍人类旨趣却始终充溢着他的作品。换言之，如果莎士比亚在某地不受欢迎，受到排斥，那么这地方一定充满了清规戒律，且有一群难以理解的特殊人群。

一般来说，一部剧作，如果书写的越是狭隘的非普遍的人类意趣，就消失得越快，剧的生命也就越短，越容易消失。

戏剧诗人与听众

史诗的作者总是藏在背后陈述世界，抒情诗人则跳出来表达自己。戏剧诗人比史诗诗人隐藏得更深，剧中人物都各以自己的身份说话和行事，那么，诗人在戏剧中似乎比在史诗中更应藏在台后了，因为史诗作者至少还是以叙述故事的身份出现的。

戏剧体诗人应该具有这样的素质——既能深刻认识人类行动和上帝统治世界的本质，又能生动鲜明地表现出一切人类的性格、情欲和命运，这才是抓住了人类生存的本质，抓住了那个永恒的实体。诗人既要有认识的深度，又要有独具的艺术个性和才能。当然，在某些情况下，还可能发生这样的情形：诗人与他同时代的民族观念发生极大的冲突，违反他的民族狭隘精神和艺术观念。这一罪过不是诗人的，而应该是群众的。伟大的诗人只有一个任务，那就是服从于推动着他的真理和天才，去完成上帝赋予他的旨意，宣示真理。真理最后总会胜利，所以诗人也会胜利的。

有一种普遍的情况令人悲伤：戏剧被利用了，用它来武装和干预政治、伦理、诗艺、宗教等方面的观念。阿里斯托芬就曾利用戏剧反对雅典内部政治和伯罗奔尼撒战争〔以雅典为首的提洛同盟与以斯巴达为首的伯罗奔尼撒联盟之间的一场战争。这场战争从公元前431年一直持续到公元前404年，使得绝大多数周边城邦必须加入其中一方的阵营。这场战争使雅典走出了全盛时期，结束了希腊的民主时代〕，在"巴腊霸斯"〔古希腊喜剧中合唱队走到台前向观众发表意见或就剧情进行评论的部分，实际上是表达作者的意见〕里多次涉及雅典听众，有时对当时事件和情况发表他个人的政治见解，对雅典公民进行忠告，有时针对政敌和艺术上的论敌对他的攻击进行辩护，甚至不惜畅谈自己和暴露自己偶然任性的地方。

戏剧体诗的发展

古代悲剧、喜剧和正剧的特征

首先来谈谈悲剧。决定悲剧全部组织结构的基本形式就是揭示目的及其内容以及人物性格及其冲突与结局这两方面的实体性因素。我在上文曾把它称之为英雄时代（史诗时代）的世界情况。只有英雄时代，普遍的伦理力量才会以新颖的原始形态作为各种神出现。而我们面前就有这样两种不同的动作情节中的伦理因素。

第一种，它把实体看作尚未分裂为特殊方面的统一体，还处在未经破坏的平静状态，对自己和对旁人也是无害的、中性的。这种简单的意识处于崇敬、信仰和幸福的状态，还未经具体化为特殊因素，只是浑然一体的一般意识，所以还不能导致具体动作。它对动作所必然带来的分裂对立感到畏惧。第二种则是个别人物的情致，它驱遣某些发出动作的人物各据伦理原则，和其他发出动作的人物互相对立，因而导致冲突。这两种形式对于悲剧整体都非常重要。一方面是神性未经分裂的混沌意识，另一方面是斗争的但仍以神的威力和事业为根据的动作情节，即伦理目的的抉择和实现。这两种形式形成了悲剧的主要因素，在希腊悲剧中就以合唱队和发出动作的人物的形式表现于艺术作品中。而希腊合唱队的意义在近代才引起较多的讨论，在讨论中发生了一个问题，即近代悲剧是否能够和应该沿用合唱队？事实上，合唱队并不像观众那样只是一个置身局外、袖手旁观、高谈道德教训的人群，他们并不是只凭自己的感想才被放在剧中的一些枯燥无味的人，与此相反，合唱队所代表的就是带有伦理性的英雄们的生活和动作中的真正实体性，就像剧场本身有它的外在场所、布景和环境一样。合唱队实际上就是人民，就是一种精神性的布景，可以和建筑中的神庙相比。神庙原本是围绕着神像的，但在近代，雕像却站在露天，没有神庙做背景。近代悲剧也是如此，它无需合唱队作为背景，因为它的动作情节不是以这种实体性力量为基础，而是以主体的意志和性格以及事迹和环境的显然外在的偶然因素为基础。

从这个观点看，如果把合唱队看作一种从希腊悲剧起源时代偶然遗留下来的附赘悬疣，那就是一个完全错误的看法，后来悲剧的衰退主要表现在合唱队的退化上，它变得不再是整体中一个不可分割的组成部分而降低为一种可有可无的装饰品。从这一点上就可以看出合唱队对动作情节的重要性了。与合唱队相对立的第二个主要因素是互相冲突的发出动作的个别人物。在希腊悲剧里造成冲突的根源不是恶意、罪行、卑鄙或是单纯的灾祸，盲目性等，而是对某一具体行为的伦理的辩护理由。我只需提到埃斯库罗斯的《复仇的女神们》，特别是索福克勒斯的《安提戈涅》便可以对这个道理进行说明。安提戈涅尊重家庭骨肉关系和阴曹地府的神，而克里安却只尊重天神宙斯，城邦公众生活和社会幸福的统治力量。在埃斯库罗斯的《阿伽门农》《奠酒人》和《复仇的女神们》以及索福克勒斯的《厄勒克拉特》等悲剧里，我们也看到城邦与家庭之间的类似冲突。阿伽门农作为国王和统帅，为了希腊人和远征特洛伊大军的利益，牺牲了自己的女儿，因而破坏了父女和夫妻的关系，而他的妻子作为被牺牲的女儿的母亲，对于丈夫的不念亲情怀恨在心，就与情人合谋杀死了丈夫，为女儿报仇。而他们的儿子俄瑞斯特本来尊重母亲，却不得不维护他父王的权力，再度杀死了生母。

另一类主要冲突偏于形式方面，也是希腊悲剧家们特别爱用俄狄浦斯的遭遇来描绘的。最完美的例子是索福克勒斯所遗留下来的《俄狄浦斯王》和《俄狄浦斯在柯洛诺斯》。俄狄浦斯杀死了父亲，娶母亲做了妻子，在这种乱伦的婚姻关系中生下了儿女，但他犯下这种罪行是毫不自觉的，并非出于他的意志。按照我们近代人较深刻的意识来判断，这种不出于自己的认识和意志的罪行就不应该由当事人负责。但当时的希腊人却要人们为他自己所做的事负责。

最后，悲剧纠纷的结果只有一条出路：互相斗争的双方的辩护理由固然保持住了，但他们的争端的片面性却被消除掉了。而未经搅乱的内心和谐，即合唱队所代表的一切神都同样安然分享祭礼的那种情况，又恢复如初了。真正的发展只在于对立面被否定，在冲突中互相否定对方的那些行动所根据的不同的伦理力量，得到了和解。只有在这种情况下，悲剧的最终结局才不是灾祸和苦痛而是精神的安慰，因为只有在这种结局中，个别人物的遭遇必然性才显现为绝对理性，而心情也才真正从伦理的观点达到平静，这心情原先为英雄的命运所震撼，现在却从主题要旨上达到和解了。只有牢牢掌握这个观点，才能理解希腊悲剧。

其次是喜剧。喜剧用作基础的起点正是悲剧的终点。它的起点是一种绝对达到和解的爽朗心情，这种心情纵使通过自己的手段，挫败了自己的意志，出现了和自己的原来目的相反的事情，对自己有所损害，也并不因此灰心丧气，仍旧很愉快。我们从阿里斯托芬的作品里所认识到的希腊古典喜剧的概念大体就是如此。按照这个观点，剧中人物只有在自己并不严肃地对待严肃的目的和意志时，才把自己表现为可笑的人物。

因此对于喜剧人物自己而言，他的严肃就意味着他的毁灭。阿里斯托芬特别爱嘲笑的是雅典公民的愚蠢、演说家和政治家的暴戾、战争的荒谬，尤其是毫不留情地嘲笑欧里庇德斯在悲剧中所倡导的革新倾向。在这些方面他所用的方式都最滑稽而同时却有最深刻的思想。斯屈列什亚德就是这样一个傻瓜，为着要逃债，他去请教哲学家；苏格拉底也是这样的角色，他竟接受这个逃债户和他的儿子当学生；酒神也是如此，诗人派他下阴曹地府去找出一个真正的悲剧作家把他带回人间；克里安和希腊的男男女女也都是些傻瓜，他们要从深井里把和平女神捞上来，如此等等。在喜剧中彻底揭露的是把极端的乖讹荒谬打扮成具有实体性力量的假象，表现出一些根本没有什么真正实在货色的外形和个别现象，所以这种人物所暴露的都是赤裸裸的主体方面的游戏。这些天真的戏谑笑闹的人物实际上是多才多艺的希腊人民的诗艺所产生的最后的果实。

最后是正剧，严格意义上的"近代剧"，处于悲剧与喜剧之间的阶段。正剧没有多大的重要性，尽管它力求达到悲剧和喜剧的和解，或至少是不让两方完全对立，各自孤立，而是让它们同时出现，形成具体的整体。例如，古代的林神戏〔林神是酒神的随从，他的戏份一般是半讽刺半诙谐的〕就属于这一种，其中主要动作虽不是悲剧性的却仍然是严肃的，至于林神的合唱却是用喜剧的方式处理的。

大体上说，这种中间剧种的界限有时比悲剧和喜剧的界限更为摇摆，有时还有超越真正戏剧类型而流于散文的危险。由于必须通过分裂对立而达致和平结局的冲突双方一开始就不像在悲剧中那样尖锐对立，因此诗人容易倾向于尽全力去描绘人物的内心活动，把情景的递进过程变成只是这种描绘的手段；否则就是过分重视时代情况和道德习俗之类的外在因素。

综上所述，我们发现，艺术不是单纯的娱乐、效用或游戏的勾当，而是要把精神从有限世界的内容和形式的束缚中解放出来，使绝对真理显象，总之，要展现真理。

附录：对黑格尔美学的评价

黑格尔生前享有崇高的声誉，但很快就成为一条所谓的"老狗"，人人喊打。对他的评价像过山车一样大起大伏，有人奉为至圣，有人认为不名一文。这无疑给我们提出了如何看待黑格尔美学的问题。

黑格尔的思想极其庞杂，也极其艰深，罗素曾这样评价："在所有大哲学家当中，黑格尔可以说是最难懂的。"在黑格尔的眼中，不管是原子还是灵魂，世界并不是一些各自完全自立的坚固的单元的集成体。有限事物外观上的自立性在他看来也都是幻觉，除"全体"外任何东西都不是根本完全实在的。而这个"全体"就是"绝对"，"绝对"当然只是精神领域内的。黑格尔强调的是"精神"对世界万有的整体掌握，对"有限"的超越而达成的"无限"。同时，这个"绝对"也不是单纯的"实体"，而是一个有机的复合体系，这为他的辩证法和运动变化理论留下了空间。黑格尔的美学就是他的哲学理念的推演，同时用美学证实他的哲学理念。他用"理念的感性显现"来推演整个艺术史而不是从艺术史中来总结艺术理念。同时他也是以艺术的历史来证实他的艺术理念，美的理念与艺术史是一种相互参证的关系。这种从既有理念出发，在理念自身运动中来"推演"历史应该是怎样的而不管具体历史的生动性、鲜活性、偶然性与丰富性的自足圆满有多么严密，都显得有些本末倒置，有些自我封闭的自以为是和一些强加的味道，这就使黑格尔思想的起点显得有些脆弱。他率先认定"美是理念的感性显现"，然后根据这个"显现"的程度把美分为象征型、古典型与浪漫型，再把历史时期中的各种艺术分别套入这几个类型中，显然，这种勉强和生硬显而易见，且不可避免地带上了想当然的色彩。因此，黑格尔在美学中尽管讲得津津有味，但这种要把一切现象纳入既有的一个概念之中的思维方式使他越努力结果却似乎越远离现实，因为纷繁复杂的艺术很难归于一个概念，这使他的"体系"难免矛盾频出，首尾难顾。这种推演的逻辑自足是整个黑格尔思想的特色，也是他所有思想的致命伤。这种"推演"与"逻辑"是黑格尔的特色，是一贯的，作为一个思想家，这既是他思想的成就，也是他思想的"阿喀琉斯之踵"［原指阿喀琉斯的脚跟，由于他的脚跟是唯一一个没有浸泡到神水的地方，因此也成为他唯一的弱点，他后来在特洛伊战争中被人射中脚跟而致命。现在通常用来比喻致命的弱点、要害］。用一种先有的理念来推演整个哲学史、历史、自然史、美学史等等，这种推演万有的"一贯"的宏大气势也正是黑格尔的成就，正如罗素所说："即使黑格尔的学说可能全部是错误的，可因为他是某种哲学的最好代表人物，这种哲学在旁人就没有那么一贯，那么无所不包，所以他仍然保持着不单是历史意义上的重要地位。"因此，对于一个思想家而言，他的"一贯"的思维方式，解释世界的方式也就是他自身的特色与贡献了。

黑格尔美学起点虽然是概念，过程也是概念的推演，但在具体到历史上的艺术现象、具体问题时，黑格尔的论述却生动活泼，没有概念化、僵化，成为很好的艺术史。恩格斯就曾经给斯米特写信说："为消遣计，我劝你读一读黑格尔的《美学》，如果你对这部书进行一点深入的研究，你就会感到惊讶。"黑格尔在对艺术史的论述中，明白晓畅，视野宏阔，深谙艺术之道，完全没有说教的迂腐，他的《美学》也成了一部西方艺术史的最佳总结。在黑格尔那里，他始终赋予艺术超越凡俗的神圣使命，拒绝庸俗的感官享乐主义，给人以极大的振奋与感染。黑格尔自觉地把美与人的自由连在一起，并把它推向了一个新的高度。黑格尔认为"美是理念的感性显现"，它要求任何事物类的本质在个体的感性事物身上都得到完美的显现，即个体和它所属的类的本质是一种自由的统一而不是分裂，这就是美。"因为概念是在它的另一面和它本身的统一，所以它是自由的，它的一切否定都是自我确定，而不是另一体所外加的限制。"这也就是说本质不是抽象的本质，个体不是单薄的个体，而是个体自由地展示着类的本质，类的本质也自由地熔铸在个体之中，分不清个别和类属，这种自由就是美。这种美从某种意义上来说就是"完美"，就是"典型"。

黑格尔把美和某种绝对"理念"以及这种理念的显现联系在一起，强调了美对于"绝对精神"的显现，提出了艺术解决必然与自由、自然与心灵、有限与无限、特殊与普遍、感性与理性的矛盾统一等新的时代话题，这对于美的探讨本身也具有很强的合理性，从而拓展了美学研究的途径。

黑格尔把美作为一种理念的感性现象，强调了"精神理念"显现的重要性，避免了单纯"属性"的苍白空洞，同时也避免了单纯主观享乐的刺激，强调感性与理性的融合，提升了美的格调。黑格尔把自由界定为心灵的最高定性，他认为真正的美就是一种自由。黑格尔特别提到人的美的本质就是这样一种"在那对立的东西里发现它自己"的自由，"因为人有一种冲动，要在直接呈现于他面前的外在事物之中实现他自己，在事物的形状中他欣赏的只是他自己的外在现实"。"人把他的环境人化了。他显出那环境可以使他得到满足，对他不能保持任何独立自在的力量。只有通过这种实现的活动，人在他的环境中才成为对自己是现实的，才觉得那环境是他可以安居的家"。黑格尔举了小男孩欣赏自己打的水漂的著名例子说明美就是人的自我实现，那环境就是人的本质的外现，人的本质就外现在环境中，那外物就是人可以自由安居的家，人和物之间没有任何的对立，人和物是一种自由和谐的关系，这种自由状态就是美，这也是人的一种理想的生活境界。这种自由的获得要靠人把自己的力量实现在外在事物上，把"环境人化"，这就有了要靠人自己的实践来获得最高美的意思，超越了席勒式的抽象演绎与空想，为马克思的实践论美学奠定了基础，把美与人的自由的思索推向了一个新的高度。

同时，黑格尔认为人与外界现实有三种关系：一种是最低级的对外在世界的欲望关系，它消灭外在事物来满足自己的欲望，这种活动消灭了对象的独立存在和自由，也使得人自身被束缚于外物，对外物有一种依附关系从而也丧失了人自身的独立和自由；第二种是对事物的纯粹认识性的关系，这种活动是要认识事物的普遍性，找出它们的本质和规律，理解它们的概念，这样主体就必须服从对象的抽象必然性和规律性；只有在审美中规律性与对象的感性形式水乳交融，对象只以自己的感性形象与主体发生观照的关系，这样对象才不显得受我们人的压抑和逼迫，主体也不被对象的具体效用所束缚和限制，人也摆脱了欲望冲动和纯粹理智需要的片面性和有限性，保持着自身的独立和自由。因此，黑格尔说："我们一般可以把美的领域中的活动看作一种灵魂的解放而摆脱一切压抑和限制的过程"，正是基于此，黑格尔说"审美带有令人解放的性质"。

黑格尔把自由、无限和解放规定为美的根本性质，他说"无论就美的客观存在还是就主体的欣赏来说，美的概念都带有这种自由和无限；正是由于这种自由和无限，美的领域才解脱了有限事物的相对性"。

在黑格尔这里，美同样是人的一种自由的生存状态而不仅仅是作为一种客观的知识来认识。从人的自由解放来认识美，或者说把美看作人的自由和解放，黑格尔自觉地担起了这个精神使命，并将这个工作推上了一个新的高峰。黑格尔把美和艺术看作是认识和表现神圣性、人类最深刻的旨趣以及心灵的最深广的真理的一种方式和手段而不是一般的感官快乐或者纯粹的"自然"，黑格尔的美学是一种富有神性的美学，一种高尚的美学，他以绝对理念的实现为旨趣，把人的理性的伟大尊严提升到了一个前所未有的高度。

恩格斯在《路德维希·费尔巴哈和德国古典哲学的终结》中曾说："黑格尔是一个德国人，而且他与同时代的歌德一样，都拖着一根庸人的辫子，他们在自己的领域都是奥林匹斯山上的宙斯，但都没有完全脱去德国的庸人气味。黑格尔作为一个现实生活中的人，忠实于普鲁士政府，缺乏一贯的革命激情。但作为一个思想家、美学家，他的成就是那个领域最高的山峰，他就是最高的神。"

1260～1980，西方美术史中的重要画家画目

文艺复兴早期画家

　　乔托·迪·邦多纳 / 8
　　马萨乔 / 10
　　桑德罗·波提切利 / 12

文艺复兴三杰

　　列奥纳多·迪·皮耶罗·达·芬奇 / 14
　　拉斐尔·桑西 / 18
　　米开朗基罗·博那罗蒂 / 20

文艺复兴时期威尼斯画派

　　乔尔乔内 / 36
　　乔凡尼·贝里尼 / 38
　　提香·韦切利奥 / 40
　　保罗·委罗内塞 / 42
　　丁托列托 / 44

文艺复兴时期北方画家

　　阿尔布雷特·丢勒 / 54
　　（小）汉斯·荷尔拜因 / 56
　　埃尔·格列柯 / 58

巴洛克绘画

　　梅里西·德·卡拉瓦乔 / 72
　　彼得·保罗·鲁本斯 / 74
　　凡·戴克 / 76
　　委拉斯凯兹 / 78
　　伦勃朗·哈尔曼松·凡·莱因 / 80
　　约翰内斯·维米尔 / 82

洛可可绘画

　　让·安东尼·华托 / 98
　　弗朗索瓦·布歇 / 100
　　让·巴蒂斯特·西梅翁·夏尔丹 / 102
　　让·奥诺雷·弗拉戈纳尔 / 104

新古典主义绘画

　　让·巴蒂斯特·格勒兹 / 116
　　雅克·路易·大卫 / 118
　　让·奥古斯特·多米尼克·安格尔 / 122
　　约翰·威廉姆·沃特豪斯 / 124

浪漫主义绘画

　　泰奥多尔·席里柯 / 150
　　弗朗西斯科·何塞·德·戈雅 / 152
　　约瑟夫·马洛德·威廉·透纳 / 156
　　欧仁·德拉克罗瓦 / 158
　　约翰·康斯太勃尔 / 160

现实主义绘画

　　让·弗朗索瓦·米勒 / 170
　　让·巴蒂斯特·卡米耶·柯罗 / 172
　　古斯塔夫·库尔贝 / 174
　　查尔斯·弗朗索瓦·杜比尼 / 178
　　巴斯蒂安·勒帕热 / 180
　　伊萨克·伊里奇·列维坦 / 182
　　奥博利·比亚兹莱 / 184

拉斐尔前派绘画

  但丁·加百利·罗塞蒂 / 196

  约翰·埃弗里特·米莱斯 / 198

  威廉·霍尔曼·亨特 / 200

印象主义绘画

  爱德华·马奈 / 224

  阿尔弗莱德·西斯莱 / 228

  卡米耶·毕沙罗 / 230

  皮耶尔·奥古斯特·雷诺阿 / 232

  埃德加·德加 / 236

  克劳德·莫奈 / 238

  玛丽·卡萨特 / 242

象征主义绘画

  古斯塔夫·莫罗 / 254

  皮埃尔·皮维·德·夏凡纳 / 256

  奥蒂诺·雷东 / 258

批判现实主义绘画

  奥诺雷·杜米埃 / 270

  瓦西里·伊万诺维奇·苏里科夫 / 272

  伊里亚·叶菲莫维奇·列宾 / 274

  凯绥·珂勒惠支 / 276

新印象主义绘画

  乔治·修拉 / 286

  保罗·西涅克 / 288

后印象主义绘画

  文森特·梵高 / 306

  保罗·高更 / 312

  保罗·塞尚 / 316

表现主义绘画

  图卢兹·劳特累克 / 330

  古斯塔夫·克里姆特 / 332

  埃贡·席勒 / 334

  阿梅代奥·莫迪里阿尼 / 336

  爱德华·蒙克 / 338

抽象主义绘画

  瓦西里·康定斯基 / 360

  彼埃·蒙德里安 / 362

野兽派绘画

  亨利·马蒂斯 / 374

  莫里斯·德·弗拉曼克 / 376

  凯斯·凡·东根 / 378

立体主义绘画

  乔治·布拉克 / 380

  巴勃罗·鲁伊斯·毕加索 / 382

达达主义绘画

  马塞尔·杜尚 / 394

  奥托·迪克斯 / 398

超现实主义绘画

  雷尼·马格利特 / 416

  马克斯·恩斯特 / 418

  胡安·米罗 / 420

  马克·夏加尔 / 422

  萨尔瓦多·达利 / 424

  卢西安·弗洛伊德 / 428